A. Bönisch (Hrsg.)
Demokratische Alternativen

DEMOKRATISCHE ALTERNATIVEN

in Wirtschaftstheorie und Wirtschaftspolitik kapitalistischer Länder

Alfred Bönisch (Hrsg.)

Akademie-Verlag Berlin

1986

Autoren:

Vorwort, Einleitung, Kapitel 1 bis 3: Alfred Bönisch
Kapitel 4: Dietmar Schadow
Kapitel 5: Pedro Avaria/Dietmar Schadow
1. Exkurs: Renate Braun
2. und 3. Exkurs: Alfred Bönisch

ISBN 3-05-000 034-1

Erschienen im Akademie-Verlag Berlin, DDR - 1086 Berlin, Leipziger Str. 3–4

Lizenznummer: 202 · 100/33/86
Printed in the German Democratic Republic
Gesamtherstellung: VEB Druckerei »Gottfried Wilhelm Leibniz«,
4450 Gräfenhainichen · 6655
Einbandgestaltung: Martina Bubner
LSV 0315
Bestellnummer: 754 570 2 (6952)
01950

Inhaltsverzeichnis

Vorwort

Die vorliegende Arbeit behandelt „alternative Wirtschaftstheorie“ und die mit ihr verbundene Wirtschaftspolitik in ausgewählten kapitalistischen Ländern. Die zentrale Frage ist: Was ist überhaupt *alternative* Wirtschaftstheorie oder -politik? Ausdruck des Protestes gegen Massenarbeitslosigkeit, Sozialabbau und andere Erscheinungen des imperialistischen Systems? Theoretische Basis für die Strategie einer Systemüberwindung oder für Maßnahmen zur Systemüberwindung?

Diese Fragen werden in dieser Arbeit beantwortet. Hier sei zunächst lediglich angemerkt: Alternative Wirtschaftspolitik soll der Erhöhung des Lebensstandards der Menschen dienen, einen Abbau der Massenarbeitslosigkeit bewirken, Preisstabilität, bessere Qualität der natürlichen Umwelt sowie Demokratisierung gesellschaftlicher Strukturen herbeiführen. Sie entstand im Gefolge der Verschärfung vielfältiger Krisen im Kapitalismus seit Mitte der siebziger Jahre, vor allem aus der Verflechtung von allgemeiner Krise des Kapitalismus mit zyklischen Krisen. Diese Krisen haben zu weiteren Differenzierungen in Politik und Ideologie des Imperialismus geführt. Ein Teilaspekt ist die *Differenzierung* der *bürgerlichen Ökonomie*. Er äußert sich vor allem in folgenden Tendenzen:

- einem Vordringen des Neokonservatismus (Angebotsökonomie und Monetarismus);
- einer Bedeutungsminderung des Keynesianismus;
- dem Versuch einer Verbindung Marxscher und Keynes-

scher Gedanken zwecks Formulierung einer antimonopolistischen Wirtschaftspolitik (alternative Wirtschaftstheorie).

Die letzte Richtung enthält wichtige Überlegungen zur Einschätzung der bürgerlichen Ökonomie generell, zur Differenzierung in Rechts- und Linkskeynesianismus und zur Durchsetzung alternativer Wirtschaftspolitik unter imperialistischen Bedingungen. Marxismus und Keynesianismus sind prinzipiell unvereinbar, aber für die Herbeiführung einer politischen und ökonomischen *Wende zugunsten* der *Werktätigen* können auch einzelne keynesianistische Auffassungen Verwendung finden.[1]

Die meisten Alternativökonomen gehören „linken" Gruppierungen in sozialistischen oder sozialdemokratischen Parteien an und/oder sind eng mit den Gewerkschaften verbunden. Sie bilden ein Element der demokratischen Bewegung und geben dieser *theoretische* Unterstützung bei der Begründung ihrer Forderungen nach Abrüstung, Arbeitszeitverkürzung, qualitativem Wachstum usw.

Alternative Wirtschaftstheoretiker wirken in verschiedenen Ländern Westeuropas und Lateinamerikas, so in der BRD, in Frankreich, in Großbritannien, in den Niederlanden, in Österreich[2], in Brasilien, Mexiko und Chile.

Die Notwendigkeit einer Würdigung und kritischen Einschätzung alternativer, demokratischer Strömungen in der *Wirtschaftstheorie* leitet sich aus zahlreichen übergreifenden Prozessen und Zusammenhängen ab. Zu diesen gehören:

- der Charakter unserer Epoche und die Entwicklungstendenzen des internationalen Kräfteverhältnisses;
- die Entwicklung der Systemauseinandersetzung auf politisch-militärisch-ökonomisch-ideologischem Gebiet;

[1] Vgl. R. Faust/J. Goldberg/W. Schwarz, Politische Ökonomie der Arbeiterklasse und Keynesianismus, in: Marxismus und Arbeiterbewegung, Frankfurt a. Main 1980, S. 169/170; H. Bömer/J. Huffschmid/A. Sörgel, Alternative Wirtschaftspolitik. Bemerkungen zu den Memoranden, in: Marxismus und Arbeiterbewegung, a. a. O., S. 273/274.

[2] Vgl. Autorenkollektiv, Wege zur Vollbeschäftigung. Arbeit für alle – Einkommen für alle, Wien 1985.

- die politischen und ökonomischen Krisenprozesse in den kapitalistischen und Entwicklungsländern;
- die Strategieentwicklung der verschiedenen Klassen nach dem zweiten Weltkrieg und ihre theoretischen Grundlagen;
- die Erfordernisse einer langfristig angelegten Bündnispolitik aller demokratischen und linken Kräfte.

Das Entstehen alternativer Theorien in der zweiten Hälfte der sechziger Jahre in Frankreich und seit Beginn der siebziger Jahre in der BRD ist keineswegs etwas völlig Neues. Denn alternative Konzeptionen gibt es in verschiedenen Ausprägungen schon seit langem, z. B. genossenschaftliche. Die neuesten alternativen Konzepte weisen aber eine Reihe *spezifisch neuer Merkmale* auf, die vordem keine Rolle spielten, weil sie mit den jüngsten Entwicklungstendenzen des Kapitalismus zusammenhängen. Die Zielstellung, die Auffassungen dieser Ökonomen zum Gegenstand einer Forschungsarbeit zu machen, entspricht deshalb der aktuellen Aufgabe, sich konsequent „auf neu herangereifte praktische Bedürfnisse und Erfordernisse" einzustellen und „den Blick für neue Entwicklungstendenzen" offenzuhalten.[3]

Bei der Beschäftigung mit wirtschaftstheoretischen Auffassungen alternativer Ökonomen stellen sich u. a. folgende Grundprobleme:
- Wie ist die Kritik der Alternativökonomen am gegenwärtigen Kapitalismus zu beurteilen?
- Auf welcher theoretischen Basis erfolgt diese Kritik?
- Wie wird zum Problemkreis Frieden – Krieg argumentiert?
- Welche theoretischen und politischen Alternativvorschläge werden gemacht?
- Wie sind die *Realisierungsmöglichkeiten* für die angebotenen wirtschaftspolitischen Alternativvorstellungen einzuschätzen?

[3] K. Hager, Gesetzmäßigkeiten unserer Epoche — Triebkräfte und Werte des Sozialismus, Berlin 1983, S. 74.

Da es im Imperialismus einen wirtschaftspolitischen Handlungsspielraum gibt, besteht einerseits die Frage, an welcher Stelle (qualitativ oder quantitativ) die Schwelle der reformorientierten Wirtschaftspolitik überschritten wird, andererseits ist zu fragen, wo und wann es dem imperialistischen System *bei Aufrechterhaltung seiner Herrschaft* möglich ist, eine Realisierung alternativer Wirtschaftspolitik zu verhindern (Möglichkeiten und Grenzen). Daraus ergibt sich:

- Welcher Art ist die spezifische Dialektik zwischen systemimmanenten und systemüberwindenden Momenten alternativer wirtschaftstheoretischer Auffassungen?
- Worin bestehen Gemeinsamkeiten und Unterschiede zwischen alternativer Wirtschaftstheorie und der marxistisch-leninistischen politischen Ökonomie?

Die alternative Wirtschaftstheorie geht von den Interessen der Werktätigen aus. Dabei nutzen ihre Vertreter auch Gedanken von John Maynard Keynes. Daher ist die Haltung zur Keynesschen Theorie eine wichtige Basis für die Einschätzung der alternativen Theorie. Einige bürgerliche Ökonomen betonen, bestimmte auf Keynes basierende Erklärungsansätze könnten nach wie vor Gültigkeit beanspruchen; notwendig seien allerdings einige Weiterentwicklungen und Differenzierungen.[4]

Der Herausgeber hat die Kapitel 1 bis 3 verfaßt, sich also vornehmlich mit alternativen Wirtschaftstheorien in der BRD befaßt. In der BRD wirken alternative Ökonomen in der SPD, in den Gewerkschaften, in der Partei „Die Grünen" und als einzelne Gruppen. Zu letzteren zählen die „Arbeitsgruppe Politische Ökonomie" und die „Memorandengruppe"[5]. Deren Theorien können nur im Rahmen der gesellschaftlichen und politischen Gesamtentwicklung rich-

[4] Vgl. A. S. Eichner, Über Keynes hinaus. Eine Einführung in die postkeynesianische Ökonomie, Köln 1982; R. Pfriem, Einstieg in den Ausstieg. Alternativen zur etablierten Wirtschaftspolitik, Düsseldorf – Wien 1983.

[5] A. Bönisch, Wirtschaftstheoretische und -politische Ansichten demokratischer Ökonomen in der BRD (Memorandengruppe), in: Wirtschaftswissenschaft, 5/1982, S. 688/689.

tig beurteilt werden. Das zeigen auch die strategischen Überlegungen der DKP.

Herbert Mies hat in den letzten Jahren mehrfach festgestellt, daß „der Strategie der Monopole eine demokratische Wirtschafts- und Sozialstrategie der Arbeiterklasse entgegengesetzt werden muß". Er verwandte zur Kennzeichnung dieser Strategie den Begriff *alternativ* und führte aus: „Alternative Wirtschaftspolitik der Arbeiterklasse muß Friedenspolitik und antimonopolistische Politik sein. Alternative Wirtschaftspolitik der Arbeiterklasse muß dafür sorgen, daß die große wirtschaftliche Leistungskraft unseres Landes nicht den Profitinteressen des Monopolkapitals und der Hochrüstung untergeordnet wird, sondern der Befriedigung der sozialen und kulturellen Bedürfnisse des Volkes dient."[6]

Mies ordnet die Herausbildung einer alternativen Wirtschaftspolitik in den politischen Rahmen des Kampfes um eine demokratische Wende in der BRD und in die Aufgaben der DKP ein. Besonders zu beachten ist die Hervorhebung der *Friedenssicherung* und die Herbeiführung eines *Bündnisses* aller *Linkskräfte*.

In der BRD zeigt sich ein starkes Streben demokratischer Kräfte zum gemeinsamen Handeln. Vorrang haben – bei allen Meinungsverschiedenheiten – die *gemeinsamen* Interessen.[7]

Die DKP formuliert auch zu ökonomischen Fragen ihre Position, so zum ökonomischen Wachstum. Für sie lautet die Frage: „Was für ein Wirtschaftswachstum und zu wessen Nutzen? Wir sagen ja zu einer Entwicklung der Produktivkräfte, die geeignet ist, das Leben der Menschen zu erleichtern und zu bereichern. Wir sagen ja zu einem Wirtschaftswachstum, das vernünftige gesellschaftliche Bedürfnisse befriedigt – und zwar nicht nur in unserem Land, sondern gerade auch in der ‚Dritten Welt'."[8]

[6] Neues Deutschland vom 7./8. 1. 1984, S. 3/4.
[7] Vgl. R. Reißig/F. Berg, Arbeiterbewegung und demokratische Alternative. Ergebnisse, Probleme, Perspektiven, Berlin 1986.
[8] Neues Deutschland vom 7./8. 1. 1984, S. 3/4.

Dr. Dietmar Schadow untersucht alternative Wirtschaftskonzeptionen in Frankreich. Das ist aus mehreren Gründen von besonderem Interesse. Erstens verfügt Frankreich ökonomisch und politisch über eine starke Position in Westeuropa. Zweitens existierte mit dem von der Französischen Kommunistischen Partei (FKP) und der Sozialistischen Partei (SP) unterzeichneten Gemeinsamen Regierungsprogramm von 1972, das der Bildung einer Linksunion Ausdruck verlieh, das bis zu diesem Zeitpunkt am weitesten entwickelte Programm einer Linksregierung für den Fall eines Sieges bei den Parlamentswahlen. Drittens besteht mit der CERES-Gruppe eine starke linkssozialistische Strömung innerhalb der SP, die für ein breites Linksbündnis eintritt und weitreichende ökonomisch-politische Alternativvorstellungen entwickelt hat. Viertens eröffnete der Sieg der Linksparteien bei den Präsidentschafts- und Parlamentswahlen 1981 gewisse Möglichkeiten für sozialökonomische, politische und kulturelle Veränderungen, und etwa ein Jahr hindurch wurden wesentliche Elemente eines alternativen wirtschaftspolitischen Programms auch praktisch umgesetzt. Der Autor unternimmt außerdem den Versuch, Ursachen und Umstände der Bedeutungsabnahme bzw. des Scheiterns alternativer Wirtschaftspolitik in Frankreich zu analysieren. Damit wird ein Beitrag zur gegenwärtig höchst intensiv, aber sehr kontrovers geführten Diskussion zu den Anforderungen an ein demokratisches Alternativkonzept in den 80er Jahren sowie dessen Realisierungsmöglichkeiten geleistet.

Dr. Schadow und Pedro Avaria bieten eine kritische Einschätzung demokratischer Alternativen in Lateinamerika. Sie charakterisieren die Entwicklungstendenzen der politischen Ökonomie in Lateinamerika in Verbindung mit den sozialökonomischen Prozessen; beachten dabei die widersprüchliche Dialektik von Produktivkräften und Produktionsverhältnissen. Da es sich bei dieser Darstellung um eine der ersten zum genannten Gegenstand handelt, ist sie naturgemäß ergänzungsbedürftig.

Das Autorenkollektiv hofft, einen Beitrag zur Bewertung neuester Entwicklungslinien der politischen Ökonomie in kapitalistischen Ländern geleistet zu haben. Es betont, daß die vorgelegte Arbeit von ihrem zentralen Anliegen her in die weit umfassender angelegte Forschung über die neuen demokratischen Bewegungen eingeordnet werden muß, wie sie in der DDR vor allem an der Akademie für Gesellschaftswissenschaften beim ZK der SED durchgeführt wird.[9] Die Publikation soll darüber hinaus bei der Verbreitung der „Grundgedanken einer alternativen Wirtschafts- und Sozialpolitik" helfen, die in den letzten Jahren von der DKP und marxistischen Kräften formuliert worden sind.[10]

Eine wichtige Basis dafür bilden die Einschätzungen neuester Entwicklungstendenzen des Imperialismus[11] und der ideologischen Auseinandersetzung durch und nach dem XI. Parteitag der SED[12] und durch den XXVII. Parteitag der KPdSU.[13]

[9] Vgl. u. a. H. Bonk/K. Franke/W. Paff, Friedenssicherung und Abrüstung – zentrale Fragen des Kampfes im staatsmonopolistischen Kapitalismus, Berlin 1984; H. Bonk/K. Franke/W. Paff, Friedenssicherung und Abrüstung, Berlin 1986; S. Beier/H. Fisch/G. Pollach, Neue demokratische Bewegungen in Westeuropa, Berlin 1986; N. Madloch, Neue demokratische Bewegungen in den imperialistischen Ländern, in: Horizont, 6/1986, S. 12; R. Reißig/F. Berg, Zur Dialektik von Frieden, Sicherheit und sozialem Fortschritt in der Gegenwart, in: Deutsche Zeitschrift für Philosophie, 4/1986.

[10] Aus dem Bericht des Parteivorstandes an den 8. Parteitag der DKP, Berichterstatter: H. Mies, in: Neues Deutschland vom 3./4. 5. 1986, S. 4; Marxistische Studien, Jahrbuch des IMSF, Bd. 9, Frankfurt a. Main 1985.

[11] M. Schmidt, Ergebnisse und Aufgaben marxistisch-leninistischer Imperialismusforschung der DDR, in: IPW-Berichte, 4/1986, S. 1f.

[12] Bericht des Zentralkomitees der Sozialistischen Einheitspartei Deutschlands an den XI. Parteitag der SED, Berichterstatter: E. Honecker, Berlin 1986, S. 12f.

[13] Politischer Bericht des Zentralkomitees der KPdSU an den XXVII. Parteitag der Kommunistischen Partei der Sowjetunion. Berichterstatter: M. S. Gorbatschow, Berlin 1986, S. 14ff.

Herausgeber und Autoren danken allen Kollegen, die bei der Fertigstellung Unterstützung gewährt haben, vor allem den Gutachtern, Dr. sc. Heinz Jung, Institut für Marxistische Studien und Forschungen (Frankfurt a. Main), Prof. Dr. habil. Dieter Klein, Humboldt-Universität zu Berlin, und Prof. Dr. sc. Karl-Heinz Graupner, ZIW der AdW der DDR.

Dank gilt auch den Mitarbeitern des Akademie-Verlages, insbesondere der Lektorin, Frau Stappenbeck.

Alfred Bönisch

Einleitung

Jubiläen für bekannte bürgerliche Wirtschaftstheoretiker gab es in den achtziger Jahren mehrere, etwa für John Maynard Keynes und Joseph A. Schumpeter. Im Jahre 1985 wurde ein Jubiläum besonderer Art begangen. Es resultierte daraus, daß zehn Jahre vorher etwa 50 Wirtschaftstheoretiker der BRD erstmals ihre Gedanken über eine „alternative Wirtschaftspolitik" publik machten. Es waren Gedanken, die sich abhoben von der damals praktizierten Wirtschaftspolitik der SPD/FDP-Regierung und die auf eine Wirtschaftspolitik abzielten, die mehr den Bedingungen und Interessen der arbeitenden Bevölkerung Rechnung tragen sollte.

Aufgegriffen wurden damals so drängende ökonomische Fragen wie Massenarbeitslosigkeit und Inflation. Seither sind weitere Problemkreise hinzugekommen, und auch der Kreis der Mitstreiter hat sich erweitert. Ab 1977 wird jedes Jahr ein „Memorandum" vorgelegt, das ein breites Spektrum ökonomischer Tatbestände erfaßt. Deshalb kann mit Fug und Recht davon gesprochen werden, daß es in der BRD neben traditionellen bürgerlichen Ökonomen – neokonservativen oder nachkeynesianischen – Wirtschaftstheoretiker gibt, die den berechtigten Anspruch erheben, „alternative" Theorie zu vertreten.

Hier sei zunächst pauschal festgestellt, daß es sich lohnt, diese Theorie näher zu analysieren; keineswegs nur aus wirtschaftstheoretischen Gründen, obwohl das ausreichen würde. In den entsprechenden Arbeiten kommt aber eine Linie *gesellschafts*theoretischen Denkens zum Vorschein, die das Ringen um gesellschaftlichen Fortschritt zeigt und die das Grundproblem unserer Zeit, Erhaltung des Friedens, ins Zentrum ihres Denkens rückt.

Die Memoranden enthalten auch unterschiedliche, zuweilen widersprüchliche Darstellungen. Diese sind der Tatsache geschuldet, daß die Beurteilung ökonomischer Erscheinungen oft höchst schwierig ist und innerhalb der Memorandengruppe ein unterschiedliches Herangehen an viele ökonomische Probleme praktiziert wird. Auf jeden Fall ist erkennbar, daß zahlreiche Gedanken der Memorandenökonomen Eingang in die politische Diskussion und über den wissenschaftlichen Bereich hinaus Anerkennung gefunden haben.

Der Begriff *alternativ* findet neuerdings in vielfacher Weise Anwendung, in der internationalen Politik wie in der Ökonomie; in der Energie wie im Konsum. Oft wird ein Bezug zur Politik der friedlichen Koexistenz hergestellt und erklärt, daß es zur friedlichen Koexistenz mit Staaten unterschiedlicher Gesellschaftsordnung keine vernünftige Alternative gibt. Ein solcher Alternativbegriff ist natürlich höchst legitim.

In dieser Publikation wird „alternativ" hauptsächlich auf *Probleme* und *Tendenzen* der *Wirtschaftstheorie* und *Wirtschaftspolitik* in kapitalistischen Ländern bezogen. Ausgangspunkt für seine Definition sind die Krisenprozesse im Imperialismus seit Mitte der siebziger Jahre.

Die „Alternativökonomie" zeigt bestimmte Trends im ökonomischen und gesellschaftstheoretischen Denken der kapitalistischen Länder und der jungen Nationalstaaten. Zu fragen ist: Sind diese Trends real oder illusionär, weltfremd oder von praktischer Relevanz? Welche Rolle spielen sie in der ideologischen und politischen Auseinandersetzung; inwieweit sind sie theoretische Anleitung zum Handeln?

Die Autoren sind bemüht, auf diese und andere Fragen in dieser Broschüre eine Antwort zu geben. Sie beachten dabei auch die Entwicklungstendenzen der Produktivkräfte und zeigen, daß die Alternativökonomen die Dialektik von Produktivkräften und Produktionsverhältnissen spüren und auf ihre Weise die Konsequenzen dieser Dialektik für Arbeiter, Angestellte und andere Schichten zum Ausdruck bringen.

Der Begriff „alternativ" darf natürlich nicht so weit gefaßt werden, daß er zu einem Leerbegriff wird. Das sei betont, weil im Kreise der bürgerlichen Ökonomie auch solche bürgerliche Wirtschaftstheoretiker diesen Begriff verwenden, die eigentlich nicht zu den Alternativökonomen zählen, die in dieser Publikation behandelt werden. Diese bürgerlichen Ökonomen bemühen sich nach eigener Aussage um Alternativen wirtschaftswissenschaftlicher und wirtschaftspolitischer Entwicklung, weil sie glauben, daß sozialökonomische Krisenerscheinungen wie Arbeitslosigkeit, Inflation und Umweltzerstörung nicht mit neokonservativen Theorien erklärt und gelöst werden können, ja, weil trotz Beachtung der Interdependenzen zwischen ökonomischer, politischer und sozialer Entwicklung drängende Probleme nicht einmal adäquat erfaßt werden.[1] Sie betonen mit Recht, daß sich seit Mitte der siebziger Jahre die Bedingungen des wirtschaftlichen Wachstums erheblich verändert haben, Vollbeschäftigung kein selbstverständliches Nebenprodukt einer wachsenden Wirtschaft ist, Belastungsgrenzen der natürlichen Umwelt auftreten und Rationalisierung nicht nur als Substitution von Arbeit durch Kapital zu begreifen ist, sondern auch als Reduzierung von Energie und Rohstoffen. Von ihnen wird kritisiert, daß die Einbeziehung der Umwelt in den Zielkatalog der Wirtschaftspolitik bisher kaum erfolgt sei, denn es gebe zwar sektorale, aber keine gesamtpolitischen Ansätze. Auch ein Wandel der Präferenzen, Strukturveränderungen sowie neue Lebens- und Konsumstile spielen eine Rolle.

Diese Ökonomen verharren im wesentlichen im *bürgerlichen* Kategorien- und Denksystem, plädieren aber, von

[1] Vgl. U. Simonis, Alternativen wirtschaftspolitischer Entwicklung. Neue Bedingungen des wirtschaftlichen Wachstums und die wirtschaftspolitische Strategiediskussion in der BRD, in: Konzepte einer humanen Wirtschaftslehre, hg. von Chr. Leipert, Frankfurt a. M. 1982, S. 295f.

kapitalistischen Interessen ausgehend, für *unbedingt notwendig* gewordene Anpassungen an neue ökonomische Bedingungen. Sie nehmen den Enttäuschungseffekt über das Versagen des Keynesianismus bei der Bekämpfung der Krisen ab 1974/75 zum Anlaß für eine partielle *theoretische Umorientierung*, gehen aber nicht konform mit der neoklassischen, d. h. neokonservativ-monetaristischen, Theorie. Ausgehend von typischen Schwächen der Neoklassiker und Keynesianer ringen sie um eine *problemadäquate* Theorie und Wirtschaftspolitik. In diesem Sinne schreibt z. B. Udo Simonis: „Ansatzpunkte alternativer wirtschaftspolitischer Strategien liegen also nicht nur in der Neubewertung der Ergebnisse des Wirtschaftswachstums, der stärkeren Qualifizierung der Ziele bzw. der Ergänzung des gesamtwirtschaftlichen Zielkatalogs, sondern auch in der Neubestimmung wirtschaftspolitischer Mittel und in der Neubewertung bestimmter Ziel-Mittel-Beziehungen. Zwei Faktoren scheinen dazu von besonderer Bedeutung zu sein: Arbeit und Technologie – und zwei Politikbereiche erhalten ein besonderes Gewicht: Arbeitsmarkt – und Technologiepolitik.“ [2]

Simonis betont das Recht auf Arbeit und Entfaltung der Persönlichkeit durch Arbeit. Er formuliert neue Ziele und fordert den Einsatz neuer Instrumente und Institutionen, um anstehende Krisenerscheinungen abzuschwächen. Dies ist die *erste* Richtung alternativen Denkens.

Die *zweite* Richtung des alternativen ökonomischen Denkens ist jene, die sich gegen einen reaktionären Kurs in der Innen- und Wirtschaftspolitik, gegen neokonservative, rechtskeynesianistische, monetaristische und angebotsorientierte Wirtschaftstheorie wendet. Diese Richtung zählt *politisch* zu den *Linkskräften.* Dabei stellen sich zwei Fragen: Wer gehört zu den *Linkskräften*, und wie grenzen sie sich gegenüber anderen politischen Gruppierungen ab; inwieweit ist die Alternativökonomie ihre theoretische Plattform?

[2] Ebenda, S. 323.

Zur ersten Frage wird das Erforderliche im ersten Kapitel ausgeführt. Zur zweiten sei festgestellt, daß z. B. die Memorandenökonomen in hohem Maße eine entsprechende theoretische Plattform anbieten.

Ein Vertreter dieser Richtung erklärt, alternative Wirtschaftspolitik sei zwar nicht eindeutig zu definieren, es stehe aber fest, daß sie keine an den Kapitalinteressen orientierte Wirtschaftspolitik ist, sondern eine Wirtschaftspolitik, die darauf abzielt, die Steuerung durch den kapitalistischen Profit „durch eine Steuerung durch gesellschaftliche Bedürfnisse abzulösen“[3]. In diesem Sinne plädiert die Memorandengruppe für eine globale Planung der ökonomischen Entwicklung, eine Abkehr von punktuellen staatlichen Eingriffen und eine Korrektur von Fehlentwicklungen des Marktes, um die privatkapitalistische Investitionstätigkeit besser mit den gesellschaftlichen Erfordernissen in Einklang zu bringen, wobei der Bedarf als ein entscheidender Ansatz für die Auswahl von Investitionen genannt wird.

Mitglieder der Memorandengruppe wie Rudolf Hickel stellen im Hinblick auf die zyklischen und langfristigen Krisen des Kapitalismus fest, daß innerhalb der bürgerlichen politischen Ökonomie die Verschlechterung der ökonomischen Situation „kaum die Suche nach neuen, problemadäquaten, theoretisch begründeten und empirisch abgesicherten Lösungsstrategien auslöst. Ganz im Gegenteil, während noch die große Wirtschaftskrise 1929/1932 den epochalen Durchbruch der ‚keynesschen Botschaft‘ gegenüber der bis dahin vorherrschenden klassischen Marktorthodoxie gleichsam erzwang, zeichnet sich ein entsprechender, längst überfälliger Paradigmenwechsel in den letzten Jahren wirtschaftlicher Krise in der Bundesrepublik nur in Randbereichen der Wirtschaftswissenschaften ab.“[4] Die bürgerliche politische Ökonomie flüchte sich

[3] K. P. Kisker, Politische Bedingungen der Durchsetzung einer alternativen Wirtschaftspolitik in der SPD, in: Argument, Sonderband AS 35, Berlin (West) 1979, S. 25.

[4] Vgl. R. Hickel, Gegengutachten – Anstoß und konzeptionelle

vielmehr in präkeynesianistische und paläoliberale Heilslehren und halte entgegen allen Erfahrungen an den „Selbstheilungskräften" des marktwirtschaftlichen Systems fest.

Das ist in der Tat so, und auch daraus wird die Notwendigkeit von alternativem ökonomischem Denken und Handeln abgeleitet.

Die Memorandenökonomen begründen eine expansive Wirtschaftspolitik. Über eine Ausweitung der privaten und öffentlichen Nachfrage nach Gütern und Dienstleistungen soll die Produktion stimuliert und eine Steigerung des Beschäftigungsniveaus erreicht werden. Wirtschaftspolitische Mittel zur Ausweitung der Nachfrage sind Lohnerhöhungen zur Stimulierung der *privaten* und Deficit-Spendig-Politik zur Stimulierung der *öffentlichen* Nachfrage. Reagieren die Unternehmungen auf Nachfrageimpulse mit Ausweitung der Produktion und ist mit der Produktionserhöhung eine steigende Nachfrage nach Arbeitskräften verbunden, werde auch die Beschäftigung steigen.

Dieses „Keynes-Plus" beinhaltet also eine *sozialpolitisch* orientierte und strukturell gefächerte Ausgabepolitik des Staates. Nicht schlechthin das *Niveau* der Nachfrage soll angeboben werden; die zusätzliche Nachfrage ist so zu strukturieren, daß die Arbeiter Vorteile erlangen. Produktion mit *hohem* Beschäftigungseffekt ist anderen Produktionen vorzuziehen.

Es zeigt sich immer deutlicher, daß die Massenarbeitslosigkeit kaum abgebaut wird und daß die Monopole das auch kaum wollen. Die konservative Politik zielt nicht auf eine Bekämpfung der Arbeitslosigkeit, sondern setzt Massenarbeitslosigkeit als Waffe zur Durchsetzung reaktionärer Interessen ein. Die Arbeitslosen dienen der Disziplinierung in den Betrieben und zur Abwehr von reformpolitischen Ansprüchen. Die Kapitalinteressen konzentrieren sich auf die Fortexistenz der Massenarbeitslosigkeit.

Die Memorandenökonomen verlangen demgegenüber

Entwicklung einer wirtschaftspolitischen Alternative, in: Wirtschaftspolitik – kontrovers, hg. von D. B. Simmert, Köln 1980, S. 130.

eine Stärkung der Massenkaufkraft und eine staatliche Beschäftigungspolitik durch qualitatives Wachstum.

Hauptkriterien für die Bestimmung dieser alternativen Wirtschaftstheorie sind das Verhalten zu
- Frieden und Abrüstung;
- kapitalistischem Monopol und Staat;
- Beschäftigung und sozialer Sicherheit.

Als alternativ bezeichnen sich *drittens* auch jene wissenschaftlichen und politischen Kräfte, die dem historisch überlebten kapitalistischen System die Alternative einer sozialistischen Entwicklung gegenüberstellen. Der Begriff „alternativ" wird also mit gesellschaftlichem Fortschritt verbunden. Das wiederum kann bedeuten: Reformen und Maßnahmen im Rahmen des Systems oder zur *Überwindung* des imperialistischen Systems. Letzteres ist – langfristig – die Position der DKP und der marxistischen Ökonomen.[5]

Man kann somit *drei Hauptgruppierungen* unterscheiden, die den Begriff *alternativ* auf Wirtschaftstheorie und Wirtschaftspolitik beziehen:

Erstens bürgerliche Ökonomen, die im Rahmen der bürgerlichen politischen Ökonomie gewisse Akzentverschiebungen vornehmen, um die Theorie den staatsmonopolistischen Erfordernissen wirksamer anzupassen.

Zweitens Wirtschaftstheoretiker, die Kritik am kapitalistischen Monopol und an staatlichen Maßnahmen üben, eine Benachteiligung der Arbeiter und Angestellten durch die staatsmonopolistische Politik ablehnen und für eine demokratische, antimonopolistische Wirtschaftspolitik eintreten.

Drittens Ökonomen, die auf marxistisch-leninistischer Basis gegen monopolistische Ausbeutung, neokonservative Wirtschaftspolitik *und* – langfristig – für Systemveränderungen eintreten.

In dieser Publikation wird die *zweite* Richtung behandelt. Darzulegen ist somit der Charakter dieser Form alternativer Wirtschaftstheorie, ihre Einordnung in die politische

[5] Vgl. F. Rische, Alternativen zur Wirtschaftspolitik des Kapitals 1945–78. Aufsätze, Artikel, Reden, Frankfurt a. M. 1980.

Diskussion und in die gesellschaftliche Entwicklung. Orientierend hierfür ist folgende Feststellung von Lenin: „Der Kapitalismus überhaupt und der Imperialismus insbesondere verwandelt die Demokratie in eine Illusion – und zugleich erzeugt der Kapitalismus demokratische Bestrebungen in den Massen, schafft er demokratische Einrichtungen, verschärft er den Antagonismus zwischen dem die Demokratie negierenden Imperialismus und den zur Demokratie stehenden Massen."[6]

Die Memorandenökonomen gehen bei ihren Lenkungsvorschlägen von den Interessen der Arbeiter und Angestellten aus. Eine Hauptschwäche ihrer Konzeption liegt in einer teilweise illusionären Betrachtung des Staates; denn die Durchsetzung einer demokratischen Wirtschaftspolitik hängt unter den Bedingungen des heutigen Imperialismus primär von der Kraft und vom kämpferischen Verhalten der Werktätigen ab, also von der Erringung solcher Positionen, die Staat und Monopole zu Maßnahmen zwingen, die den Lebensinteressen der arbeitenden Menschen entsprechen.

Eine solche alternative Wirtschaftspolitik ist auch im Kapitalismus möglich. Zwar wird die Wirtschaftspolitik maßgeblich durch die *sozialökonomische Struktur* bestimmt, ihre konkrete Ausprägung erfolgt jedoch in hohem Maße im *Klassenkampf* und in der politischen Auseinandersetzung. Die Frage ist daher, welche Spielräume gibt es in einer bestimmten Situation für die Durchsetzung antimonopolistischer Maßnahmen und wer ist ihr Träger? Wenn die Reproduktionsbedingungen ungünstiger werden, verengen sich einerseits grundsätzlich die Räume für die Wirtschaftspolitik, andererseits wird der Kampf um die Realisierung einzelner Maßnahmen härter. Alternative Kräfte können aber in vielen Fällen den wirtschaftspolitischen Spielraum erweitern und durch entschlossenen demokratischen Kampf zumindest Kompromisse durchsetzen. In den meisten Fällen handelt es sich um eine Umverteilung finanzieller Mittel.

[6] W. I. Lenin, Antwort an P. Kijewski (I. Pjatakow), in: Werke, Bd. 23, Berlin 1960, S. 14.

Bei alternativer Wirtschaftspolitik geht es somit um sehr unterschiedliche Probleme:

Erstens um die Formulierung von Vorschlägen für eine mehr an den Interessen der Werktätigen orientierte Wirtschaftspolitik.

Zweitens um konkrete, der jeweiligen ökonomischen Situation angepaßte Maßnahmen, z. B. Beschäftigungsprogramm zum Abbau der Arbeitslosigkeit.

Drittens um das Ausloten der Realisierungsmöglichkeiten einer solchen alternativen Politik, was mit der Frage korrespondiert, welche gesellschaftlichen Kräfte hinter einer solchen Politik stehen.

Viertens um die Stärkung des Selbstbewußtseins der Werktätigen und die Erhöhung der Potenzen für die politisch-ideologische Auseinandersetzung.

Alternative Wirtschaftspolitik setzt also einheitliches Vorgehen von Theoretikern und Praktikern voraus, ein in verschiedener Hinsicht höchst kompliziertes Vorhaben, wie die Situation in vielen kapitalistischen Ländern beweist.

Ein Grundproblem der „Linken" ist somit, welche Möglichkeiten auf einer staatsmonopolistischen Basis bestehen, den parasitären Verbrauch einzuschränken und die gesellschaftliche Position der Werktätigen zu verbessern. Natürlich stößt man bei einer Umsetzung dieser Ziele beständig an die Grenzen des imperialistischen Systems und auf den Widerstand der Finanzoligarchie. Aber indem die Linken mobilisiert, neue Tendenzen in der Produktivkraftentwicklung beachtet und alternativ verwendet werden, werden negative soziale Konsequenzen der Produktivkraftentwicklung im Kapitalismus abgeschwächt oder vermieden. Das richtet sich sowohl gegen die Vorstellungen der bürgerlichen Ökonomie wie gegen monopolistische Interessen.

Die meisten kommunistischen Parteien der imperialistischen Länder bezeichnen es als ihr strategisches Ziel, noch auf dem Boden des Kapitalismus eine *demokratische Wende* durchzusetzen. Damit präzisieren sie ihre strategische Orientierung entsprechend den bestehenden Bedingungen und den praktischen Erfahrungen. Kampf um demokratische Wende bedeutet Abkehr von der Kriegs- und Rüstungspolitik, vom Abbau sozialer und demokratischer Errungenschaften der Werktätigen hin zu ihrer Sicherung und Erweiterung sowie Durchsetzung demokratischer Lösungen. Dieser Kampf ist eine notwendige Etappe des antimonopolistischen Kampfes. Er führt zur Zurückdrängung der Macht des militärisch-industriellen Komplexes (MIK), zu einer Schwächung der Macht des Monopolkapitals insgesamt, zu einer Veränderung des *inneren Kräfteverhältnisses* zugunsten der Arbeiterklasse und der anderen demokratischen Kräfte, zur Schaffung von Voraussetzungen für den Kampf um tiefgreifende antimonopolistische Umgestaltungen.

Der Kampf um eine demokratische Wende und der Kampf um tiefgreifende antimonopolistisch-demokratische Umgestaltungen der Macht- und Eigentumsverhältnisse sind *verschiedene Entwicklungsstadien* des antimonopolistisch-demokratischen Kampfes, die auch fließend ineinander übergehen können. Er ist Voraussetzung und auch schon eine erste Entwicklungsstufe des Kampfes um antimonopolistische Demokratie. Der Übergang zur antimonopolistischen Demokratie und damit die Einleitung des revolutionären Prozesses des Übergangs vom Kapitalismus zum Sozialismus ist offenbar in verschiedenen Varianten möglich. Dabei kann die Orientierung auf eine solche Variante an Bedeutung gewinnen, wo die Herausbildung einer antimonopolistischen Demokratie über mehrere Zwischenstufen aus dem Kampf um eine demokratische Wende hervorgeht, und beide Etappen ineinander übergehen.

So können für die Kommunisten in kapitalistischen Ländern, in denen sie bereits an der Regierung beteiligt sind, Möglichkeiten entstehen, erfolgreich zu kämpfen um die Herausbildung einer antimonopolistisch-demokratischen Staatsmacht im Sinne der qualitativen Vertiefung des antimonopolistischen Inhalts der Bündnisbeziehungen in der Regierung, insgesamt im *Staat* sowie vor allem in der *Massenbewegung* (zur Stärkung des Einflusses der Kommunisten in den genannten Bereichen sowie insgesamt zur

Veränderung des Kräfteverhältnisses zugunsten der antimonopolistischen Kräfte).

Es erweist sich als objektiv erforderlich, langfristig *demokratische Alternativforderungen* in bezug auf jene Prozesse durchzusetzen, die die gegenwärtige und zukünftige Entwicklung des staatsmonopolistischen Kapitalismus (SMK) ursächlich bestimmen. Das sind vor allem:

1. die Verstärkung des Kriegspotentials und des imperialistischen Konfrontationskurses;
2. die neue Stufe der Monopolisierung und
3. die sozialen Aspekte der raschen Produktivkraftentwicklung.

Die gegenwärtige Situation erfordert die Unterstützung aller der Erhaltung des Friedens in irgendeiner Weise dienenden Aktivitäten und die Orientierung des Hauptschlages gegen das staatsmonopolistische Rüstungskapital bzw. gegen die MIK und besonders gegen deren am meisten reaktionäre Vertreter. Der Kampf um die Begrenzung und Zurückdrängung ihrer Macht kann in vielen entwickelten kapitalistischen Ländern heute eine wichtige Zwischenstufe im Kampf um eine demokratische Wende sein.

Die Herausbildung und vor allem die Perspektive breiter Bündnisbeziehungen hängen heute mit davon ab, wie es den demokratischen Kräften gelingt, demokratische Alternativpositionen und demokratische Reformen in allen grundlegenden Bereichen des gesellschaftlichen Lebens durchzusetzen, somit das Kräfteverhältnis zu ihren Gunsten zu verändern und auf diese Weise die demokratischen Bündnisbeziehungen materiell, politisch und ideologisch zu verankern, auch ohne damit bereits das System des SMK überwinden zu können. Andererseits kann als wahrscheinlich angesehen werden, daß sich unter der uneingeschränkten Herrschaft des Monopolkapitals noch nicht vollständig jene sozialen und politischen Bündnisse unter Hegemonie der Arbeiterklasse herausbilden können, die die Kraft zur Durchsetzung tiefgreifender antimonopolistischer Umgestaltungen der Macht- und Eigentumsverhältnisse haben.

ERSTES KAPITEL

Ökonomische und politische Bedingungen für die Herausbildung alternativer Wirtschaftstheorien

1. Ökonomische Krisenprozesse

Die Entstehung alternativer Wirtschaftstheorien ist eine unmittelbare Folge der Verschärfung grundlegender Krisenprozesse des Imperialismus und der Krise der staatsmonopolistischen Wirtschaftspolitik in Verbindung mit der zyklischen Krise 1974/75. An das Instrumentarium der Wirtschaftspolitik waren bis dahin große Erwartungen geknüpft worden. Aber dieses Instrumentarium versagte 1974/75 in eklatanter Art und Weise. Wichtig wurde daher u. a. die Frage: Wie reproduzieren sich die Widersprüche des Systems in der Wirtschaftspolitik und können sie wirtschaftspolitisch bewältigt werden? Nach den bis dahin gemachten Erfahrungen wichen die Auswirkungen staatlicher Maßnahmen erheblich von den ursprünglich verkündeten Zielen ab.

Ausgangspunkt für die wirtschaftstheoretische Betrachtung ist die zyklische Krise von 1966/67, weil zwischen dieser und der folgenden Krise qualitative Veränderungen zutage traten.

„Die Wirtschaftskrise 1966/67 markiert das Ende jener Etappe der westdeutschen Wirtschaftsentwicklung, die in der offiziellen Theorie und Propaganda mit dem glorifizierenden Begriff ‚Wirtschaftswunder' umschrieben wird. Sie bedeutet das Ende einer geschichtlichen Entwicklungsphase, in der es in der Bundesrepublik zu einer relativ raschen und starken Belebung der Wirtschaftstätigkeit kam, in der die Produktionskapazitäten ausgebaut wurden und das Bruttosozialprodukt sich mehr als vervierfachte, die Profite in breiter Front anstiegen und auch der Lebensstandard sich für den größten Teil der Bevölkerung fühlbar verbesserte."[1]

Die Geschichte der ökonomischen Entwicklung des westdeutschen Kapitalismus ist die Geschichte der Verwertungsbedingungen des Kapitals in der BRD, ab Beginn der siebziger Jahre die Geschichte einer Verschlechterung der Verwertungsbedingungen. Nachdem sich die günstigen Verwertungsbedingungen für das Kapital erschöpft hatten, traten Krisenmomente stärker in den Vordergrund, wie die Krise von 1966/67 erstmals deutlich machte. Wichtigste Ursache dieser Krise war eine Überakkumulation von Kapital, die den Verwertungsprozeß blockierte. Deshalb wurde auch eine Umorientierung der Wirtschaftspolitik von mehr oder minder gezielter Subventionspolitik „auf eine Beeinflussung der gesamtwirtschaftlichen Entwicklung hin notwendig"[2]. Die Verabschiedung des Stabilitäts- und Wachstumsgesetzes 1966 und die Praktizierung der staatlichen Globalsteuerung bildeten eine wichtige Stufe beim Ausbau des wirtschaftspolitischen Instrumentariums als Reaktion auf die krisenhafte Entwicklung, hatten aber geringe Auswirkungen.

Inwieweit die Krise von 1966/67 durch wirtschaftspolitische Maßnahmen überwunden wurde, ist schwer zu beantworten. Auf jeden Fall folgte auf die Krise ein kurzer, kräftiger Aufschwung. „Die innere Dynamik der Krise und die Einflüsse des Weltmarktes waren sicherlich die beiden gewichtigsten Faktoren zur Wiederbelebung der westdeutschen Wirtschaft."[3]

Nach der zyklischen Krise von 1966/67 gab es relativ hohe ökonomische Wachstumsraten, und der Anteil des Staates am Bruttosozialprodukt erhöhte sich. Die SPD traf somit auf relativ gute ökonomische Bedingungen. Sie konnte

[1] Wirtschaftskrise und Wirtschaftspolitik, in: Beiträge des Instituts für Marxistische Studien und Forschungen (IMSF), Frankfurt a. M. 1976, S. 5.

[2] Ebenda, S. 25.

[3] Ebenda, S. 29.

außerdem der verfehlten Wirtschaftspolitik der CDU/CSU-FDP-Koalition die Krise anlasten und kurzfristig den „Nachweis“ effektiver Wirtschaftspolitik erbringen. Aber schon ab 1972 veränderte sich die Situation, weil zunehmend konjunkturstützende Maßnahmen notwendig wurden.

Der Glorienschein um diese Entwicklung und um die damals vielgepriesene staatliche Globalsteuerung verblaßte allerdings ziemlich rasch. Als sich Ende 1973 die Verwertungsbedingungen des Kapitals durch die „Ölkrise“ verschlechterten und ein neuer Konjunktureinbruch einsetzte, wurde die staatliche Wirtschaftspolitik vor eine Bewährungsprobe gestellt, die sie nicht bestehen konnte. Die Inflation beschleunigte sich, und auch eine Abstimmung der wirtschaftspolitischen Maßnahmen war nicht in erwartetem Maße möglich, weil sich die Klassengegensätze verschärften. Seit 1974 war die ökonomische Situation in der BRD durch Inflation, Massenarbeitslosigkeit und hohes Außenungleichgewicht gekennzeichnet. Mitte der siebziger Jahre stand offensichtlich fest, „daß auch das einst gefeierte Konzept der Marktwirtschaft mit Globalsteuerung weder in der Lage ist, die gesetzlich vorgeschriebenen Ziele des ‚magischen Vierecks‘ auch nur tendenziell zu erreichen, noch daß es die grundlegende Entwicklungsrichtung des kapitalistischen Krisenzyklus nennenswert beeinflussen kann“[4].

Von 1973 bis 1975 nahm die Arbeitslosigkeit beachtlich zu und hielt sich in den folgenden Jahren auf relativ hohem Niveau. Das war ein wichtiger Ansatzpunkt für das Entstehen *alternativer* wirtschaftstheoretischer Überlegungen. Vor allem auch, weil bürgerliche und manche sozialdemokratischen Ökonomen dieses Problem weitgehend ignorierten oder bagatellisierten. Es gab keine begründete Konzeption zur Bekämpfung der Arbeitslosigkeit. Ökonomische Stagnation und Inflation zeigten einen Krisenverlauf „neuen Typs, durch den nichts am Wesen der Krise verändert wird, der aber den zunehmenden Einfluß und Druck der Monopole widerspiegelt“[5].

[4] Ebenda, S. 37.
[5] Ebenda, S. 454.

Auch bürgerliche Ökonomen reagierten auf die veränderte Situation. Sie taten es mit Kritik an den Gewerkschaften, mit Forderungen nach Abbau der Löhne und Sozialleistungen, aber auch mit Bemerkungen über die Notwendigkeit einer *alternativen* Geld-, Wachstums- und Technologiepolitik. Selbst die Grenzen des staatlichen Einflusses wurden zur Disposition gestellt. Typisch für die Reaktion auf die Krise waren folgende Bemerkungen von Herbert Giersch: „Daß wir eine starke und weltweite Rezession haben, liegt wohl daran, daß wir vorher einen weltweiten inflationären Super-Boom hatten. Die Wirtschaft ist heute international stärker koordiniert.“[6]

Derart nichtssagende „Krisenerklärungen“ wurden damals häufig mit der Bemerkung verbunden, vieles von dem, „was man Widersprüche des Kapitalismus nennt, sind nicht Widersprüche des Kapitalismus, sondern Widersprüche der Wirtschaftspolitik im Kapitalismus“[7]. Damit wurde einerseits einer subjektiven Betrachtungsweise Tür und Tor geöffnet, andererseits der Apologetik der privaten Monopole in verstärktem Umfang der Weg gebahnt. Schon Mitte der siebziger Jahre war in der BRD die *privat*monopolistische Komponente des staatsmonopolistischen Kapitalismus wieder stärker in den Vordergund getreten. Da offensichtlich mit dem keynesianistischen Modell nicht die gewünschten Erfolge erreicht werden konnten, erfolgte gleichzeitig eine (Re)aktivierung anderer Theorien, vor allem monetaristischer und neoklassischer, die auch oft unter dem Sammelbegriff *neokonservativer* Theorie zusammengefaßt werden.

Ökonomischer Konservatismus wird als „Betonung des freien Unternehmertums gegen sozialstaatlichen Interventionismus und gewerkschaftliche Macht“[8] definiert.

[6] H. Giersch, Im Brennpunkt: Wirtschaftspolitik, Stuttgart 1978, S. 54.

[7] Ebenda.

[8] K. L. Shell/K. D. Frankenberger, Die konservative Stimmvielfalt, in: Frankfurter Allgemeine Zeitung (Frankfurt a. M.) vom 8. 12. 1984, S. 9.

Die von der neokonservativen Ideologie beeinflußten kapitalistischen Länder haben zwar auf Teilgebieten, vor allem im sozialen Bereich, den Staatseinfluß vermindert und auch Veränderungen in den Formen des Staatseinflusses durchgeführt, aber keineswegs die staatliche Tätigkeit in der Wirtschaft von Grund auf beschränkt. Die Verringerung der staatlichen Ausgaben war primär eine Folge der ungünstigen ökonomischen Entwicklung. Die These von den ausgeglichenen Staatshaushalten bleibt aber langfristig ein frommer Wunsch. Der heutige Kapitalismus kann ohne Staatsdefizite das monopolistische System nicht sichern. Klar ist auch, zu wessen Gunsten der Staat primär eingreift, weniger klar sind die Effekte.

Nach einer Periode des ökonomischen Wachstums bei anhaltend hoher Arbeitslosigkeit kam es schließlich zu Beginn der achtziger Jahre zu einer neuen zyklischen Krise.

2. Die Krise von 1980 bis 1983

Die Krise von 1980/83 war durch einen stärker ausgeprägten *Doppelcharakter* als die Krise von 1974/75 bestimmt. Sie war einerseits eine zyklische Überproduktionskrise, andererseits übertraf sie in Wirkungen und Wechselbeziehungen eine normale zyklische Krise. Treffend charakterisierte sie H.-J. Höhme: ... „in ihr traten nicht nur die relativ kurzfristigen, zeitweiligen Verschärfungen und Lösungen der aus dem Grundwiderspruch des Kapitalismus erwachsenden Konflikte zutage. In ihr drängten auch Prozesse einer längerfristigen und qualitativen Verschärfung dieses Grundwiderspruchs, der Vertiefung der inneren Labilität des Imperialismus in Gestalt vielfältiger, über die Dauer eines Zyklus oder mehrerer Zyklen hinaus wirksamer Krisenprozesse an die Oberfläche.

Die Krise 1980/83 ist somit als eine zyklische Überproduktionskrise zu charakterisieren, die sich unter den Bedingungen einer länger währenden, bereits seit der ersten Hälfte der siebziger Jahre anhaltenden Umbruchphase in der kapitalistischen Weltwirtschaft ... vollzog. Insoweit besteht auch eine enge Beziehung zur vorausgegangenen Krise 1974/75, die bereits der erste Kulminationspunkt dieser Umbruchphase war.

In einigen der jüngsten Einschätzungen marxistischer Wirtschaftswissenschaftler der DDR ist die jetzige, über den Rahmen der zyklischen Widerspruchsentfaltung hinausgehende wirtschaftliche Krisensituation auch als Regulierungskrise bezeichnet worden. Diese Meinung ... erscheint deshalb berechtigt, weil in der derzeitigen Häufung und Zuspitzung von Krisenprozessen die Grenzen und Widersprüche des gegenwärtigen kapitalistischen Regulierungsmechanismus immer spürbarer zutage treten, weil in der Zuspitzung der Regulierungsproblematik der Kern der besonderen Verflechtung zwischen vertiefter allgemeiner Krise und zyklischen Widersprüchen zu sehen ist.

Die Überproduktionskrise fand unter den Bedingungen eines sich verschärfenden Grundkonflikts statt, der bereits vor ihrem Beginn wirksam war und weit über sie hinaus die ökonomische und soziale Entwicklung des Kapitalismus mit prägen wird, nämlich des Widerspruchs zwischen der zunehmenden Anwendung der Ergebnisse der wissenschaftlich-technischen Revolution und den immer spürbarer werdenden Grenzen, die der Bewältigung der daraus entstehenden Anforderungen und Verwertungsprobleme durch das Profitsystem gesetzt sind."[9]

Die Krise von 1980/83 war mehr von ökonomischen, politischen und sozialen Krisenerscheinungen und Konflikten gekennzeichnet als alle anderen zyklischen kapitalistischen Wirtschaftskrisen nach dem zweiten Weltkrieg. Besonders schwerwiegend war, „daß die gegenwärtig herrschenden Gruppierungen der Monopolbourgeoisie in einigen imperialistischen Ländern, vor allem in den USA, den Aus-

[9] H.-J. Höhme, Zu den Merkmalen und zur Rolle der kapitalistischen Weltwirtschaftskrise 1980/83, in: IPW-Berichte, 2/1984, S. 1/2.

weg aus der zunehmenden inneren Labilität und Krisenhaftigkeit ihres Wirtschafts- und Gesellschaftssystems und eine Korrektur des in den letzten Jahrzehnten zuungunsten des Imperialismus veränderten internationalen Kräfteverhältnisses durch einen Kurs forcierter politischer Konfrontation und Hochrüstung zu erzwingen suchten. Dies hat wesentlich zur akuten Zuspitzung der chronischen Krise der kapitalistischen Staatsfinanzen beigetragen und insbesondere auf diesem Wege verschärfend auf die ökonomische Krisensituation gewirkt, weil die hohen Rüstungsausgaben zu Lasten der staatlichen Investitionen in den Bereichen der Infrastruktur und gesellschaftlichen Konsumtion sowie der Sozialleistungen und anderer für das Leben der Bevölkerung bedeutsamer Ausgaben des Staates weiter erhöht wurden.

Gleichzeitig werden solche wirtschaftlichen Prozesse wie die Hochrüstung, die Staatshaushaltskrise, die kapitalistische Anwendung des wissenschaftlich-technischen Fortschritts oder die Konflikte in den internationalen Finanz- und Währungsbeziehungen wegen ihrer politischen Brisanz auch immer mehr zum Gegenstand innen- und außenpolitischer Auseinandersetzungen. Sie sind mit dem stärkeren Einsatz wirtschaftspolitischer Maßnahmen als Mittel der Außenpolitik verbunden oder werden zum unmittelbaren Feld sozialer Kämpfe.

Die skizzierten Prozesse, vor allem die Verflechtung zwischen der Entladung der zyklischen Widersprüche der kapitalistischen Reproduktion und der Verschärfung vielfältiger längerfristig wirksamer Krisenprozesse, schlugen sich im Verlauf und Erscheinungsbild der Krise 1980/83 nieder. Sie trugen wesentlich zu einer vom bisher dominierenden Krisenbild abweichenden Deformierung des Verlaufs der zyklischen Krisenphase bei, die sich sowohl auf den Übergang in die Krise als auch auf deren weitere Entfaltung und schließlich auf die Art des Herauskommens aus der Krisenphase erstreckte.

Hatte die Entfaltung der Krise 1974/75 noch im wesentlichen dem bisher dominierenden Bild mit einem überwiegend schnellen und durchgängigen Absinken der Produktion und einem zunächst relativ raschen Übergang in die konjunkturelle Belebung geähnelt, so verlief die Krise 1980/83 untypisch. Unter dem Einfluß der vielfältigen längerfristigen Widersprüche und Disproportionen setzte sich damit offensichtlich eine Tendenz zur Deformierung der zyklischen Phasen weiter fort, die bereits den Ablauf der Belebungs- und Aufschwungphase zwischen diesen beiden Krisen gekennzeichnet hatte. Auf eine anormal verlaufende aufsteigende Phase des Zyklus folgte somit auch eine deformierte, von dem bisherigen Bild abweichende Krisenphase."[10]

Diese Veränderungen im Zyklus und die vielgestaltigen Verflechtungen von zyklischer Krise und langfristigen Krisen lösten viele und sehr unterschiedliche Reaktionen in der bürgerlichen Ökonomie aus. Der Westberliner Ökonom Hans-Jürgen Krupp beschrieb die Situation so: „Unsicherheit, Schuldzuweisungen und Selbstblockade lähmen gegenwärtig die wirtschaftspolitische Diskussion. Nur falsche Propheten haben Hochkonjunktur. Natürlich haben alle Heilslehren einen wahren Kern. Das Problem liegt in der Einseitigkeit, mit der hier Ursachenanalyse betrieben wird und Therapievorschläge gemacht werden; eine Einseitigkeit, die in der Vernachlässigung anderer, mindestens ebenso wichtiger Faktoren verhängnisvolle Auswirkungen hat."[11]

Diese Problematik wird später detailliert erörtert (Vgl. Kapitel 2).

3. Entwicklung des Kapitalismus nach der zyklischen Krise von 1980 bis 1983

Nach Ende der zyklischen Krise 1980/83 begann ein neuer Aufschwung, der durch große Unsicherheit und Widersprüchlichkeit gekennzeichnet ist. Der Aufschwung wurde

[10] Ebenda, S. 4.

[11] H.-J. Krupp, Irrwege und Heilslehren, in: Wirtschaftswoche (Düsseldorf), 8/1982, S. 12.

behindert durch tiefgreifende, langfristige strukturelle Krisenerscheinungen. Besonders destabilisierenden Einfluß auf die Wirtschaftsentwicklung hatten die Krise der Staatsfinanzen und die kapitalistischen Geld- und Kreditkrisen.

Ab Ende 1983 verlief der Aufschwung in den USA und in Japan rascher als in Westeuropa. Die BRD hatte in der Industrieproduktion den Vorkrisenstand erreicht. In Italien und Frankreich hielt die Depression an. Die USA hatten eine dominierende Position im kapitalistischen Finanz- und Währungssystem inne; die Aufschwungkräfte waren vornehmlich binnenwirtschaftliche, wogegen der Export durch den hohen Dollarkurs gehemmt war. Japan bewies zunehmend eine hohe internationale Konkurrenzfähigkeit, und der Export war die entscheidende Konjunkturstütze. Für die BRD, Frankreich, Großbritannien und Italien ergaben sich „durch die schwache Ausweitung der kaufkräftigen Nachfrage auf den Binnenmärkten auch dämpfende Einflüsse auf das Wachstum des Warenexports“ [12].

Die Grundlagen der binnenwirtschaftlichen Entwicklung waren labil, weil sich die Ausdehnung des privaten Verbrauchs kaum auf eine reale Vergrößerung der Löhne und Gehälter stützen konnte. Die zyklische Aufwärtsbewegung war labiler als nach der Krise 1974/75, nach der die Masseneinkommen deutlich angestiegen waren. Die Unternehmensinvestitionen gewannen als innere Nachfragefaktoren an Bedeutung. In der BRD stiegen besonders die Ausrüstungsinvestitionen (1983 real +5,8 %). Rationalisierung und Modernisierung standen vor Erweiterungsinvestitionen.

Bei der Industrieproduktion gab es in den meisten OECD-Ländern 1983 den stärksten Anstieg seit 1979. Es werden allerdings auch die widersprüchlichen Wirkungen des wissenschaftlich-technischen Fortschritts deutlich:

- Verlängerung von Strukturkrisen in wichtigen Industriezweigen (vor allem Stahlindustrie),

[12] Perspektiven der Wirtschaftsentwicklung imperialistischer Länder im Jahre 1985, in: IPW-Berichte, 1/1985, S. 1/2.

– Konkurrenzpositionen auf dem Weltmarkt hängen immer stärker von der raschen Entwicklung der Elektronik und ihren Anwendungsbereichen ab.

Beachtenswert ist eine beschleunigte Konzentration und Zentralisation des Kapitals. Die Welle von Firmenpleiten, 1983 durch das hohe Zinsniveau sowie durch eine restriktive Praxis der Monopolbanken bei der Kreditvergabe ganz besonders forciert, „hat bereits einen großen Teil kleinerer und erst seit kurzer Zeit bestehender Unternehmen mit schwacher Konkurrenzposition hinweggespült ... Zu den meisten Bankrotten kam es im Handel, Bauwirtschaft, Maschinenbau und in anderen Bereichen, in denen sich monopolistische Machtpositionen noch nicht verfestigt haben.“ [13]

Die Zahl bedeutender Firmenfusionen und Kooperationsverflechtungen in Schlüsselindustrien zeigt, daß die Monopole bei Nutzung der widerspruchsvollen Bedingungen der zyklischen Belebung die Zentralisation des Kapitals weiter vorangetrieben haben, unter gleichzeitiger Verstärkung der Rationalisierungsbemühungen. „Die für die Krisenjahre charakteristische Verbindung von umfassender kapitalistischer Rationalisierung, hoher und schnell wachsender Arbeitslosigkeit, Reallohnstagnation und -rückgang, fortschreitendem Sozialabbau und Angriffen auf die Rechte der Arbeiterklasse bleiben in der Grundtendenz voll wirksam ... Die Verschlechterung der Lage der Arbeiterklasse und das soziale Klima in den meisten imperialistischen Ländern wurden insbesondere dadurch bestimmt, daß die Massenarbeitslosigkeit auch 1983 Krisenausmaße beibehielt und 1984 weiter anstieg. Sie bleibt damit auch im neuen Krisenzyklus das entscheidende soziale Konfliktfeld.“ [14]

Im Jahre 1984 waren in der Europäischen Gemeinschaft (EG) 11 % der Erwerbsbevölkerung arbeitslos. Am stärksten war der Anstieg der Arbeitslosigkeit in der BRD

[13] Jahresbericht 1984. Zur Wirtschaftslage imperialistischer Länder, in: IPW-Berichte, 8/1984, S. 29.

[14] Ebenda, S. 32.

(mit 23,2 %), wo sie 1984 2,3 Mio erreichte. Im Mittelpunkt der Auseinandersetzung zwischen Gewerkschaften und Monopolkapital stand und steht der Kampf um bessere *Beschäftigungsmöglichkeiten.* Die Streiks in den Bereichen Druck und Papier sowie Metall im Sommer 1984 brachten Teilerfolge bei der Arbeitszeitverkürzung.

Die anhaltende Krise der Staatsfinanzen, das hohe und steigende Zinsniveau „hatte vielfältige Wirkungen, die von zusätzlichen Hemmungen für die Investitionsbelebung bis zu erhöhten Belastungen und Risiken für die internationalen Kreditbeziehungen reichten. Die drückenden Schuldprobleme der Entwicklungsländer mit ihren Folgen für die Kreditströme, die Zinsentwicklung und v. a., die soziale Lage in diesen Ländern bestehen unvermindert fort ... Eine akute Zuspitzung der Auseinandersetzungen um Finanzierungsprobleme der EG verschärfte die Interessenkonflikte im westeuropäischen Zentrum des Imperialismus. Und nunmehr zeichnet sich seit einigen Monaten auch wieder eine Beschleunigung des Inflationstempos ab, das sich während der zyklischen Krise verlangsamt hatte."[15]

In keinem imperialistischen Land gibt es aber staatliche Beschäftigungsprogramme oder andere Maßnahmen zur sozialen Sicherung der Werktätigen vor den Folgen der profitorientierten und anarchischen Wirtschaftsentwicklung, statt dessen werden mittel- und langfristige Produktions- und Entwicklungsprogramme für Waffensysteme entwickelt, erfolgt ein Abbau von Leistungen, gibt es kurzfristige staatliche Maßnahmen und längerfristige Programme „zur Förderung von Investitionen und Innovationen, also zur Stimulierung der Kapitalakkumulation, zur Überwälzung der durch die Krise bedingten Kapitalentwertung auf die Masse der Werktätigen"[16].

Die Wiederbelebung der USA-Wirtschaft wird auf die staatliche Wirtschaftspolitik zurückgeführt. In Wahrheit verläuft die ökonomische Entwicklung im Kapitalismus

[15] Ebenda, S. 32/33.
[16] Ebenda, S. 35.

nach wie vor gesetzmäßig, in einem Wechsel von Auf- und Abwärtsbewegung. Für viele Menschen in den USA ist der Aufschwung wenig erfolgreich. Rigoroser Beschäftigungsabbau, Lohndruck u. a. beweisen das.

Die Rationalisierungspolitik der Monopole äußert sich für die Werktätigen der BRD und anderer imperialistischer Länder vor allem in der Zuspitzung folgender sozialer Widersprüche:

1. in den wachsenden Anforderungen an die Arbeitskraft, vor allem hinsichtlich ihrer Mobilität und Disponibilität, einerseits und in der klassenmäßigen Beschränktheit der von Unternehmern und Staat dazu eingeleiteten Maßnahmen andererseits;

2. in den immer offensichtlicher werdenden Widersprüchen zwischen den mit der wissenschaftlich-technischen Revolution schnell wachsenden faktischen und potentiellen Möglichkeiten zur Erleichterung der Arbeit, zur Vermehrung von Freizeit und zur Schaffung größerer materieller Werke einerseits und der monopolistischen Verkehrung dieser Möglichkeiten in verschärfte Ausbeutung und Arbeitshetze, Unsicherheit und Druck auf die Reallöhne andererseits;

3. in der Tatsache, daß große Teile der Werktätigen von den weitgreifenden Folgen dieser Prozesse unmittelbar betroffen sind, jedoch gleichzeitig von echter Mitbestimmung über diese entscheidenden Fragen ausgeschlossen werden.

Die durch die Rationalisierung verschärften sozialen Probleme treffen einzelne Gruppen der Arbeiter und Angestellten auf sehr unterschiedliche Art und Weise.

Jahrelang war eine Reallohnsenkung in der BRD zu beobachten. Deutlich aggressivere Verhaltensweisen in der Strukturwirtschaftspolitik werden von den Monopolen praktiziert. Die Rückwirkung der zyklischen Krise ist auf einige Bereiche negativ, auf andere positiv. Die Rüstungsausgaben stiegen auch in der Krise, und das Anpassungsvermögen des Kapitalismus verringerte sich. In der Krise 1980/83 verschärften sich die Wechselwirkungen von

Ökonomie und Politik in qualitativer Weise. Hohe Kapitalvernichtungen betrafen auch große Konzerne. Welches Kapital vernichtet wird, hängt aber vom Kräfteverhältnis der verschiedenen Unternehmensgruppierungen ab.

Auch im Jahre 1984 war von einem besser abgestimmten Verhalten der wirtschaftspolitischen Organe nicht zu sprechen. Finanz- und Geldpolitik wirkten eher *gegen*- als miteinander zu Lasten von Wirtschaftswachstum und Beschäftigung. Deshalb sah sich Herbert Giersch veranlaßt, von einem Europessimismus zu sprechen, von einem Gespenst, das „reale Substanz" hat. Die reale Substanz besteht in der „schlimmen wirtschaftlichen Lage, leicht zu beschreiben durch düstere Stichworte:

- Massenarbeitslosigkeit, fast wie in der Zwischenkriegszeit;
- ungenutzte Sachkapazitäten überall in der Industrie;
- eine Rezession, die hartnäckiger war als alle Schwächeperioden seit 1945;
- eine Beinahe-Stagnation im Wachstum des Produktionspotentials;
- Unternehmenszusammenbrüche auf breiter Front;
- internationale Finanzkrisen und
- ein weltweiter Marsch in den Handelsprotektionismus, der alles nur zu verschlimmern droht: das Brachliegen der Arbeitskräfte und der Kapazitäten, die Absatz- und Investitionsrisiken und die Finanzkrisen."[17]

Diese Tatbestände und Tendenzen erfuhren auf dem 9. Plenum des ZK der SED mit Blick auf die künftige Entwicklung eine prinzipielle Einschätzung. Es wurde festgestellt, daß sich die Wirtschaft der kapitalistischen Welt 1984 trotz der Konjunktur höchst bedenklich entwickelte: „Die Perspektive einer baldigen neuen Krise ist um so wahrscheinlicher, als nicht nur die seit Jahren andauernden Strukturkrisen in der Eisen- und Stahl-

[17] H. Giersch, Die Bundesrepublik und die USA. Wirtschaftssysteme und Zukunftschancen, in: Jahrbuch für Sozialwissenschaft (Göttingen), Bd. 35, 2–3/1984, S. 293.

industrie, im Schiffbau und anderswo sich immer mehr zuspitzen, sondern auch eine spezielle Krise auf dem Finanzsektor ausgebrochen ist."[18]

Die bürgerliche Ökonomie glaubt einen Ausweg aus dieser Misere durch den Verweis auf die „langen Wellen" gefunden zu haben, die auf Joseph A. Schumpeter zurückgeführt wurden. Schumpeter hatte nachdrücklich auf die *Innovation* verwiesen und eine Innovationsforschung begründet, die seither eine enorme Verbreitung und Präzisierung erfahren hat und auch propagandistisch immer mehr in den Vordergrund der Apologetik geschoben wird.[19]

Schumpeter hatte in seinem 1912 veröffentlichten Buch „Theorie der wirtschaftlichen Entwicklung" von „Neuerungen" gesprochen. 1939 erschien Schumpeters Werk „Business Cycles", in dem der Ausdruck „innovation" benutzt wird. Diese Arbeit wurde ins Deutsche übersetzt, der Terminus „innovation" aber beibehalten und allmählich in den wirtschaftswissenschaftlichen deutschen Wortschatz eingegliedert.

Heute wird zwischen Basisinnovationen, Produkt- und Prozeßinnovationen sowie Scheininnovationen unterschieden.[20]

Unter Innovation wird der Prozeß der Durchsetzung technischer Erfindungen bis zu ihrer wirtschaftlichen Nutzung verstanden. Der Prozeß reicht von der Idee bis zu ihrer Realisierung.

Die kapitalistischen Manager sind der Meinung, daß auf relativ gesättigten Märkten die ökonomische Dynamik nur durch Innovationen erhalten werden kann. Der Wandel von der „Preis-" zur „Qualitätskonkurrenz" sei dafür ein Indiz. Damit soll ausgedrückt werden, daß der Ausgang der Konkurrenz unter den Bedingungen der relativen

[18] E. Honecker, Aus dem Bericht des Politbüros an die 9. Tagung des ZK der SED, Berlin 1984, S. 17/18.

[19] Vgl. A. Schumpeter, Theorie der wirtschaftlichen Entwicklung, München 1913, S. 158.

[20] Vgl. u. a.: G. Mensch, Das technologische Patt, Frankfurt a. M. 1977.

Marktsättigung mehr von den Gebrauchswerteigenschaften als durch den Arbeitsaufwand entschieden wird.

Die Sicherung langfristiger Profite hängt in der Tat unter den Bedingungen der wissenschaftlich-technischen Revolution zunehmend von der Entwicklung forschungsintensiver Erzeugnisse und Technologien ab. Nur Länder und Unternehmen mit hohem wissenschaftlich-technischem Leistungsstand sind imstande, im internationalen Konkurrenzkampf zu bestehen. Technologischer Höchststand und neue Erzeugnisse prägen mehr und mehr die Auseinandersetzung zwischen den imperialistischen Staaten auf dem Weltmarkt.

Durch die Einführung von Innovationen in das Unternehmen und das Auftreten mit Neuerungen auf dem Markt sollen die inneren und äußeren Bedingungen der Unternehmen rationeller gestaltet und somit besser beherrschbar werden. Die Frage ist aber, ob auf diese Weise, vor allem durch einen breit angelegten technologischen Schub, der Kapitalismus *langfristig* wieder auf den Wachstumspfad gebracht werden kann, wie es die Anhänger der Theorie von den langen Wellen verkünden.

Die durchgängige Nutzung der Mikroelektronik in der Volkswirtschaft, die Revolution im Nachrichten- und Kommunikationswesen, die Büroautomatisierung und die Entwicklung der Biotechnologien werden nicht nur zu einem Anschwellen der Massenarbeitslosigkeit mit negativer Wirkung auf die Massenkaufkraft führen, sondern auch die Produktion in vielfacher Hinsicht ausdehnen und verändern. Diese Entwicklung wird aber von der Kapitalverwertung bestimmt und nicht von der Technik. Deshalb ist keine langfristige Wachstumsphase mit erneut hoher (Voll-)Beschäftigung zu erwarten. Neue Möglichkeiten der Kapitalverwertung werden auch künftig nur bei massenhafter Kapitalentwertung genutzt werden, und auch bei einer Welle von Innovationen werden die ökonomischen Gesetze des Kapitalismus zu einem Anhalten langfristiger Krisen führen.

Das kapitalistische Versagen der keynesianistischen

Globalsteuerung und der Verzicht der Schmidt-Regierung auf wichtige Instrumente der globalen Steuerung waren wichtige Anzeichen für gravierende Veränderungen in der ökonomischen Situation in der BRD (vgl. dazu vor allem Kapitel 3, Punkt 5). Die Memorandenökonomen gehörten zu jenen Wissenschaftlern, die diesen Umbruch frühzeitig erkannten und in ihren ersten Publikationen einschätzten.

Von besonderer Bedeutung für die Bewertung der Memorandenposition ist natürlich ihre Darstellung des *kapitalistischen* Monopols und des *imperialistischen Staates*.

Die Memorandenökonomen haben das kapitalistische Monopol mehrfach bestimmt, besonders ausführlich im Memorandum 1980. Sie erklären dort, daß es unter materialistisch orientierten Wissenschaftlern noch nicht möglich scheint, einen theoretisch präzisen Monopolbegriff zu definieren. Daher wird von ihnen versucht, nur einige wesentliche Elemente eines Monopolbegriffs anzureißen. Im einzelnen werden folgende Dimensionen des Monopols angeführt:

- geringe Anbieterzahl, d. h. geringe Zahl derer, die Zugang zu bestimmten günstigen Verwertungsbedingungen haben;
- hoher Konzentrationsgrad;
- hohe absolute Unternehmensgröße;
- hohe Marktzutrittsschranken;
- Einflußmöglichkeiten auf Politik und Wirtschaft außerhalb des Unternehmens;
- langfristiges Bestehen einer überdurchschnittlichen Profitrate.

Mit diesen Feststellungen wenden sich die Memorandenökonomen gegen oberflächliche Monopolerklärungen und beziehen grundlegende Merkmale in die Monopoldefinition ein. Ausgespart wird die Tatsache, daß das kapitalistische Monopol auch und vor allem ein *Produktions-* und *Herrschaftsverhältnis* ist, das ökonomische und außerökonomische Gewalt anwendet und alle Bereiche der Gesellschaft durchdringt.

Im Unterschied zum kapitalistischen Monopol finden sich zum *Staat* keine generalisierenden Feststellungen. Deshalb muß hier betont werden, daß im Interesse einer eindeutigen Bewertung staatlicher Maßnahmen im Imperialismus sowie der Möglichkeiten ihrer Beeinflussung stets vom klassenmäßigen Gehalt ausgegangen werden muß und der Staat – bei aller Vielschichtigkeit – als politisches Organ der Monopolbourgeoisie betrachtet werden muß. Erst nach dieser grundsätzlichen Bemerkung ist es möglich und notwendig, ausgehend z. B. von der *relativen Selbständigkeit* des Staates, die Einwirkungsmöglichkeiten der gegensätzlichen Klassenkräfte auf den Staat, auch der Arbeiterklasse und ihrer Organisationen, hinreichend zu erläutern.

4. Die politische Linke und ihre neuere Entwicklung

Die Entwicklungstendenzen in der bürgerlichen Ökonomie, auch die der *alternativen* Wirtschaftstheorie, verlaufen natürlich keineswegs isoliert von der *politischen* Bewegung, sondern sind in vielfacher Weise Element dieser Bewegung und deshalb nur vor dem Hintergrund politischer Abläufe verständlich. Alternative Wirtschaftspolitik wird häufig als „linke“ Politik, als Politik der „Linkskräfte“ definiert. Daher ist vorrangig zu fragen, was verstehen wir heute unter „Linkskräften“, und welche Ziele steuern diese Kräfte an?

Die „Linkskräfte“ zu definieren, bereitet erhebliche Schwierigkeiten, weil sich in Abhängigkeit von den jeweiligen konkret-historischen Bedingungen *mittel-* und *langfristig* immer wieder Veränderungen innerhalb dieser Kräftegruppierung ergeben und weil höchst unterschiedliche Vorstellungen darüber existieren, wer zu ihnen gehört.

Willy Brandt verwandte auf dem Essener Parteitag der SPD 1984 den Begriff „demokratische Linke“ und sprach sich dafür aus, daß diese Linke „größere Anstrengungen machen muß als die Rechte, um in die Vorhand zu kommen"[21]. Peter Glotz betonte in seiner Stellungnahme zur Friedensbewegung, die „Linke" dürfe sich in der Sicherheitspolitik nicht „vor falsche Alternativen stellen lassen"[22]. Unter „Linken" versteht er die „großen Organisationen", Sozialdemokratie und Gewerkschaften.[23]

Brandt und Glotz verwenden somit den Begriff „Linkskräfte" in einem sehr umfassenden und traditionellen Sinne, obwohl gerade Glotz Veränderungen in der sozialen Struktur betont.[24]

Glotz entwickelte in seinem Buch „Die Arbeit der Zuspitzung" Vorstellungen über die Entwicklung der SPD zum organisierenden Zentrum einer regierungsfähigen Linken in der BRD. Demnach soll die Arbeiterbewegung einen hegemoniefähigen historischen „Block" bilden. Auch der Begriff „neue Wählerkoalition" findet Verwendung bei Glotz.[25] In diesem Block oder dieser „Koalition" sollen auch die „dynamischen Unternehmer" mitwirken. Glotz favorisiert somit das politische Bündnis mit nichtmonopolistischen Unternehmern. Damit bekennt sich Glotz als Anhänger des bürgerlichen Ökonomen Joseph Schumpeter.[26] Er betont, daß die „Unternehmerfunktion" bisher keineswegs veraltet sei, denn nach wie vor „revolutionieren Unternehmer die Produktionsstruktur entweder durch die Ausnutzung einer Erfindung oder einer noch unerprobten technischen Möglichkeit zur Produktion einer neuen Ware bzw. zur Produktion einer alten auf eine neue Weise oder durch die Erschließung einer neuen Roh-

[21] Vorwärts (Bonn) vom 24. 5. 1984, S. 15.

[22] P. Glotz, Die Linke und die Friedensbewegung, in: Die Neue Gesellschaft (Bonn – Bad Godesberg), 1/1984, S. 14.

[23] Ebenda.

[24] Vgl. P. Glotz, Die Arbeit der Zuspitzung, Berlin (West) 1984.

[25] Sozialismus. Marxistische Zeitschrift, hg. von der Sozialistischen Studiengruppe (SOST), Hamburg, 10/1984, S. 42. – Glotz bezeichnete schon 1982 den aktiven und wissenshungrigen Arbeiter als eine Leitfigur der Linksparteien (vgl. P. Glotz, Die Beweglichkeit des Tankers, München 1982, S. 18).

[26] Vgl. Sozialismus. Marxistische Zeitschrift, hg. von SOST, 10/1984, S. 43.

stoffquelle oder eines neuen Absatzgebietes oder durch die Reorganisation einer Industrie“[27].

Von solchen Begriffsbestimmungen der „Linken“ heben sich andere deutlich ab. Das zeigen die Herforder Thesen der Jungsozialisten, in denen es heißt: „Während die staatlichen Strukturen im heutigen Kapitalismus durch wachsende Konzentration der politischen Macht, Verbürokratisierung und das Überhandnehmen antidemokratischer Tendenzen gekennzeichnet sind, muß sich das Interesse der Linken gerade auf eine größtmögliche Öffnung aller Ebenen und Bereiche für demokratische Initiativen der Bevölkerung richten.“[28]

Die Jungsozialisten orientieren also auf demokratische Aktivitäten gegen das kapitalistische System. Ihnen geht es um eine „Transformation des Staates“ bei „Transformation der Gesellschaft“.

Diese Zielstellung unterscheidet sich von der von Marx und Engels, die im Gegensatz zu Bernstein oder Kautsky keine demokratische Umwandlung des kapitalistischen Staates, sondern die Zerschlagung des Staates forderten. In einem Brief von Marx an Kugelmann heißt es: „Wenn Du das letzte Kapitel meines ‚Achtzehnten Brumaire‘ nachsiehst, wirst Du finden, daß ich als nächsten Versuch der französischen Revolution ausspreche, nicht mehr wie bisher die demokratisch-militärische Maschine aus einer Hand in die andere zu übertragen, sondern sie zu zerbrechen, und das ist die Vorbedingung jeder wirklichen Volksrevolution auf dem Kontinent.“[29]

Der Vorsitzende der DKP, Herbert Mies, erklärte anläßlich des vor 50 Jahren an der Saar geschlossenen Einheitsfrontabkommens, heute gelte es über alle Meinungsverschiedenheiten hinweg den Kampf für eine einheitlich handelnde Arbeiterklasse zu führen. Er appellierte an die

[27] Ebenda, S. 41.
[28] Herforder Thesen, in: Zeitschrift für sozialistische Politik und Wirtschaft, Berlin (West), Sonderheft 1980, S. 41.
[29] K. Marx, Brief an Ludwig Kugelmann vom 12. 4. 1871, in: MEW, Bd. 33, Berlin 1966, S. 205.

Sozialdemokraten, für ein Bündnis aller Linkskräfte in der BRD einzutreten. Trotz aller prinzipiellen Unterschiede zwischen Kommunisten und Sozialdemokraten sei eine Annäherung in jüngster Zeit in einigen Fragen offenkundig, vor allem in der Friedensfrage. Diese Feststellung orientiert auf zwei grundlegende Elemente: Überwindung von Meinungsverschiedenheiten unter den Linken und Sicherung des Friedens. Sie ist geeignet, zur Stabilisierung der Linkskräfte beizutragen, nach Etablierung der CDU/CSU-FDP-Koalition und der Expansion des politisch-ideologischen Neokonservatismus eine wesentliche Aufgabenstellung!

Die Bildung der CDU/CSU-FDP-Regierung im Jahre 1982 war kein Zufall. In einer Situation sich verschärfender ökonomischer und politischer Krisen bestand für das Monopolkapital ein ökonomischer Zwang zur politischen „Wende". Die SPD-FDP-Regierung hatte u. a. die Aufgabe zu erfüllen, unter den Bedingungen eines relativ kontinuierlichen Wirtschaftswachstums die allgemeinen politischen Rahmenbedingungen für die kapitalistische Produktion sicherzustellen und gleichzeitig befriedend auf die Arbeiterklasse einzuwirken. Bei sinkenden Wachstumsraten, neuen strukturellen Krisen und harten Verteilungskämpfen mußte die SPD die Regierung verlassen, um rigidere Krisenlösungen zu ermöglichen: „Dieser Prozeß war so reibungslos nur möglich, weil die SPD es versäumt hatte, *in* der Krise Bewußtsein über deren Ursachen und grundlegende Bekämpfung zu entwickeln. So war der Demagogie reaktionärer Krisenlösungskonzepte Tür und Tor geöffnet. Geschichte wiederholt sich: die Verschärfung der kapitalistischen Krise ohne entwickeltes Bewußtsein ihrer Opfer führt zur Stärkung der politischen Rechtskräfte."[30]

Der Verzicht auf Konfrontation mit dem Finanzkapital hat sich für die SPD negativ ausgewirkt und das Bewußt-

[30] G. Beling/O. Scholz, Nach dem Scheitern des „Godesberger Weges", in: Zeitschrift für sozialistische Politik und Wirtschaft, Juni 1983, S. 213.

sein vieler Menschen deformiert. Das soll aus der Sicht der linken Kräfte, zu denen auch die „Demokratischen Sozialisten" um Hansen und Coppik (in einer bestimmten Periode) zählen, verändert werden. Die „Demokratischen Sozialisten" sind hier insofern von Interesse, als sie typische Bewegungstendenzen der Linken demonstrieren. Sie hatten als Kritiker der Schmidt/Genscher-Regierung bei unzufriedenen Sozialdemokraten zunächst einen bestimmten Nährboden, aber nach den Bundestagswahlen vom 6. März 1983 wurde ihr Handlungsspielraum durch die Oppositionsrolle der SPD stark eingeschränkt. Nach Ansicht einflußreicher Linkskräfte sind die „Demokratischen Sozialisten" als Auffangbecken für enttäuschte Sozialdemokraten überflüssig geworden, weil die SPD-Führung ihre Politik der Integration systemkritischer Kräfte intensiviert hat.[31]

Häufig werden auch „Die Grünen" als Linkskräfte charakterisiert. Diese Partei wurde bekanntlich offiziell am 12./13. Januar 1980 in Karlsruhe gegründet, und zwar als Reaktion auf ökologische, ökonomische, soziale und politische Krisenerscheinungen in der BRD und mit antimonopolistischer Tendenz. Ihre soziale Basis ist vielfältig. Von besonderer Bedeutung sind die lohnabhängigen Mittelschichten und die Intelligenz (vgl. Exkurs, S. 60/61).

Die meisten Linkskräfte betonen die Notwendigkeit einer Politik zur Abwehr von Krisen „aller Art, einer Politik, die diesseits der Systemfrage" angesiedelt ist, also ohne Stellung der Eigentumsfrage, wie der SPD-Politiker Peter von Oertzen betont.

Die Linken in der SPD haben, wie gerade von Oertzen feststellt, kein fest umrissenes Programm. Alternative Wirtschaftsinstrumente werden verschieden bewertet. Fragen der Durchsetzung von Alternativforderungen werden weitgehend ausgeblendet. Ein politökonomisches Konzept gesellschaftlich kontrollierter Technologieentwicklung fehlt bisher. Es existiert auch kein Programm alternativer

[31] Vgl. Ch. Butterwegge, Die Demokratischen Sozialisten — wie weiter?, in: Zeitschrift für sozialistische Politik und Wirtschaft, Juni 1983, S. 231.

Sozialpolitik. Oertzen hat vorgeschlagen, einen politökonomischen Minimalkonsens[32] für ein alternatives Wirtschaftskonzept der SPD-Linken zu formulieren, um Maßnahmen gegen Dauerarbeitslosigkeit umzusetzen. In der SPD existiert insgesamt kein Konzept gegen kapitalistische Krisenwirtschaft und konservative Krisenapologetik.

Ausgehend vom bisher Angeführten kann festgestellt werden: Unter „Linkskräften"[33] in imperialistischen Ländern verstehen wir jene politischen Kräfte, Organisationen, Gruppen und einzelne Persönlichkeiten, die von antimonopolistischen Positionen aus für Frieden, Veränderungen in der Politik und für sozialen und demokratischen Fortschritt eintreten. Der Begriff „Linkskräfte" ist stets historisch-konkret zu fassen. In der gegenwärtigen politischen Situation geht es darum, „wer die reaktionären Entwicklungstendenzen des staatsmonopolistischen Kapitalismus in der BRD, einschließlich seiner Unterwerfung unter den USA-Imperialismus bekämpft und programmatisch und praktisch für eine demokratische Wende eintritt"[34]. Entsprechend dem politischen Kräfteverhältnis und der ökonomischen Situation wird der Kampf um eine demokratische Wende noch auf dem Boden des staatsmonopolistischen Kapitalismus geführt.[35]

Heute werden *erstens* vornehmlich jene Kräfte als *Linkskräfte* bezeichnet, die ehrlich, aktiv und kontinuierlich für den Frieden eintreten, die Hochrüstungs- und Konfrontationspolitik entschieden bekämpfen. Das ist natürlich nur *ein* Aspekt.

[32] P. v. Oertzen, Für einen neuen Reformismus, Hamburg 1984.

[33] Vgl. G. Judick, Wer gehört zu den Linkskräften der BR(D?), in: Marxistische Blätter (Frankfurt a. M.), 4/1978, S. 82ff.; R. Eckert, Die Linkskräfte in der Bundesrepublik, in: Marxistische Blätter, 1/1984, S. 94ff.

[34] H. Jung, Sind Radikaldemokraten Linkskräfte oder nicht?, in: Marxistische Blätter, 1/1984, S. 95.

[35] Vgl. R. Reißig, Zur strategischen Orientierung auf den Kampf um eine demokratische Wende auf dem Boden des staatsmonopolistischen Kapitalismus, in: Geschichtsunterricht und Staatsbürgerkunde, 6/1984, S. 451.

Zweitens werden – in einem engeren Sinn – Linkskräfte in der Weise begriffen, daß diese Kräfte gesellschaftspolitische Veränderungen auf vielen Gebieten (Wirtschaft, Umwelt, Soziales, Bildung usw.) anstreben. Vielen Linkskräften geht es dabei vornehmlich darum, auf der Basis der bestehenden Gesellschaftsordnung eine *andere Politik* zu betreiben. Diese Politik richtet sich gegen *konservative* Maßnahmen und ist ihrem Inhalt nach reformistisch.

Drittens sind Linkskräfte jene, die gesellschaftliche *Veränderungen* im Sinne einer Überwindung des Systems für notwendig halten, aber solche Veränderungen unter den gegenwärtigen sozialökonomischen und politischen Bedingungen nicht durchsetzen können.

Besonders wichtig ist es, Veränderungen bei den *Linkskräften* und in ihrer *Politik* zu beachten. Das läßt zum Beispiel die Entwicklung in Frankreich im letzten Jahrzehnt erkennen. In Frankreich haben sich innerhalb der Linkskräfte Veränderungen vollzogen und ebenso *Differenzierungen* in der *Politik*. Ursache dafür waren vor allem die systemeigenen Widersprüche.

Die DKP, die bekanntlich als konsequenteste Linkskraft wirkt, stellte auf ihrem 7. Parteitag im Januar 1984 fest, daß „eine Wende zu demokratischem und sozialem Fortschritt als strategische Gesamtkonzeption" beim „gegebenen Kräfteverhältnis sicherlich nicht zu verwirklichen"[36] ist. Sie orientiert deshalb auf einen *längeren Kampfabschnitt*, in dem es „um die Schaffung von Voraussetzungen für eine Wende zu demokratischem und sozialem Fortschritt"[37] geht. Das Ringen um eine demokratische Wende beinhaltet somit „eine Wende von der wachsenden Kriegsgefahr, vom imperialistischen Kurs der Konfrontation und des Wettrüstens zu einer Politik der Entspannung in den internationalen Beziehungen und der Rüstungsbegrenzung und Abrüstung. Es geht um eine Wende von der Abwälzung

[36] Bericht des Parteivorstandes an den 7. Parteitag der DKP, 6.–8. 1. 1984 in Nürnberg, Berichterstatter: H. Mies, in: Unsere Zeit (Düsseldorf) vom 7. 1. 1984, S. 12.

[37] Ebenda.

der Rüstungs- und Krisenlasten auf die arbeitenden Menschen und von der Einschränkung sozialer und demokratischer Rechte und Freiheiten der Werktätigen, um deren Verteidigung und allmähliche Erweiterung. *In diesem Kampfabschnitt stellt sich damit in der Regel noch nicht die Frage antimonopolistisch-demokratischer* Umgestaltungen.“ [38]

Der Kampf wird deshalb auch nicht gegen das *gesamte* Monopolkapital geführt, sondern nur um die „schrittweise Zurückdrängung des wachsenden Einflusses der aggressivsten und reaktionärsten Kräfte des Monopolkapitals auf die Innen- und Außenpolitik, . . . zur Herausbildung einer solchen Form des staatsmonopolistischen Kapitalismus . . ., die in ihrem Hauptinhalt nicht *vorrangig von den aggressivsten und reaktionärsten Kräften des Militär-Industrie-Komplexes* bestimmt wird, in der der Einfluß anderer Fraktionen des Monopolkapitals, die auf der Grundlage ihres Profitinteresses stärker an Beziehungen der friedlichen Koexistenz und einer Begrenzung des Wettrüstens interessiert sind und wo partiell für die Friedensinteressen der Gesellschaft, aber auch für die sozialen Interessen der Werktätigen ein gewisser breiterer Raum entsteht“.[39]

In der sozialdemokratischen Bewegung spielen bestimmte linkssozialistische Positionen eine bedeutende Rolle, wie die CERES-Gruppe als linkssozialistische Strömung innerhalb der Sozialistischen Partei Frankreichs zeigt. Deren Vertreter lehnen eine sozialreformistische Ideologie und Politik unter staatsmonopolistischen Bedingungen als verfehlt ab. Sie distanzieren sich aber auch in theoretisch-weltanschaulicher und partiell in politischer Hinsicht von der kommunistischen Bewegung, ohne jegliches Zusammenwirken mit ihr auszuschließen.

[38] R. Reißig, Zur strategischen Orientierung auf den Kampf um eine demokratische Wende auf dem Boden des staatsmonopolistischen Kapitalismus, a. a. O., S. 454 (Hervorhebung – d. V.).

[39] Ebenda, S. 454/455.

Die *Linken* in der SPD fordern eine umfassende *alternative* Positionsbestimmung. Sie haben das Abwirtschaften der Partei stets kritisiert und auf Enttäuschungsprozesse in der Arbeiterschaft hingewiesen. Gescheitert sind nach ihrer Ansicht nicht Personen oder Programme, sondern „ein jahrzehntelang befolgtes und verinnerlichtes Grundverständnis sozialdemokratischer Politik“[40], wie D. Albers schreibt.

Linke Sozialdemokraten versuchen seit langem, „die Glaubwürdigkeit einer erneuerungsfähigen SPD in den Kämpfen der Gewerkschaften, in der Friedens- und Ökologie-, nicht anders als in der Frauenbewegung durch ihr eigenes Engagement vor Augen zu führen. Jetzt muß es darum gehen, diesen Einsatz mit neuem, größerem Selbstbewußtsein fortzuführen, nicht als mühsam tolerierte Minderheit, sondern als der eigentliche Träger einer Partei, die sich allein auf dem Wege ihrer massenhaften Verankerung in den alten und neuen sozialen Bewegungen einen Wiederaufbau realer Durchsetzungschancen, in diesem Sinne von Oppositions- oder schlechthin Politikfähigkeit zu sichern vermag.“[41]

Die SPD hat nach 1982 eine partielle Umorientierung vorgenommen aufgrund der neuen sozialökonomischen Tendenzen und weil einige ihrer Führer begriffen haben, daß auf bisherige Art und Weise die Krisenerscheinungen nicht bewältigt werden können, die Probleme aber so dringend sind, daß sie neue Lösungen erfordern.

Besonders dringlich erscheint vielen Linken eine Umorientierung der SPD in der Sozial- und *Wirtschaftspolitik*, d. h. die Entwicklung einer *alternativen* Wirtschafts- und Sozialpolitik. So fatal sich hier der „Kompetenzverlust“ gegenüber der CDU/CSU ausgewirkt hat, so verheerend wäre es, „wollte sich die Partei auf diesem Gebiet mit dem bloßen Entlarven konservativer Krisenstrategien und mit dem Setzen auf die daraus entstehende Enttäuschung

[40] D. Albers, Unsere Aufgaben nach dem 6. März, in: Zeitschrift für sozialistische Politik und Wirtschaft, Juni 1983, S. 209.
[41] Ebenda, S. 210.

begnügen. Nirgendwo sonst existiert ein solcher Handlungszwang, bisher vernachlässigte oder ignorierte Zusammenhänge aufzugreifen, damit grundlegend neue Konzepte zu erarbeiten und sich im gleichen Moment, schon im Vorgriff hierauf, auf Kraftproben großen Stils mit den vorhandenen (ökonomischen) Machtstrukturen einzulassen, um wenigstens die negativsten Krisenfolgen einzuschränken. Der Kampf gegen die Arbeitslosigkeit von Millionen wird weder kurz- noch langfristig zu gewinnen sein, wenn er nicht die Krisenursachen in den kapitalistischen Produktionsverhältnissen selbst, aber auch deren heute dominierende Austragungsformen, die mit immer gewaltigeren Ressourcen ausgetragene Konkurrenz der multinationalen Konzerne, das Ringen um neue Formen der internationalen Arbeitsteilung zur Kenntnis nimmt und beantwortet, die die Mechanismen zur Ausplünderung der sogenannten 3. und 4. Welt noch verschärft und die Anhäufung von Reichtum am entgegengesetzten Pol der kapitalistischen Hierarchie auf immer kleinere Bevölkerungsgruppen in den westlichen Metropolen begrenzt."[42]

Viele Linke in der SPD erklären, wenn die sozialdemokratische Regierungspraxis als Folge des Godesberger Programms in die Sackgasse geraten sei, dann könne die Partei nicht auf der Basis dieses Programms weitermachen. Sie haben auf dem Kölner Parteitag bei der Ablehnung der Stationierung neuer US-Mittelstreckenraketen die Mehrheit der Delegierten gewonnen. Schon vorher hatten sie gefordert, daß sich die SPD auf die kapitalistische Krise und vor allem auf die Arbeitslosigkeit einstelle. Die Linke ist allerdings oft keine Einheit und ist zumeist zur Beeinflussung der Parteimehrheit nicht in der Lage, wie Albers richtig erkennt:

„Wenn die Interessen sozialdemokratischer Stammwähler, der Gewerkschaften, kurz des Arbeitnehmerlagers und jene der ‚neuen sozialen Bewegungen' innerhalb der Profitlogik oder auf dem Boden der ‚Marktwirtschaft'

[42] Ebenda, S. 211.

nicht mehr vereinbar zu machen sind, jede für sich bereits faktisch, wenn auch oft noch uneingestanden, darüber hinausgedrängt, dann ergibt sich, daß eine Partei, die für beide eintreten muß, will sie jemals wieder hegemoniefähig werden, ohne die Wiederentdeckung, Wiederannahme einer systemüberwindenden, sozialistischen Perspektive als ihr ureigenes, neue Bündnisse ermöglichendes Terrain nicht auskommen wird. Wenn die SPD als Massenpartei, der eine durch niemanden bestreitbare Schlüsselrolle für die Chancen jedes gesellschaftsverändernden Prozesses in der Bundesrepublik zufällt, ihren Zusammenhalt eben deshalb nicht aufs Spiel setzen darf, was könnte ihre Stärke und Widerstandsfähigkeit besser voranbringen als das bewußte Wiederanknüpfen an die sozialistischen Traditionen der eigenen Geschichte, das ebenso bewußt mit der Ausarbeitung neuer sozialistischer Lösungswege für die Gegenwart zu verbinden ist?"[43]

Es sei erforderlich, demokratische Alternativforderungen in verschiedenen Bereichen durchzusetzen. Vorrangig ginge es gegen die

- Verstärkung des aggressiven Kriegspotentials und gegen den imperialistischen Konfrontationskurs; gegen die
- neue Stufe der Monopolisierung und gegen die
- negativen sozialen Auswirkungen der Produktivkraftentwicklung.

Die gegenwärtige Situation erfordere die Unterstützung aller der Erhaltung des Friedens dienenden Aktivitäten und die Orientierung des Hauptschlages gegen die reaktionärsten Kräfte des Monopolkapitals.

Auch Herausbildung und Perspektive breiter Bündnisse hängen unter den heutigen Bedingungen des Imperialismus davon ab, wie es den linken Kräften gelingt, demokratische Alternativpositionen und demokratische Reformen in allen grundlegenden Bereichen des gesellschaftlichen Lebens durchzusetzen. Es gilt, die demokratischen Bündnisbeziehungen materiell, politisch und ideologisch zu ver-

[43] Ebenda, S. 212.

ankern, ohne damit bereits das System des SMK überwinden zu können. Andererseits gilt es als sicher, daß sich unter der uneingeschränkten Herrschaft des Monopolkapitals nicht vollständig jene sozialen und politischen Bündnisse unter Hegemonie der Arbeiterklasse herausbilden können, die die Kraft zur Durchsetzung tiefgreifender und antimonopolistischer Umgestaltungen der Macht- und Eigentumsverhältnisse haben.

Eine ausschließlich profitorientierte Wirtschaftspolitik bringt eine übermäßige Belastung der Wirtschaft durch Rüstung, Restriktionspolitik der Bundesbank, fehlende Investitions- und Wirtschaftsplanung. Wirtschaftliche Notstandsgesetze sollen nach Meinung der Unternehmer aus der Misere führen, dazu gehört z. B. offener sozialer Abbau. Eine Arbeitslosenarmee soll als Druckmittel dienen.

Gegenmittel kann nach Auffassung der DKP nur aktive Lohn- und Sozialpolitik sein. Die DKP will damit die soziale Lage verbessern, also die Masseneinkommen erhöhen und für mehr Beschäftigung sorgen: „Durch die *Herabsetzung der Rüstungsausgaben* um mindestens 5 Mrd. Mark, durch eine demokratische Finanzreform, die Ländern und Gemeinden einen höheren Anteil am Steueraufkommen garantiert, könnten die Mittel aktiviert werden für Gemeinschaftsaufgaben, die das Wirtschaftswachstum fördern.“[44]

Die DKP macht Vorschläge für eine stabile Friedenswirtschaft, indem notwendige Sofortmaßnahmen mit grundlegender Demokratisierung gekoppelt werden: „Eine zielstrebige *Wachstumspolitik* und auch eine *Vollbeschäftigung* sind *möglich*. Mit der Lockerung von Restriktionen allein ist jedoch nicht viel zu erreichen. Wachstum und Vollbeschäftigung erfordern Mitbestimmung, demokratische Planung vor allem der Investitionen; die Investitionen und die Konzerngewinne müssen dabei eingeschlossen sein ... Vorrangige Aufgabe muß es jetzt sein, das bisher

[44] F. Rische, Alternativen zur Wirtschaftspolitik des Kapitals 1945—78. Aufsätze, Artikel, Reden, Frankfurt a. M. 1980, S. 187 (Hervorhebung – d. V.).

durch die Gewerkschaften Geschaffene zu festigen und gegen alle Angriffe abzusichern.“[45]

Es wurden öffentliche Haushalte und Investitionsprogramme für Infrastruktur und Bildung gedrosselt und gleichzeitig eine Politik des Einfrierens von Löhnen betrieben. „Eine *aktive Lohnpolitik* der Gewerkschaften ist somit das dringendste Gebot zur Stärkung des Binnenmarktes. Man kann nicht zulassen, daß die Unternehmer jetzt in Schutz genommen werden, nachdem sie in der Krise eine für sie günstige Marktsituation rücksichtslos ausnutzten und nun verlangen, daß sich die Gewerkschaften im Konjunkturaufschwung zurückhaltend verhalten.“[46]

Hauptforderungen der DKP für eine demokratische Wirtschaftspolitik waren und sind:

1. Sicherung der Arbeitsplätze und Abbau der Arbeitslosigkeit plus Maßnahmen zur Um- und Weiterbildung bei Rationalisierungsmaßnahmen. Höherer Lohn- und Sozialanteil am Nationaleinkommen.
2. Verbesserung der Wirtschaftsstrukturen durch demokratische Formen der Wirtschafts- und Sozialplanung. Effektive Nutzung von Wissenschaft und Forschung für die sozialökonomische Entwicklung.
3. Mehr Mitbestimmung von Gewerkschaften und Öffentlichkeit in allen Volkswirtschaftsbereichen.
4. Wirksame Monopolkontrolle und Schaffung von Institutionen gegen Monopolmacht.

Die Konfrontation zwischen Kapital und Arbeit hat sich in vielen westeuropäischen Ländern verändert. Sie ist internationalisiert worden durch staatliche Integrationsmaßnahmen und durch Internationalisierung der Macht der großen Konzerne. Daraus ergibt sich, daß die Arbeiterklasse in allen westeuropäischen Ländern in ihrem Kampf um soziale Verbesserung, Demokratie und Frieden weit mehr als früher dem *international* organisierten Machtsystem der Monopole gegenübersteht.

Die Kommunisten befürworten eine demokratische,

[45] Ebenda, S. 188 (Hervorhebungen – d. V.).
[46] Ebenda, S. 192.

antimonopolistische Alternative. Dies kommt auch in den Thesen des Düsseldorfer Parteitages der DKP zum Ausdruck, wo festgestellt wird, daß „koordiniertes Handeln der Gewerkschaften und Kommunistischen Parteien in Westeuropa gegen die internationalen Konzerne, gegen ein Westeuropa der Monopole, für ein Europa des Friedens, der Demokratie und des Sozialismus“[47] notwendig ist. Die Arbeiterklasse und ihre Parteien und Organisationen müssen im Bereich der Wirtschaftspolitik eine Preis-, Lohn- und Beschäftigungspolitik der Werktätigen gegenüber den Organen der EG vertreten. Das betrifft auch ihre Vorstellungen über langfristige Struktur- und Regionalprogramme sowie über eine stabile Währungspolitik. Damit sollen die Monopole mit ihren Profitsteigerungsprogrammen zurückgedrängt werden. Notwendig dazu sind Bündnisse und Vereinbarungen linker politischer Kräfte in den westeuropäischen Ländern. Dazu wurden in westeuropäischen Ländern verschiedene Ansätze formuliert.

In Frankreich wurde von F. Mitterand Anfang der achtziger Jahre erklärt, er wolle dem Sozialreformismus in Frankreich „zum Siege“ verhelfen. Er bejahte formell die Notwendigkeit gesellschaftlicher Veränderungen, denn er schrieb, „daß ohne die Überwindung des antagonistischen Widerspruchs zwischen Arbeit und Kapital keine Veränderung der Gesellschaft möglich ist“[48], „eine fundamentale Veränderung nicht durchgeführt werden kann ohne die Eroberung der Staatsmacht ... daß es auch keinen Sozialismus gibt, ohne daß die Struktur, die die Klassenmacht der herrschenden Gruppen sichert, verschwindet und eine andere Stelle einnimmt, damit der Umschwung von Dauer ist“[49].

Diese Grundthesen relativierte Mitterand allerdings durch seine Distanzierung vom Marxismus-Leninismus. Mitterand wollte zwar mit der FKP zur Realisierung seiner Ziele zusammenarbeiten, aber mit dem Ziel, eine sozial-

[47] Ebenda, S. 207.
[48] F. Mitterand, Der Sieg der Rose, Düsseldorf – Wien 1981, S. 64.
[49] Ebenda, S. 113.

reformistische Entwicklung abzusichern. Diese Politik lief auf eine Reformierung des staatsmonopolistischen Kapitalismus hinaus, mit gewissen temporären Verbesserungen der sozialen und politischen Stellung der Werktätigen.

In Frankreich war die „Linke“ Jahre hindurch stärker als die „Rechte“. Außerdem sind „viele Ideen, für die die Linke kämpft, so z. B. die Einsicht in die Notwendigkeit und Bedeutung von Nationalisierungen, Gemeingut eines Großteils des französischen Volkes geworden und überschreiten damit bei weitem die Wählerschaft dieser oder jener Partei“[50].

In letzter Zeit ist eine Desillusionierung bei vielen Arbeitern und Angestellten eingetreten. Vor allem, weil die wirtschafts- und sozialpolitischen Maßnahmen der französischen Linksregierung zu stark in den Rahmen kapitalistischer Produktionsverhältnisse eingebunden blieben, auch wenn sie sich im Gegensatz zur reaktionären Variante der Wirtschaftspolitik befanden, wie sie seit einigen Jahren in Großbritannien und in den USA praktiziert wird. Die wirtschaftspolitischen Ziele der französischen Linksregierung konzentrierten sich vor allem auf

- die konjunkturpolitischen Maßnahmen zur Abschwächung der zyklischen Krise und
- auf Maßnahmen zur Anpassung der Wirtschaft an die veränderten Kapitalverwertungsbedingungen. Dazu sollte der staatliche Sektor systematischer eingesetzt und die staatliche Rahmen- und Sektorplanung verstärkt werden.[51]

Die ökonomische Strategie bis Mitte 1982 basierte auf linkskeynesianischen Grundsätzen, unterschied sich damit deutlich von der neokonservativen Sanierungsstrategie einer Thatcher- oder Reagan-Regierung.

[50] W. Kowalsky, Anmerkungen zum „französischen Linksexperiment“, in: Zeitschrift für sozialistische Politik und Wirtschaft, Juni 1983, S. 184.

[51] Vgl. R. Clausnitzer, Frankreich: Wirtschaftspolitik – Zentrum der Klassenauseinandersetzungen, in: IPW-Berichte, 2/1983, S. 14.

Auch innenpolitisch verlor die französische Linke seit Mitte 1982 an Anziehungskraft; versprochene Reformen wurden viel langsamer realisiert als erwartet, Massenentlassungen durchgeführt, was politisch nur schwer zu vermitteln war. Der soziale Konsens bröckelte. Der linke Parteiflügel der Sozialisten, die CERES-Gruppierung, kritisierte zwar häufig die Wirtschaftspolitik von Mitterand, weil zunehmend rechte Tendenzen in der Politik sichtbar wurden, ließ sich aber bei innerparteilichen Auseinandersetzungen um die Wirtschafts- und Gesellschaftspolitik letztlich stets zur „Regierungssolidarität" verpflichten.

Der von der SP eingeschlagene politische Kurs, der immer deutlicher von der Gemeinsamen Erklärung von SP und FKP anläßlich der Regierungsübernahme von 1981 abwich, veranlaßte die FKP im Juli 1984, aus der Regierungsmitverantwortung auszuscheiden.

Das französische Beispiel zeigt, daß die Linkskräfte das vorwärtstreibende Element auf der politischen Ebene sind und auf dem Weg politischer, kultureller und auch sozialökonomischer Umgestaltungen vorangehen, daß aber die Stabilität eines politischen Linksbündnisses an bestimmte Voraussetzungen gebunden ist, vor allem an die Fähigkeit der Linksparteien, einen Aufschwung demokratischer Massenbewegungen in Richtung politischer Umgestaltungen zu initiieren und voranzutreiben.

Exkurs

Die Rolle der Grünen im Kampf um demokratische Veränderungen

Die Grünen bemühen sich um Maßnahmen zur Abschwächung der Massenarbeitslosigkeit, zur Verbesserung der sozialen Lage vieler Menschen und um eine Stabilisierung der natürlichen Umwelt. Sie haben ihre zunächst im Vordergrund stehende Orientierung auf Fragen des Umweltschutzes weitgehend überwunden und Vorschläge für eine gesellschafts- und wirtschaftspolitische Alternative entwickelt. Soweit sie in Parlamenten (Bund, Länder) der BRD vertreten sind, nutzen sie die Möglichkeit, gesellschaftspolitisch wichtige Fragestellungen einer breiten Öffentlichkeit zu vermitteln und bewußtseinsbildend zu wirken.

Ihren gemeinsamen Nenner haben die Grünen folgendermaßen formuliert: ökologisch und sozial für das, *was* sie wollen, basisdemokratisch und gewaltfrei für das, *wie* sie es wollen.[52] Die davon abgeleitete Zielstellung – Errichtung einer ökologisch und sozial ausgerichteten Wirtschaft – wurde wiederholt präzisiert und inhaltlich verändert. Solche Veränderungen werden auch in den nächsten Jahren folgen.

Das Problem der Durchsetzung „grüner“ Politik ist in der Partei der Grünen bis heute strittig. Der überwiegende Teil der Partei hat erkannt, daß die hohe Arbeitslosigkeit bekämpft werden muß. Er bemüht sich daher um einen „Brückenbau zwischen ökologischer Politik einerseits und Beschäftigungs- und Sozialpolitik andererseits“[53]. Erste Ergebnisse waren der im Oktober 1982 in Bielefeld stattgefundene „Kongreß Zukunft der Arbeit“, auf dem über „Wege aus der Massenarbeitslosigkeit und Umweltzerstörung“ diskutiert wurde, sowie die Verabschiedung eines „Sofortprogramms gegen Arbeitslosigkeit und Sozialabbau“ im Januar 1983. Obwohl letzteres nicht den Anspruch erheben kann, ein geschlossenes wirtschaftspolitisches Konzept darzustellen – denn es ist ein Kompromiß zwischen den in der Partei vorhandenen unterschiedlichen Richtungen –, enthält es wichtige programmatische Aussagen, „die eine gemeinsame Strategie der Linkskräfte begründen können“[54]. Es heißt ausdrücklich: „Wir sind nicht bereit, die soziale Frage gegen die Ökologie ausspielen zu lassen oder umgekehrt. Für uns ist der Kampf gegen

[52] Vgl. Die Grünen. Das Bundesprogramm, Bonn 1980, S. 4.

[53] F. Beckenbach, Öko-sozialer Umbau der Wirtschaft, in: Alternativen der Ökonomie – Ökonomie der Alternativen, hg. von M. Ernst-Pörksen, Argument, Sonderband AS 104, Berlin (West) 1984, S. 7.

[54] A. Sörgel, Ökonomische Alternativen der Alternativen?, in: Nicht links, nicht rechts?, Hamburg 1983, S. 149.

Arbeitslosigkeit zugleich ein Kampf für sinnvolle Arbeitsplätze."[55]

Ausgehend von einer grundsätzlichen Kritik am kapitalistischen Profitsystem werden u. a. Forderungen

- nach Arbeitszeitverkürzung durch die Einführung der 35-Stunden-Woche bei vollem Lohnausgleich für die Bezieher unterer und mittlerer Einkommen,
- nach Ausweitung der betrieblichen und überbetrieblichen Mitbestimmung,
- nach Stopp des Sozialabbaus und
- nach einem öffentlichen Investitionsprogramm

aufgestellt, die auch von den Gewerkschaften und anderen demokratischen Gruppierungen erhoben werden.

Im Zusammenhang mit Diskussionen über die Zukunft der Arbeit gehen die Grünen (Mitte der achtziger Jahre) zum einen davon aus – und das zu Recht –, daß mit der weiteren Entwicklung der Produktivkräfte die Freisetzung von lebendiger Arbeit ein objektiver Prozeß und die *Arbeitszeitverkürzung* die einzige Möglichkeit bietet, dem humanen Anspruch eines jeden nach Arbeit zu entsprechen. So heißt es dazu im „Sofortprogramm": „Die drohende Erwerbslosigkeit von mehreren Millionen Menschen macht . . . die Umverteilung der vorhandenen Erwerbsarbeit durch drastische und rasche Arbeitszeitverkürzung dringend notwendig."[56] Die Grünen bewerten den zu erwartenden Tarifkampf zwischen Gewerkschaften und Unternehmerverbänden um die 35-Stunden-Woche als die zentrale gesellschaftspolitische Auseinandersetzung der kommenden Jahre. Dabei geht es im Kern um die Frage, ob angesichts der Massenarbeitslosigkeit, verschärfter Rationalisierung und zunehmenden Arbeitsstresses das Kapital gezwungen werden kann, die Produktion auf einen wöchentlichen 35-Stunden-Rhythmus umzustellen und infolgedessen wieder Neueinstellungen vorzunehmen oder nicht. Die Grü-

[55] Sofortprogramm gegen Arbeitslosigkeit und Sozialabbau, verabschiedet auf der Bundesdelegiertenversammlung der Grünen am 15./16. 1. 1983, Bonn 1983, S. 11.

[56] Ebenda.

nen wenden sich dabei eindeutig gegen die von den Unternehmern zur Abwehr dieser Forderungen entwickelten „Alternativen“ zur Arbeitszeitverkürzung, wie flexible Arbeitszeiten, Job-Sharing, Teilzeitarbeit oder auch die verschiedenen Modelle zur Vorruhestandsregelung, vor allem, weil sie den „vom Kapital verteidigten 40-Stunden-Takt unangetastet lassen und Arbeitszeitverkürzungen zu Lasten der Realeinkommen von Arbeitern und Angestellten“ [57] gehen. Die Grünen unterstützen daher den Kampf der IG Metall um die Verkürzung der Wochenarbeitszeit auf 35 Stunden bei vollem Lohnausgleich und erachten diese im Unterschied zu allen anderen „Modellen“ zur Arbeitszeitverkürzung als wirksamste Maßnahme zum Abbau der Massenarbeitslosigkeit. Damit wird zugleich objektiv die Basis für ein breites Bündnis zwischen Gewerkschaften, d. h. der Arbeiterklasse und den Grünen, geschaffen. Einigkeit in diesem Punkt besteht auch mit anderen Alternativgruppen, vor allem mit den Memorandenökonomen. Das Einbringen eines Entwurfs der Grünen in den Bundestag zum neuen Arbeitszeitgesetz ist ein Beispiel dafür, wie alternative Wirtschafts- und Sozialpolitik praktisch umgesetzt wird.

Die Arbeitszeitverkürzung erfährt im „Sofortprogramm“ eine weitere Begründung. Sie wird als Schritt auf dem Weg zur Schaffung von Freiräumen begründet, „die den Menschen sinnvolle und kreative Tätigkeiten auch außerhalb der Erwerbsarbeit ermöglichen“ [58].

Hinter dieser These verbirgt sich eine langfristig angelegte Strategie der Grünen, bei der es um eine allmähliche Reduzierung fremdbestimmter Lohnarbeit in einer tauschwert- (d. h. profit-)orientierten Produktionsweise bei gleichzeitiger Ausweitung von selbstbestimmten, nicht entfremdeten und gebrauchswertorientierten Aktivitäten geht.

In diesen Kontext ordnet sich die Forderung nach Aus-

[57] Ch. Schmidt, Die Grünen – Unterstützung der IG Metall im Tarifkampf für die 35-Stunden-Woche bei vollem Lohnausgleich, in: Moderne Zeiten (Hannover), 1—2/1984, S. 36.

[58] Sofortprogramm gegen Arbeitslosigkeit und Sozialabbau, a. a. O., S. 10.

weitung und staatlicher Förderung sogenannter alternativer Projekte und Genossenschaften ein.

Welchen Stellenwert nehmen Alternativprojekte und Genossenschaften heute im kapitalistischen Wirtschaftssystem ein, und welche Rolle spielen sie bei den Grünen?

Im „Sofortprogramm“ werden Alternativprojekte als Reaktion

„– auf die organisatorische und technische Fremdbestimmtheit der Arbeit in Großindustrie und Großraumbüros
– auf die offensichtliche gesellschaftliche Nutz- und Sinnlosigkeit großer Bereiche industrieller Produktionen und bürokratischer Sozialfürsorge
– auf die quantitative und qualitative Unterversorgung mit sozialen Dienstleistungen (Kindergärten, Freie Schulen)“ [59] erklärt.

In der Tat haben infolge anhaltender Arbeitslosigkeit, fortschreitender Naturzerstörung und Abbau sozialstaatlicher Sicherungssysteme die außerhalb des kapitalistischen Arbeitsmarktes sich vollziehenden Prozesse an Umfang und Bedeutung zugenommen. Die Anzahl spontan entstandener alternativer Projekte mit gemeinsamer Organisation und Durchführung der Arbeit und gemeinsamer Aneignung, von Netzwerkbetrieben, Ökoläden, Selbsthilfegruppen, Kinderläden usw. geht heute in der BRD in die Zehntausende. Es handelt sich dabei um praxisorientierte, auf die Veränderung von kapitalistisch geprägten Lebens- und Arbeitsformen gerichtete Projekte, die durch Eigenarbeit und Selbsthilfe eine Alternative zur Profitwirtschaft bilden sollen. Die Produktion im Alternativbereich soll bedarfsorientiert und gebrauchswertbestimmt sein.

Die Vorteile der Arbeit in alternativen Projekten gegenüber der warenproduzierenden fremdbestimmten Lohnarbeit werden vor allem hinsichtlich der

– selbstbestimmten Arbeitsorganisation,
– der besseren Gebrauchswertqualität der Produkte und Dienstleistungen,

[59] Ebenda, S. 23.

– der geringeren Kapitalintensität und Betriebsgröße sowie
– des relativ niedrigen technischen Niveaus gesehen.

Zweifelsohne besitzen alternative Projekte *Impulscharakter* für ein Wirtschaften jenseits des Profits. Sie beinhalten positive Orientierungen, z. B. den sparsamen Einsatz von Energie und Rohstoffen, die Ausrichtung der Produktion am realen Bedarf und die Herstellung dauerhafter und reparaturfähiger Güter, aber auch Fehlorientierungen wie die Ablehnung der Großtechnik. Insgesamt betrachtet sind jedoch die Vorstellungen eines in sich geschlossenen Alternativsektors, der die Überlegenheit einer gebrauchswertorientierten Produktionsweise praktisch erproben und nachweisen soll, unter den Bedingungen des staatsmonopolistischen Kapitalismus nicht praktikabel.

Bei der Frage, wie „der Einstieg in eine veränderte Entwicklungsrichtung"[60] der Wirtschaft erfolgen soll, gehen die Gründe zunächst von der Unverzichtbarkeit der Steuerungsfunktion des Marktes aus. Für E. Stratmann ist der Markt ein „Entscheidungsfindungsmechanismus, bei dem in einem Raum ... Produzent und Konsument aufeinandertreffen, sich ex post das Verhältnis zwischen Angebot und Nachfrage herausstellt und dieses auf zukünftige Produktionsentscheidungen zurückwirkt"[61]. Gleichzeitig wird jedoch betont, daß der Markt nicht der Bewertungsmaßstab für die Leistungen sei.[62] Daher plädieren die Grünen für neue bzw. ergänzende Steuerungsmechanismen durch demokratische Strukturreformen. Letztere müssen nach Stratmann und Bayer auf die „Kontrolle und Einschränkung der Konkurrenzwirtschaft"[63] hinauslaufen. Auf welchen Wegen soll dies geschehen?

1. Ein besonderes Gewicht erhält hierbei der staatliche Sektor zur Stärkung der gesellschaftlichen Regulierungsformen und der gezielte Einsatz staatlicher Regulierungs-

[60] Ebenda, S. 28.
[61] Wirtschaftswoche, 13/1985, S. 34.
[62] Vgl. ebenda.
[63] E. Stratmann/W. Bayer, Ziele grüner Strukturpolitik, in: Grünes NRW-INFO-Sonderheft 1, Düsseldorf 1982, S. 14.

instrumentarien, insbesondere die staatliche Finanzpolitik. Dazu wird im „Sofortprogamm" festgestellt: „Das bestehende Instrumentarium der Finanzpolitik und Steuergesetzgebung ist zwar kein Allheilmittel zur Überwindung der sozialen und ökologischen Krise, stellt aber den gegebenen Rahmen dar, an dem grüne Politik ansetzen muß."[64]

2. Es wird davon ausgegangen, daß „der finanzielle Reichtum für die vorgeschlagenen Maßnahmen vorhanden ist"[65]. Finanzierungsmöglichkeiten sollen vor allem durch die Kürzung des Rüstungsetats, durch den Stopp aller laufenden Großprojekte sowie die Abschaffung aller ökologisch und sozial ungerechtfertigten Subventionen und Investitionszulagen eröffnet werden, was verbunden sein soll mit einer entsprechenden Umstrukturierung des Staates. Dabei geht es auch um steuerliche Maßnahmen, Gesetze, Auflagen, Ge- und Verbote. Diese sollen zu einer dem Verursacherprinzip entsprechenden (Re-)privatisierung von sozialen Kosten führen und das Verhältnis von ökonomischem Aufwand und gesellschaftlicher „Wohlfahrt" optimieren.

Eine komplexe Platzbestimmung der Grünen im Kampf um eine demokratische Wende muß davon ausgehen, daß die Forderungen nach Neuorganisation der gesellschaftlichen Arbeit, nach Frieden und Abrüstung in den Mittelpunkt der ökonomischen und politischen Überlegungen der Grünen gerückt sind. Hierbei zeigen sich wichtige Anknüpfungspunkte zu den programmatischen Vorstellungen anderer demokratischer Kräfte. Ausgehend von den Interessen der Werktätigen, die sich vor allem in ihrem Ringen um Frieden, Vollbeschäftigung, soziale Sicherheit und saubere Umwelt äußern, zeigt sich jedoch, daß sich bei den Grünen wichtige Voraussetzungen im Kampf um eine demokratische Alternative herausgebildet haben. In dem Maße, wie die Grünen in Zukunft progressive Elemente ihrer Politik stärker in den Kampf um die bewußte Beeinflussung der gesellschaftlichen Prozesse durch die Produzenten einbe-

[64] Sofortprogramm gegen Arbeitslosigkeit und Sozialabbau, a. a. O., S. 29.
[65] Ebenda, S. 38.

ziehen, wird die gemeinsame Basis mit anderen demokratischen Kräften gefestigt. Den Grünen obliegt dabei insofern eine besondere Verantwortung, als sie aufgrund ihrer parlamentarischen Präsenz in Bund, Ländern und Gemeinden der BRD die Chance haben, die Bildung demokratischer und linker Mehrheiten auch im parlamentarischen Raum zu initiieren, um auch dort den Kampf gegen Hochrüstungspolitik, für eine alternative Sicherheitspolitik, gegen Arbeitslosigkeit und Sozialabbau, für eine Beschäftigungs- und Sozialpolitik im Interesse der Mehrheit der Bevölkerung stärker zur Geltung zu bringen.

In der Tendenz kann festgestellt werden, daß das Bemühen der Grünen um politische, ökonomische und soziale Alternativkonzeptionen ein Ausdruck zunehmender politischer Reife ist, die sich vor allem in einer „beachtenswerten Annäherung ... an antikapitalistische Positionen" zeigt.[66] Allerdings befinden sich die Grünen „noch am Punkt der Entscheidung für eine bestimmte gesellschaftspolitische Position. Sie sind politisch sehr differenziert und oft von widersprüchlichem Charakter. Ihre programmatischen Aussagen und Aktionslosungen sind nicht selten das Ergebnis von Kompromissen zwischen unterschiedlichen Kräften."[67] Dies zeigte erneut die Bundesversammlung der Grünen, die vom 16.–19. 5. 1986 in Hannover stattfand.

Entscheidend ist, daß die Grünen und andere demokratische Bewegungen, ein „allgemein-demokratisches Potential darstellen" und „zur Lösung der wichtigsten und nächstliegenden allgemeindemokratischen Zielsetzungen des Kampfes um Frieden und sozialen Fortschritt in den kapitalistischen Ländern beitragen" können.[68]

[66] R. Steigerwald, Protestbewegung, Streitfragen und Gemeinsamkeiten, Frankfurt a. Main 1982, S. 140.

[67] S. Beier/H. Fisch/G. Pollach, Neue demokratische Bewegungen in Westeuropa, Berlin 1986, S. 220f.

[68] Ebenda, S. 12.

ZWEITES KAPITEL

Die Krise und die Differenzierungsprozesse der bürgerlichen Ökonomie nach der zyklischen Krise von 1974/75

1. Die Krisentendenzen der bürgerlichen politischen Ökonomie

Seit der zyklischen Krise von 1974/75 wird auch von bürgerlichen Wirtschaftstheoretikern häufig zum Krisenzustand ihrer Disziplin in Verbindung mit gravierenden Krisenerscheinungen wie Massenarbeitslosigkeit, Umweltbedrohung und Staatsverschuldung Position bezogen. Die angestellten Überlegungen münden sehr häufig in der Feststellung, daß es kein schlüssiges Rezept zur Überwindung der realen Krisen gibt, da Theoriedefizite, politische Hemmnisse und andere Faktoren eine solche Überwindung unmöglich machten. Offenkundig sei ferner, daß die heutige Auseinandersetzung zwischen den verschiedenen bürgerlichen ökonomischen Schulen genau an jener Trennlinie verlaufe, die schon während der großen Weltwirtschaftskrise von 1929 bis 1933 existierte. Heute wollen die Keynesianer zyklische Krisen vor allem durch steigende Staatsausgaben bekämpfen – damals auch. Heute „konsolidieren" die Neokonservativen den Haushalt durch Sparmaßnahmen – ehedem auch. Daraus wird gefolgert: „Die Zerstrittenheit unter den Gelehrten ist symptomatisch für den Zustand, in den die Wirtschaftswissenschaft angesichts der schärfsten Krise seit den dreißiger Jahren geraten ist."[1] Die bislang angewandten wirtschaftspolitischen Konzepte hätten sich als untauglich erwiesen, und die mittel- und langfristigen Perspektiven seien düster.

Derartige Feststellungen widersprechen keineswegs den

[1] Ohnmacht der Ökonomie, in: Wirtschaftswoche (Düsseldorf), 47/1983, S. 68.

Erscheinungen, kehren immer wieder, wenngleich in leicht veränderter Formulierung und in einer etwas veränderten ökonomischen Situation. Anders formuliert: Die Schuldigen für ökonomische Krisen und Labilitätserscheinungen werden vornehmlich unter den bürgerlichen Wirtschaftstheoretikern gesucht. Eine solche Schuldzuweisung ist bequem, stört die Konzernbosse nicht und lenkt vor allem vom wirklichen Problem ab. Denn zu fragen ist:

Liegt es wirklich an der bürgerlichen Wirtschaftstheorie, daß zyklische und Strukturkrisen oder inflationäre Prozesse zu den typischen Merkmalen kapitalistischer Wirtschaft zählen?

Oder liegt es vielleicht an der mangelhaften Anwendung einer im Prinzip richtigen Theorie? Ist also die Bereitschaft von staatlichen Organen gering, wirtschaftstheoretische Erkenntnise in die Praxis umzusetzen? Fast scheint es so, wenn man liest, daß die Jahresgutachten des „Sachverständigenrates" der BRD kaum jemand zur Kenntnis, geschweige denn ernst nimmt.[2] Diese Gutachten werden aber immer dann gelobt und popularisiert, wenn sie in das Konzept der Regierung passen.

Die bürgerlichen Ökonomen versuchen, an ihre Adresse gerichtete Kritik dadurch zu entkräften, daß sie auf neue ökonomische Bedingungen verweisen, die nicht absehbar waren, und indem sie Vorschläge zur Lösung der Probleme machen. Einige ihrer Vertreter sprechen in diesem Zusammenhang häufig von der Notwendigkeit eines „Paradigmawechsels" oder gar einer „Revolution in der Theorie". Der konservative amerikanische Ökonom Irving Kristol erklärt, die Krise der bürgerlichen Wirtschaftstheorie sei eine „Art von Verwirrung, in die jede wissenschaftliche Disziplin zwischenzeitlich gerät, wenn sie versucht, tiefer in die Mysterien natürlicher Prozesse einzudringen"[3].

[2] Vgl. Jahresgutachten 1983/84 des Sachverständigenrates zur Begutachtung der gesamtwirtschaftlichen Entwicklung, Deutscher Bundestag, 10. Wahlperiode, Drucksache 10/660, Bonn, 24. 1. 1983.

[3] I. Kristol, Der Rationalismus in der Wirtschaftstheorie, in:

Alle diese Erklärungsversuche verschleiern die tatsächlichen Verhältnisse; denn es geht dem Wesen nach um die Krise der bürgerlichen politischen Ökonomie in Abhängigkeit von der Krise des kapitalistischen Systems.[4] Vor diesem Hintergrund ist der Abbau der Wissenschaftsgläubigkeit und auch die Kritik an der Wirtschaftstheorie zu sehen. Das gleiche gilt für den ständigen Wechsel von Optimismus und Pessimismus bei bürgerlichen Ökonomen auf der Basis objektiver Erfordernisse und monopolistischer Interessen.

Der US-amerikanische Ökonom Lester Thurow betont, die Amerikaner hätten jahrzehntelang geglaubt, wirtschaftlich unverwundbar zu sein. Ab 1979 seien überall scheinbar unlösbare Probleme wie Inflation, Arbeitslosigkeit, geringes Wirtschaftswachstum, Umweltverschmutzung, unvereinbare Gruppenansprüche und lästige Verordnungen entstanden.[5] Die Wirtschaft der USA schien wie gelähmt.

Thurow glaubt, daß die wirtschaftlichen Probleme der USA lösbar sind, allerdings nur, wenn irgend jemand große wirtschaftliche Einbußen hinnimmt. Natürlich möchte jeder, daß ein anderer die notwendigen wirtschaftlichen Belastungen trägt. Thurows Therapie läuft auf eine Einkommensumverteilung hinaus, die aber illusionär ist, weil die kapitalistischen Einkommensverhältnisse lediglich die Kehrseite der Produktionsverhältnisse sind, die Thurow erhalten will.

Im „Economic Report" des Präsidenten könne man verfolgen, wie der Anstieg der Arbeitslosenquote zum neuen Maßstab für Vollbeschäftigung wurde. Die Regierung Kennedy betrachtete noch eine Arbeitslosenquote von 4 % als vorläufiges Ziel. Am Ende der Regierung Johnson waren es

Die Krise in der Wirtschaftstheorie, Berlin (West) — Heidelberg — New York — Tokio 1984, S. 253.

4 Vgl. H. Meißner, Karl Marx und die Krise der bürgerlichen politischen Ökonomie, in: Wirtschaftswissenschaft, 8/1983, S. 1121/1122.

5 Vgl. C. Thurow, Die Nullsummengesellschaft, München 1981, S. 2.

schon 4,5 %, und am Ende der Regierung Ford verteidigte man bereits eine Arbeitslosenquote von 5 % als Vollbeschäftigung. Im Jahre 1979 wurden im Wirtschaftsbericht von Präsident Carter 6 % Arbeitslosigkeit „als Vollbeschäftigungsziel" genannt, und Mitte der achtziger Jahre wird nach Thurow bei noch höherer Arbeitslosigkeit von Vollbeschäftigung gesprochen.[6]

Der Kern der Krisen bestehe in den USA im niedrigen Produktivitätszuwachs. Das Wachstum der Produktivität könne aber nur beschleunigt werden, wenn wirtschaftliche Veränderungen nicht gebremst werden und man sich auf Mechanismen für wirtschaftlichen Fortschritt konzentriert.[7]

Diese Aussagen deuten keinesfalls auf gesellschaftliche Veränderungen hin, sondern auf die Realisierung spezifischer staatlicher Maßnahmen. Thurow setzt nicht auf eine einseitige Angebotserweiterung, um die ökonomische Krise abzuschwächen, sondern will eine Verbindung von staatlicher Nachfragestimulierung mit Verbesserung der Produktivitäts- und Ressourcennutzung. Er hält Einkommensumverteilungen für notwendig, um die Einkommensverhältnisse „gerechter" zu gestalten und soziale Konflikte zu vermeiden. Ein zu radikaler Abbau der Sozialleistungen zugunsten von Rüstung und Profit soll vermieden werden. Dies ist Ausdruck einer mehr reformistischen Grundhaltung von Teilen der Bourgeoisie.

Alle genannten Tendenzen sind im Zusammenhang mit der generellen Entwicklung der bürgerlichen politischen Ökonomie und ihrer beiden Funktionen erklärbar.

Die allgemeine Aufgabe der bürgerlichen Ökonomie besteht heute darin, den staatsmonopolistischen Kapitalismus gegen Angriffe und Erschütterungen zu verteidigen. Diese Aufgabe wird aber heute nicht mehr nur durch eine ideologische Rechtfertigung des kapitalistischen Systems erfüllt. Gerade mit dem staatsmonopolistischen Kapitalismus hat sich die Notwendigkeit entwickelt, theoretische Grundlagen für die kapitalistische Wirtschaftsführung zu

[6] Vgl. ebenda, S. 67.
[7] Vgl. ebenda, S. 90.

schaffen. Daraus ergibt sich, daß die bürgerliche Ökonomie der Gegenwart ihrer gesellschaftlichen Aufgabe dadurch gerecht wird, daß sie zwei Funktionen ausübt: eine ideologische oder apologetische und eine wirtschaftspolitische Funktion. Die ideologische Funktion beinhaltet vor allem die ideologisch-theoretische Beeinflussung von Menschen im Interesse des kapitalistischen Systems. Die wirtschaftspolitische Funktion zielt auf die Beeinflussung des wirtschaftspolitischen Handelns von Staat und Monopolen im gleichen Interesse. Letzteres wird zum Beispiel an den Arbeiten des Sachverständigenrates der BRD und den Berichten der Wirtschaftsberater beim Präsidenten der USA sichtbar.

Natürlich gibt es ein gegenseitiges Durchdringen der beiden Funktionen. Die bürgerliche Theorie muß bei der Erfüllung ihrer ideologischen Funktion ein bestimmtes Maß an Praxisbezogenheit wahren, um effektiv sein zu können. Umgekehrt wirkt die wirtschaftspolitische Funktion in gewisser Weise ideologiebildend. Dies gilt trotz bestimmter Unterschiede im Detail im Prinzip für alle Richtungen bürgerlicher Wirtschaftstheorie: für den Keynesianismus wie den Neokonservatismus; für den Monetarismus und den Institutionalismus. Nach wie vor, und heute eher noch mehr denn je, besteht das wichtige Anliegen *aller* bürgerlichen Ökonomie in *jeder* ihrer Funktionen darin, das historisch überlebte kapitalistische System zu verteidigen und seine Existenz apologetisch zu rechtfertigen – gegen den realen Sozialismus, gegen die Arbeiterklasse in den kapitalistischen Ländern, gegen die auch in der Welt des Kapitals weiter anwachsende Friedensbewegung, gegen die Kräfte der nationalen Befreiungsbewegung. Ein bestimmender Grundzug der bürgerlichen Ökonomie in jeder ihrer Funktionen ist der Antikommunismus. Ob offen und grob oder raffiniert verbrämt, ist in diesem Zusammenhang eine sekundäre, abgeleitete Frage.

Die Monopolbourgeoisie muß ständig Überlegungen anstellen, wie sie die vielfältigen Krisen bewältigen kann. Dabei spielt die jeweils dominierende Strömung der bürgerlichen Wirtschaftstheorie eine wesentliche Rolle. Denn darin zeigt sich, wie sich die Krisensituation im Bewußtsein der Monopolbourgeoisie widerspiegelt und welche Konsequenzen von ihr gezogen werden.[8]

Die wirtschaftspolitische Funktion der bürgerlichen Ökonomie setzt sich in hohem Maße über die ideologische Funktion durch, wobei seit der zyklischen Krise von 1974/75 der theoretischen Verarbeitung von Konflikten und Krisen weit mehr Beachtung geschenkt werden muß als vorher[9] und außerdem auch das Nichterreichen bestimmter wirtschaftspolitischer Ziele „erklärt" werden muß. Der zentrale Gedanke ist dabei, daß sich in Abhängigkeit von den veränderten Reproduktionsbedingungen des Kapitals und der Krise der staatsmonopolistischen Wirtschaftspolitik auch die Rahmenbedingungen für das Agieren der bürgerlichen Ökonomie und das Wechselverhältnis ihrer beiden Hauptfunktionen verändert haben. Das Dominieren der neoklassisch-monetaristischen Richtung ist in der Tat „Ausdruck der Hilflosigkeit wirtschaftspolitischer Steuerung"[10]. Krisen werden soweit wie möglich *systemneutral* gedeutet. Rechtfertigung und Systemstabilisierung stehen also bei der ideologisch-apologetischen Funktion nebeneinander.

Der bürgerliche Klassenstandpunkt läßt nur in dem Maße eine realistische Einschätzung der Krisen des Kapitalismus zu, wie diese Einschätzung nicht im Widerspruch zur ideologisch-apologetischen Aufgabenstellung steht.

Wie ist das bei den Memorandenökonomen? Sie sind gegen Apologetik, aber für effektivere und sozial gerechtere staatliche Wirtschaftspolitik!

Welche Bedeutung die praktische Funktion der bürgerlichen Ökonomie hat, kann an der Tätigkeit des „Sachverständigenrates" (SVR) in der BRD offengelegt werden. Der SVR wurde am 14. März 1963 mit großen Erwartungen und

[8] Vgl. K. Müller, Zu den Grundfunktionen der bürgerlichen politischen Ökonomie, in: Wirtschaftswissenschaft, 5/1984, S. 692/693.

[9] Vgl. ebenda.

[10] Ebenda, S. 695.

Wünschen etabliert. Die SPD hatte sich schon in den fünfziger Jahren für die Bildung eines „unabhängigen“ Sachverständigenrates eingesetzt, um die wirtschaftspolitische Urteilsbildung bei staatlichen Organen zu erleichtern. Was ergab sich?

Der SVR erstellt jährlich ein umfangreiches Gutachten, aber stets auf der Grundlage bürgerlicher Wirtschaftstheorie und höchst selten mit dem Ziel, Probleme zu lösen. Letzteres war übrigens ein wichtiger Grund für das Entstehen *alternativer* Theorien in der BRD.

Anders formuliert: Der Bedarf an wissenschaftlicher Politikberatung war und ist groß, aber der Effekt gering. Vorschläge des SVR zur offiziellen Wirtschaftspolitik wurden selten aufgegriffen und in die Tat umgesetzt. Er hat zumeist wirtschaftspolitische Maßnahmen im nachhinein begründet und gerechtfertigt. Das veranlaßte den SPD-Wirtschaftspolitiker Wolfgang Roth zu der Feststellung: „Im Grunde spiegelt der Sachverständigenrat die Armut heutiger Nationalökonomie wider. Glanzvolle theoretische Glasperlenspiele verdecken die tatsächliche Resignation vor den vorhandenen Problemen.“ [11]

Der SVR hat Mitte der siebziger Jahre eine Wende zur „Angebotspolitik“ vollzogen und damit teilweise einen Rückfall in die Harmonielehren eines Bastiat praktiziert. Die politische Konsequenz: Senkung der Reallöhne, Abbau der Sozialleistungen, Massenarbeitslosigkeit als Instrument zur Disziplinierung der Arbeiter. Aktive staatliche Beschäftigungspolitik, Arbeitszeitverkürzung bei vollem Lohnausgleich wurden zu Tabubegriffen der Unternehmerverbände.[12]

[11] W. Roth, Wirtschaftspolitik ohne Sachverständigenrat, in: Millionen Arbeitslose! Streitschrift gegen den Rat der Fünf Weisen. Eine Bilanz nach zwanzig Jahren, hg. von R. Hickel/H. Mattfeldt, Reinbek b. Hamburg 1983, S. 95/96.

[12] Seit Anfang des Jahres 1985 gibt es bei den Unternehmerverbänden und anderen monopolistischen Kräften einige Veränderungen im Verhalten zur Beschäftigung. Staatliche Maßnahmen zur Bekämpfung der Arbeitslosigkeit werden nicht mehr so rigoros ausgeschlossen wie vorher.

Die massive Kritik an der bürgerlichen Wirtschaftstheorie aus dem eigenen Lager ist oft nur die eine Entwicklungslinie in den publizistischen Bemühungen zur Darstellung der ökonomischen Situation. Die andere bestand darin, daß staatliche Organe, Regierungsparteien und Monopolverbände viel Gesundbeterei in optimistischer Stimmung für die konjunkturelle Wende und den ökonomischen Aufschwung machten. Die Aussagen waren oft durchsetzt mit zurückhaltenden Äußerungen zu einzelnen Entwicklungstrends wie Arbeitslosigkeit oder Inflation und mit vorsichtigen Bemerkungen zur mittel- und langfristigen Perspektive. BRD-Wirtschaftstheoretiker betonten im Verlaufe des Jahres 1984, daß sich die Wirtschaft auf dem „Wachstumspfad" befinde, sich von Pessimismus und Resignation befreit habe, und führten dies auf die wirtschaftspolitische Wende durch die neue BRD-Regierung der Jahre 1982/83 zurück. Zwei Monate vorher war in der „Frankfurter Allgemeinen" die gleiche Tonlage angestimmt worden: „Auch wenn der wirtschaftspolitische Horizont durch den Wolkenschleier eines möglichen Arbeitskampfes in der Metallindustrie getrübt erscheint, ist die Stimmung in der Wirtschaft gut. Sie entspricht weitgehend dem deutlich besseren ‚Wachstumsprofil': im zweiten Halbjahr 1983 haben sich die Antriebskräfte deutlich beschleunigt, so daß der Start ins neue Jahr mit einem beruhigenden ‚Wachstumspolster' begonnen werden kann." [13]

Daß die Wirtschaft aus der Talsohle gut herauskam, sei „in erster Linie das Ergebnis großer Anstrengungen der Betriebe und ihrer Mitarbeiter. Aber auch die Wirtschaftspolitik der Bundesregierung hat an der Wende zum Besseren einen spürbaren Anteil: die Politik der Haushaltskonsolidierung und Investitionsermutigung hat das Vertrauen in die eigenen Kräfte, wie auch in die Fähigkeiten des Landes, mit der bisher längsten Wachstumskrise der Nachkriegszeit fertigzuwerden, nachhaltig gestützt." [14]

[13] Frankfurter Allgemeine Zeitung (Frankfurt a. M.) vom 2. 1. 1984, S. 9.

[14] Ebenda.

Der staatlichen Wirtschaftspolitik wird also unter Hinweis auf die zu Ende gegangene zyklische Krise Erfolg bescheinigt. Dabei geht es um jene Wirtschaftspolitik, die von bürgerlichen Marktwirtschaftstheoretikern, neuerdings insbesondere „Angebotstheoretiker" genannt, seit langem propagiert wird. Hat also die bürgerliche Ökonomie, zumindest ihre gegenwärtig herrschende Richtung, doch nicht versagt? Haben gar die neokonservativen Theoretiker recht behalten, oder trügt der Schein? Ist der konjunkturelle Aufschwung tatsächlich trotz eines „harten Sparkurses", mit Ausgabenkürzungen im zivilen Bereich und ohne staatliches Beschäftigungsprogramm, quasi antikeynesianistisch, erreicht worden?

Ein Blick auf die Entwicklung der bürgerlichen Ökonomie einerseits und die wirtschaftlichen Abläufe andererseits gibt die Antwort. Ein großer Teil der auch gegenwärtig zu beobachtenden Unsicherheit bürgerlicher Ökonomie und Politiker resultiert aus der Tatsache, daß viele Anzeichen darauf hindeuten, daß zwar ein kurzfristiger Aufschwung realisiert wird, aber keine *längerfristige* Entwicklung von der Art der fünfziger und sechziger Jahre. Der Westberliner Politökonom Elmar Altvater betont, nur eine kurzfristige konjunkturelle Erholung sei zu erwarten, weil

- die Entwertungsprozesse des Kapitals nicht abgeschlossen seien;
- die neuen Technologien einen solchen Rationalisierungseffekt haben, daß die Nachfrage nach neuen Produkten nur zum Teil aus der Arbeit stammen kann;
- die Krise des internationalen Kreditsystems weiterexistiert.[15]

Diese Überlegungen sind im Prinzip richtig, reichen aber für eine Erklärung der langfristigen Stagnationserscheinungen des Imperialismus nicht aus. Zum einen wird der Strukturaspekt zu wenig berücksichtigt; zum anderen ist die langfristige Wachstumsschwäche des Kapitalismus vor

[15] Vgl. E. Altvater, Ein Jahr nach der Wende, in: Leviathan (Opladen), 4/1983, S. 593.

allem eine Folge der Niedergangsphase des Kapitalismus als System unter den besonderen Bedingungen der siebziger und achtziger Jahre, also ein Ergebnis der besonderen Art der Verflechtung von allgemeiner Krise und zyklischer Krise. Schon der Krise von 1974/75 ging eine mehr oder minder lange Depressionsphase voraus. Die Arbeitslosigkeit konnte nach der Krise kaum abgebaut werden, sondern übertraf in der Aufschwungphase sogar den vorherigen Krisenstand, hatte somit in hohem Maße nichtzyklischen Charakter angenommen. Diese Labilitätstendenzen haben sich seither beträchtlich verstärkt.

Langfristige Strukturkrisen gibt es im Schiffbau, in der Bauwirtschaft und in anderen Bereichen. Sie treten in der Form von Überproduktion (Stahlindustrie und Schiffbau) und in anderen Formen auf. „Die wachsende Rolle der Strukturkrisen, ihre eigenständige und sich verstärkende ökonomische Funktion sind sicher auch ein Ergebnis dessen, daß unter dem Einfluß staatsmonopolistischer Bedingungen . . . die zyklische Krise ihre Funktion der zeitweisen Lösung von Widersprüchen des Reproduktionsprozesses, darunter auch strukturelle Widersprüche, nicht mehr voll erfüllen kann.“ [16]

Von diesen Zweigkrisen sind bedeutende Kapitalmassen und Millionen Arbeitskräfte betroffen. Wegen der internationalen Verflechtung der Zweige untereinander kommt es zum schnellen Übergreifen derartiger Krisen auf die Weltwirtschaft des Kapitals.

Zyklische Krisen treten als allgemeine Überproduktionskrisen in Erscheinung. Durch periodische Entwertung von Teilen des gesellschaftlichen Gesamtkapitals führen sie eine Abschwächung bestimmter Widersprüche des Reproduktionsprozesses herbei und stellen dadurch temporär das Gleichgewicht wieder her, um günstigere Kapitalverwertungsbedingungen als Voraussetzung für die Neuanlage von Kapital zu schaffen. Von Strukturkrisen werden im Unter-

[16] Autorenkollektiv, Strukturwandel und Strukturkrisen im gegenwärtigen Kapitalismus, in: IPW-Forschungshefte, 4/1983, S. 13.

schied zu zyklischen Krisen nur einzelne Industriezweige und Wirtschaftsbereiche ergriffen. Sie verursachen in Teilbereichen der materiellen Produktion scharf ausgeprägte, über alle Phasen des kapitalistischen Zyklus hinweg wirksame, durch zyklische Krisen nicht zu bereinigende Disproportionen.

Die Strukturkrisen sind natürlich mit vielfältigen monopolistischen und staatsmonopolistischen Maßnahmen verbunden. Die Schrumpfungspläne des BRD-Monopolkapitals im Schiffbau beispielsweise sind ein Ausdruck der Notwendigkeit, Produktionskapazitäten abzubauen, die nicht mehr verwertet werden können.[17] Die Folge sind Massenentlassungen und soziale Not für viele Arbeiter.

Die Strukturkrisen sind auch eine wichtige Ursache dafür, daß das Westberliner Institut für Wirtschaftsforschung Anfang 1984 keinen Wirtschaftsaufschwung auf breiter Front erkennen konnte, sondern eine sehr differenzierte, also widersprüchliche Entwicklung. Ein Abbau der Arbeitslosigkeit sei nicht zu erwarten.[18]

Eine derart vorsichtige Einschätzung zeugt von einem hohen Maß von Unsicherheit selbst unter den Bedingungen eines konjunkturellen Aufschwungs. Die Praxis hat gezeigt, daß diese Vorsicht auch geboten war.

Eine gewisse Bestätigung dieser Einschätzung erfolgte später im sogenannten Frühjahrsgutachten der Arbeitsgemeinschaft wirtschaftswissenschaftlicher Forschungsinstitute der BRD und Westberlins. Dort wird zwar davon gesprochen, daß 1984 die „Erholung“ in einen „Aufschwung“ mit einem Wirtschaftswachstum von „reichlich 3 Prozent“ übergehen würde. Daß es sich dabei aber um einen Aufschwung nur für Unternehmer und ihre Profite handelte, geht aus folgenden Angaben hervor: Die durchschnittliche Arbeitslosenzahl sollte nach übereinstimmender Einschät-

[17] Vgl. R. Gutermuth, BRD-Werftenkrise. Lehrstück kapitalistischer Wirtschafts- und Sozialpolitik, in: IPW-Berichte, 11/1983, S. 40.

[18] Vgl. Grundlinien der Wirtschaftsentwicklung 1984, in: DIW-Berichte, Berlin (West), 1/1984, S. 7–23.

zung 1984 nur um etwa 100000, von 2,26 auf 2,15 Millionen zurückgehen, was allerdings weniger dem „Aufschwung" zugeschrieben wurde als vielmehr der Tatsache, „daß sich immer mehr Arbeitslose enttäuscht in die ‚stille Reserve' zurückziehen und sich gar nicht mehr bewerben. Auch werden viele Arbeitslose mit beruflicher Fortbildung, Umschulung usw. in einen statistisch anderen Status verbracht.[19]"

2. Bedeutungsabnahme des Keynesianismus

„Abschied vom Lord" hieß Mitte der siebziger Jahre ein Schlagwort, mit dem die bürgerlichen Ökonomen damals die Situation ihrer Wissenschaftsdisziplin charakterisierten. Damit sollte zum Ausdruck gebracht werden, daß die von Lord Keynes in den dreißiger Jahren entwickelte und von seinen Anhängern modifizierte wirtschaftstheoretische Konzeption bei der Bewältigung der Krisenerscheinungen in den siebziger Jahren versagt hat und durch etwas anderes ersetzt werden muß. Dies ist insofern bemerkenswert, als bis dahin der größere Teil der bürgerlichen Ökonomen die Ansicht vertreten hatte, von Keynes ein für allemal das theoretische Rüstzeug für eine *wirksame antizyklische, wachstumsorientierte* Wirtschaftspolitik erhalten zu haben, vorausgesetzt, das in Übereinstimmung mit dem theoretischen Denken geschaffene Instrumentarium werde zweckmäßig, konsequent und entsprechend den ökonomischen Erfordernissen eingesetzt.

Die Verschärfung der allgemeinen Krise des Kapitalismus und die zyklische Krise von 1974/75 verschlechterten aber die Wirkungsmöglichkeiten für den Keynesianismus. Daher entwickelte sich in den siebziger Jahren einerseits eine kritische Haltung gegenüber dem Keynesianismus, andererseits begann erneut und intensiver als je zuvor die Suche nach Argumenten dafür, weshalb die bürgerliche

[19] Handelsblatt (Düsseldorf) vom 17. 1. 1984.

Ökonomie – aus der Sicht ihrer Vertreter – erneut in einer zyklischen Krise kläglich versagte und damit ihren eigenen Krisenzustand offen dokumentierte. Dieser Tatbestand wurde durch die zyklische Krise der kapitalistischen Weltwirtschaft von 1980 bis 1983 weiter verstärkt. Kurt Hager charakterisierte diese Situation wie folgt:

„Längere Zeit hatten Wirtschaftstheoretiker und Wirtschaftspolitiker in den Ländern des staatsmonopolistischen Kapitalismus geglaubt, durch staatliche Förderung der Kapitalverwertung, des Wirtschaftswachstums, durch ein System staatsmonopolistischer Maßnahmen, wie es vor allem Verfechter der Keynesschen Wirtschaftstheorie angeregt hatten, die wirtschaftliche Entwicklung wirksam beeinflussen zu können. Diese Kräfte glaubten, daß man die Schalthebel der Wirtschaft endlich im Griff habe, daß man Wirtschaftskrisen, Arbeitslosigkeit, Inflation usw. verhüten könne. Doch die Krise der kapitalistischen Weltwirtschaft von 1974/75 zerschlug die Hoffnungen gründlich.

Nunmehr versuchen Wirtschaftspolitiker, mit anderen Rezepten, mit anderen Wirtschaftstheorien das alte Ziel zu erreichen. Unter dem abgegriffenen Schlagwort von der Marktwirtschaft versprechen sie, durch drastisches Durchsetzen monopolistischer Profitinteressen, durch rigorosen Sozialabbau, durch Reallohnsenkungen den Gebrechen des Kapitalismus wirksam begegnen zu können. Für sie ist die ungehinderte Durchsetzung monopolistischer Ellenbogenfreiheit das Mittel, um die tiefen Krisen, die den Kapitalismus seit Mitte der siebziger Jahre erfaßt haben, überwinden zu können. Diese Konzeption zur Bewältigung der Krise ist vor allem durch folgende Merkmale charakterisiert:

1. Rücksichtslose Nutzung des wissenschaftlich-technischen Fortschritts auf dem Wege der kapitalistischen Rationalisierung.
2. Abbau der bisherigen Sozialpolitik, sozialer Maßnahmen und sozialer Errungenschaften der Arbeiterklasse.
3. Offene und rücksichtslose staatliche Förderung der Profite und Senkung des Reallohnes. Unter der Losung ‚We-

niger Staat' vollzieht sich ein Wandel der staatsmonopolistischen Tätigkeit in dieser Richtung.

4. Da klar ist, daß diese Konzeption mit tiefen sozialen Widersprüchen und Konflikten verbunden ist, wird der repressive Staatsapparat ausgebaut.

Offenkundig ist die imperialistische Hochrüstungspolitik einer der wichtigsten Faktoren, die die Krise der kapitalistischen Wirtschaft vertiefen und ihrem Verlauf einen langwierigen und komplizierten Charakter verleihen. Die Hochrüstung in ihren heutigen gewaltigen Dimensionen deformiert die kapitalistische Wirtschaft und stört und destabilisiert die internationalen Wirtschaftsbeziehungen."[20]

Zu fragen ist also: Warum sind *Keynesianismus* und *Nachkeynesianismus* gescheitert? Weshalb nimmt die *neokonservative* Wirtschaftstheorie den dominierenden Platz ein? Der Hauptgrund ist darin zu sehen, daß sich die sozialökonomischen Bedingungen für die monopolistische Kapitalverwertung grundsätzlich verschlechtert, die Labilität des Systems vergrößert und die reaktionärsten, aggressivsten Kräfte innerhalb des Finanzkapitals ihren Einfluß verstärkt haben. Diese Veränderungen in den Reproduktionsbedingungen mußten Folgen für den Keynesianismus zeitigen.

John M. Keynes durchbrach in den dreißiger Jahren einige Tabus der damals vorherrschenden neoklassischen Theorie und entwickelte bestimmte Elemente einer „Krisenökonomie" zur Stabilisierung des Kapitalismus.[21] In der Folgezeit wurde von seinen Anhängern höchst voreilig behauptet, Keynes habe die Machbarkeit der Konjunktur und die Erreichbarkeit von Vollbeschäftigung durch gezielten Einsatz des Staates begründet. Bei einer Einschätzung der Theorie von Keynes ist zumindest folgendes zu beachten:

[20] K. Hager, Gesetzmäßigkeiten unserer Epoche. Triebkräfte und Werte des Sozialismus, Berlin 1983, S. 22/23.

[21] Vgl. J. M. Keynes, Allgemeine Theorie der Beschäftigung, des Zinses und des Geldes, Berlin 1936; vgl. auch: K. O. W. Müller, Neokeynesianismus, Berlin 1974.

Erstens: Keynes hat unter dem Eindruck der großen Weltwirtschaftskrise von 1929 bis 1933 einige *zentrale Theorien* der bürgerlichen Ökonomie aufgegeben oder modifiziert und damit eine längst *überfällige*, aber *relative* Anpassung der bürgerlichen Ökonomie an die Wirklichkeit des staatsmonopolistischen Kapitalismus vorgenommen, um dieses System in einer Periode gefährlicher Krisen auf wirksamere Art zu stabilisieren und zu verteidigen. Seine Anpassung war insofern nur *relativer* und bürgerlicher Natur, als von ihr keine dauerhafte und allgemeine ökonomische Stabilisierung des Kapitalismus ausgehen konnte. Aber: seine Theorie entsprach mehr den objektiven Erfordernissen des monopolistischen Systems als andere Theorien, auch wenn das zuweilen aufgrund der scharfen bürgerlichen Angriffe auf Keynes nicht so aussah.

Die Keynessche Theorie erlangte nach dem zweiten Weltkrieg in vielen imperialistischen Ländern großen, wenn nicht sogar dominierenden Einfluß auf die staatliche Wirtschaftspolitik, konnte aber langfristig die in sie gesetzten Hoffnungen immer weniger erfüllen, weil sich ihre relativen Anpassungspotenzen angesichts neuer ökonomischer Schwierigkeiten und der Verschärfung typisch kapitalistischer Krisenprozesse zusehends erschöpften und das ökonomische Denken von konservativen Trends stärker beeinflußt wurde. Da sich der Keynesianismus aber auf objektive Widersprüche des Imperialismus bezieht, vor allem auf den Widerspruch zwischen Produktion und Markt, werden die entsprechenden Keynesschen Gedanken keineswegs von der Bildfläche verschwinden, wohl aber in bestimmten Perioden im Rahmen der bürgerlichen Ökonomie zurückgedrängt.

Zweitens: Angesichts der krisenhaften ökonomischen Entwicklung in den siebziger Jahren und der Verschärfung der sozialen Gegensätze war eine weitere Differenzierung der bürgerlichen politischen Ökonomie und das stärkere Hervortreten *antimonopolistischer* Standpunkte zwangsläufig. Das Vordringen des Neokonservatismus war die *eine* Tendenz, aber durch mehrere Faktoren bedingt. Besonders wichtig waren die Mißerfolge der von Keynes beeinflußten staatlichen Wirtschaftspolitik und das Ziel des Monopolkapitals, die Umverteilung des Nationaleinkommens zu seinen Gunsten direkter und massiver gegen die Arbeiterklasse und andere Werktätige durchzusetzen. Zu den neuen Tendenzen gehört auch das Auftreten von reformistisch orientierten Ökonomen, die nach wie vor ausgehend von Keynes, den gegenwärtigen ökonomischen Krisen des Kapitalismus entgegentreten, aber bei Be- und nicht Mißachtung der Interessen der Mehrheit des Volkes.

Bürgerliche Wirtschaftstheoretiker, die Keynes nahestanden, mußten einige Mängel von Keynes eingestehen. Dazu gehörten der *statische* Charakter der Theorie, die *Kurzfristigkeit* der Analyse, die Vernachlässigung von Wachstumsproblemen und die nationalstaatliche Begrenzung. Keynes machte bekanntlich keinen Unterschied zwischen Erweiterungs- und Rationalisierungsinvestitionen, obwohl dieser Unterschied beschäftigungspolitisch essentiell ist.[22] Seine makroökonomische Betrachtungsweise versperrte außerdem den Blick für *stoffliche* Probleme innerhalb der Globalgrößen. Bürgerliche Theoretiker wie Roy Harrod und Evsey D. Domar versuchten eine Dynamisierung der Keynesschen Theorie, betonten aber ebenfalls, daß ein sich selbst überlassenes „marktwirtschaftliches System" längerfristig zur Labilität neige. Diese Modifikationen sprengen aber nicht den Rahmen der Keynesschen Theorie.

Keynes gab keine wissenschaftliche Krisenerklärung, sondern nutzte für die Erklärung zyklischer Krisen sein sogenanntes grundlegendes psychologisches Gesetz, wonach die Menschen zwar geneigt sind, mit zunehmendem Einkommen mehr auszugeben, aber nicht soviel, wie der Einkommenszuwachs ausmacht.

Drittens: Die Keynessche Theorie wird heute noch zum größten Teil von sozialdemokratischen Ökonomen akzep-

[22] Vgl. A. Bönisch, Wirtschaftstheoretische und -politische Ansichten demokratischer Ökonomen in der BRD (Memoranden), in: Wirtschaftswissenschaft, 5/1982, S. 688f.

tiert. Dies zeigt auch, daß die Bedeutungs*minderung* des Keynesianismus relativ ist. Die Keynessche Theorie ist „nach wie vor die Grundlage des bürgerlich-liberalen und seiner ‚linken' Spielart – des sozialdemokratischen Reformismus"[23].

Vor und in der zyklischen Krise von 1980/83 zeigte sich eine außerordentliche Verschärfung der Krisen der auf Keynes fußenden staatlichen Wirtschaftspolitik, aus der viele imperialistische Staaten mit einer *Kursänderung* herauszukommen versuchten. Waren nach dem zweiten Weltkrieg die kapitalistischen Länder bemüht, zyklische Krisen mit Hilfe von staatlich finanzierten oder stimulierten Investitionsprogrammen abzuschwächen oder zu überwinden, so wurde in den letzten Jahren eine restriktive Wirtschaftspolitik praktiziert. Staatliche Programme zur Ankurbelung der Wirtschaft sind in den meisten Ländern nicht oder nur in geringem Umfang aufgestellt worden. In der bürgerlichen ökonomischen Theorie und Propaganda werden diese Praktiken häufig mit dem Slogan: „Mehr Markt – weniger Staat!" umschrieben. Mit dieser Losung soll die Tatsache verdeckt werden, daß es den führenden imperialistischen Kreisen darum geht, die vorhandenen finanziellen Mittel noch zielgerichteter zugunsten des Finanzkapitals einzusetzen, die von den Werktätigen erkämpften staatlichen Sozialleistungen abzubauen und die Rüstung auszudehnen.

In den siebziger Jahren wurde immer deutlicher, daß die staatsmonopolistische Regulierung aus der Sicht vieler Monopolgruppen nicht mehr den Erfordernissen der Kapitalverwertung entsprach. Die Verknappung und Verteuerung vieler Ressourcen, die Umweltkrise und andere Faktoren zwangen zu einer Effektivierung der Produktion durch rationellere Nutzung des fixen Kapitals, Verbilligung der Arbeitskräfte und Sparsamkeit beim Rohstoffeinsatz. Auch die Intensivierung der Außenwirtschaftsbeziehungen be-

23 I. M. Ossadtschaja, Die Krise des Keynesianismus und die Suche der bürgerlichen Ökonomie nach neuen Konzepten, in: IPW-Berichte, 12/1983, S. 9f.

schleunigte die Krise des Keynesianismus. Schließlich nahm die Entwicklung bedrohliche Dimensionen an, und die staatliche Bürokratisierung belastete nicht nur das Kapital, sondern auch die meisten anderen Menschen, was den Neokonservativen einen günstigen Ansatzpunkt für die antikeynesianistische Propaganda verschaffte.

Bürgerliche Ökonomen haben in den vergangenen Jahren häufig die Feststellung getroffen, das ökonomische Wachstum nach dem zweiten Weltkrieg sei vor allem das Ergebnis theoretischer Einsichten, speziell jener von J. M. Keynes. Man würde aber gewiß den Einfluß der Ideen von Keynes gewaltig überschätzen, wollte man die in vielen imperialistischen Ländern nach dem zweiten Weltkrieg praktizierte Politik der Haushaltsdefizite, der dosierten Inflation und der staatlichen Eingriffe in den Reproduktionsprozeß der Überzeugungskraft von Keynes zuschreiben. Zutreffender ist, daß die damalige Wirtschaftspolitik vorrangig das Ergebnis *sozialökonomischer Umstände* und *monopolistischer Interessen* war. Sie entsprang primär dem Widerspruch zwischen den hoch vergesellschafteten Produktivkräften und den monopolistischen Eigentumsverhältnissen, dem Druck und Gegendruck der verschiedenen Klassenkräfte und *nicht* vorgefaßten theoretischen Konzepten. Sie entsprang der Notwendigkeit, das kapitalistische System zu stabilisieren.

Lange *vor* Veröffentlichung der Keynesschen „Allgemeinen Theorie" gab es bereits keynesianische Gedankengänge und Programme, so das von Otto Bauer ausgearbeitete Programm zur Arbeitsbeschaffung in Österreich im Jahre 1933 und den Woytinski-Tarnow-Baade-Plan in Deutschland. In diesen Programmen und Plänen wurden öffentliche Arbeiten vorgeschlagen, um Krisen zu überwinden. Auch der „New Deal" in den USA war vorwiegend ein Programm zur Arbeitsbeschaffung durch produktive Projekte wie Elektrifizierung, Schaffung von Bewässerungsanlagen und der Einführung von Mindestlöhnen und sozialer Leistungen. Kein Wunder, daß die Monopole Roosevelt zu Fall bringen wollten und ungeachtet der für damalige Begriffe recht massiven öffentlichen Investitionstätigkeit die Nettoinvestitionen infolge des Widerstandes des Big Business in den dreißiger Jahren sanken. Die Arbeitslosigkeit verharrte bei Millionen.

Der New Deal war ein Versuch, mit *staatlichen* Mitteln auf eine Krisensituation zu reagieren. Die Oligarchie aber wollte nicht, und so blieb der Erfolg aus. Nach dem zweiten Weltkrieg war die Situation anders. Die Oligarchie wollte staatliche Maßnahmen, und es gab auch Erfolge.

Keynes hat der wirtschaftspolitischen Praxis willkommene Argumente geliefert und zu weiteren Vorstößen in der wirtschaftspolitischen Praxis ermutigt. Im ganzen war seine Theorie aber eher eine im nachhinein erfolgende Begründung einer praktizierten Politik. Die eigentlichen Wurzeln dieser Politik waren *gesellschaftlicher* Art.

Die Bedeutung von Theorie und Erkenntnissen soll damit keinesfalls unterschätzt werden. Keynes selbst maß der gesellschaftlichen Macht von Ideen eine überwältigende Bedeutung bei. Aber Erkenntnisse werden erst dann gesellschaftlich *wirksam*, wenn dafür die entsprechenden Bedingungen existieren.

Sozialdemokratische und andere Theoretiker glaubten an eine weitgehende „Machbarkeit" ökonomischer Entwicklungen seit Ende der zwanziger Jahre. Beispielhaft sei hier auf Rudolf Hilferding verwiesen. Ihm standen 50 Jahre später Herbert Ehrenberg und Helmut Schmidt nicht nach. Gerade letztere aber mußten erkennen, daß in der Krise auch den besten „Machern" nichts gelingt. Die Krise nimmt ihren Lauf, und die Politik paßt sich mehr und mehr an.

Altvater schreibt: „Es ist keine aufregende Feststellung mehr, daß der Keynesianismus wegen seiner Erfolge und nicht wegen seiner Mißerfolge historisch widerlegt worden ist. Die erfolgreiche Unterstützung des privaten Akkumulationsprozesses nach dem zweiten Weltkrieg, die politische Absicherung der längsten und stürmischsten Prosperitätsperiode in der Geschichte des Kapitalisums überhaupt, endete . . . mit dem Sieg des ‚Prinzips der Verwertung' von

Kapital über das ‚Prinzip der politischen Regulierung' unter Vollbeschäftigungs- und Sozialstaatskriterien."[24]

Eine wichtige Ursache für die Bedeutungsabnahme des Keynesianismus ist die Tatsache, daß dieses Theoriensystem der *wissenschaftlich-technischen Entwicklung* wenig Aufmerksamkeit schenkt. Heute aber müssen schon wegen der Entkoppelung von Wirtschaftswachstum und Beschäftigung über Innovationen neue Wachstumsmöglichkeiten erschlossen werden. Insofern ist die staatliche Förderung der Forschung außerordentlich wichtig und die Angebotskonzeption realistischer als die einseitige Nachfrageorientierung.

Neben all dem eignen sich aber – und das ist die Haupttendenz – neokonservative Theorien besser zur Disziplinierung der Werktätigen und zur Verschleierung der Ursachen kapitalistischer Krisen. Dies gilt auch für die zunehmend in die Diskussion gebrachte Theorie der langen Wellen, nach der in den siebziger und achtziger Jahren Abschwächungstendenzen auftreten mußten, aber in den neunziger Jahren durch die neuen Bio-, Kommunikations- und anderen Technologien ein neuer langfristiger Wachstumsschub zu erwarten sei. Bedingung sei, daß die Unternehmen freie Hand haben und in die Lage versetzt werden, den notwendigen Innovationsschub zu realisieren. Angebotsstärkung durch Steuersenkungen für die Unternehmen und Einkommensminderungen bei den Werktätigen seien Mittel bzw. Konsequenzen.

Viele bürgerliche Ökonomen behaupten, die von ihnen für möglich gehaltene ökonomische Entwicklung via wissenschaftlich-technische Revolution sei auch über eine qualitativ neue Funktion der Klein- und Mittelbetriebe durchsetzbar. In der Tat werden viele Unternehmen als Ingenieurunternehmen gegründet und Kapital mit hohem Risiko eingesetzt, um die Innovationsprozesse voranzutreiben. Viele dieser Unternehmen machen zwar Bankrott, aber die verbleibenden tragen zur Modernisierung und

[24] E. Altvater, Ein Jahr nach der Wende, a. a. O., S. 593.

Entwicklung der Produktivkräfte in erheblichem Umfang bei. Dies ist eine Form der Anpassung kapitalistischer Produktionsverhältnisse an die Produktivkräfte.[25] Die Frage ist: Werden diese Wandlungen, die immer innerhalb der grundlegenden Qualität des staatsmonopolistischen Kapitalismus bleiben, mit der Förderung der wissenschaftlich-technischen Revolution neue große Investitionsräume eröffnen?

In der marxistisch-leninistischen Diskussion finden sich dazu unterschiedliche Denkansätze. In einer ersten Gruppe von Auffassungen wird betont, daß die Mikroelektronik und andere Innovationen nicht nur einen arbeitssparenden, sondern zugleich einen konstantes Kapital sparenden intensiven Typ kapitalistischer erweiterter Reproduktion hervorbringen. Man erwartet, daß infolgedessen das Wachstum auf doppelte Weise in der Zukunft weiter gehemmt würde: durch die Dämpfung des Investitionsaufwandes und durch die Einschränkung der Massenkaufkraft im Ergebnis der Verminderung von Arbeitsplätzen.

In einer zweiten Gruppe von Auffassungen wird die Erwartung eingeschlossen, daß nach der bisherigen Einführungsetappe von Innovationen ihre Durchsetzung in der Produktion folgen wird. Die damit verbundene massenhafte Entwertung alter Technologien werde in nie gekanntem Ausmaß stattfinden und künftig mit einer enormen Beschleunigung des moralischen Verschleißes verbunden sein. Das müßte zu einem neuen gewaltigen Investitionsbedarf führen.

Sicherlich wirken in der Realität beide Tendenzen, wenn auch temporär differenziert.[26]

Bei der Einschätzung der *neueren Entwicklung des Keynesianismus* ist grundsätzlich dreierlei zu beachten:

Erstens kann die auf ihm fußende staatsmonopolistische (Nachfrage-)Regulierung *immer* nur von beschränkter

[25] Vgl. D. Klein, Wirtschaftsstrategien des Kapitalismus für eine reaktionäre Gesellschaftspolitik. Diskussionsbeitrag, in: IPW-Berichte, 9/1984, S. 31.

[26] Vgl. ebenda.

Wirksamkeit sein; denn der Widerspruch zwischen Produktion und Markt ist nicht lösbar.

Zweitens ließen die ökonomischen Veränderungen der siebziger Jahre im Kapitalismus die Mängel dieses theoretischen Systems besonders deutlich hervortreten, so daß von einer Krise des Keynesianismus gesprochen werden mußte.

Drittens erforderte die neue ökonomische Situation neue Politikbegründungen bzw. -rechtfertigungen, die der Keynesianismus nicht mehr glaubwürdig vermitteln konnte.

Dennoch sollte beachtet werden, daß es im Kapitalismus immer *mehrere* ökonomisch-theoretische Richtungen gibt, immer ein Vordringen und ein Zurückdrängen ökonomischer Theorien in Abhängigkeit von den eben charakterisierten ökonomischen Tendenzen. Es geht somit darum, die relative Bedeutungsminderung bestimmter Theorien in Rechnung zu stellen, was heißt, daß nach der jetzigen neokonservativen Welle mit hoher Wahrscheinlichkeit keynesianistische Gedanken wieder stärker in den Vordergrund treten werden. Der Keynesianismus hat zwar seine Anpassungspotenzen weitgehend erschöpft. Aber wenn sich die Bedingungen etwas verändern, wird auch der Keynesianismus wieder an Bedeutung zunehmen. Es sind jetzt schon in dieser Hinsicht bestimmte Tendenzen zu erkennen.

Die siebziger Jahre haben also bestimmte Differenzierungen und Schwerpunktverlagerungen in der bürgerlichen Ökonomie gebracht. Es sind Probleme hervorgetreten, die in den sechziger Jahren keine Rolle spielten, wie die Diskussion um das qualitative Wachstum zeigt.

3. Die neokonservative Wende gegen die Werktätigen

Die Krise des Keynesianismus war begleitet von einem Aufschwung neokonservativer Wirtschaftstheorien und einer verstärkten Einflußnahme dieser Theorien auf die staatliche Wirtschaftspolitik.[27] Auch die Neokonservativen gehen zumeist von der ökonomischen Krisensituation aus, verdammen aber soziale Reformen und Lohnerhöhungen. Sie wollen die Arbeitslosigkeit durch Senkung der Löhne vermindern *und* sie gleichzeitig als Instrument der Wirtschaftsstrategie einsetzen.

Elmar Altvater hält die Selbstsicherheit und Arroganz der Konservativen für überzeugend. Diese Arroganz schüchtert ein, u. a., „weil sie sich auf Sachzwänge berufen kann“[28]. Die konservative Kritik muß keineswegs richtig, wohl aber plausibel sein, „um Attraktion auf Wähler auszuüben“[29].

Die Neokonservativen knüpfen vielfach bei den Neoliberalen an. Sie sprechen wie jene zwar viel von der Marktwirtschaft, von marktkonformen Maßnahmen, aber in der Realität setzen sie viele staatliche Maßnahmen durch.[30] Wenn gegenwärtig unter bürgerlichen Politikern und Ökonomen die Diskussion um Marktwirtschaft geführt wird, so geht es zumeist um die Zweckmäßigkeit dieser oder jener regulierenden Maßnahme oder um die Erhaltung des Gesamtsystems. Hier aber sind sich alle Vertreter des staatsmonopolistischen Kapitalismus einig, daß alle ihre Maßnahmen der „Marktwirtschaft“ dienen sollen, ob es Anhänger des Keynesianismus oder von Milton Friedman sind.

Im Gegensatz zwischen Marktwirtschaft und staatlicher

[27] Der Neokonservatismus ist ein Grundzug des bürgerlichen ökonomischen Denkens und eine im Vergleich zum Neoliberalismus neuere Stufe der Apologetik. Er stellt keine eigenständige wirtschaftstheoretische Richtung dar, sondern ist ein Gemisch unterschiedlicher Theorien mit reaktionärer Stoßrichtung. Im Kampf gegen den Neokonservatismus zeigen sich naturgemäß viele Berührungspunkte zwischen *alternativer* Ökonomie und *sozialreformistischen* Tendenzen in der bürgerlichen Ökonomie.

[28] E. Altvater, Ein Jahr nach der Wende, a. a. O., S. 583.

[29] Ebenda, S. 583/584.

[30] Vgl. Wie es zu schaffen ist. Agenda für die deutsche Wirtschaftspolitik, hg. von H. Giersch, Stuttgart 1983; W. Engels, Den Staat erneuern – den Markt retten, Köln 1983.

Regulierung spiegelt sich wider, daß sich die Bourgeoisie bei der eigenen Beurteilung staatlicher Maßnahmen in einer widersprüchlichen Situation befindet. Unter dem Druck ihrer eigenen Konflikte ruft sie nicht nur nach dem Staat, sondern entwickelt auch Theorien, die dessen Maßnahmen heiligsprechen. Zugleich aber ist jede staatliche Einflußnahme eine Kritik am Privateigentum an Produktionsmitteln, an der daraus resultierenden Unfähigkeit, auf privatkapitalistische Art und Weise die Probleme zu meistern.

Ludwig Elm schreibt über die neueren Entwicklungstendenzen des Konservatismus: „Seit Mitte der siebziger und Beginn der achtziger Jahre tritt die konservative Strömung der Politik und Ideologie in den kapitalistischen Ländern stärker hervor. Sie gewann in einigen von ihnen bestimmenden Einfluß auf die gesellschaftspolitische Strategie, die außenpolitischen Konzeptionen und die antikommunistische Massenbeeinflussung. Die zyklische Krise der kapitalistischen Weltwirtschaft von 1974/1975, die seitherige Verschärfung der allgemeinen Krise des Kapitalismus und der Ausbruch einer neuen zyklischen Krise 1979/1980 bilden Bedingungen und Triebkräfte, die dieser politisch-ideologischen Strömung wesentlichen und nachhaltigen Auftrieb geben. Hauptsächliche Erscheinungsformen sind die zielstrebige autoritär-antidemokratische Formierung des staatsmonopolistischen Herrschaftssystems, ausgeprägt unsoziale, gewerkschaftsfeindliche Programme und Maßnahmen der Krisenbewältigung, die Hochrüstung und Militarisierung sowie die Zunahme der extrem reaktionären Elemente und Tendenzen des Antikommunismus.“ [31]

Und weiter heißt es bei Elm: „Es ist vor allem die weitere Vertiefung der allgemeinen Krise des Kapitalismus und ihre absehbare Fortsetzung in den nächsten Jahren, die

[31] L. Elm, Konservative Ideologie und Politik in der BRD. Ausgangspositionen und Perspektiven am Beginn der achtziger Jahre, in: Konservatismus in der BRD, hg. von L. Elm, Berlin 1982, S. 8/9.

die Zweckmäßigkeit und Massenwirksamkeit sozialtechnologischer Konzeptionen in Frage stellen und der konservativen Variante der Politik und Ideologie nachhaltig Auftrieb geben. Die vielfach sehr farbigen und drastischen Schilderungen der Krisenerscheinungen dienen dazu, die liberal-sozialreformistischen wie überhaupt die gemäßigteren Varianten der imperialistischen Politik und des Antikommunismus zu diskreditieren und für die eigenen Bestrebungen in der Wirtschafts-, Sozial- und Rüstungspolitik von Wählern und ‚öffentlicher Meinung' Kredit zu erhalten."[32]

Die Renaissance konservativen Denkens ist für Leo Kofler Ausdruck einer niedergehenden Epoche, das Fieber einer ökonomisch und politisch, kulturell und psychisch zerrütteten Gesellschaft.[33]

Neokonservatismus ist für Leo Kofler, Iring Fetscher und andere Kritiker des Neokonservatismus Ausdruck der späten kapitalistischen Gesellschaft. Er stellte einen letzten Versuch zur Rettung dieser Gesellschaftsordnung dar, der allerdings den Keim der Zerstörung in sich trägt.

Beim Versuch, die labile kapitalistische Gesellschaft durch Rückgriff auf traditionelle Werte, durch irrationale Rechtfertigung des historisch Gewordenen aus der Kritik zu halten, werden vom „Neokonservatismus" Denkmuster reaktiviert, wie sie für die Weimarer Republik kennzeichnend waren. Dieser Rückgriff auf vorkapitalistische Wertvorstellungen und vorkapitalistischen Traditionsbestand bietet aber keine Perspektive.

Die *ökonomische Konservatismusdiskussion* wird, etwas vereinfacht dargestellt, von „drei partiell miteinander konkurrierenden Wirtschaftsstrategien und den sie politisch

[32] Ebenda; vgl. auch: H. Sonntag, Der heutige politische Konservatismus in der BRD im Wechselverhältnis von Ökonomie und Politik sowie ideologischen Einflüssen, in: Konservatismus in der BRD, a. a. O., S. 38.

[33] Vgl. L. Kofler, Der Konservatismus, Hamburg 1984, S. 9; Neokonservative und „Neue Rechte", hg. von I. Fetscher, München 1983.

umsetzenden Akteuren besetzt: von der angebotsorientierten Wirtschaftstheorie (‚supply-sider'), vom Fiskalkonservatismus (‚budget balancers') und dem Monetarismus. Sie teilen zwar die Skepsis in bezug auf die Effizienz staatlicher Steuerungsinstrumente und den Glauben an die Überlegenheit des Marktes; werden jedoch die allgemeinen Konzepte in die Form einer politischen Handlungsanweisung übersetzt und politisch umgesetzt, sind sofort Prioritätenkonflikte und Auseinandersetzungen erkennbar." [34]

Beim heute überwiegend praktizierten Neokonservatismus in den imperialistischen Ländern handelt es sich keineswegs um eine kurzfristige, taktische, sondern um eine *strategische* Orientierung imperialistischer Ideologie. Auf ökonomischem Gebiet schließt diese Orientierung ein:

- Wiederbelebung längst überholter bürgerlicher Theoreme, zum Beispiel des Sayschen Theorems. Nach diesem Theorem schafft sich jede Produktion ihre Nachfrage. Diese falsche Auffassung hat bereits Marx nachdrücklich widerlegt.
- Betonung der „Marktwirtschaftskonzeption" mit der Durchsetzung neuer Tendenzen in der Geldtheorie, neokonservative Angriffe gegen Keynessches Gedankengut in der Zinstheorie und beschäftigungspolitische Vorschläge, soweit diese antimonopolistisch genutzt werden.

Konservatismus findet in der bürgerlichen Ökonomie seinen Ausdruck vor allem in der sogenannten Angebotsökonomie und zeigt enge Beziehungen zum Alt- und Neoliberalismus der Vergangenheit und Gegenwart.[35]

Die Angebotstheoretiker sehen in der Sicherung profitwirtschaftlicher Angebotsbedingungen in der Wirtschaft das zentrale Problem ökonomischer Entwicklung. Zum Angebot zählen sie drei Komponenten:

[34] Frankfurter Allgemeine Zeitung vom 8. 12. 1984, S. 9.
[35] Vgl. Gegen konservative Formierung. Alternativen der Wirtschaftspolitik, Köln 1980, S. 140.

– das Leistungsangebot der Arbeitskräfte,
– die Bereitschaft, Sparkapital anzubieten, und
– das Angebot an Investitionen.

Die Angebotstheoretiker betonen die Probleme des Angebots von Arbeitskräften, Kapital und wissenschaftlich-technischen Neuerungen. Sie sehen im Unterschied zu Keynes im Sparen einen Stimulus ökonomischer Entwicklung und keinen das Nachfragewachstum hemmenden Faktor.

Gelingt es, jene Hemmnisse abzubauen, die angeblich Arbeitsangebot, Sparkapital- und Investitionsangebot blokkieren, dann werde eine Wachstumsdynamik ausgelöst, die Krisen, Arbeitslosigkeit, Stagflation und Produktivitätsverfall beseitigen.

Ein gewisser Realismus der Angebotstheoretiker besteht in der Hervorhebung von zwei Faktoren, die grundlegende Krisenmomente des heutigen Kapitalismus deutlich machen:

1. Absinken des Produktivitätszuwachses in der amerikanischen Wirtschaft;
2. Betonung der Notwendigkeit, die für die ökonomische Entwicklung erforderlichen Energie- und Rohstoffressourcen zu sichern.

Das Irreale der Angebotstheorie besteht unter anderem im *Vernachlässigen der Nachfrage*, in der *Glorifizierung der „freien Konkurrenz“*, die es unter der Herrschaft der Monopole gar nicht gibt, und in der *einseitigen Betrachtung der Investitionen.*

Angebotsorientierte Wirtschaftspolitik bedeutet in erster Linie Verbesserung der Akkumulationsmöglichkeiten für die Monopole. Dadurch sollen Wachstums- und Beschäftigungsimpulse ausgelöst werden. Diese Aussage stimmt allerdings mit der Realität schon deshalb nicht überein, weil höhere Profite keineswegs notwendigerweise zu höheren Investitionen führen und selbst mehr Investitionen nicht mehr Arbeitsplätze schaffen müssen, und schließlich, weil sie auch als Kapitalexport für die Bildung der eigenen Wirtschaft verlorengehen können. Die jüngste Wirtschaftsentwicklung in den USA liefert dafür ein überzeugendes Anschauungsmaterial.[36]

Viele bürgerliche Ökonomen hielten Ende der siebziger Jahre die damals in den Vordergrund tretende angebotsorientierte Wirtschaftstheorie für einen intellektuellen Spuk, weil sie nicht glauben konnten, daß die nostalgische Sehnsucht, komplizierte ökonomische Prozesse simpel zu interpretieren, ernsthafte Beachtung erfahren könnte. Daß dies nicht so war, liegt an der außerordentlich tiefen Enttäuschung über das Versagen der Keynesschen Theorie. Welche Ziele die Angebotsökonomie verfolgt und mit welcher Ignoranz sie vorgeht, macht vor allem ihre Krisenerklärung deutlich. Es wird von ihren Vertretern behauptet, das kapitalistische Konkurrenzsystem sei durch politische Ansprüche in die Krise getrieben worden.[37] Mit Begriffen diskriminierenden Charakters wie

- Anspruchsinflation und
- Anspruchsarbeitslosigkeit

wird die Verursachung der Wirtschaftskrise durch *politische* Prozesse signalisiert. Als Ursache für Wirtschaftskrisen wird die „Politisierung der Ökonomie“ herausgestellt. Die aus dieser Kriseninterpretation resultierende Strategie lautet konsequenterweise: „Entpolitisierung“[38]. Der neokonservativen Politik geht es aber keineswegs um eine „Entstaatlichung“ um jeden Preis. In der Praxis dominiert nicht ‚neoliberale Folklore‘ (Shonefield), sondern die breitflächige Indienstnahme der Politik für monopolkapitalistische Ansprüche. Den Neokonservativen geht es um die Zurückdrängung demokratischer Ansprüche und Forderungen, um einen Abbau demokratischer Rechte.

Die Finanzkrise der BRD ist keineswegs auf die „Inflation der Ansprüche“ zurückzuführen und kann keineswegs durch Reduzierung der Konsumausgaben überwunden werden. Vielmehr ist es notwendig, ganz andere Ansprüche

[36] Vgl. H. Will, Wirtschaftsentwicklung in den USA, in: IPW-Berichte, 6/1984, S. 39ff.
[37] Vgl. Gegen konservative Formierung, a. a. O., S. 140.
[38] Ebenda.

zu reduzieren, nämlich Subventionen für Monopole zu verringern und Rüstungsausgaben einzufrieren, Steuerhinterziehungen zu verhindern, Steuerrückstände abzubauen usw. Die Neokonservativen hingegen schließen lieber die Augen vor den offensichtlichen Mißständen und Krisenursachen, kritisieren den in den siebziger Jahren entstandenen angeblichen Wildwuchs sozialer Leistungen, die „Anspruchsmentalität", die sich auf das „süße Gift sozialer Wohltaten" orientiere und gebrochen werden müsse. Die Konsequenz ist ein umfassender Abbau sozialer Leistungen, wie er in den USA, der BRD und den anderen kapitalistischen Ländern vor allem seit 1979 beobachtet werden kann.

Die neokonservativen Wirtschaftstheoretiker suchen die Schuldigen an der Wirtschaftskrise bei den Opfern, nicht im System: „Reform- und Gewerkschaftspolitik, auf den Schutz der Abhängigen ausgerichtet, gelten den radikalen Marktpropheten als die Schurken gegenüber einer heilen, aber sensiblen Unternehmenswirtschaft."[39] Das bedeutet, die gegenwärtig dominierende Richtung der bürgerlichen Ökonomie gibt sich offen unternehmerfreundlich und orientiert auf eine weitere Beschränkung der sozialen Rechte der Werktätigen. Auch der SVR als „Olymp der Verdolmetschung von Unternehmerinteressen" hat sich zunehmend als Klasseninstrument des Monopolkapitals entpuppt. Seine Diagnosen, Prognosen und Therapievorschläge waren am Unternehmerinteresse orientiert, neuerdings offener als früher. Das hat den Steuerzahler mehr als 23 Mio DM gekostet.[40]

4. Bürgerliche Ökonomie – zerstritten und überfordert

Unter den bürgerlichen Wirtschaftstheoretikern gibt es seit jeher auffällige Meinungsverschiedenheiten in der Beurtei-

[39] Millionen Arbeitslose!, hg. von R. Hickel/H. Mattfeldt, a. a. O., S. 8.

[40] Vgl. ebenda, S. 11.

lung der ökonomischen Entwicklungstendenzen im Kapitalismus und im Hinblick auf die erforderlichen Maßnahmen zu Stabilisierung dieses Gesellschaftssystems. Die Keynesianer betrachten ökonomische Krisen als dem Kapitalismus immanent und wollen mit staatlichen Maßnahmen ihre Milderung und baldige Überwindung bewirken. Nach Ansicht der Monetaristen dagegen tendiert die kapitalistische Wirtschaft zu einem stabilen Gleichgewicht bei hoher Beschäftigung. Voraussetzungen für die Erreichung des Gleichgewichts sind für sie die Beseitigung von „Monopolen", die Vermeidung ungerechter Einkommens- und Vermögensverteilung und die Einschränkung von Staatsinterventionen in die Wirtschaft.

Diese Unterschiede in der Betrachtung der Funktionsweise der kapitalistischen Wirtschaft – von der apologetischen Komponente wird hier zunächst abgesehen – reflektieren sich auch in der Einschätzung so grundlegender Prozesse wie der Inflation und der Währungskrise. Die Keynesianer betrachten Nachfrageüberhang und Kostendruck als Ursachen der Preissteigerung. Die Monetaristen sehen die Ursachen von Preissteigerungen vor allem im unkontrollierten Geldmengenzuwachs. Daraus müssen sich unterschiedliche politische Konsequenzen ergeben. Welche Konsequenz letztlich praktiziert wird, ist eine Interessen- und Machtfrage. Der US-Ökonom John Kenneth Galbraith hat mehrfach betont: „Man könnte den Beitrag, den die Nationalökonomie zur Ausübung von Macht leistet, als ihre instrumentelle Funktion bezeichnen – und zwar instrumentell insofern, als die Nationalökonomie nicht dem Verständnis oder der Verbesserung des Wirtschaftssystems dient, sondern den Zielen jener, die innerhalb des Systems über Macht verfügen."[41]

Die von Galbraith angesprochene „instrumentelle Funktion" wird an allen Regulierungsproblemen des Staates und am Verhältnis von Staat und Großunternehmen sichtbar,

[41] J. K. Galbraith, Wirtschaft für Staat und Gesellschaft, München – Zürich 1974, S. 23.

erfährt aber bei den meisten bürgerlichen Ökonomen eine mehr oder minder zielstrebig verfolgte Verschleierung.

Es gilt zu zeigen, daß die Wirtschaftspolitik der kapitalistischen Länder in jüngster Zeit *komplexer* und *differenzierter* geworden ist und längst nicht mehr nur auf Zirkulation und Verteilung gerichtet ist, sondern auch auf die Produktion, z. B. zur Durchsetzung von Strukturveränderungen. Die Differenzierung ergibt sich vor allem aus der Tatsache, daß viele bürgerliche Ökonomen der BRD nach dem Scheitern der „Globalsteuerung" ein detaillierteres Vorgehen auf wirtschaftspolitischem Gebiet für erforderlich halten.

Die vielfältigen Erscheinungsformen der allgemeinen Krise des Kapitalismus und die zyklischen Krisen von 1974/75 und 1980/83 haben in jüngster Zeit zu einer weiteren Vertiefung der Krise der bürgerlichen politischen Ökonomie geführt. Das wird auch an der Tatsache deutlich, daß die bürgerliche Ökonomie einerseits eine Vielzahl sich *widersprechender* Theorien anbietet, andererseits weit größere Schwierigkeiten hat als in den fünfziger und sechziger Jahren, zur *Lösung wirtschaftspolitischer Probleme* beizutragen, und das trotz der Tatsache, daß heute zahlreiche bürgerliche Wirtschaftsexperten in allen Bereichen des staatlichen Lebens mit hochentwickelten elektronischen Datenverarbeitungsanlagen und Kosten-Nutzen-Analysen ökonomische Prozesse erfassen, wichtige Regierungsämter bekleiden und die ökonomischen Prozesse regulieren helfen.

Bei der kritischen Beurteilung der heutigen staatsmonopolistischen Wirtschaftspolitik und den mit ihr verbundenen Wirtschaftstheorien ist von grundlegenden sozialökonomischen Prozessen und Krisenerscheinungen des gegenwärtigen Kapitalismus auszugehen. Es sind außerdem die Spezifik einer zyklischen Überproduktionskrise, die Tendenzen der internationalen Monopolisierung, der zunehmenden Verflechtung von Staat und Wirtschaft und die sich aus der wissenschaftlich-technischen Revolution ergebenden Probleme in ihrer Komplexität zu erfassen.

Dabei ist zu beachten, daß der imperialistische Staat immer mehr organisierende, vermittelnde und planende Funktionen im sozialökonomischen Bereich übernommen hat, Krisen- und „Vermeidungsstrategien“ entwickeln und durchsetzen muß. Der kapitalistische Staat ist bemüht, die von ihm praktizierte Regulierungstätigkeit auf verschiedenen Ebenen noch effektiver zu gestalten. Die bürgerliche Ökonomie muß deshalb dazu beitragen, daß der Stimulierung des wissenschaftlich-technischen Fortschritts, dem Ausbau des Bildungswesens und der Infrastruktur[42] allgemein mehr Beachtung geschenkt und der dem Imperialismus inhärente Widerspruch von potentiellem und tatsächlichem Wachstum abgeschwächt wird. Sie kann aber – wie im Kapitalismus auch nicht anders zu erwarten ist – keine Vorschläge zur Lösung der *grundlegenden* sozialökonomischen Fragen anbieten.

Da alle Grundmodelle bürgerlicher Wirtschaftstheorien in der Praxis ihre Ineffizienz bewiesen haben, bleibt im Rahmen der kapitalistischen Produktionsweise im Grunde nur noch ein Weg, dessen Scheitern ebenfalls schon vorprogrammiert ist: Pragmatischer Eklektizismus oder eklektischer Pragmatismus. Der Bonner Staatssekretär Otto Schlecht beschreibt das so: „Nicht mit fliegenden Fahnen von Keynes zu Friedman überlaufen, sondern auf dem Ordnungsfundament von Euckens Wettbewerbsimperativ ein vernünftiges und je nach Lage auch wechselndes Policy mix von Schumpeters Pionierdynamik, Friedmans Geldmengenlehre und Keynes Nachfrage- und Kreislaufbotschaft anstreben.“[43]

Was zeigt eigentlich noch überzeugender die erschreckende Unwissenschaftlichkeit und Konzeptionslosigkeit auf dem Gebiet derzeitiger bürgerlicher Wirtschaftstheorien als diese Äußerung eines lange praktizierenden Wirtschaftspolitikers?

Beobachtern der ökonomischen Szenerie des Kapitalismus ist seit langem klar, daß weder einzelne Instrumente

[42] Vgl. H. Meißner, Bürgerliche Ökonomie zwischen Euphorie und Ratlosigkeit, in: Einheit, 3/1984, S. 257.

[43] Wirtschaftswoche, 47/1983, S. 83.

wie die antizyklische Finanzpolitik noch die staatsmonopolistische Regulierung insgesamt eine krisenfreie ökonomische Entwicklung zu sichern vermögen. Die staatsmonopolistische Regulierung trägt zwar durch Steuererleichterungen und andere Maßnahmen zur Verbesserung der Verwertungsbedingungen der Monopole bei, vermag aber nicht, die zahlreichen gesamtwirtschaftlichen Probleme zu lösen. Daran konnten auch alle Bemühungen um eine Verbesserung der kurz-, mittel- und langfristigen Prognose als eines wesentlichen Elements staatlicher Regulierung kaum etwas ändern.

Ein konkreter Ausdruck des Auf und Ab der bürgerlichen Wirtschaftstheorie, der Mißerfolge staatlicher Wirtschaftspolitik und des periodischen Umschlagens der Schuldzuweisung ist die Entwicklung der Prognosetätigkeit auf ökonomischem Gebiet. Man kann die Haltung zur ökonomischen Prognose im Kapitalismus in vier Etappen unterteilen:

1. Entwicklung der Wirtschaftsprognose in Verbindung mit der Konjunkturforschung (1919–1930) ohne nennenswerte praktische Bedeutung.
2. Verbreitete Skepsis gegenüber Wirtschaftsprognosen, gleichzeitig Entwicklung theoretischer Ansätze für Prognosen (1930–1945).
3. Intensive Prognosetätigkeit; Verlagerung des Interesses von der Konjunktur- auf die Wachstums- und Strukturprognose. Aufstellung zahlreicher kurz-, mittel- und langfristiger Wirtschaftsprognosen (1945–1970).
4. Seit Beginn der siebziger Jahre wachsende Kritik an bürgerlichen Wirtschaftsprognosen im Gefolge zahlreicher eklatanter Fehlprognosen; gleichzeitig aber *Fortsetzung* und *Intensivierung* der Prognosetätigkeit auf allen Ebenen.

Nach dem zweiten Weltkrieg haben Ragnar Frisch, Simon Kusnetz, Jan Tinbergen und andere bürgerliche Ökonomen die theoretische Arbeit zur Prognose verstärkt und die Prognosepraxis stimuliert. In den sechziger Jahren gab es in den kapitalistischen Ländern einen regelrechten „Prognoseboom". Viele bürgerliche Ökonomen erklärten damals, mit der Aufstellung von Prognosen und der ständigen Verbesserung der Prognosetechnik könne die staatliche Regulierung wesentlich effektiver gestaltet werden. Wirtschaftsprognosen gelten als eine Notwendigkeit, und nur einige liberale bürgerliche Wirtschaftstheoretiker bezweifelten Sinn und Möglichkeiten von Wirtschaftsprognosen. Die wachsende Labilität und das zunehmende Regulierungsbedürfnis des Kapitalismus hatten entscheidend dazu beigetragen, daß sich eine Wissenschaftsauffassung in der Nationalökonomie durchsetzen konnte, für die die Vorhersage ökonomischer Prozesse Hauptaufgabe und Bewährungsprobe sein mußte.

Seit Beginn der siebziger Jahre häufen sich aber bei bürgerlichen Kräften die Klagen über eine zu große Zahl von Fehlprognosen. Als Gründe für Fehlprognosen werden genannt:

1. Große und wachsende Bedeutung *exogener* Faktoren. In den Jahren 1973/74 seien zum Beispiel viele Fehlprognosen durch die Maßnahmen der erdölproduzierenden arabischen Länder verursacht worden. Gleiches gelte für die letzte zyklische Krise.
2. Falsche oder sich widersprechende ökonomische Theorien, die als Grundlage für Prognosen genutzt werden.
3. Zunehmende Komplexität des Prognosegegenstandes, die durch eine weitere Komplizierung des mathematisch-statistischen Apparates nicht mehr ausreichend erfaßt werden könne.
4. Unzureichende Verwendung des bereits existierenden Instrumentariums bzw. noch unzureichend entwickeltes Instrumentarium (geringe Praktikabilität ökonometrischer Modelle).

All diese Entschuldigungen und Schuldabweisungen enthalten ein Körnchen Wahrheit, sollen aber vor allem von der Hauptursache der Fehlprognosen im Kapitalismus ablenken: der zyklischen, anarchischen Entwicklung.[44]

[44] Vgl. J. Kuczynski, 60 Jahre Konjunkturforscher. Erinnerungen

Sowohl die zunehmende internationale Verflechtung der kapitalistischen Länder wie auch falsche Wirtschaftstheorien erschweren bzw. verhindern die Ausarbeitung zutreffender staatlicher Prognosen. Aber schon zwischen diesen beiden Erklärungsmustern bestehen wesentliche Unterschiede. Die Internationalisierung der Produktion ist eine von den Produktivkräften ausgelöste objektive Entwicklungstendenz, die an die Prognosetätigkeit qualitativ neue und höhere Anforderungen stellt, Anforderungen, denen unter kapitalistischen Bedingungen eben nur teilweise entsprochen werden kann. Die bürgerliche Wirtschaftstheorie dagegen steht heute permanent vor dem Konflikt, einerseits die bestehenden ökonomischen Zustände rechtfertigen zu müssen, andererseits dem Prognosebedürfnis der Großunternehmen und des Staates durch realistische Einschätzungen zu entsprechen. Dieser Konflikt ist für sie nicht lösbar. Daher ist die Forderung nach Revision der bürgerlichen Wirtschaftstheorie, um sie auf eine kapitalistische Welt anwendbar zu machen, die durch Inflation, zyklische Überproduktionskrisen und andere Labilitätserscheinungen bestimmt ist, unrealistisch. Das bedeutet, wenn bürgerliche Ökonomen Fehlprognosen hauptsächlich als Konsequenz einer falschen Theorie bezeichnen, so wird damit nur teilweise das Problem erfaßt.

Die bürgerliche Wirtschaftstheorie erklärt viele Probleme falsch; aber das ist auch und gerade ein Hauptziel ihrer apologetischen Funktion: Verschleierung der Hauptursache von Fehlprognosen. Aber selbst dann, wenn zum Beispiel die bürgerliche Konjunktur- und Wachstumstheorie konsequent als Prognosebasis genutzt würde, könnten die Prognosen nicht verbessert werden, weil diese Theorien keine wissenschaftliche Aussage über die ökonomische Entwicklung darstellen.[45]

und Erfahrungen, in: Jahrbuch für Wirtschaftsgeschichte, Sonderband, Berlin 1984, S. 9/10.

[45] Ebenda.

5. Neubelebung von keynesianistisch induzierter Wirtschaftspolitik?

In den siebziger Jahren haben der Keynesianismus als bürgerliche Wirtschaftstheorie und die auf ihm basierenden sozialreformistischen Konzeptionen sicher beträchtlich an Einfluß verloren; das bedeutet aber keineswegs, daß Angebotsökonomie und Monetarismus langfristig die ökonomische Diskussion beherrschen werden. Ganz im Gegenteil! Die zumindest partielle Abkehr von den irrealen neokonservativen Ansichten über das Funktionieren der staatsmonopolistischen Wirtschaft deutet sich angesichts ihrer Mißerfolge in der Praxis längst an und läßt die Frage rasch aktuell werden, welche Theorien die in den siebziger Jahren so aktiven und von sich überzeugten Keynesianer für die Bewältigung der künftigen ökonomischen Herausforderungen anzubieten haben. Bis heute liegen in dieser Richtung keine schlüssigen Antworten vor, wohl aber deuten sich bestimmte Tendenzen einer weiteren Modifikation des Keynesianismus an. Derartige Modifikationen zeigen sich zum Beispiel bei sozialreformistischen Theoretikern und Kräften. Veränderungen in den theoretischen Grundlagen sind nicht erkennbar.

Der sozialreformistische Wirtschaftstheoretiker Wolfgang Roth stellt die Gewährleistung eines *sozialen Konsensus* in den Mittelpunkt seiner Überlegungen, denn er betont, die wirtschaftspolitischen Instrumente sozialreformistischer Provenienz gingen aus vom „Leitgedanken der Integration, der Machtbeteiligung und Mitbestimmung der Arbeitnehmer und ihrer Gewerkschaften“ [46].

Roth räumt ein, daß es in der BRD „Klassengegensätze“ gibt, aber darin besteht nach seiner Ansicht nicht das eigentliche Problem. Entscheidend sei, ob man diese Klassengegensätze „durch Konsens, durch das Auffinden gemeinsamer Interessen und Aufgaben“ zu überwinden trachte und

[46] Wirtschaft von morgen – Ängste von heute, hg. von W. Roth, Köln 1981, S. 143.

daß dies auch möglich sei. Angeblich liege es im gesamtwirtschaftlichen Interesse, die Arbeiter und Gewerkschaften aktiv und als „Machtfaktor“ an den sich abzeichnenden Veränderungen zu beteiligen. Roth schreibt: „Die Kompromiß- und Konsensfähigkeit in einer Klassengesellschaft mit ihren oft gegensätzlichen Interessen bedarf eines institutionellen Rahmens der Konfliktbewältigung. Dabei darf keiner übertölpelt oder übermächtigt werden. Dazu gehört zum einen das autonome Tarifsystem, zum anderen die politische Steuerung ökonomischer Prozesse, vor allem dann, wenn die Existenzbedingungen diese Kompromiß- und Konsensfähigkeit gefährden. Massenarbeitslosigkeit und Inflation sind die Hauptgefahren sozialen Friedens.“[47]

In der Realität allerdings sind die Arbeiter kein „Machtfaktor“, der mit dem Monopolkapital gleichgestellt werden kann. Das macht Roth sogar selbst mit der Feststellung deutlich: „Jede sozialdemokratische Wirtschaftskonzeption muß sich der Aufgabe stellen, möglichst viele Produzenten an den Entscheidungen der Wirtschaft zu beteiligen. Wenn die Sozialdemokratie etwas grundlegend von den anderen Parteien und politischen Bewegungen in der Bundesrepublik unterscheidet, dann das Ziel der *Wirtschaftsdemokratie*. Während die Konservativen und Liberalen dieses Ziel nie angestrebt haben, weil der Markt für sie ein ausreichendes Instrument der Kontrolle darstellt, während die Kommunisten aller Spielarten die zentrale Planungsbürokratie und politische Ignoranten entscheiden ließen, haben die Sozialdemokraten in ihren grundlegenden Programmen niemals von dem Ziel einer durchgreifenden Demokratisierung aller Lebensbereiche, also auch und gerade der Wirtschaft, abgelassen.“[48]

Roth muß zugeben, daß Einkommensverbesserungen über Löhne und Steuern bzw. über Transfereinkommen die Einkommensverhältnisse der Arbeiter verändern, „daß aber grundlegende Veränderungen der Verteilung zwischen Unternehmern und Arbeitnehmern, also zwischen den

[47] Ebenda, S. 143/144.
[48] Ebenda, S. 152.

großen Gruppen, auf diese Weise nur höchst unzulänglich oder aber nur vorübergehend gelingen. Starke Anstiege der Lohnquote im Verlauf eines Wirtschaftsbooms werden in der Krise, beziehungsweise durch Preisbewegungen während des Booms relativ schnell korrigiert."[49] Warum das so ist, erklärt Roth nicht.

Es bedarf keiner großen Phantasie, sich auszumalen, daß solche Wirtschaftspolitik, solches „Krisenmanagement", das nach Roth insofern ein progressives Element enthält, als es die Krise mildert, die zuerst und am härtesten die kleinen Leute trifft, seitens der Monopole nur Zustimmung finden würde.

Es fällt auch unabhängig davon schwer, an ein „fortschrittliches Element" in Roths Wirtschaftspolitik zu glauben. In Wahrheit greift er lediglich Teilaspekte der Forderungen der Arbeiterklasse zur Abwehr der Krisenfolgen auf, mit denen sie ihre soziale Sicherheit erhalten will, aber meist nicht kann. Die Verringerung der sozialen Leistungen und die Reallohnsenkungen in der BRD zeigen das sehr deutlich. Solange kapitalistische Monopole existieren, die eng mit dem Staat verbunden sind, kann es kein Gleichgewicht zwischen Kapital und Arbeit geben. Die Monopole dominieren die Gesellschaft, machen sie zu ihrem Ausbeutungsfeld, verteilen mittels des Staates das Nationaleinkommen zu ihren Gunsten um. Wo soll da ein Gleichgewicht existieren?

Roths Strategie für die achtziger Jahre enthält neben „Krisenmanagement" in erster Linie Vollbeschäftigungspolitik, Verbesserung der Umwelt unter Mitwirkung des Staates, Energie- und Rohstoffeinsparung. Dies alles soll durch Kooperation zwischen Staat, Gewerkschaften und privater Wirtschaft im Rahmen eines Gleichgewichts zwischen Kapital und Arbeit realisiert werden.

Auf dem Münchener Parteitag der SPD im April 1982 wurden sehr ausführlich die anhaltende Massenarbeitslosigkeit und andere Krisenerscheinungen erörtert und

[49] Ebenda, S. 156.

Vorschläge für eine aktive Beschäftigungspolitik unterbreitet. Gleiches gilt für den Essener Parteitag von 1984. Es mehren sich aber die Stimmen, die die sozialökonomische Situation in der BRD nicht nur für komplizierter halten, sondern die erkennen, daß das kapitalistische System seine Potenzen mehr und mehr erschöpft, so daß weitergehende Vorschläge nötig sind. Sozialreformistische Theoretiker bemühen sich intensiv um eine Bewältigung sozialökonomischer und internationaler Krisen und Konflikte, vor allem durch Maßnahmen zur Anpassung der kapitalistischen Produktionsverhältnisse an die hochvergesellschafteten Produktivkräfte, durch eine Neugestaltung der Beziehungen zu den Entwicklungsländern und zu den sozialistischen Staaten. Sie nutzen dabei in differenzierter Weise wirtschaftstheoretische Erkenntnisse. Dabei werden ständig die Grenzen der Umsetzung theoretischer Erkenntnisse in die Praxis und die Widersprüche einer sozialreformistischen Politik sozialdemokratischen Ursprungs deutlich. Eine wichtige Ursache für den enger gewordenen politischen Spielraum ist die besondere Form der Verflechtung von allgemeiner und zyklischer Krise, die Deformation des Krisenzyklus als Ergebnis des Wirkens der allgemeinen Krise. Die außerordentlich komplizierten globalen Probleme stellen ebenfalls für die SPD ernste Herausforderungen dar. Die SPD reagiert auf sie vor allem mit Vorschlägen zu einer Stimulierung der Vergesellschaftung in der Produktion, mit einer Entwicklung und wirksameren Ausnutzung der staatlichen Mittel und Instrumente und mit einer gezielten Förderung und Ausnutzung der wissenschaftlich-technischen Revolution.

Sozialreformistische Theoretiker wie Wolfgang Roth verteidigen den heutigen Kapitalismus mit überlebten theoretischen Argumenten und versuchen, durch ein System politisch-ökonomischer Maßnahmen den Funktionsmechanismus des Imperialismus den heutigen und künftigen Anforderungen des Systemwettbewerbs und der Produktivkraftentwicklung anzupassen. Sie wollten in den siebziger Jahren den staatsmonopolistischen Kapitalismus durch Reformen stabilisieren und die Machtpositionen des Monopolkapitals unter dem Druck des Systemwettbewerbs und der wissenschaftlich-technischen Revolution durch vielfältige politische Anpassungsmaßnahmen sichern. Sie halten sich in besonderem Maße für geeignet, auch in den achtziger Jahren diese Politik mit bestimmten Korrekturen fortzusetzen, so deshalb, weil die SPD im Unterschied zu den bürgerlichen Parteien nicht direkt mit den Ausbeutungspraktiken des Imperialismus verbunden ist.

Sozialdemokratische Wirtschaftstheoretiker üben gegenwärtig heftige Kritik an der neokonservativen Wirtschaftspolitik der BRD-Regierung. Sie bemängeln das Hin- und Herpendeln zwischen Pragmatismus und ideologischem Rigorismus. Sie betonen, daß das Grundmotiv neokonservativer Wirtschaftspolitik um das Thema Arbeitskosten, Lohnkosten und Lohnnebenkosten kreist und alle Vorschläge zur Bekämpfung der Arbeitslosigkeit auf die Senkung des Reallohnniveaus abzielen.[50]

Roth plädiert für eine beschäftigungsorientierte Gesamtstrategie. Das heißt: „Parallel zu einer Koordinierung auf internationaler Ebene sind nationale Aktionen zur Überwindung der Krise und zur Bekämpfung der Arbeitslosigkeit notwendig. Im Gegensatz zu neokonservativen Konzepten der Krisenlösung setzen wir auf eine Konsens- und Kompromißstrategie, die auf einem echten Interessenausgleich aller Beteiligten beruht. Wir halten deshalb einen Pakt aller am Wirtschaftsleben beteiligten gesellschaftlichen Gruppen und aller für die Wirtschaft Verantwortlichen, insbesondere Arbeitgeber und ihre Verbände, Arbeitnehmer und ihre Gewerkschaften, Parlamente, Regierungen und Verwaltungen in Bund, Ländern und Gemeinden und die Deutsche Bundesbank, für unerläßlich. Zweck dieses Paktes ist es, Wirtschafts-, Geld-, Struktur-, Arbeitsmarkt- und Bildungspolitik zu einer

[50] Vgl. W. Roth, Internationale und nationale Strategien gegen die Wirtschaftskrise, in: Die Neue Gesellschaft (Bonn – Bad Godesberg), 11/1983, S. 1018.

beschäftigungsorientierten Gesamtstrategie zu verbinden."[51]

Notwendig seien Nachfragestabilisierung, Arbeitszeitverkürzungen auf allen drei Ebenen (Wochen-, Jahres- und Lebensarbeitszeit), Stärkung der kapitalistischen Investitionstätigkeit.

Diese Feststellungen zeugen davon, daß Roth – und ebenso andere SPD-Theoretiker – einerseits ähnliche Forderungen stellen wie die Memorandengruppe, andererseits mit dem Hinweis auf die Stärkung kapitalistischer Investitionstätigkeit in mancher Hinsicht der neokonservativen Propaganda Gehör schenken. In jüngster Zeit wird die *erste* Linie stärker betont, zum Beispiel, wenn auf die Notwendigkeit einer Ausweitung der Mitbestimmung und einer Stärkung des Genossenschaftswesens verwiesen wird. Diese Forderungen entsprechen den Absichten der meisten Arbeiter und Angestellten.

Der Kampf um Mitbestimmung ist ein Moment des Klassenkampfes. Er zielt auf die Erweiterung und Vertiefung demokratischer Rechte der Arbeiter und Angestellten, ihrer Organisation in der Wirtschaft. Erweiterung demokratischer Rechte der Werktätigen bedeutet natürlich Einschränkung und Kontrolle des Kapitals. Die kapitalistischen Eigentumsverhältnisse werden nicht prinzipiell in Frage gestellt. Es gilt also, die Bedingungen zu zeigen, unter denen die Bewegung für demokratische Rechte in der Wirtschaft an die Grenzen des Systems stoßen und wo die Zuspitzung der sozialen Gegensätze auch die Forderungen weitertreiben muß. Vor allem geht es um die Rolle, die dabei ein Konzept der *antimonopolistischen* Alternative spielen kann.

Der Kampf um Mitbestimmung hat die Initiativen der Belegschaften und der Gewerkschaften zur Grundlage. Durchsetzung realer Mitbestimmung ist ohne Massenbewegungen nicht denkbar. Das gilt für alle Bereiche der Wirtschaft und Gesellschaft.[52]

[51] Ebenda, S. 1022.
[52] Autorenkollektiv, Mitbestimmung als Kampfaufgabe, Köln 1971, S. 14.

Exkurs

Kampf gegen den Rechtskeynesianismus

Die Memorandenökonomen wenden sich nicht nur gegen alle Spielarten der *neokonservativen* Ökonomie, sondern auch *gegen* den *Rechts*keynesianismus, der durch sie eine klare Interpretation erfährt. Sie verstehen unter rechtem Keynesianismus eine Wirtschaftspolitik, die eine Bekämpfung der zyklischen Krisen durch Nachfrageerhöhung und entsprechende staatliche Prozesse versucht. Bei diesen staatlichen Nachfrageschüben sei allerdings die *Gebrauchswert*seite der Produktion im Sinne einer qualitativ besseren Versorgung der Bevölkerungsmehrheit grundsätzlich irrelevant. Die Gebrauchswerte spielen nur zur Herrschaftssicherung nach innen und nach außen eine Rolle.

Der Rechtskeynesianismus bezieht außerdem Arbeiterorganisationen und Konsumenten nicht in die Formulierung staatlicher Nachfrageprogramme ein. Harald Mattfeldt definiert deshalb den rechten Keynesianismus als „rein kapitalorientierte Wirtschaftspolitik ohne bewußt formulierten Reformanspruch etwa im Sinne einer Umverteilungspolitik oder einer qualitativen Verbesserung der Lebensumstände der Mehrheit der Bevölkerung. Der Gebrauchswertaspekt und der wirtschaftsdemokratische Aspekt ermöglichen eine Einschätzung staatlicher Nachfrageprogramme und geben uns einen Maßstab für die Beurteilung derzeitiger Politik.“[53]

Die rechtskeynesianistischen Maßnahmen beeinflussen einerseits die Rahmenbedingungen kapitalistischer Wirtschaft und andererseits die staatlichen oder mit staatlicher Unterstützung vorgesehenen *Nachfrageprogramme.* Zum ersten Komplex zählen Lohnsenkungen und Abbau sozialer Leistungen, um finanzielle Mittel für den Staat frei zu bekommen. Zum zweiten

[53] H. Mattfeldt, Das Krisenkonzept der deutschen Rechten im historischen Vergleich. Von der Selbstheilungsdoktrin zum rechten Keynesianismus, in: Blätter für deutsche und internationale Politik (Köln), 2/1983, S. 329.

- Rüstungsprogramme,
- Kernkraftpolitik und,
  nach Meinung einiger Memorandenökonomen,
- Großinvestitionen zum Ausbau des Kommunikationswesens durch Verkabelung.

Die Rüstungsausgaben weisen in der BRD über Jahre hohe Steigerungsraten im Bundeshaushalt auf. Die Memorandentheoretiker halten eine solche Ausgabenpolitik für politisch gefährlich und ökonomisch nicht vertretbar. Sie plädieren deshalb nachdrücklich für Rüstungsbeschränkung und Abrüstung.

Stark in den Vordergrund gerückt wird in der BRD neuerdings die Verkabelung. BRD-Postminister Schwarz-Schilling drängt auf eine zügige Verkabelung und begründet dies mit der Schaffung neuer Arbeitsplätze. In den nächsten Jahren sollen von der Bundespost viele Milliarden DM in die Verkabelung investiert werden.

Die Memorandenökonomen halten dem entgegen, daß wegen der Rationalisierungseffekte die Arbeitsplatzperspektiven zumindest höchst unsicher sind. Mattfeldt betont, „daß eine gigantische Verkabelung der BRD durch die Vergabe von Staatsaufträgen die Nachfrage in bestimmten Industriebereichen und damit auch die Gewinne und bis zu einem gewissen Grade die Beschäftigung stützen wird. Da institutionell gesichert ist, daß die Aufträge im wesentlichen an inländische Produzenten gehen, ist dies eine Politik im Sinne der Schaffung einer Binnenkonjunktur, die trotz weltwirtschaftlicher Verflechtungen der BRD erfolgreich sein könnte.“[54] Gesamtwirtschaftlich sei sie längerfristig deshalb von zweifelhaftem Wert, weil sie zur Vernichtung von Arbeitsplätzen in der Informationsbeschaffung, im Informationstransport und in der Informationsverarbeitung und -weiterverarbeitung beiträgt. Der gesamtwirtschaftliche längerfristige Beschäftigungseffekt werde viel geringer sein „als bei einer kurzfristigen und nur auf die direkt betroffenen Bereiche der Kabel-

[54] Ebenda, S. 338.

industrie usw. bezogenen Betrachtungsweise plausibel erscheint“[55].

Andere Memorandentheoretiker meinen, die Einführung der Kabeltechnik würde letztlich etwa eine Million Arbeitslose schaffen. Sie fordern deshalb ebenso wie die DGB tarifpolitische Maßnahmen, um diese Entwicklung „sozial beherrschbar zu machen“.

Gerd Börnsen, Mitglied der Medienkommission beim SPD-Vorstand und Landtagsabgeordneter in Schleswig-Holstein, schrieb 1983, daß sich die von der CDU gesteuerte Dampfwalze des Medienkommerzes unaufhaltsam über die pluralistische Struktur der Informations- und Kommunikationslandschaft wälze und niemand mehr nach den gesellschaftlichen Kosten und dem Nutzen frage.[56]

„Die SPD ist gegen kommerzielles Fernsehen, aber für mehr Arbeitsplätze. Wenn verkabelt werden soll, dann bitte nicht mit Kupferkabeln, weil wir den Rohstoff anderweitig benötigen und er in ein paar Jahren ohnehin durch die Glasfaser ersetzt werden wird.“[57] Technisches Know-how kann bei der Glasfasertechnologie bewiesen (und ökonomisch verwertet) werden, heißt es, nicht bei der veralteten Kupfertechnologie.

Aber wie will die SPD kommerzielles Fernsehen verhindern, wenn sie einer Kabeltechnik das Wort redet, die eine praktisch unbegrenzte Übertragung zusätzlicher Programme ermöglicht? Die Antwort: Wir wollen die Wirtschaft wettbewerbsfähig halten und den schnellen Datenverkehr realisieren, dafür benötigt man Glasfasertechnologie. Inzwischen hat sich die Situation grundlegend geändert, denn die SPD ist Kompromisse zugunsten der Verkabelung eingegangen.

[55] Ebenda.
[56] Die SPD muß endlich entscheiden, was sie will, in: Vorwärts (Bonn) vom 23. 6. 1983, S. 21.
[57] Ebenda.

6. Die wirtschaftspolitische Alternative

Die lang anhaltenden ökonomischen Krisenerscheinungen mit ihren negativen Konsequenzen für die Arbeiterklasse und viele andere Gruppen sowie die Unfähigkeit der traditionellen bürgerlichen Ökonomie, zur Abschwächung der Krisenfolgen beizutragen, waren wichtige Ursachen dafür, daß die Suche nach wirtschaftstheoretischen und wirtschaftspolitischen Alternativen eine ständig breitere Grundlage erhielt. In der BRD haben antimonopolistisch eingestellte Wirtschaftstheoretiker, zum Beispiel die Memorandengruppe[58], Jungsozialisten, Gewerkschaftstheoretiker und die DKP *alternative* Konzeptionen und Programme vorgeschlagen, die Auswege aus der Krise der kapitalistischen Wirtschaft zeigen und geeignet sind, die soziale Lage vieler Menschen günstiger zu gestalten. Eine wichtige Rolle spielt dabei die Überlegung, daß grundlegende Veränderungen in der Wirtschaftspolitik nicht ohne eine umfassende Demokratisierung der Gesellschaft verwirklicht werden können und vor allem der Strategie der Monopole eine demokratische Wirtschaftsstrategie der Arbeiterklasse entgegengesetzt werden muß. Eine solche alternative Wirtschaftspolitik muß, wie der DKP-Vorsitzende Herbert Mies erklärte, „Friedenspolitik und antimonopolistische Politik sein. Alternative Wirtschaftspolitik der Arbeiterklasse muß dafür sorgen, daß die große wirtschaftliche Leistungskraft unseres Landes nicht den Profitinteressen des Monopolkapitals und der Hochrüstung untergeordnet wird, sondern der Befriedigung der sozialen und kulturellen Bedürfnisse des Volkes dient.“[59]

Wichtige Ziele der Gewerkschafter und linker Kräfte sind der Abbau der Massenarbeitslosigkeit, die Erhaltung der sozialen Leistungen und die Verminderung der Rüstungsausgaben. Die Memorandengruppe stellt auch die

[58] Vgl. Memorandum ’83. Qualitatives Wachstum, Arbeitszeitverkürzung, Vergesellschaftung – Alternativen zum Unternehmerstaat und Krisenpolitik, Köln 1983.

[59] Neues Deutschland vom 7./8. 1. 1984, S. 3/4.

Frage, wem das ökonomische Wachstum dienen soll. Sie plädiert für eine Entwicklung der Produktivkräfte, die das Leben der Menschen erleichtert und bereichert, vernünftige gesellschaftliche Bedürfnisse befriedigt und die Arbeitswelt verbessert. Es sei ein qualitatives Wachstum[60] im Interesse der Erhaltung der natürlichen Umwelt und der Verbesserung der Lebensqualität notwendig und auch möglich. Und selbstverständlich ist zu den alternativen Konzeptionen zur Lösung der durch die kapitalistische Wirtschaftskrise entstandenen Probleme auch die von den Gewerkschaften erhobene Forderung nach Kürzung der Arbeitszeit zur Beseitigung der Massenarbeitslosigkeit zu rechnen. Mit diesen alternativen Forderungen wird gegen die These der Neokonservativen operiert, daß Wachstum in erster Linie Profitwachstum sei und mit Hochrüstung und Sozialabbau einhergehen müsse.

Dieses Hervortreten alternativer Wirtschaftskonzeptionen ist sowohl eine Konsequenz aus der Krise der bürgerlichen Ökonomie als auch aus der antisozialen Wirtschaftspolitik neokonservativer Kräfte.

[60] Vgl. Memorandum '83, a. a. O., S. 142.

DRITTES KAPITEL

Alternative Wirtschaftstheorie und -politik in der BRD

In diesem Kapitel werden einige ausgewählte, wissenschaftlich und politisch besonders wichtige Schwerpunkte der antimonopolistisch-demokratischen Wirtschaftstheorie behandelt.
Dazu gehören:
- ökonomische Probleme von Frieden, Rüstung und Abrüstung;
- Massenarbeitslosigkeit;
- zyklische Krisen und Wirtschaftswachstum;
- Sozialpolitik und Abbau sozialer Leistungen;
- Vergesellschaftung, demokratische Kontrolle und staatliche Regulierung der Wirtschaft.

1. Zum Frieden gibt es keine Alternative

In ihren jährlichen Memoranden und in vielen anderen Publikationen wird sichtbar, daß die Memorandenökonomen der BRD der Kritik imperialistischer Rüstung und der Begründung von Abrüstung zentrale Bedeutung beimessen. Ohne Übertreibung kann festgestellt werden, daß mit den Ausführungen zum Verhältnis von Reproduktion und Rüstung, Beschäftigung und Abrüstung sowie den politisch-ökonomischen Möglichkeiten von Rüstungskonversion ein eigenständiger Beitrag zur internationalen Diskussion und zur Bewußtmachung der Probleme geleistet wurde.

Im Memorandum '79 wird betont, daß die steigenden

Militärausgaben politischen wie ökonomischen Schaden bringen, da sie ernsthaft den Entspannungsprozeß behindern. An die Adresse der damaligen SPD-FDP-Regierung gerichtet, heißt es, daß eine Regierung, „die Abrüstung und Entspannung nicht nur als formalen Anspruch verstehen will“, eine solche Entwicklung nicht unterstützen kann.[1]

Ausgehend von dieser generellen Feststellung werden der zunehmende Waffenexport der BRD und andere Trends in der Rüstung verurteilt, weil dadurch in zunehmendem Maße der Spielraum für die Aufrechterhaltung der dringend notwendigen Sozialausgaben eingeengt wird. Die Memorandenökonomen sahen damals in der Verminderung der Rüstung und des Waffenhandels eine Voraussetzung für die Fortsetzung des Entspannungsprozesses und ein Mittel zur Stärkung der Sicherheit in den internationalen Beziehungen.

Besonders wichtig ist der bereits in diesem Memorandum begründete Gedanke der Konversion von Rüstungsproduktion in zivile Produktion. Es wird erklärt: „Abrüstung stellt wirtschaftlich kein besonderes Problem dar. Auf dem Gebiet des Militärpersonals würde es schon genügen, wenn die normalen jährlichen Abgänge nicht ersetzt und die freiwerdenden Mittel zur Schaffung von neuen Stellen in sozialen Defizitbereichen verwendet würden. Probleme beruflicher Umstellung würden in einem solchen Fall gar nicht entstehen. Durch die alternative Verwendung der Haushaltsmittel würden sogar, wegen der vergleichsweise hohen Kosten eines militärisch Beschäftigten, mehr Arbeitsplätze in anderen Bereichen geschaffen als im Militärapparat abgebaut werden.“[2] Die alternative Verwendung frei-

[1] Memorandum '79, Köln 1979, S. 98. – Das Memorandum konstatiert, daß im Rahmen der allgemeinen „Sparpolitik“ ein Bereich ausgenommen ist: die Militärausgaben. Die Ansätze für militärische Beschaffungen lagen für 1983 um 45,7 % über denen von 1979. Dieser Vorrang der Militärausgaben wurde in den folgenden Jahren noch stärker akzentuiert (vgl. Memorandum '83, Köln 1983, S. 121).

[2] Ebenda, S. 99.

werdender Mittel würde die Beschäftigung und die Versorgung der Menschen verbessern und somit Strukturveränderungen zugunsten der zivilen Produktion bewirken.

Diese Überlegungen werden in den folgenden Jahren vertieft und ergänzt. Sie zeigen, daß die Memorandenökonomen mit großem Verantwortungsbewußtsein den Problemkomplex Frieden – Abrüstung in den Mittelpunkt ihrer Arbeit gestellt und die Notwendigkeit erkannt haben, wissenschaftliche und bewußtseinsmäßige Voraussetzungen für die Sicherung des Friedens zu schaffen. Sie schrieben dazu 1983, daß auch Wissenschaftler von ihren jeweiligen Disziplinen her zur Einschätzung der Hintergründe, Folgen und Perspektiven der Rüstungspolitik beitragen können: „Dies gilt auch für Wirtschaftswissenschaftler; denn erstens wird immer wieder behauptet, daß steigende Rüstungsausgaben – was man auch sonst von ihnen halten möge – mit positiven wirtschaftlichen Wirkungen – vor allem Wachstums- und Beschäftigungswirkungen – verbunden seien. Zweitens muß der Wirtschaftswissenschaftler sich zu dem Umstand verhalten, daß gerade in den letzten Jahren der Aufbau eines schlagkräftigen Militärpotentials offensichtlich zunehmend als Mittel zur Durchsetzung wirtschaftlicher Interessen, also sozusagen als Mittel der Wirtschaftspolitik verstanden wird.“[3]

Ökonomische Erkenntnisse über Rüstung sind vor allem auch zum Sichtbarmachen der schädlichen Folgen bedeutsam. Von der Produktion her sind hohe Militärausgaben Einsatz produktiver Ressourcen für Zwecke, die weder den konsumtiven Lebensstandard noch die Produktionsmöglichkeiten einer Gesellschaft verbessern. Sie sind Vergeudung oder unproduktive Ausgaben. Das gilt in besonderem Maße für den technischen Fortschritt und die Produktivitätsentwicklung als wesentlichen Faktor des Wirtschaftswachstums. Da Waffen sehr forschungsintensiv sind, absorbieren steigende Militärausgaben einen wachsenden Teil des Forschungspotentials eines Landes,

[3] Memorandum ’83, a. a. O., S. 122.

was zu einem Rückstand in der Produktivitätsentwicklung (Beispiel: USA) führt.[4]

„Von der *Nachfrageseite* her scheinen sich noch die günstigsten ökonomischen Wirkungen steigender Militärausgaben zu ergeben, da ja Nachfrageschwäche als wesentliches Element der anhaltenden Krise angesehen wird. Überlegungen in diese Richtung geraten jedoch leicht zu abstrakt und werden durch die tatsächliche Entwicklung nachhaltig widerlegt: Die drastische Steigerung der Rüstungsausgaben in den USA seit 1979 hat die ebenso drastische Steigerung der Arbeitslosigkeit und das weitere kontinuierliche Sinken der industriellen Kapazitätsauslastung nicht verhindert. Das lag zum Teil daran, daß die steigenden Rüstungsausgaben von sinkenden Sozialausgaben begleitet waren und der – wegen der vergleichsweise geringen Beschäftigungswirkungen von Militärausgaben – ohnehin relativ schwache multiplikatorinduzierte Expansionsprozeß durch den – wegen der hohen Konsumquote der Sozialeinkommensbezieher – stärkeren Kontraktionsprozeß überkompensiert wurde.“[5]

Rüstungsausgaben konkurrieren im Imperialismus vor allem mit den Sozialausgaben und verschlechtern direkt die materielle Lage vieler Menschen. Sie fördern die Militarisierung der internationalen Wirtschaftsbeziehungen und fungieren zur Durchsetzung imperialistischer Interessen im Ausland. Die ideologische Begleitmusik ist die Erweiterung des Sicherheitsbegriffes. Die Sicherheit umfaßt auch die Sicherheit des Zuganges zu Rohstoff- und Energiequellen im Ausland, impliziert also Anwendung militärischer Gewalt, vor allem gegenüber Entwicklungsländern. Die Erfolgschancen einer stärker auf den Einsatz militärischer Macht setzenden kapitalistischen Expansionsstrategie sind angesichts der heutigen Kräfteverhältnisse in der Welt fraglich. Die Aufrüstungswelle der letzten Jahre ist nicht allein auf die Furcht vor einer angeblichen sowjetischen

[4] Vgl. ebenda, S. 123.
[5] Ebenda, S. 124.

militärischen Aggression zurückzuführen, sondern wird in wesentlichem Maße von der Vorstellung getragen, daß ein eindrucksvolles militärisches Potential in Zukunft eine wichtigere Rolle bei der Durchsetzung wirtschaftlicher Interessen spielen wird.

1.1. Rüstungsproduktion und Beschäftigung

Der Zusammenhang von Rüstung und Beschäftigung ist im heutigen Kapitalismus wegen der hohen Arbeitslosigkeit ein besonders kontrovers diskutiertes Problem. Es ist davon auszugehen, daß der Hochrüstungskurs der reaktionären imperialistischen Kräfte eine Reaktion auf grundlegende Veränderungen der inneren und äußeren Existenzbedingungen des Imperialismus darstellt, die Menschheit gefährdet, ökonomische Krisen-, Stagnations- und Deformationstendenzen verursacht. Er trägt u. a. dazu bei, daß zyklische Krisen immer weniger zur zeitweiligen Lösung ökonomischer Widersprüche führen und die ideologischen „Begründungen" zur Stimulierung der Opferbereitschaft der Massen zunehmend unglaubwürdiger werden. Gleichzeitig ist zu bemerken, daß die Rüstungsproduktion für bestimmte Monopolunternehmen eine höchst profitable Kapitalanlage ist, weil sich diese Unternehmen einen hohen Teil der staatlichen Forschungs- und Entwicklungsausgaben sichern – oft kostenlos –, wodurch staatlich garantierte Verwertungsbedingungen geschaffen werden. Rüstung verschärft bzw. modifiziert im Kapitalismus die Konkurrenz, senkt die Produktivität und verstärkt den systemtypischen Parasitismus. Besonders negativ wirken Rüstung und Hochrüstungspolitik auf die Beschäftigung.

Angesichts der hohen Arbeitslosigkeit in den kapitalistischen Ländern einerseits und der enormen und rasch wachsenden Rüstungsausgaben andererseits stellen auch die Memorandenökonomen mit Recht die Frage, welche Zusammenhänge zwischen Beschäftigung und Rüstung bestehen und welche Konsequenzen sich für die Gesellschaft und die internationalen Beziehungen aus einer weiteren Aufstockung der Ausgaben für militärische Zwecke ergeben. Immerhin haben die kapitalistischen Länder mit den höchsten Militärausgaben die meisten Arbeitslosen.

Der führende österreichische Sozialdemokrat Otto Bauer charakterisierte aus aktuellem Anlaß schon vor siebzig Jahren den Zusammenhang von Rüstung und Beschäftigung, als er schrieb: „Die Erbauung der Kriegsschiffe kostet viel Arbeit. Die Schiffe werden in Triest gebaut. Die Panzerplatten werden in Witkowitz hergestellt. Das Schiffseisen wird in Steiermark erzeugt. Die Schiffskanonen werden in Pilsen produziert. Bei all dem sind Arbeiter zahlreich beschäftigt. Ist das nicht nützlich? Wo fänden die Arbeiter sonst Arbeit?

Wir geben zu, daß bei der Erbauung der Schiffe, bei der Herstellung der Schiffsbestandteile sehr viele Arbeiter Beschäftigung finden. Aber wir behaupten, daß die Schiffsbauten trotzdem der Arbeiterklasse nicht nützen.

Der Staat bekommt die Dreadnoughts nicht geschenkt. Er muß sie zahlen. Und wenn er 312 Millionen für Kriegsschiffe zahlen muß, muß er natürlich an anderen Dingen sparen. Er spart zum Beispiel an den Eisenbahnen. Jedermann weiß, daß die Fabriken, welche Eisenbahnwaggons und Lokomotiven erzeugen, daß die Schienenwalzwerke heute weniger Arbeiter beschäftigen als vor drei oder vier Jahren. Warum? Weil die Verwaltung der Staatsbahnen wenig Eisenbahnwagen, wenig Lokomotiven, wenig Eisenbahnschienen bestellt. Der Staat muß ja sparen, um das Geld für die Kriegsschiffe aufzubringen. In den Kanonenfabriken werden freilich mehr Arbeiter beschäftigt als früher. Dafür werden in den Waggonfabriken, in den Schienenwalzwerken weniger Arbeiter beschäftigt. Ist das volkswirtschaftlich nützlich? . . .

Es ist also einfach nicht wahr, daß die Dreadnoughts den Arbeitern nützen. Das Gegenteil ist wahr. Weil der Staat so viel Geld für den Militarismus ausgibt, fehlt ihm zum Notwendigsten das Geld. Der Staat kann die drückendsten Steuern nicht ermäßigen, er wird neue drückende Steuern einführen, er muß an Schulen, Spitälern, an Eisenbahnen, an den Gehalten seiner Beamten und an den Löhnen seiner Arbeiter sparen, er hat kein Geld für die Altersversicherung – all das, weil so viel Geld für den Militarismus vergeudet wird!"[6] Diese Einschätzung gilt im Prinzip auch heute.

In neueren westlichen Publikationen wird die Zahl der Arbeitsplätze, die unmittelbar vom Rüstungsprozeß abhängt, zu Beginn der achtziger Jahre mit etwa 100 Mio Menschen angegeben. In einer UNO-Studie werden 50 Mio genannt. Der Westberliner Politologe Jo Rodejohann meint, daß heute *weltweit* „kaum mehr als *9–12 Millionen Menschen Arbeitsplätze im gewerblichen Bereich*" haben, „die direkt oder indirekt von *Militärausgaben abhängig* sind".[7]

Eine Beantwortung der Frage, wie viele Menschen heute durch Militärdienst und Rüstungsproduktion beschäftigt sind, stößt auf methodische und empirische Hindernisse. Die wenigen Informationen lassen nur grobe Schätzungen zu, die sehr unterschiedlich ausfallen. Gut bakannt ist nur die Zahl der im Militärdienst stehenden Personen.

Wegen der seit Jahren außerordentlich hohen Arbeitslosigkeit wird häufig das Problem angesprochen, inwieweit Rüstung Arbeitsplätze schafft und zur Verminderung der Massenarbeitslosigkeit beiträgt bzw., ob durch Rüstung mehr Arbeitsplätze vernichtet als geschaffen werden.

Vertreter der Rüstungsindustrie betonen auch heute den angeblich *hohen* Beschäftigungseffekt der Rüstungsfertigung. Tatsache aber ist, daß in der Rüstung der Beschäftigungseffekt niedriger als in der zivilen Produktion ist, was auch von den Memorandenökonomen betont wird. Untersuchungen aus den USA zeigen, daß durch eine Milliarde

6 O. Bauer, Großkapital und Militarismus. Wem nützen die neuen Kriegsschiffe? (1911), in: O. Bauer, Werkausgabe, Bd. 1, Wien 1975, S. 788–790.

7 J. Rodejohann, Rüstungsabhängige Arbeitsplätze. Arbeit für wenige – Arbeitslosigkeit für viele, in: Zeitschrift für sozialistische Politik und Wirtschaft, Berlin (West), Juni 1983, S. 204.

Doller Endnachfrage in der Rüstung eine sehr niedrige Beschäftigungswirkung erzielt wird, wogegen das Erziehungswesen einen hohen Effekt aufweist. In der Studie „The structure of the US economy in 1980 and 1985“ wird dargelegt, wie viele Arbeitsplätze durch eine alternative Nachfrage von einer Milliarde Dollar geschaffen werden können. In ihr werden Datenreihen für die Jahre 1970 und 1985 angeführt, um die Beschäftigungseffekte der Rüstung zu erfassen. Im Ergebnis wird festgestellt, daß eine 20%ige Verminderung der Rüstungsausgaben 300 000 Arbeitskräfte freisetzen würde. Dafür könnten jedoch 697000 Arbeitsplätze in zivilen Bereichen der Industrie geschaffen werden.

Arbeiter in der Rüstungsindustrie wehren sich oft gegen die Schließung von Rüstungsbetrieben oder gegen die Entlassung von Beschäftigten. Das hat den Eindruck entstehen lassen, daß sie für die Rüstungsproduktion seien. In Wirklichkeit richtet sich dieser Widerstand nicht gegen den Verlust der Beschäftigung in der Rüstung, sondern gegen den Verlust des Arbeitsplatzes überhaupt. Das zeigt der Kampf der Belegschaft der VFW-Fokker-GmbH um den Erhalt ihrer Arbeitsplätze.

Dieses Zweigwerk des zweitgrößten BRD-Luft-und-Raumfahrt-Unternehmens sollte fast vollständig abgebaut und die noch laufenden Programme sollten in andere Werke des Unternehmens verlagert werden. Als entsprechende Planungen Ende 1975 bekannt wurden, gab es im Werk etwa 1400 Beschäftigte, die fast 100%ig mit Rüstungsaufträgen befaßt waren. Gegen die Planung der Konzernleitung und die damit verbundenen Massenentlassungen setzten sich Betriebsrat und Belegschaft entschieden zur Wehr. Nach mehrmonatigem Kampf konnten sie eine Vereinbarung durchsetzen, die den Erhalt des Werkes mit fast 1000 Belegschaftsmitgliedern einschloß. Grundlage dieses Erfolges war eine lange und intensive Gewerkschaftsarbeit in dem Betrieb und ein hoher Organisationsgrad in der IG-Metall.

Es gilt also festzuhalten: Den Arbeitern geht es nicht um Rüstungsproduktion, sondern um Arbeitsplätze. Sie wollen

Arbeitsplätze, aber keine Rüstung. Gibt es keine anderen Arbeitsplatzmöglichkeiten, dann stellen sie lieber Waffen her, als daß sie arbeitslos werden. Daraus kann man aber nicht ableiten, daß die Beschäftigten in der Rüstungsindustrie ein Hindernis für Rüstungsminderung darstellten.

In den letzten Jahren wurden in mehreren BRD-Unternehmen Arbeitskreise zum Problem „Rüstung und Arbeitsplätze" geschaffen, in denen von Arbeitern und Gewerkschaftern Fragen der Beschäftigung und der alternativen Fertigung zur Rüstung diskutiert werden.

Rüstungsproduktion hat aus mehreren Gründen einen *ungünstigen* Beschäftigungseffekt. Erstens, weil die Arbeitsintensität relativ niedrig ist; zweitens, weil die Kapitalintensität der Rüstungsproduktion zunimmt und die Kosten für das fixe Kapital rasch ansteigen. Da der Kapazitätseffekt bei einigen Investitionen sehr hoch ist, müssen die Rüstungsausgaben ständig expandieren, um das Beschäftigungsniveau zu halten. Drittens, weil die Rüstungsproduktion nicht kontinuierlich, sondern diskontinuierlich verläuft. Beim Auslaufen einer Produktionsserie fehlen oft Anschlußaufträge.

Man muß beim Problemkreis Rüstung – Beschäftigung zwischen den relativ niedrigen Beschäftigungseffekten der Rüstung einerseits und der Tatsache andererseits unterscheiden, daß Arbeitslosigkeit unter kapitalistischen Bedingungen sowohl ein *konjunkturelles* als auch ein *strukturelles* Problem ist, grundsätzlich aber eine Konsequenz des kapitalistischen Wirtschaftssystems. Die bürgerliche Ansicht, daß durch Investitionen Arbeitsplätze geschaffen werden, hat zwar in der erweiterten Reproduktion des Kapitals eine gewisse Grundlage, gilt aber bei der Rüstung nur sehr bedingt. Zudem hat die Akkumulation des Kapitals primär nie das Ziel, Arbeitsplätze zu erhalten oder zu schaffen, sondern sie soll die Profite erhöhen. Das bedeutet oft die Beseitigung von Arbeitsplätzen. Die Schaffung von Arbeitsplätzen während des konjunkturellen Aufschwungs einerseits und die Massenarbeitslosigkeit während der zyklischen Krise andererseits sind Begleiterscheinungen und Folge der Kapitalakkumulation.

Die Wechselbeziehungen zwischen Rüstungsbegrenzung und einer demokratischen Wirtschaftspolitik sind also offensichtlich. Aktionen zur Vermeidung massenhafter Arbeitsplatzvernichtung oder lokale Umweltschutzinitiativen, die für eine ressourcen- und umweltorientierte Energieerzeugungs- und Verbrauchsstruktur kämpfen, können die Abrüstung einen Schritt weiterbringen. Eine weitere Möglichkeit ist die Rüstungskonversion. Eine solche Umstellung muß nicht notwendigerweise zu wirtschaftlichen Erschütterungen führen, wie die Abrüstungsgegner behaupten. Eine schrittweise Rüstungsreduzierung könnte im Gegenteil die Entwicklung in der Welt günstig beeinflussen, die ökonomische Ungleichheit zwischen den Ländern vermindern und die notwendigen Bedingungen für eine Erweiterung der Wirtschaftsbeziehungen zwischen Staaten mit unterschiedlichen Gesellschaftssystemen schaffen. Rodejohann schreibt über diese Zusammenhänge: „Um zu verhindern, daß die falsche Behauptung von den wirtschaftlich nützlichen, besonders auch Arbeitsplätze schaffenden und sichernden Wirkungen der Rüstungsproduktion Abrüstungspolitik erschwert, müssen politische Strategien entwickelt werden, die eine andere Alternative als Arbeitslosigkeit für rüstungsabhängig Beschäftigte bieten. Sie zielen auf eine arbeitsorientierte Wirtschaftspolitik, in der die geplante Umstellung von Rüstungsproduktion auf zivile Fertigungen ein wichtiges Kernstück ist. Nicht minder wichtig ist eine realistische Einschätzung der tatsächlichen Verhältnisse in der Rüstungsfertigung. Erst die Berücksichtigung beider macht den Weg zur Abrüstung kenntlich, soweit rüstungsabhängige Beschäftigung von Bedeutung ist. Die Abrüstungshindernisse sind jedoch woanders zu suchen: Im herrschaftlichen Interesse an Rüstung und Krieg als politischem Mittel und in wirtschaftlichen Einzelinteressen, die sich mit ihm verbünden."[8]

[8] Ebenda, S. 202.

Rüstungsproduktion ist primär eine politische Angelegenheit. Das resultiert auch daraus, daß im heutigen Kapitalismus, in dem eine enge Verflechtung von privaten Monopolen und imperialistischem Staat existiert, viele ökonomische Prozesse in wachsendem Maße politisch beeinflußt oder reguliert werden, da der ökonomische Mechanismus bei der Bewältigung ökonomischer Probleme versagt. Das und andere Faktoren bewirken, daß die Dialektik von Ökonomie und Politik neue Züge hat, die bei der Einschätzung der Rüstung und ihrer imperialistischen Ursachen zu beachten sind.

Bei einer ökonomischen Beurteilung der Rüstung im Imperialismus kann festgestellt werden:

1. In keinem Bereich schaffen staatliche Ausgaben so wenig Arbeitsplätze wie in der Rüstung. Folglich sind auch die Anstoß- und Multiplikatorwirkungen in diesem Bereich gering. Militär- und Rüstungsausgaben sind also ein besonders teures Mittel zur gesamtwirtschaftlichen Nachfragebelebung. Rüstungsproduktion gefährdet außerdem Arbeitsplätze im zivilen Sektor.

2. Zusätzliche Rüstungsproduktion bedeutet in der Regel nicht primär die Auslastung brachliegender Produktionsanlagen, sondern den Aufbau neuer Rüstungskapazitäten. Während diese Kapazitäten errichtet werden, steigt die Auslastung der Produktionsmittelindustrie. Die Auslastung sinkt aber wieder, wenn der Aufbau beendet ist. Von diesem Zeitpunkt an steht der geringen krisenmildernden Steigerung der gesamtwirtschaftlichen Nachfrage durch die Rüstungsausgaben die krisenverschärfende Steigerung des gesamtwirtschaftlichen Angebots um die zusätzlichen Rüstungskapazitäten gegenüber.

3. Auch bei unausgelasteten Kapazitäten kann eine drastische Steigerung der Rüstungsaufträge zu Versorgungsengpässen bei bestimmten Rohstoffen (Kobalt, Chrom, Titan, Aluminium) führen. Wird in dieser Situation die Aufrüstung mit hoher Priorität durchgesetzt, so werden strategische Materialien und technologisches Know-how aus der zivilen Verwendung abgezogen. Dann sinken Produktion

und Produktivität im zivilen Bereich, aber nicht wegen fehlender Nachfrage, sondern wegen fehlender Produktionsmöglichkeiten. Zu beachten ist auch die Tatsache, daß trotz hoher und steigender Rüstungsausgaben die Zahl der Arbeitsplätze in der Rüstungsproduktion abnimmt. In England wurden von 1963 bis 1978 über 25 000 Arbeitsplätze in der Rüstungsindustrie abgebaut.[9] Nach Angaben der Regierung werden in den nächsten Jahren weitere Entlassungen folgen: „Der Aufbau eines Kernwaffenarsenals und die Ausstattung der Streitkräfte mit komplizierten elektronischen Systemen zogen also bei steigenden Rüstungsausgaben eine relative Reduzierung der Zahl der Arbeitsplätze nach sich.“[10]

4. Die inflationäre Tendenz, die von den Preisstrategien der Rüstungskonzerne und von den eben erwähnten Versorgungsengpässen ausgeht, wird verstärkt durch die Notwendigkeit, zur Aufrechterhaltung des staatlichen Nachfrageniveaus die Staatsverschuldung weiter auszudehnen. Da als Rüstungsgüter verwendete Ressourcen nicht in den ökonomischen Reproduktionsprozeß eingehen, sondern dem gesamtwirtschaftlichen Angebot an Lebens- und Produktionsmitteln sowie Infrastrukturleistungen entzogen werden, entstehen Disproportionen zwischen Geldmenge und Warenmenge zugunsten der Geldmenge. Damit wird die vom Monopolkapital ausgehende Tendenz zur Inflation verstärkt.

1.2. *Führt Rüstungsproduktion zu ökonomischer Stagnation oder ökonomischem Wachstum?*

Auch diese Frage wird bis heute von bürgerlichen Ökonomen sehr unterschiedlich beantwortet. Auf jeden Fall bildet die ökonomische Situation unmittelbar vor dem

[9] Vgl. L. Harris, Das Wettrüsten – eine Bürde für die Wirtschaft, in: Probleme des Friedens und des Sozialismus, 9–10/1984, S. 1253.

[10] Ebenda.

zweiten Weltkrieg einen wichtigen Ansatzpunkt bürgerlicher Rüstungsapologetik. Damals gab es in den USA und in anderen kapitalistischen Ländern viele Arbeitslose und offensichtliche Stagnationstendenzen. Die Beschäftigungseffekte der Rüstungsproduktion veranlaßten daher zahlreiche Wissenschaftler zu der Feststellung, die bei Gert Krell so formuliert ist: „In den Vereinigten Staaten zogen die Rüstungsausgaben für den zweiten Weltkrieg die Wirtschaft endgültig aus der Krise und aus zweistelligen Arbeitslosenzahlen heraus zu Wachstum und Vollbeschäftigung."[11]

Die (besondere) Kriegssituation von damals wurde schließlich als *allgemeingültig* dargestellt. Auf jeden Fall herrschte in den kapitalistischen Ländern bis weit in die siebziger Jahre die Meinung vor, daß Rüstung ökonomische Stagnation überwinde und Wirtschaftswachstum herbeiführe. Das lag u. a. auch daran, daß die Effekte der Rüstungsproduktion wenig erforscht waren und die Apologetik des Rüstens von den reaktionären Kreisen sehr überzeugend vorgebracht wurde. In den siebziger Jahren setzte ein Meinungsumschwung ein, der von verschiedenen Faktoren ausgelöst wurde, ganz besonders aber durch die erkennbaren Gefahren wachsender Rüstung. Die Publikationen der Memorandenökonomen leisteten ebenfalls einen Beitrag zu diesem Meinungsumschwung. Auch die negativen Folgen für die Wirtschaft wurden betont. Ron Smith schrieb 1977: „Die Rüstungsausgaben ... schränken in erster Linie die Akkumulation ein und führen zu langsamerem Wachstum, sie stellen ein in vieler Hinsicht widersprüchliches Systembedürfnis dar – sie unterminieren das, was sie verteidigen sollen."[12]

Damit werden Widersprüche und Konsequenzen der Rüstung gut charakterisiert: die politische Zielstellung und die ihr widersprechende Belastung der Wirtschaft. Noch

[11] G. Krell, Rüstung und Kapitalismus, in: Rüstung und Ökonomie, hg. von Ph. Sonntag, Frankfurt a. M. 1982.

[12] R. F. Smith, Military Expenditure and Capitalism, in: Cambridge Journal of Economics (Cambridge), 1/1977, S. 76.

weiter geht der US-Amerikaner Seymour Melman in seiner Charakterisierung der Rüstung. Er schreibt: „Die Rüstungsproduktion beendete die große Krise. Sie verursachte einen ökonomischen Aufschwung, schaffte bessere Lebensbedingungen und brachte Geld in die Bank, an dem beinahe alle Menschen Anteil hatten. Aus ihrer Erfahrung mit dem zweiten Weltkrieg zogen die Amerikaner die Schlußfolgerung, daß die Wirtschaft Kanonen und Butter produzieren kann, daß Rüstungsausgaben die Wirtschaft stimulieren und daß militärische Produktion zu Vollbeschäftigung führt. Sie glaubten, daß diese Ergebnisse nicht durch Präsident Roosevelts New Deal, also staatliche Beschäftigungsprogramme, erreicht worden war.“ Weiter führt er aus: „Der ideologische Konsens, der nach dem zweiten Weltkrieg entstand, transformierte die Rechtfertigung von Militärausgaben als eine temporär beschränkte ökonomische Bemühung zur Erreichung eines politischen Ziels (Sieg im zweiten Weltkrieg) zu einem ständig wirkenden Mittel für staatliche Kontrolle der Wirtschaft.“ [13]

Bei der Erklärung des Zusammenhangs von Rüstung und ökonomischem Wachstum ist ebenso wie bei der Beschäftigung vom Funktionsmechanismus der kapitalistischen Wirtschaft, den in dieser Wirtschaft wirkenden Gesetzmäßigkeiten, auszugehen. Erst dann wird verständlich, warum es über diesen Zusammenhang gegensätzliche Ansichten gibt und welche Effekte durch Rüstung *langfristig* auftreten.

Die konservativen bürgerlichen Theoretiker gehen bei ihrer Rechtfertigung der Rüstung von den politisch-ökonomischen Zielen der Rüstungsindustrie aus. Ihr Erklärungsmuster ist einfach: Da Rüstung Profit bringt, zum Wachstum der betroffenen *Unternehmen* beiträgt, stimuliert sie die Wirtschaft. Dieser einzelwirtschaftlich teils richtige Gedanke wird auf die Volkswirtschaft übertragen, wodurch er völlig falsch wird.

Eine wichtige Erklärungsform der Rüstung als Wachs-

[13] S. Melman, The Permanent War Economy, New York 1975, S. 16.

tumsstimulator· ist verbunden mit der zyklischen Entwicklung des Kapitalismus. Man behauptet, die Realisierungsschwierigkeiten von Waren könnten durch Erhöhung der staatlichen Ausgaben – auch für militärische Zwecke – entscheidend abgeschwächt werden.

Diese Konzeption hat einen Grundfehler: Rüstungsausgaben können zeitweilig die Wirtschaft stimulieren, vermögen aber nicht, zyklische Krisen zu verhindern oder in ihrer Wirkung maßgeblich zu beeinflussen. Diese Krisen sind systemimmanent und brechen aus, unabhängig davon, ob Rüstung existiert oder nicht.

Rüstung wirkt insofern in höchst widersprüchlicher Weise auf den Funktionsmechanismus der Wirtschaft ein, weil sie einerseits eine Form der Vernichtung von gesellschaftlichem Reichtum darstellt, den Rüstungsunternehmen andererseits günstige Möglichkeiten für die Verwertung ihres Kapitals schafft. Die ökonomischen und sozialen Lasten tragen die nichtmonopolistischen Schichten.

Die Rüstungswirtschaft ist ein Teil der Volkswirtschaft der kapitalistischen Länder, der auf die ökonomische Absicherung der Kriegsvorbereitung und – im Extremfall – auf die Kriegführung gerichtet ist. Zwischen ziviler und militärischer Produktion bestehen enge Beziehungen. Zumeist produzieren die gleichen Zweige und Betriebe Rüstungs- und zivile Güter. Die grundlegende Unterscheidung liegt somit im Verwendungszweck bzw. in ihrer Rolle im Reproduktionsprozeß. Die Rüstungsproduktion existiert auf der Basis und auf Kosten der volkswirtschaftlichen Ressourcen und befriedigt keine menschlichen Bedürfnisse. Sie ist in *spezifischer* Weise Mittel zur Profiterzielung und Systemsicherung.

Im heutigen Kapitalismus gilt das gleiche Grundmerkmal für die Rüstung, das schon für die Zeit von Marx galt: Rüstungsausgaben sind nicht reproduktiv und hemmen die ökonomische Entwicklung. Unter staatsmonopolistischen Bedingungen wird diese Tatsache allerdings zumindest in zweifacher Weise verschleiert:

Erstens durch die Existenz eines Rüstungssektors

mit Hunderttausenden von Beschäftigten, der von Rüstungsbefürwortern als „Beleg" für den „positiven" Beitrag der Waffenproduktion zur gesamtwirtschaftlichen Aktivität angeführt wird.

Zweitens mittelbar durch die Existenz lang anhaltender Krisen mit chronischen Überkapazitäten. Es scheint so, daß Rüstungsausgaben als staatliche Nachfrage die gesamtwirtschaftliche Nachfragelücke verringern.

Probleme des ökonomischen Wachstums sind Probleme der Reproduktion. Deshalb ist die Einordnung der Rüstung in die kapitalistische Reproduktion eine wissenschaftliche Notwendigkeit. Einige Wissenschaftler aus kapitalistischen Ländern unterscheiden bei der Rüstung zwischen einem „Kernbereich" (den Herstellern von Waffen und Munition) und einem Zusatzbereich (Herstellern von Kraftfahrzeugen usw.). Ausgehend von dieser Überlegung werden Schätzungen über den Umfang der Rüstungsproduktion vorgenommen. So wurden im Jahre 1982 in der BRD etwa 17 Mrd. DM für die Rüstung, also Waffen und Munition, verausgabt. Die Zahl der in der Rüstungsproduktion Beschäftigten wird zumeist auf rund 250000 Personen geschätzt.[14]

Marx gliedert vom Standpunkt der Funktion der Waren im Reproduktionsprozeß das Gesamtprodukt einer Gesellschaft gebrauchswertmäßig in zwei große Gruppen: Produktionsmittel und Konsumtionsmittel. Das Gesamtprodukt muß gebrauchswertmäßig die Bedürfnisse der produktiven Konsumtion durch die Produktionsmittel und die Bedürfnisse der individuellen sowie der gesellschaftlichen Konsumtion durch die Konsumtionsmittel decken. Ausgehend von dieser gebrauchswertmäßigen Gliederung des gesellschaftlichen Gesamtprodukts unterteilt Marx die gesellschaftliche Produktion in zwei große Abteilungen[15]:

I. Waren, die in die produktive Konsumtion eingehen oder eingehen können.

[14] Vgl. U. Albrecht/P. Lock/H. Wulf, Mit Rüstung gegen Arbeitslosigkeit?, Reinbek b. Hamburg 1982, S. 24ff.

[15] Vgl. K. Marx, Das Kapital. Zweiter Band, in: MEW, Bd. 24, Berlin 1971, S. 394.

II. Waren, die für die individuelle Konsumtion der Kapitalisten- und Arbeiterklasse zur Verfügung stehen.

Innerhalb dieser beiden Abteilungen der gesellschaftlichen Produktion existieren verschiedene Unterabteilungen. Eine von ihnen vereinigt die Produktion von Produktionsmitteln für die Herstellung von Rüstungsgütern, militärischen Vor- oder Zwischenprodukten. In ihr werden Industriezweige bzw. Unternehmen erfaßt, die dem kapitalistischen Staat Maschinen und Ausrüstungen, Transport- und Nachrichtenmittel, Geräte und Materialien liefern. Auch in der Abteilung II gibt es eine Unterabteilung, die mit der Rüstungsproduktion verbunden ist. Der gesonderte Ausweis der Rüstungsproduktion in beiden Abteilungen der gesellschaftlichen Produktion verdeutlicht somit Ausmaß und Struktur der Rüstungsproduktion.

Jörg Huffschmid ordnet die Rüstungsproduktion einer dritten Abteilung zu: „Wenn mit einem Teil des gesellschaftlichen Produktionspotentials Güter hergestellt werden, die nicht wieder in die gesellschaftliche Reproduktion eingehen, d. h., wenn neben der Abteilung I und der Abteilung II für Lebensmittel eine Abteilung III für unreproduktive Produkte etabliert wird, so geht deren Produktion notwendigerweise auf Kosten der beiden anderen.“[16]

Die Rüstungsproduktion geht in den parasitären Konsum ein; verstärkt die Disproportionalität des kapitalistischen Reproduktionsprozesses und deformiert in hohem Maße die stoffliche Struktur einer Volkswirtschaft, denn sie verändert die stoffliche Zusammensetzung des gesellschaftlichen Gesamtprodukts. Ihre Hauptwirkung besteht darin, daß sie die Entwicklung der Produktivkräfte hemmt, materielle Ressourcen vergeudet und die Werktätigen belastet. Die Rüstung führt über Inflation und Steuerer-

[16] J. Huffschmid, Kapitalismus und Rüstung. Die ökonomischen Aspekte bei Marx und die heutigen Probleme, in: Marxistische Studien, Jahrbuch des Instituts für Marxistische Studien und Forschungen (IMSF), Sonderband I, Frankfurt a. M. – Wuppertal 1982, S. 133.

höhungen zu Realeinkommenssenkungen bei vielen Werktätigen und ist eine Hauptursache der enormen Staatsverschuldung. Preise für militärische Produkte haben oft eine Leitfunktion bei der Monopolpreisbildung. Die meisten Rüstungsprojekte kosten letztlich weit mehr, als zunächst veranschlagt wurde.

Die richtige Einordnung der Rüstung in den gesamtwirtschaftlichen Reproduktionsprozeß ist nur auf der Basis der marxistisch-leninistischen Reproduktionstheorie möglich. Ausgehend von der Marxschen Theorie der produktiven Arbeit, der Akkumulationstheorie, der Krisen- und Nationaleinkommenstheorie können die wesentlichen Zusammenhänge erklärt werden. Marx unterscheidet in bezug auf den Kapitalismus zwischen der Arbeit, die als produktive Tätigkeit unmittelbar an der Schaffung der gesellschaftlichen Produkte und damit am Nationaleinkommen[6] beteiligt ist, und jener Arbeit, die zwar Profit einbringt, aber nicht in der materiellen Produktion verwendet wird bzw. keinen gesellschaftlichen Nutzen bringt. Es geht ihm primär um die gesellschaftliche Formbestimmtheit der Produktion.

Der Anteil der Neuanschaffungen von Waffen und Gerät und der Forschungs- und Entwicklungsaufwendungen für neue Waffensysteme ist in der BRD ständig gestiegen. Über 50 % des Rüstungshaushaltes werden für Waffen und Geräte, Munition und Treibstoffe verausgabt. Ein hoher Prozentsatz der Mittel fließt als Lohn und Gehalt an Arbeiter und Angestellte der Rüstungs-, Rohstoff- und Investitionsgüter- sowie sonstigen Zulieferungsindustrie in den ökonomischen Kreislauf zurück.

Für viele Milliarden DM sind Waffen, Kasernen, Rüstungsfabriken, Laboratorien, Sprengstoffe und Treibstoffe hergestellt oder gebaut worden, ohne daß irgend jemand etwas davon konsumieren konnte.

Die BRD-Regierung gibt über 15 Mrd. DM für den Sold der Offiziere und Mannschaften und die Löhne und Gehälter der Zivilangestellten aus und etwa 4,5 Mrd. DM für Militärpensionen. Ohne die in den Etatposten NATO-Zivilhaushalt, Militärhilfe und Stationierungskosten enthaltenen Personalaufwendungen von ca. 4 Mrd. DM und ohne die Anteile an Personalkosten, die in anderen „zivilen“ Teilen des Bundeshaushaltes versteckt sind, werden weit über 20 Mrd. DM an Gehältern, Löhnen und Pensionen gezahlt, ohne daß die von diesem Geld lebenden Menschen Wert schaffen.[17]

Der dadurch entstandene Überhang an Kaufkraft ist ein wesentlicher Antrieb der Inflation. Würden die Offiziere, Soldaten, Zivilangestellten, Rüstungsarbeiter, Ingenieure und Wissenschaftler im zivilen Teil der Volkswirtschaft arbeiten, könnten sie Waren und Dienstleistungen im Werte von ca. 40 bis 50 Mrd. DM erwirtschaften.

1.3. *Konversion als wirtschaftstheoretische und politische Aufgabe*

Daß im Bereich der Wirtschaft zahlreiche Ansatzpunkte für den Abbau der Rüstungsproduktion existieren, zeigt die wissenschaftliche Diskussion, die sich vor allem auf die Konversion der Rüstungsproduktion konzentriert. In den kapitalistischen Ländern wurde diese Diskussion von dem bereits zitierten US-amerikanischen Ökonomen Melman eingeleitet.[18]

Rüstungskonversion ist unter kapitalistischen Bedingungen in die Dialektik von Politik, Ökonomie und Ideologie eingeordnet. Sie würde die Profite aus Rüstungsproduktion mindern und den Einfluß der Rüstungskonzerne zurückdrängen. Gerade deshalb stellen reaktionäre Kräfte oft die Behauptung auf, der Kapitalismus sei ohne Rüstungsindustrie nicht existenzfähig, und alle Forderungen nach Abrüstung zielten auf eine Beseitigung des Kapitalismus. Diese Behauptung läßt sich überzeugend

[17] Die ökonomischen Probleme der Rüstung hat vor allem Klaus Engelhardt in verschiedenen Arbeiten behandelt.

[18] Vgl. S. Melman, The Permanent War Economy, a. a. O.

auf der Basis der marxistisch-leninistischen Theorie widerlegen; denn diese Theorie zeigt, daß kapitalistische Reproduktion ohne die ständige Abzweigung eines großen Teils des Nationaleinkommens für militärische Zwecke funktioniert, allerdings auch mit jenen Widersprüchen und Krisen, die für den Kapitalismus immer typisch sind. Gleichzeitig verdeutlicht die Marxsche Theorie die Ursachen und Triebkräfte imperialistischer Rüstung.

So wichtig der Abbau ideologischer Hemmnisse und Vorurteile gegen eine Umstellung der Rüstungsproduktion ist, ebenso wichtig ist auch die Schaffung der politisch-ökonomischen und technischen Voraussetzungen für eine Konversion und schließlich ihre praktische Realisierung. Vorbedingung dafür ist eine analytische Erfassung der charakteristischen Merkmale der Beschäftigung in der Rüstung und die Fixierung der Problemfelder, die bei einer Konversion besondere Schwierigkeiten machen.

Ökonomisch betrachtet bereitet eine Konversion dort wenig Schwierigkeiten, wo sich der militärische Bedarf auf Güter und Dienstleistungen richtet, die den zivilen sehr ähnlich sind. In der BRD könnten rund ein Viertel der militärischen Ausrüstungsgegenstände zivile Verwendung finden. Zwei Drittel des Gesamtwertes des militärischen Endprodukts unterscheiden sich wenig von vergleichbarer ziviler Produktion. Problematisch wird es mit jenen Produkten, die zivil überhaupt nicht oder nur in umweltschädigender Weise nutzbar sind. Das gilt für atomare und chemische Waffen, Kampfflugzeuge, Raketen, Kriegsschiffe und Panzer ebenso wie für Großtechnologien, die kapital- und energieintensiv sind und Arbeitsplätze und Ökosysteme zerstören.

Da Abrüstung einen langfristigen Prozeß politischer Umorientierung erfordert, müssen auch die verschiedenen Aspekte der Konversion frühzeitig theoretisch geklärt und politisch und sozialökonomisch vertretbare Lösungsansätze erarbeitet werden, bei deren Realisierung die Betroffenen mitwirken sollten. Letzteres schließt die gewerkschaftliche Interessenvertretung auf betrieblicher und überbetrieblicher Ebene ein. Konversion der Rüstungsindustrie setzt also einen beharrlichen Kampf aller demokratischen Kräfte voraus. Die Veränderung der Beschäftigung verlangt zum Beispiel die Aufstellung entsprechender Beschäftigungspläne. Da Maschinenschlosser nicht so ohne weiteres als Sozialarbeiter eingesetzt werden können, müssen realistische Alternativen für die in der Rüstung Beschäftigten entwickelt werden. Gleiches gilt für Wissenschaftler in der militärischen Forschung.

Wird ein Unternehmen der Rüstungsindustrie von einer krisenhaften Entwicklung erfaßt, ist es schwierig, unter den Beschäftigten Interesse für die Realisierung der Rüstungskonversion zu finden, da für die Beschäftigten in dieser Situation die Sicherung der Arbeitsplätze notwendiger erscheint als Konversion, die mit einem zeitweiligen Verlust von Arbeitsplätzen verbunden sein kann.

In der Diskussion um den Zusammenhang von Konversion und Sicherung der Arbeitsplätze ist immer zwischen kurz- und langfristigen Auswirkungen zu unterscheiden. Kurzfristig können für einen Rüstungsbetrieb mit der Konversion vorübergehend Schwierigkeiten bei der Sicherung der vorhandenen Arbeitsplätze auftreten; denn es gilt, die Zuliefer- und Absatzbedingungen für die neue Produktion zu organisieren und eine geographische und branchenbezogene Umverteilung frei werdender Arbeitskräfte durchzuführen.

Schwierigkeiten könnten sich durch Konversion für einzelne Wirtschaftssektoren (besonders Flugzeug- und Schiffbau) sowie für Konzerne ergeben, in denen die Rüstungsproduktion einen hohen Anteil am Gesamtumsatz ausmacht. Der Staat muß also in einer beschäftigungspolitisch schwierigen Phase für den Kapazitätsausbau Alternativen schaffen „und die Nachfrage nach ersatzweise produzierten Gütern“ stimulieren.[19] US-amerikanische Untersuchungen zur Umstellungsproblematik der rüstungs-

[19] U. Albrecht/P. Lock/H. Wulf, Mit Rüstung gegen Arbeitslosigkeit? a. a. O., S. 47.

abhängigen Elektroindustrie und des Flugzeugbaus haben gezeigt, daß es für diese Industriezweige zahlreiche potentielle zivile Ersatzmärkte gibt. Für den Schiffbau stellt eine Studie der amerikanischen Abrüstungsbehörde fest, daß bei einer Kürzung der Rüstungsausgaben um ein Drittel den bisher im Rüstungssektor tätigen Produzenten 55 andere Industriezweige offenstünden und ein Drittel der gesamten Werftkapazitäten für Kriegsschiffbau innerhalb von drei Jahren umgestellt werden könnte, wenn es den bisherigen Rüstungsproduzenten gelänge, nur 10 % der jährlichen Zuwachsraten in den besagten 55 Industriezweigen zu erobern.

Schwierigkeiten treten für Rüstungsbetriebe bei der Anpassung an die Konkurrenzbedingungen des zivilen Marktes auf. Während Rüstungsprodukte unter Bedingungen einer staatlichen Absatzgarantie hergestellt werden, tritt auf zivilen Märkten der Gesichtspunkt der Kosteneffektivität in den Vordergrund. Es ist daher oft notwendig, das Management von Rüstungsbetrieben umzuschulen und eine neue Verkaufsorganisation aufzubauen, die den Bedingungen ziviler Märkte angepaßt ist. Die oft befürchteten Folgeprobleme der Abrüstung lassen sich teilweise vermeiden, wenn der Umstellungsprozeß geplant wird. Bei der Planung der Konversion ist zu bedenken, daß sich unter kapitalistischen Bedingungen viele ökonomische Prozesse einer langfristigen Planung entziehen. Dies bedeutet aber nicht, daß Konversion im Kapitalismus nicht realisierbar ist. Die Konversionsplanung auf staatlicher, regionaler und betrieblicher Ebene ist unter diesen Umständen Instrument und Gegenstand des politischen und ideologischen Kampfes. Das zeigt schon die Beschaffung der notwendigen Informationen. Für die Planung der Konversion ist die restriktive Informationspolitik der staatlichen Behörden und der Rüstungsbetriebe ein echtes Hindernis. Praktikable Konversionskonzepte auf der Basis differenzierter und zuverlässiger rüstungsökonomischer Daten erfordern daher eine Verbesserung der Informationsbasis.

An der Konversionsplanung wird somit deutlich, daß Konversion ein Problem der politischen bzw. Klassenauseinandersetzungen ist. Albrecht, Lock und Wulf äußern sich dazu so: „Mit der Aufforderung, Initiativen für eine alternative Politik zu ergreifen, sind verschiedene gesellschaftliche Gruppen – wie Gewerkschaften und Kirchen –, vor allem aber die politischen Entscheidungsträger, angesprochen. Die Friedensbewegung kann derartigen Ansätzen durch breite Mobilisierung zum Durchbruch verhelfen, wenn sie genügend Durchstehvermögen gewinnt, um vorgebliche Sachzwänge immer aufs neue als interessengeleitete Verschleierung zu enttarnen."[20]

Die Durchsetzung der Konversion muß sich also auf die Aktivitäten einer breiten Öffentlichkeit stützen, erfolgt nur durch politische Mobilisierung und politischen Druck der Bevölkerungsmehrheit. *Die Umstellung der Rüstungsindustrie auf Friedensproduktion ist eine politische Machtfrage und eben deswegen keine Unmöglichkeit.*

Die Forderung nach Konversion, die hier aus ökonomischer Sicht behandelt worden ist, muß natürlich in den breiteren politischen Rahmen des Kampfes um Rüstungskontrolle und Abrüstung eingeordnet werden; denn eine derartige Konversion kann nur – schrittweise – realisiert werden, wenn sich Gewerkschaften, Linksparteien und Friedenskräfte aktiv für sie einsetzen, zum Beispiel über eine Reduzierung der staatlichen Rüstungsausgaben. Die ökonomische Theorie kann diesen Kampf durch Aufhellung der ökonomischen Voraussetzungen, Möglichkeiten und Zusammenhänge unterstützen. Ihre Aufgabe ist es darüber hinaus, für eine Verbreitung entsprechender ökonomischer Theorien in den Gewerkschaften und in der Friedensbewegung zu sorgen, weil es auch darum geht, den Einfluß abrüstungsfeindlicher Theorien einzudämmen und das Bewußtsein der Friedenskräfte zu stärken. Der Kampf um eine Senkung der Militärausgaben ist zu verbinden mit der Entwicklung von Alternativen für zivile Produktion.

[20] Ebenda, S. 165.

Dazu sind entsprechende Planungsgremien in und außerhalb von Betrieben zu schaffen, die Umstellungsprogramme konzipieren und realisieren helfen. Ein solches Vorgehen ist Element einer von den Linkskräften zu praktizierenden Strategie des Friedens und der Abrüstung.

Ökonomisch brächte eine schrittweise Senkung der Rüstungsausgaben und die Umstellung der Rüstung auf zivile Produktion die Freisetzung von Mitteln, die der Gesellschaft bislang durch die Rüstung entzogen wurden. Diese Mittel könnten zur Aufrechterhaltung, Verbesserung und Ausdehnung des gesellschaftlichen Reproduktionsprozesses und zur Lösung sozialökonomischer Probleme eingesetzt werden.

Konversion bedeutet nicht, daß die Krisen des Kapitalismus beseitigt werden. Sie ist primär als Moment des aktuellen, aber auch langfristigen Friedenskampfes zu begreifen. Die Arbeiterklasse und ihre Verbündeten müssen auch bei schrittweiser Abrüstung allen Versuchen des Monopolkapitals entgegentreten, die Krisenlasten auf sie abzuwälzen. Sie müssen jedes Stück gesellschaftlichen Fortschritts erkämpfen.[21]

Die Memorandenökonomen führen zwei weitere wichtige Aspekte der Konversion an. Sie erklären, daß die Unternehmensleitungen keine langfristigen und profitorientierten Produktinnovationen durchführen und keine neuen Märkte erschließen, „wenn kurzfristig rentablere Kapitalanlagemöglichkeiten bestehen. Diese sind einerseits in der Rüstung gegeben und andererseits angesichts der anhaltenden Hochzinspolitik in Finanzanlagen.“[22] Außerdem wird keine neue Produktion aufgenommen, wenn dadurch Märkte von einem Konzernbetrieb tangiert werden.

Die Memorandenökonomen betrachten die betrieblichen Vorschläge alternativer Produktion als Ergänzung und

[21] Vgl. Memorandum '84. Gegen soziale Zerstörung durch Unternehmerherrschaft — Qualitatives Wachstum, 35-Stunden-Woche, Vergesellschaftung, Köln 1984, S. 137.

[22] Ebenda, S. 139.

Erweiterung der Politik des qualitativen Wachstums, da Produktionsfelder aufgezeigt werden, in denen ein hoher gesellschaftlicher Bedarf besteht.

2. Massenarbeitslosigkeit – eine Gesetzmäßigkeit kapitalistischer Wirtschaftsordnung

Angesichts der außerordentlich ungünstigen Entwicklungstendenzen auf dem Arbeitsmarkt seit der Krise von 1974/1975 (vgl. Tab. 1) verwundert es nicht, daß die Memorandenökonomen von ihrem ersten Auftreten an die *Beschäftigungsproblematik* in den Mittelpunkt ihrer theoretischen Überlegungen gestellt haben. In allen Memoranden wurde die Arbeitslosigkeit sehr komplex und realistisch eingeschätzt, bürgerlich-konservative Erklärungen der Massenarbeitslosigkeit entschieden zurückgewiesen.

Tabelle 1: Durchschnittliche jährliche Arbeitslosenrate (in %) (Alle Zahlen untertreiben die Arbeitslosigkeit.)

	1962–69	1970–73	1974–79	1980–84
BRD	0,9	1,0	4,3	6,8
Frankreich	2,2	2,8	6,0	9,9
Großbritannien	2,1	3,2	5,5	11,1
Italien	3,3	3,4	6,9	9,1
Japan	1,0	1,3	2,1	2,4
USA	4,4	5,3	6,8	8,4

Quelle: Berechnet nach: Daten zur wirtschaftlichen Lage imperialistischer Länder, in: IPW-Berichte, 1/1985, S. 64; A. Lemmnitz, Zum Charakter der Arbeitslosigkeit im heutigen Kapitalismus, in: IPW-Bericht, 6/1985, S. 3.

Wir werden auf folgende Fragen näher eingehen:

a) Wie erklären konservative bürgerliche Ökonomen und Politiker die Massenarbeitslosigkeit?
b) Wie verhalten sich Monopolkapital und imperialistischer Staat zur Arbeitslosigkeit, und wie operieren sie mit ihr?

c) Wie erklären die Memorandenökonomen die Massenarbeitslosigkeit?

d) Welches sind die Alternativen der Memorandenökonomen, und können sie als realistisch angesehen werden?

Im Memorandum '85 wird erneut betont, daß in der BRD der konjunkturelle Aufschwung mit einer Zunahme der Massenarbeitslosigkeit und mit vermehrter Armut einhergegangen ist.[23] Anfang 1985 erreichte die Zahl der registrierten Arbeitslosen mit über 2,6 Mio einen Höchststand. In einigen Gebieten oder Städten betrug die Arbeitslosigkeit 25 bis 30 %! Diese Ausgrenzung von Menschen, verbunden mit sozialem Abstieg und Not, wird von konservativen Kräften verschleiert oder negiert.

2.1. *Konservative Erklärungsmuster der Arbeitslosigkeit*

Der ehemalige BRD-Wirtschaftsminister Otto Graf Lambsdorff erklärte zu Beginn dieses Jahrzehnts: „Die während der letzten Jahre entstandene Arbeitslosigkeit ist immer stärker auf *Kapitalintensivierung* und auf *arbeitssparende Innovationen* zurückzuführen. Deswegen kreisen alle internationalen Therapievorschläge vor allem darum, wie in einer offenen Volkswirtschaft mehr wettbewerbsfähige, d. h. rentable Arbeitsplätze geschaffen werden können.

Wie ist es zu dieser Entwicklung der Arbeitslosigkeit gekommen? Sicher haben viele Faktoren mitgewirkt, doch läßt sich hier – wenn auch vereinfacht – folgende Wirkungskette ausmachen. In marktwirtschaftlich organi-

[23] Vgl. Memoranden von 1975 bis 1985, Köln 1975 bis 1985. Im Memorandum '85 heißt es, die Massenarbeitslosigkeit werde zunehmend als Instrument zur Einkommenspolarisierung und zur sozialen Ausgrenzung mißbraucht. Sinkenden Reallöhnen stehen weiterhin steigende Profite gegenüber: „Noch immer sind die Arbeitnehmer in ihrer Gesamtheit Opfer des fortschreitenden Kaufkraftentzuges, dessen Gegenpol die Expansion der Kapitaleinkünfte bildet" (Memorandum' 85, a. a. O., S. 14).

sierten Volkswirtschaften reagiert über längere Frist das Einsatzverhältnis von Arbeit zu Kapital auf das Verhältnis der realen Löhne zu den realen Zinsen gegenläufig. Sind die Reallöhne dauerhaft zu hoch, rentieren sich die Investitionen weniger, die Investitionstätigkeit verringert sich allmählich, so daß schließlich die Produktionskapazitäten langsamer wachsen als die Zahl der Arbeitskräfte zunimmt. Dies ist der eine Grund der gegenwärtigen Arbeitslosigkeit.

Der andere Grund ist darin zu sehen, daß neue Anlagen immer *arbeitssparender* ausgelegt werden, obgleich es ein Überangebot von Arbeitswilligen gibt.

Es ist die Kumulation dieser beiden Effekte aus den 70er Jahren, die heute den Hauptteil des Problems ausmachen. Wir würden dieses Problem nicht an der Wurzel packen, wenn wir glaubten, nur für mehr Nachfrage sorgen zu müssen. Vielmehr müssen wir für mehr Investitionen in neue Arbeitsplätze sorgen. Diese Investitionen werden nur kommen, wenn sie rentabel sind." [24]

Die erste Ursache der Arbeitslosigkeit sind somit laut Lambsdorff die überhöhten Löhne. Lambsdorff und andere konservative Kräfte können nicht oft genug betonen, daß in der BRD die Arbeit „zu teuer" geworden sei. Die Konsequenz: Man hätte mehr Arbeit für Arbeitslose, wäre die Arbeit billiger. Da aber das „starre System" der Tarifverträge den Abbau der Arbeitslosigkeit behindere, müsse dem Gesetz von Angebot und Nachfrage auf dem Arbeitsmarkt wieder mehr Geltung verschafft werden.

Dies ist eine in fast allen neokonservativen Erklärungen der Arbeitslosigkeit immer wiederkehrende Argumentation. Auch der Sachverständigenrat der BRD behauptet, Massenarbeitslosigkeit sei nicht auf Fehlsteuerungen des Systems, sondern auf das Fehlverhalten großer *sozialer Gruppen* zurückzuführen. Er empfiehlt als Ausweg vor allem eine „richtige Verteilung" des Sozialprodukts.

Vielfach wird auch der „Wertewandel" im Arbeitsleben

[24] Das Parlament (Bonn), 46/1981.

mit der Arbeitslosigkeit in Verbindung gebracht, obgleich teilweise aus den technischen Entwicklungen erklärt. Wenn sich viel an den Arbeitsplätzen verändere, befindet die bekannte Publizistin Elisabeth Noelle-Neumann, dann sei es fast selbstverständlich, daß sich auch die Einstellung zur Arbeit verändere, das heißt Arbeitstugenden an Wert verlieren.[25] Laxe Arbeitsmoral sei typisch für viele Arbeiter in der BRD.

Für die Unternehmer ist die hohe Arbeitslosigkeit in verschiedener Hinsicht von Vorteil. Sie ermöglicht eine Selektion von Arbeitskräften bei Entlassungen und Einstellungen sowie die Erhöhung der Anforderungen an die Arbeiter. Bei Einstellungen ist der Arbeiter mit den Unternehmen als einzelner konfrontiert, hat kaum Rechte und muß aus einer Position der Machtlosigkeit einen Vertrag aushandeln. Gut „verwertbare" Arbeitskräfte erhalten bei Arbeitslosigkeit relativ schnell Arbeit, müssen allerdings oft erhebliche Lohneinbußen hinnehmen. Wenn der Arbeitslosenbestand mehrfach „durchgesiebt" wurde, wächst die Zahl an schwer- oder nichtvermittelbaren Arbeitskräften.[26] Die Unternehmer wählen dann die „besten" Arbeitskräfte aus und begründen durch Leistungsbewertungs- und Arbeitseinsatzverfahren hohe Anforderungen an Arbeitskräfte.

Arbeitslosigkeit ist für das Monopolkapital ein Mittel, um die Gewerkschaften unter Druck zu setzen, um die Reallöhne zu senken und die Profite auch in der Krise zu erhöhen. Da sie aber tendenziell die für eine günstige Kapitalverwertung notwendige „soziale Ruhe" stört, erweist sie sich ab einem bestimmten Ausmaß als systemgefährdend und beeinträchtigt langfristig die Kapitalverwertung, die sie zunächst verbessern helfen sollte. Erst bei einem sichtbaren Verfall der Massenloyalität werden vom Staat Maßnahmen zur Erhöhung der Beschäftigung eingeleitet.

[25] E. Noelle-Neumann, Wir rüsten ab im Arbeitsleben, in Frankfurter Allgemeine Zeitung, Frankfurt a. M. vom 25. 1. 1985, S. 10.

[26] Memorandum '80, Köln 1980, S. 188.

Die Arbeitslosigkeit verschärft die Konkurrenz unter Arbeitern und Arbeitslosen und behindert den Kampf der Arbeiterklasse. Sie beeinträchtigt Kampfkraft und Geschlossenheit der Werktätigen und engt den Handlungsspielraum der Gewerkschaften ein. Arbeitslosigkeit bedeutet für die Betroffenen Einkommensausfall, oft Verlust der gesellschaftlichen Integration, privater Stabilität und Selbstachtung. Gesamtwirtschaftlich bewirkt Arbeitslosigkeit einen Wohlstandsverlust, der am Aufwand für Arbeitslose, Ausfällen an Sozialversicherungs- und Steuerbeiträgen sowie am Verlust nicht geschaffener Werte zu messen ist.

Der frühere DBG-Vorsitzende Heinz Oskar Vetter charakterisierte die Arbeitslosigkeit einmal als „größte Belastung"; „unzumutbar für den einzelnen, langfristig zerstörerisch für die Gesellschaft und die Gewerkschaften. Kein noch so dicht geknüpftes Netz fängt die seelischen Nöte auf, die Arbeitslosigkeit für den einzelnen Betroffenen und seine engste Umgebung zwangsläufig hervorruft. Die Glaubwürdigkeit gesellschaftlicher Ordnung wird von zwei Millionen Arbeitslosen ins Wanken gebracht; der Anspruch sozialer Gerechtigkeit wird zur Farce. Hier fehlt eine Zumutbarkeitsregelung – wie viele Arbeitslose sind denn einer demokratischen Gesellschaft, einem Sozialstaat noch zumutbar? Es ist vorauszusehen, daß bei anhaltender Arbeitslosigkeit und wirtschaftlicher Schwäche das gesamte Sozialversicherungssystem zu einem Offenbarungseid getrieben wird – das ist ein einfaches Rechenexempel."[27]

Die Monopolpropaganda ist ständig bemüht, der Öffentlichkeit das Bild vom zufriedenen Arbeitslosen zu vermitteln, der mit seinem Auto vor dem Arbeitsamt vorfährt, freudig sein Arbeitslosengeld in Empfang nimmt und wieder ins Faulenzerdasein verschwindet. Oft werden auch historische Vergleiche angestellt. Der Arbeitslose in der großen

[27] H. O. Vetter, Am Ende einer Amtszeit. Aussichten, in: Gewerkschaftliche Monatshefte (Köln), 5/1982, S. 259–260.

Weltwirtschaftskrise habe am Rande des Existenzminimums gelebt; der heutige Arbeitslose weise einen weit höheren Lebensstandard auf als alle beschäftigten Arbeiter in den ersten zwei Dritteln des 20. Jahrhunderts.

Die meisten konservativen bürgerlichen Ökonomen bagatellisieren die ökonomischen und sozialen Wirkungen der Massenarbeitslosigkeit und diffamieren die Arbeitslosen, um die Arbeitslosigkeit nicht als gesetzmäßige Folge des kapitalistischen Profitsystems erscheinen zu lassen. Sie nutzen Arbeitslosigkeit oft als Begründung für die Beseitigung sozialer Errungenschaften der Arbeiterklasse.

Die bürgerliche Ökonomie bietet viele widersprüchliche Erklärungen der Arbeitslosigkeit. In all ihren theoretischen Interpretationen wird aber sichtbar, daß die Arbeitslosigkeit aus dem sozialökonomischen Entstehungszusammenhang herausgelöst wird, um das kapitalistische Wirtschaftssystem aus der Kritik zu halten. Die Arbeitslosigkeit erscheint dann entweder als Folge gesellschaftsneutraler Bedingungen wie Bevölkerungsentwicklung, Wissenschaft oder Technik oder als Ergebnis falschen Verhaltens der von ihr Betroffenen. Die Arbeitslosen seien selbst an ihrem Schicksal schuld, weil es ihnen an Fähigkeiten mangele, um eine Tätigkeit auszuüben. Zu solchen „Problemgruppen“ werden junge, zu alte, leistungsschwache, kranke oder behinderte Menschen gerechnet. Oder es wird ihnen unterstellt, daß sie freiwillig auf Arbeit verzichten, um mehr Freizeit zu haben, oder daß sie arbeitsscheu seien.

Durch derart unwissenschaftliche, aber die Öffentlichkeit beeinflussende Auffassungen wird die Massenarbeitslosigkeit als gesellschaftliches Randproblem dargestellt.

Die konservativen bürgerlichen Ökonomen widersprechen sich zwar in der Erklärung der Arbeitslosigkeit, sind sich aber in hohem Maße einig, daß die Reallöhne gesenkt werden müßten, um Arbeitsplätze zu erhalten bzw. neue zu schaffen. Zur Begründung wird oft die These von der Mindestlohn- oder Gleichgewichtslohnarbeitslosigkeit herangezogen. Diese These beruht auf der Grenzproduktivitätstheorie des Lohnes, nach der mit wachsender

Beschäftigungsmenge der „Ertrag" eines Arbeiters abnehme. Der Lohn richte sich nach diesem „Ertrag", und der Lohn des letzten oder „Grenzarbeiters" ist dann ein Niedriglohn, der den Lohn aller Arbeiter der entsprechenden Beschäftigungsart bestimmt. Bei steigendem Lohnsatz könnten weniger, bei sinkendem mehr Arbeiter Beschäftigung finden.

Gibt es Arbeitslose, kann von dieser konstruierten Austauschbeziehung von Lohn und Beschäftigung her festgestellt werden, daß Arbeiter „freiwillig" arbeitslos seien, weil sie bei einer bestimmten (niedrigen) Lohnhöhe keine Stellung annehmen.

Diese Auffassung gipfelt in der Erkenntnis, daß Lohnerhöhungen dem Kapital die Möglichkeit nehmen zu investieren, Arbeitsplätze zu schaffen und die Beschäftigung zu erhöhen.

Diese Erklärung der Arbeitslosigkeit ist nicht haltbar, weil die Lohnfindung zu einem technischen Automatismus degradiert und politisch-gewerkschaftliche Einflüsse ausgeschlossen bleiben. Die Grenzproduktivitätstheorie behauptet außerdem, daß die Arbeiter das erhielten, was der Produktionsfaktor „Arbeit" schaffe. In Wirklichkeit erhalten die Arbeiter nur einen Teil des von ihnen geschaffenen Neuwertes. Den anderen Teil eignet sich der Kapitalist als Mehrwert unentgeltlich an. Mit sinkenden Löhnen suchen keineswegs weniger Menschen eine Beschäftigung; viele Arbeiter sind gezwungen, auch bei *niedrigen* Löhnen ihre Arbeitskraft zu verkaufen.

2.2. Die Erklärung der Arbeitslosigkeit durch die Memorandenökonomen

In den Publikationen der Memorandenökonomen wird die Arbeitslosigkeit als *konjunkturelles* und *technologisches* Problem behandelt. Rudolf Hickel stellt die weiterreichende Frage, ob die „technologische Arbeitslosigkeit" einen neuen Krisentyp verkörpert. Denn: In der jüngsten Vergangenheit sei die Massenarbeitslosigkeit aus dem niedrigen Wachstum bzw. der „Krise des wirtschaftlichen Wachstums" erklärt worden. In neuerer Zeit wurden Vermutungen geäußert, „daß in den nächsten Jahren die neuen Technologien die Krise bestimmen".[28]

Aus der Beantwortung der Frage ergeben sich unterschiedliche Konsequenzen für die Wirtschaftspolitik. Wachstumsdefizitäre Arbeitslosigkeit erfordert qualitative und quantitative Wachstumspolitik; technologische Arbeitslosigkeit verlangt systematische Technologiepolitik und Arbeitszeitverkürzung.

Hickel analysiert die Frage, „ob die ökonomische Nutzung der neuen Technologie unter Bedingungen kapitalistischer Konkurrenz zu zusätzlicher Arbeitslosigkeit führt, weil dieser Typ technischen Fortschritts die Kompensationsprobleme verschärft. Es geht im Vergleich zu der aus der Durchsetzung der Produktivkräfte unter kapitalistischen Produktionsverhältnissen immer entstehenden Arbeitslosigkeit um die spezifischen Kreislaufwirkungen, die aus den neuen Technologien resultieren. Insoweit wird von technologischer Arbeitslosigkeit nur geredet, als aus dem stofflichen Charakter neuer Technologien spezifische Kompensationsprobleme gegenüber der Arbeitsplatzvernichtung durch Prozeßinnovationen entstehen. Alle Prognosen gehen davon aus, daß bis zum Jahr 1990 bzw. 2000 die Rate des Zuwachses der Produktivität einer Erwerbstätigenstunde – als Indikator für technologische Neuerungen – über der des wirtschaftlichen Wachstums liegen wird. Darin kommt global zum Ausdruck, daß mit einer Expansion ökonomischen Wachstums zur Verhinderung dieses Abbaus des Arbeitsvolumens nicht gerechnet werden kann. Dies ist eine realistische Annahme."[29]

Auch der Gewerkschaftstheoretiker Ulrich Briefs betont den Zusammenhang von Arbeitslosigkeit und neuen

[28] R. Hickel, Technologische Arbeitslosigkeit – keine Frage der Technik, in: Blätter für deutsche und internationale Politik (Köln), 10/1984, S. 1190.
[29] Ebenda, S.1190/1191.

Technologien. Er geht davon aus, daß die neuen Technologien – Mikroelektronik, Computertechnik und Telekommunikationstechnologien – immer häufiger in allen Bereichen der Gesellschaft auftauchen. In der BRD soll bis 1990 die Hälfte aller Arbeitsplätze von ihnen erfaßt sein, obwohl bis dahin erst ein Viertel aller Anwendungsmöglichkeiten erschlossen sein werden. Dieser Prozeß werde zu einer breiten gesellschaftlichen Infrastruktur aus Informations- und Kommunikationstechnologien führen.[30] Die neuen Techniken werden hauptsächlich dazu eingesetzt, bereits gegebene Tätigkeiten ergiebiger zu gestalten, ohne zumeist neue Produkte zu schaffen. Die gewaltigen Umwälzungen und Gefahren, die sich für Arbeitende und die Gesellschaft ergeben, werden nach Briefs zusammenfallen mit einer „völlig perspektivlosen ökonomischen Entwicklung in den kapitalistischen Ländern."[31]

Sowohl Hickel wie auch Briefs betonen, daß die Rationalisierung in Produktion und Dienstleistungen zu einer großen Arbeitsplatzvernichtung führen werde, die durch ökonomisches Wachstum nicht kompensiert werden könne. Gleichzeitig werde von den neuen Technologien eine spezifische Abschwächung bisheriger Auffangmechanismen für Arbeitslose ausgehen, denn sie wirken oft krisenverschärfend. „Vor allem der Einsatz von Mikroprozessoren führt zu einer Verkürzung der Fertigungstiefe und damit Produktionsausfällen in traditionellen Bereichen. So wird etwa für eine Uhr auf mikroelektronischer Basis eine Zulieferung mechanischer Teile kaum noch benötigt; die entsprechenden Vorleistungen aus der Stahl- bzw. metallverarbeitenden Industrie fallen praktisch weg. Weiterhin sind mikroelektronische Prozeßinnovationen mit weniger Erweiterungsinvestitionen als traditionelle Verfahrenstechniken verbunden."[32]

[30] Vgl. U. Briefs, Informationstechnologien und Zukunft der Arbeit, Köln 1984, S. 11.

[31] Ebenda.

[32] R. Hickel, Technologische Arbeitslosigkeit – keine Frage der Technik, a. a. O., S. 1191.

Es ist richtig, daß sich mit den neuen Technologien die Arbeitslosigkeit keinesfalls dem Wesen nach verändert. Deshalb begründet die technologische Arbeitslosigkeit auch keinen neuen Krisentyp. Hickel schreibt mit Recht: „Vielmehr werden hier die spezifischen zusätzlichen Blokkierungstendenzen gegenüber einem Ausgleich der Arbeitsplatzvernichtung durch die neuen Technologien aufgezeigt. Damit soll deutlich werden, daß zur Vermeidung dieser negativen Folgewirkungen für die Lage der Beschäftigten eine gesamtwirtschaftliche Planung der Produktion von Gütern und Dienstleistungen erforderlich ist.“ [33]

Die Veränderungen in der gesamtwirtschaftlichen Reproduktion des Kapitalismus einschließlich der Tendenz zur Massenarbeitslosigkeit haben in der Tat die Notwendigkeit einer gesamtwirtschaftlichen Planung hervortreten lassen. Sie sind zudem nur dann richtig interpretierbar, wenn die Arbeitslosigkeit seit Beginn der sechziger Jahre analysiert wird. Das Problem dabei ist, daß etwa seit 1964 das Wachstum der Arbeitsproduktivität über dem Wachstum des Bruttoinlandsprodukts liegt. Aus der Differenz zwischen der Wachstumsrate der Stundenproduktivität und der der Produktion ergibt sich ein in der Tendenz sinkendes Arbeitsvolumen. „Das Resultat der sich seit 1964 öffnenden und seit 1974 vergrößernden ‚Produktions-Produktivitäts-Schere‘ bildet der kontinuierliche Rückgang des Arbeitsvolumens ... Wie aber der Rückgang des Arbeitsvolumens auf die Zahl der faktisch beschäftigten Personen (Erwerbstätigen) durchschlägt, hängt vom Tempo der Verkürzung der Arbeitszeit je Erwerbstätigen ab. Der Rückgang des Arbeitsvolumens konnte bis Anfang der 70er Jahre durch die Verkürzung der Arbeitszeit aufgefangen werden, so daß im längeren Durchschnitt noch eine leicht wachsende Zahl von Erwerbstätigen zu verzeichnen war.

Seit dem Ende der ersten Hälfte der 70er Jahre überlagern sich jedoch zwei Fehlentwicklungen: Das Produk-

[33] Ebenda, S. 1192.

tionswachstum sackte vergleichsweise stark gegenüber der Zuwachsrate der Stundenproduktivität ab. Damit nahm das Arbeitsvolumen gegenüber der ersten Phase dieser ‚Schere' stärker ab. Gleichzeitig verlangsamte sich jedoch das Tempo der Arbeitszeitverkürzung, und somit schlug der Rückgang des Arbeitsvolumens auf die gesamtwirtschaftliche Nachfrage nach Erwerbspersonen stärker durch. Daraus erklärt sich der dann einsetzende, kontinuierliche Abbau von Arbeitsplätzen für Erwerbspersonen.“ [34]

Da die Produktivität auch im Dienstleistungssektor durch Rationalisierungsmaßnahmen weiter steigt, wird sich auch die „soziale Bremsfunktion“ gegenüber der gesamtwirtschaftlichen Produktivitätsentwicklung abschwächen. Folglich hängen die Beschäftigungswirkungen der neuen Technologien auch künftig davon ab, in welchem Ausmaß der technische Fortschritt zur Arbeitslosigkeit führt.[35] Hickel rechnet mit einem weiteren Abbau des Arbeitsvolumens in den nächsten Jahren und der Fortexistenz der „Produktions-Produktivitäts-Schere“.

Die „technologische Arbeitslosigkeit“ entsteht nach Ansicht der Memorandenökonomen wegen der mangelnden Kompensation der Arbeitsplatzvernichtung durch Anwendung neuer Technologien. Sie kann nicht beseitigt werden, weil die Produktinnovationen im inländischen Endverbrauch nicht ausreichen, um die Arbeitsplatzvernichtung zu kompensieren und weil im Dienstleistungssektor die neuen Informations- und Kommunikationstechnologien zu Rationalisierungen und Abbau der Arbeitsplätze führen. Einen – allerdings unzureichenden – Ausweg stellt der Export von Produktinnovationen dar. Aber auch eine aggressive Exportpolitik könne die wachsende binnenwirtschaftliche Nachfragelücke nicht schließen. Die Konsequenz: Mit zunehmender Automatisierung muß eine Verkürzung der Arbeitszeit und eine Umlenkung der Einkommen in unterversorgte öffentliche und private

[34] Ebenda, S. 1193/94.
[35] Vgl. ebenda, S. 1200.

Bereiche erfolgen. Auf Basis dieser Erkenntnis plädieren alternative Ökonomen der BRD für Arbeitszeitverkürzung bei vollem Lohnausgleich und für qualitatives Wachstum. Die Arbeitszeitverkürzung bei vollem Einkommensausgleich habe eine doppelte Funktion: erstens werde die Arbeitszeit auf mehr Beschäftigte aufgeteilt und die individuelle Arbeitszeit verkürzt sich, und zweitens werde der Lohn- und Gehaltsanteil am Volkseinkommen erhöht. Allgemeiner formuliert:

„Die soziale und gesamtwirtschaftliche Beherrschung der neuen Technologien verlangt eine Politik der Arbeitszeitverkürzung, der Einkommensumverteilung zur Realisierung des individuellen und öffentlichen Bedarfs bei Umstrukturierung der Produktion unter qualitativ-gebrauchswertorientierten Kriterien. Eine so gestaltete Politik verhindert die Gefahr technologischer Arbeitslosigkeit; sie richtet sich entsprechend dem Zusammenhang von Beschäftigungs- und Wachstumskrise auf die Sicherung eines alternativen Entwicklungspfades ein.“ [36]

Auch Briefs stellt fest, daß es zum massenweisen Abbau von Arbeitsplätzen nur die Alternative der Arbeitszeitverkürzung gebe. Vordringlichste gewerkschaftliche Aufgabe sei es deshalb, weitere Arbeitsplatzzerstörungen abzuwehren. Briefs geht allerdings noch einen Schritt weiter als Hickel, denn er betont, daß es wegen des umwälzenden Charakters der neuen Technologien und seiner Folgen um mehr als die Beseitigung der Massenarbeitslosigkeit gehe: „um die Veränderung der Technik und die bewußte Gestaltung der Arbeit und gerade auch der technologischen Bedingungen, unter denen Arbeit verausgabt wird – im Interesse der Beschäftigten und durch diese. Es geht in diesem Sinne um die ‚soziale Beherrschung‘ der Technologieentwicklung, es geht um die Entwicklung konkreter Formen schöpferischer Aneignung der neuen Technologien durch die Beschäftigten . . .

Bei einer Massenarbeitslosigkeit, wie sie heute existiert

[36] Vgl. ebenda, S. 1206.

bzw. wie sie sich für die Zukunft noch weitaus schärfer abzeichnet, kann eine organisatorische, zielgerichtete Einwirkung auf die Prozesse der Entwicklung und Gestaltung der neuen Technologien in den Betrieben und im politischen Raum im Interesse der Beschäftigten und durch sie kaum erfolgen. Die Verwirklichung des Rechts auf Arbeit ist insofern auch notwendig für die Gewährleistung einer sozial beherrschten, einer menschlichen Technik.“ [37]

2.3. Verkürzung der Arbeitszeit bei vollem Lohnausgleich

Wurde bis jetzt der Standpunkt von zwei Autoren zur Arbeitslosigkeit vorgestellt, so muß nun darauf verwiesen werden, daß die in den achtziger Jahren zu erwartende Dauerarbeitslosigkeit nur entscheidend vermindert werden kann, wenn Arbeitszeitverkürzungen verschiedenster Art durchgeführt würden.[38] Diese Position hat sich als richtig herausgestellt.

Bereits in den späten siebziger Jahren gab es in der BRD trotz hoher Arbeitslosigkeit wenig staatliche Initiativen zum Abbau der Arbeitslosigkeit, weil die Konservativen der Ansicht waren, Sicherung der „Vollbeschäftigung“ könne nicht mehr als staatliche Aufgabe angesehen werden, sondern müsse von der privaten Wirtschaft erwartet werden.[39]

Ökonomische Situation, soziale Lage vieler Arbeiter und Klasseninteressen der Werktätigen erfordern aber staatliche Maßnahmen zum Abbau der Massenarbeitslosigkeit. Solche Maßnahmen sind möglich, dürfen sich aber nicht auf *globale* Maßnahmen zur Erhöhung der Nachfrage nach Arbeitskräften beschränken, sondern müssen *gezielt* auf

[37] U. Briefs, Informationstechnologien und Zukunft der Arbeit, a. a. O., S. 13/14.
[38] Vgl. Memorandum ’80, a. a. O., S. 107.
[39] Memorandum ’84, a. a. O., S. 55/56.

einzelne Arbeitsgruppen orientieren und auch in der Praxis realisiert werden.

Maßnahmen zur Verringerung der Arbeitslosigkeit haben einen temporären Effekt und können das Akkumulationsgesetz nicht außer Kraft setzen.

Im Mai 1979 beschloß die BRD-Regierung ein arbeitsmarktpolitisches Programm für Regionen in Höhe von 500 Mio DM. Damit sollte durch arbeitsmarktpolitische Maßnahmen 23 Bezirken mit relativ hoher Arbeitslosigkeit in Ostfriesland, Ostbayern, an der Ruhr und an der Saar der Anschluß an die durchschnittliche Entwicklung ermöglicht werden. Das Programm wurde erheblich überzeichnet und durch die Bundesanstalt für Arbeit auf 900 Mio DM aufgestockt.

Die Gewerkschaften fordern seit Jahren mit Nachdruck
- eine Politik qualitativen Wachstums, das heißt eines Wachstums sozial notwendiger, vor allem öffentlicher Dienstleistungen und Investitionen;
- eine Politik der Arbeitszeitverkürzung;
- die soziale Beherrschung des Produktivitätsfortschritts.

Auch die Forderung nach direkter Kontrolle der Technologieentwicklung wird erhoben. Die Gewerkschaft Handel, Banken, Versicherungen (HBV) hat zum Beispiel die Einrichtung von „Technologie-Aufsichtsräten" für die weitere Kontrolle und Entwicklung von Technologiegebieten gefordert.

Im Mittelpunkt steht aber die Arbeitszeitverkürzung.

Die von der IG Metall vorgebrachte Forderung nach einer Verkürzung der Arbeitszeit auf eine 35-Stunden-Woche mit vollem Lohnausgleich wurde erstmals auf dem Düsseldorfer Gewerkschaftstag der IG Metall im September 1977 erhoben.

Die Memorandenökonomen fordern eine Verkürzung der Arbeitszeit zur Senkung der Arbeitslosigkeit und zur sozialen Sicherstellung der Arbeiter und Angestellten. Es heißt im Memorandum '84: „Angesichts des Sockels von 2,2 Millionen Arbeitslosen und des zu erwartenden weiteren Abbaus von Arbeitsplätzen durch den Einsatz von neuen

Rationalisierungstechnologien muß die Arbeitszeitverkürzung so umfassend und so schnell wie möglich vorankommen. Deshalb ist die Durchsetzung der 35-Stunden-Woche mit vollem Lohnausgleich unverzichtbar. Die 35-Stunden-Woche schafft und sichert Arbeitsplätze in einer gesamtwirtschaftlichen Größenordnung von mindestens 1,4–1,85 Millionen. *Ohne* die 35-Stunden-Woche wird – auch unter vergleichsweise günstigen ökonomischen Bedingungen ... die Arbeitslosigkeit bis in die 90er Jahre hinein weiter ansteigen."[40]

Die Autoren wenden sich entschieden gegen die von konservativen Kreisen vorgebrachten Argumente, wonach die Arbeitszeitverkürzung wenig Beschäftigungseffekte habe, den konjunkturellen Aufschwung zerstöre, nicht finanzierbar sei, die internationale Konkurrenzfähigkeit der BRD-Wirtschaft gefährde und vor allem in Klein- und Mittelbetrieben nicht umsetzbar sei.

Die Geschichte der Arbeiterbewegung zeigt, daß Arbeitszeitverkürzungen zumeist nur gegen den massiven Widerstand des Kapitals durchgesetzt werden konnten, denn eine Verkürzung der Arbeitszeit steht im Gegensatz zum Profitinteresse der Unternehmer. In der Frage der Arbeitszeit standen Arbeiterklasse und Kapital immer auf konträren Positionen. So ist es auch heute. Die Vertreter des Kapitals geben gelegentlich zu, daß es ihnen gar nicht um „unerträgliche" Kosten oder „schwindende" Konkurrenzfähigkeit, sondern um eine Schwächung der gewerkschaftlichen Organisationen geht. Der Kampf der Gewerkschaften um Arbeitszeitverkürzungen und die Sicherung und Entwicklung der Lebensbedingungen der Lohnabhängigen ist daher von grundlegender Bedeutung für die Auseinandersetzung zwischen Arbeiterklasse und Monopolkapital.

Eine Verkürzung der Arbeitszeit ist kein Patentrezept zur Überwindung von Wirtschaftskrisen, wohl aber gegenwärtig ein zentraler Ansatzpunkt für gewerkschaftliche Handlungsmöglichkeiten gegen Massenarbeitslosigkeit und

[40] Memorandum '84, a. a. O., S. 116.

Verschlechterung der Arbeits- und Lebensbedingungen vieler Menschen. Diese Funktion kann die Forderung nach der 35-Stunden-Woche aber nur erfüllen, wenn sie mit einer *Erweiterung* der *Mitbestimmungsrechte* der *Gewerkschaften* in den Betrieben sowie mit der Erhaltung und Stärkung der Kaufkraft verbunden wird. Die Einführung der 35-Stunden-Woche *allein* kann die Arbeitsplätze in den nordwestdeutschen Werften oder in der Stahlindustrie *nicht* retten. Die in diesen Zweigen Beschäftigten verbinden daher die Forderungen nach Arbeitszeitverkürzungen oft mit Forderungen nach Vergesellschaftung der Schiffbau- oder Stahlindustrie, Ausweitung der öffentlichen Investitionen und der Umstellung der Produktion auf gesellschaftlich nützliche Produkte.

Die Unternehmer versuchen, die Kampfbereitschaft der Arbeiter für die 35-Stunden-Woche durch Verbreitung von Angst auszuhöhlen, weil Angst ein Nährboden für Entsolidarisierungsprozesse gegenüber Jugendlichen, Frauen und Ausländern auslöst und auf das Bewußtsein negativ wirkt. Den Arbeitern soll glaubhaft gemacht werden, daß Arbeitszeitverkürzung mit sinkenden Reallöhnen und Sozialabbau einhergehen müsse.

Viele Arbeiter fürchten zu Recht, daß statt Neueinstellungen im Zuge der Arbeitszeitverkürzung ein starker Leistungsdruck ausgeübt wird und sie in der *verkürzten* Arbeitszeit das Gleiche wie in der vorherigen Arbeitszeit leisten müssen. Sie erkennen aber immer mehr, daß die mit den neuen Techniken (Industrieroboter, Computer) einhergehende Produktivitätssteigerung bei niedrigen oder stagnierenden Wachstumsraten Arbeitszeitverkürzungen verlangt. Ihre Einsicht wächst, daß immer mehr Menschen durch Arbeitslosigkeit sozial benachteiligt werden.

Bei der Auseinandersetzung um die Verkürzung der Arbeitszeit geht es auch um die Frage, wer über die Aufteilung von notwendiger Arbeit und Mehrarbeit sowie möglicher Freizeit bestimmt. Auch die sich ändernden Ansichten über die Aufteilung von Arbeit und Freizeit müssen in der Diskussion um Arbeitszeitverkürzung Beachtung finden.

Die Arbeitszeitverkürzung ist zentraler Bestandteil alternativer Wirtschafts- und Gesellschaftspolitik. Sie würde Arbeitsplätze in beachtlichen Dimensionen sichern und zum Abbau der Massenarbeitslosigkeit wesentlich beitragen. Nach Ansicht der Memorandenökonomen dürften im Jahre 1985 im wesentlichen nur die gewerkschaftlich erkämpften Formen der Arbeitszeitverkürzung einen positiven beschäftigungspolitischen Effekt in Höhe von 130000 Arbeitsplätzen gehabt haben.[41]

Durch den Kampf der Arbeiterorganisationen kann somit die Arbeitslosigkeit in gewissen Grenzen verringert werden. Gleiches gilt für bestimmte staatliche Maßnahmen.

Arbeitszeitverkürzung ist aber primär eine Klassen- und Machtfrage, wie die Gewerkschaftskämpfe von 1984 in der BRD zeigten. Als politische Zielstellung muß sie Element einer breiten politischen Bewegung werden, wenn sie durchgesetzt werden soll.[42]

Die BRD-Regierung hat die Massenarbeitslosigkeit in den letzten Jahren zu einem Instrument ihrer politischen Strategie gemacht. Sie ist gegen die 35-Stunden-Woche und bestreitet ebenso wie die Unternehmerverbände die Beschäftigungswirksamkeit der 35-Stunden-Woche.

Die Unternehmerverbände orakeln, die Einführung der 35-Stunden-Woche bei vollem Lohnausgleich bedeute den Ruin der bundesdeutschen Wirtschaft, weil es zu Kostensteigerungen bis zu 20 % käme. Sie vergessen dabei die negativen fiskalischen Auswirkungen von Wirtschaftskrise und Massenarbeitslosigkeit. Die Kosten für letztere betrugen 1983 rund 55 Mrd. DM. Natürlich würde eine Realisierung der gewerkschaftlichen Forderungen zusätzliche Kosten für die Unternehmer bedeuten, da die Einkommen der Arbeiter gesichert und ein hoher Beschäftigungseffekt erreicht werden sollen. Voller Lohnausgleich ist jedoch gesamtwirtschaftlich sehr wichtig, denn die private Nachfrage ist mit 55 % des „Bruttosozialprodukts“

[41] Vgl. Memorandum ’85, a. a. O., S. 3.
[42] Vgl. Memorandum ’84, a. a. O., S. 84/85.

der wichtigste Nachfragefaktor. Die Realisierung des vollen Lohnausgleichs stabilisiert die private Nachfrage und sichert den positiven Beschäftigungseffekt der Arbeitszeitverkürzung. Wer also für einen Verzicht auf vollen Lohnausgleich plädiert, provoziert geradezu, daß ein großer Teil der Beschäftigten gezwungen wird, sich durch Überstunden und Schwarzarbeit zusätzliche Einkommensquellen zu erschließen mit der Konsequenz, daß es nicht zur angestrebten Verringerung der Arbeitslosigkeit kommt. „Durch neue Technologien, Veränderungen der Arbeitsorganisation und Arbeitsintensivierung steigt jedoch jährlich die Effektivität der menschlichen Arbeit. Bei gleichbleibendem Personaleinsatz und -aufwand wächst die Produktion. Blieben nun die Löhne unverändert, so würden die Lohnstückkosten sinken und die Unternehmen würden sich die aus der Produktivitätsentwicklung resultierenden Zusatzgewinne allein aneignen. Steigen die Löhne im Ausmaß dieser Produktivitätsentwicklung, dann bleibt das Lohnstückkostenniveau konstant und das Verteilungsverhältnis zwischen Löhnen und Gewinnen unverändert.“ [43]

Eine Kostensteigerung kann nur dann die internationale Konkurrenzfähigkeit der BRD beeinflussen, wenn sie auf die Preise abgewälzt würde. Die BRD nimmt eine starke internationale Position ein, die sich auch nach Einführung der 35-Stunden-Woche nicht nennenswert verschlechtern würde. Dafür sprechen nicht nur historische Erfahrungen, sondern auch die binnenwirtschaftlichen Möglichkeiten der Arbeitsproduktivitätszunahme sowie die Intensivierung der Ausbeutung.

Als Alternative zur 35-Stunden-Woche wurde von Unternehmerverbänden und BRD-Regierung eine Lebensarbeitszeitverkürzung propagiert. Diese „Vorruhestandsregelung“ ist seit 1984 in Kraft, entspricht jedoch kaum den sozial- und arbeitsmarktpolitischen Erfordernissen. Sie ist sozialpolitisch unakzeptabel, da sie zu Einkommenseinbußen führt und beschäftigungspolitisch fast unwirksam ist.

[43] Ebenda, S. 123.

Dieses Angebot soll die Gewerkschaften spalten und eine Front gegen die Anhänger einer 35-Stunden-Woche aufbauen.[44] Diese Vorruhestandsregelungen wirken jedoch selektiv und widersprechen daher den Interessen der Arbeiter.

Auch die von den Unternehmerverbänden angebotene flexible Arbeitszeitgestaltung zielt auf das Aufbrechen der tariflichen und betrieblichen Arbeitszeitstrukturen. Sie bedeutet, daß die Dauer der Arbeitszeit unterschiedlich geregelt wird: „In der Sprache der Befürworter dieses Konzepts: statt des ‚militärischen Zwangskorsetts' des 8-Stunden-Tages und der 40-Stunden-Woche erlaubt die flexible Arbeitszeitgestaltung ‚Wahlfreiheit' bei der Arbeitszeit und stellt auf diese Weise die ‚Zeitsouveränität' des Arbeitnehmers wieder her ... Falsch ist zunächst die implizite Vorstellung der Allgemeingültigkeit des 8-Stunden-Tages und der 40-Stunden-Woche. Mehrarbeit, Kurzarbeit, Schichtarbeit und Teilzeitarbeit sind weit verbreitet und bilden bereits reale Formen betrieblicher Arbeitszeitflexibilisierung ... Intensivierung der Leistungsverausgabung bei verkürzten Arbeitszeiten, eine Synchronisierung von Arbeitsanfall und Personaleinsatz durch flexible Arbeitszeitgestaltung sowie steigender Leistungsdruck auch für die Vollzeitbeschäftigten führen in der Regel zu einer beachtlichen Steigerung der Arbeitsproduktivität und damit letztlich zu sinkenden stück- bzw. umsatzbezogenen Personalkosten."[45]

Die flexible Arbeitszeit hat für Unternehmer den Vorteil, daß die Betriebszeiten ausgeweitet, die Maschinen und Anlagen besser ausgelastet werden. Ein positiver Beschäftigungseffekt kann kaum eintreten, da die Arbeitszeit insgesamt gleich bleibt. Für die Arbeiter bringt sie Nachteile, weil sie zu einer Schwächung der gewerkschaftlichen Durchsetzungskraft führt, da durch einzelvertragliche Arbeitszeitgestaltung immer mehr Beschäftigte aus dem

[44] Vgl. ebenda, S. 127.
[45] Ebenda, S. 130/131.

tariflichen Regelungsbereich herausfallen und so die Basis für eine umfassende Arbeitszeitpolitik untergraben wird.[46] Das haben auch die Memorandenökonomen klar erkannt und widersetzen sich deshalb dem Konzept der Arbeitszeitflexibilisierung.[47]

2.4. *Chronische Massenarbeitslosigkeit ist Resultat zunehmender Labilität des Imperialismus*

Marx hat eindeutig nachgewiesen, daß die Arbeitslosigkeit zu den typischen Erscheinungsformen einer zyklischen Überproduktionskrise gehört und sich letztlich aus dem Grundwiderspruch des Kapitalismus ergibt. Eine besondere Rolle spielt der dem Grundwiderspruch nachgeordnete Widerspruch zwischen Produktion und Markt.

Den Memorandenökonomen kommt das Verdienst zu, mit als erste auf drei Aspekte hingewiesen zu haben, die bei der Erklärung der Arbeitslosigkeit nach der Krise von 1974/75 eine wesentliche Rolle spielen:

Erstens, Arbeitslosigkeit nimmt nicht mehr nur bei fallender, sondern auch bei *steigender* Produktion zu, oder sie nimmt zumindest nicht nennenswert ab.

Zweitens, die neuere Massenarbeitslosigkeit muß in Verbindung mit dem wissenschaftlich-technischen Fortschritt und dessen Konsequenzen erklärt werden.

Drittens, die zahlungsfähige Nachfrage und ihre Veränderung im Zusammenhang mit der staatsmonopolistischen Umverteilungspolitik und anderen Faktoren unterliegt Veränderungen, die genau untersucht werden müssen.

Die Memorandenökonomen haben also neuere Ursachen der Arbeitslosigkeit in den Vordergrund gerückt und erkennen richtig, daß das Kapital nicht mehr in der Lage ist, die verfügbaren Arbeitskräfte in der Aufschwungsphase in den Verwertungsprozeß einzubeziehen und der Kampf

[46] Vgl. ebenda, S. 132.
[47] Vgl. U. Briefs, Informationstechnologien und Zukunft der Arbeit, a. a. O., S. 26.

der Arbeiterorganisationen um die Sicherung der Arbeitsplätze zu einem zentralen Problem geworden ist. In den Memoranden wird allerdings die gesamtwirtschaftliche Nachfrage als Ursache der Massenarbeitslosigkeit zu stark in den Vordergrund gerückt und der Widerspruch zwischen Produktion und Markt nur andeutungsweise aus dem kapitalistischen Grundwiderspruch abgeleitet. Notwendig ist es darüber hinaus, die Einwirkungen der wissenschaftlich-technischen Revolution auf den kapitalistischen Grundwiderspruch herauszuarbeiten, um die qualitativen Veränderungen zu erfassen. Dazu schreibt Alfred Lemmnitz: „Mit dem Ausbruch der zyklischen kapitalistischen Weltwirtschaftskrise von 1974/75 setzte sich die qualitative Veränderung der Wirkung des Grundwiderspruchs des Kapitalismus durch. Wichtigstes Kennzeichen dafür war die Verwandlung eines zunehmenden Teils der Arbeitslosigkeit aus einer fließenden in eine stockende, langfristige Massenarbeitslosigkeit, das Anwachsen absoluter Verarmung infolge Sinkens der Reallöhne und Kürzung der Sozialausgaben in den imperialistischen Ländern. Sichtbar wird dies in der Entwicklung sowohl der Anzahl der Beschäftigten und der Arbeitslosen wie auch der Dauerarbeitslosigkeit.“[48]

Ausgehend vom Grundwiderspruch ist es möglich, die Probleme der Nachfrage und ihre Ausweitung bzw. Ausweitungsmöglichkeiten sowie die Proportionen zwischen den beiden Hauptabteilungen der Produktion genauer zu bestimmen und die Erfolgsaussichten einer staatlichen Nachfragepolitik zu erhöhen. Das hat offenbar auch Jörg Huffschmid im Sinn, wenn er bemerkt: „Nachfragestimulierung ohne zusätzliche Beeinflussung der Beschäftigungsentwicklung vermindert die Arbeitslosigkeit nur wenig oder gar nicht. Hierfür gibt es mittlerweile genügend plausible theoretische Erklärungen und empirische Hinweise. Die Struktur der modernen Märkte und der technologische

[48] A. Lemmnitz, Zum Charakter der Arbeitslosigkeit im heutigen Kapitalismus, in: IPW-Berichte, 6/1985, S. 2.

Charakter der Produktion bringen es mit sich, daß Nachfrageimpulse nicht mehr durch eine ununterbrochene Kette monetärer und realer Übertragungsprozesse mit Beschäftigungswirkungen verbunden sind. Folglich ist es wichtig für eine Wirtschaftspolitik, die generell Nachfragestimulierung betreiben, aber auch den Arbeitsmarkt erreichen will, an den Bruchstellen der Übertragungskette einzugreifen und die Beschäftigungswirkungen administrativ abzusichern, die spontan nicht mehr hergestellt werden."[49]

Aus der Erklärung der Massenarbeitslosigkeit muß sichtbar werden, daß die Arbeitslosigkeit im Kapitalismus nicht überwindbar ist, wohl aber durch den gewerkschaftlichen Kampf abgebaut werden kann. Die Verkürzung der Arbeitszeit ist dazu ein wichtiges Instrument. Sie dient außerdem dem Ziel, einem steigenden Verschleiß der Arbeitskraft entgegenzuwirken. Die Werktätigen brauchen mehr Zeit zur Erholung, zur Wiederherstellung ihrer Gesundheit. Der Streß muß verringert und die Arbeit humaner werden. Außerdem ist mehr Freizeit notwendig als Bedingung einer kulturellen Entwicklung.

Eine sehr komplexe Analyse von Ursachen und Wesen der Massenarbeitslosigkeit bietet Jürgen Kuczynski. Nach seiner Ansicht ist die chronische Massenarbeitslosigkeit seit Mitte der siebziger Jahre eine Folge der Tatsache, daß durch die Zuspitzung der allgemeinen Krise des Kapitalismus „die Produktion in einem relativ depressiven Zustand ist und daß durch die Rationalisierung die Arbeitsleistung stärker steigt als die Produktion"[50].

Kuczynski schreibt, die Entwicklung der Arbeitslosigkeit seit 1973 resultiere aus der allgemeinen Verflechtung von allgemeiner und zyklischer Krise und aus der Rüstung. Die Arbeitslosigkeit sei in Ländern mit hoher Rüstung

[49] J. Huffschmid, Möglichkeiten systemimmanenter Krisenüberwindung?, in: Alternative Wirtschaftspolitik, Argument — Sonderband, AS 35, Berlin (West) 1979, S. 96.

[50] J. Kuczynski, Überrüstung und Arbeitslosigkeit, in: Neues Deutschland vom 12. 3. 1982, S. 5.

besonders hoch. Weiterhin entstehe Arbeitslosigkeit als Folge der beiden eben genannten Faktoren aus den Staatshaushaltsdefiziten. Derartige Defizite treiben die Zinsen infolge der Kreditnachfrage des Staates hoch, drücken auf die Produktion und steigern dadurch die Arbeitslosigkeit. Sie senken „durch Verminderung der sozialen Leistungen die Kaufkraft der Werktätigen und vermindern so die kaufkräftige Nachfrage nach Konsumgütern, so daß die Konsumgüterindustrie weniger Produktionsmittel kaufen kann und daher sowohl in den Produktionsmittel- als auch in den Konsumgüterindustrien Arbeiter entlassen werden müssen".[51]

Kuczynski betont auch mit Recht, daß die Arbeitslosigkeit in kapitalistischen Ländern steigt, gleichgültig ob eine konservative oder eine sozialdemokratische Wirtschaftspolitik betrieben wird. Sowohl in Frankreich, wo zeitweilig eine keynesianistische Wirtschaftspolitik praktiziert worden ist, als auch in Großbritannien, wo eine konservativ-monetaristische Wirtschaftspolitik bevorzugt wurde, stieg die Arbeitslosigkeit in der ersten Hälfte der achtziger Jahre.

Die Arbeiterklasse ist der Arbeitslosigkeit keineswegs hilflos ausgeliefert, wie gerade auch die Memorandenökonomen sehr eindrucksvoll begründen. Seit über 50 Jahren haben die Werktätigen Arbeitsbeschaffungsprogramme erkämpft, die von der herrschenden Klasse aus Furcht vor gefährlichen Kämpfen gewährt wurden. Diese Programme konnten die Arbeitslosigkeit zwar nicht beseitigen, wohl aber verringern.

Umfangreiche Arbeitsbeschaffungsprogramme würden in Verbindung mit der Rüstung die Staatsschulden noch rascher hochtreiben und die Inflation verstärken. Darum lautet die Alternative: Entweder Abbau der Rüstungsausgaben und Arbeitsbeschaffung oder Hochrüstung und kein wirksames Arbeitsbeschaffungsprogramm.

In allen imperialistischen Ländern fordern die Gewerkschaften die Aufstellung von Arbeitsbeschaffungsprogram-

[51] Ebenda.

men. Ihre Finanzierung müßte aus dem Rüstungsetat erfolgen. Kuczynski schreibt: „*Senkung der Arbeitslosigkeit und Senkung der Rüstungsausgaben sind heute in der Welt des Kapitals eine unauflöslich miteinander verbundene Forderung.*“ [52] Daher ist der Kampf für Frieden und Abrüstung gleichzeitig ein Kampf gegen Arbeitslosigkeit. Der Kampf gegen Arbeitslosigkeit wiederum kann nur im Rahmen des Kampfes für Frieden und Abrüstung wirksam sein.

Die seit Ende der siebziger Jahre sichtbar gewordenen Veränderungen im Bereich der Beschäftigung imperialistischer Länder sind somit eine Konsequenz der zunehmenden Labilität des Imperialismus allgemein, eine Konsequenz der sinkenden Produktion und der Veränderungen in der Produktion im Besonderen. Die Produktion entwickelt sich langsamer als die Produktivität und geht einher mit chronischer Massenarbeitslosigkeit. Die umfassendere volkswirtschaftliche Nutzung der Mikroelektronik, der neuen Informations- und Kommunikationstechniken, wird die Massenarbeitslosigkeit weiter erhöhen. Durch die massenhafte Freisetzung von Arbeitskräften bei Erhöhung der organischen Zusammensetzung des Kapitals wird sich der tendenzielle Fall der Profitrate fortsetzen und durch die Kapitalentwertung das ökonomische Wachstum behindern.

Die aggressivsten Kräfte des Imperialismus werden auch künftig Pseudoauswege in der Rüstung suchen. Eine solche Politik gefährdet die Existenz der Menschheit und verschlechtert die Reproduktionsbedingungen. Auch bei einer Welle neuer Investitionen wird sich die Massenarbeitslosigkeit auf hohem Niveau halten. Neue Möglichkeiten der Kapitalverwertung werden nur bei massenhafter Kapitalentwertung genutzt werden können, so daß die Finanzoligarchie versuchen wird, die Entwertungsprozesse auf die Werktätigen und auf die Entwicklungsländer

[52] Ebenda; vgl. auch: J. Kuczynski, 60 Jahre Konjunkturforscher, in: Jahrbuch für Wirtschaftsgeschichte, Sonderband 1984, Berlin 1984, Anhang.

abzuwälzen. Einer solchen Strategie muß die Arbeiterklasse – bei Nutzung alternativer Theorien – entgegentreten.

3. Zyklische Überproduktion – eine Gesetzmäßigkeit des Kapitalismus

Die Memorandentheoretiker behandeln nicht nur systemtypische *Erscheinungen* des Imperialismus wie die Massenarbeitslosigkeit, sondern verbinden sie auch mit den ihnen zugrunde liegenden *ökonomischen Gesetzmäßigkeiten*, im vorliegenden Fall vor allem mit der zyklischen Überproduktion und ihren Modifikationen unter staatsmonopolistischen Bedingungen. Eine diesbezügliche Grundthese von Hickel lautet: „Unter Bedingungen kapitalistischer Einkommensverteilung und Ressourcenverwendung sind zyklische Bewegungen des Wirtschaftssystems unvermeidlich.“[53] Die ökonomische Zyklizität gehöre zur Realität „marktwirtschaftlicher Systeme“. Die scheinbar naheliegende Konsequenz ist: „Will die Wirtschaftspolitik sich aus der Abhängigkeit krisenhafter Entwicklung herausbegeben, dann müssen ... ihre Maßnahmen deutlich in die Struktur wirtschaftlicher Entscheidungen eingreifen. Denn ohne derartige Eingriffe läßt sich die der Marktwirtschaft innewohnende Tendenz zu konjunkturellen und strukturellen Krisen nicht überwinden und damit auch nicht nachhaltig auf Vollbeschäftigung und Preisniveaustabilität ausgerichtetes Wirtschaftswachstum erreichen.“[54]

Aus den angeführten Zitaten ergibt sich dreierlei:

erstens, die Ableitung der zyklischen Entwicklung aus dem kapitalistischen System;

zweitens, die Ablehnung realitätswidriger neokonservativer Krisenerklärungen;

[53] R. Hickel, Gegengutachten – Anstoß und konzeptionelle Entwicklung einer wirtschaftspolitischen Alternative, in: Wirtschaftspolitik – kontrovers, hg. von D. B. Simmert, Köln 1980, S. 148.

[54] Ebenda, S. 151.

drittens werden wirtschaftspolitische Konsequenzen gezogen, die nicht haltbar sind, weil man sich auch mit wirtschaftspolitischen Mitteln nicht aus der „Abhängigkeit krisenhafter Entwicklung“ begeben kann.

Die Krise ist eine Gesetzmäßigkeit, die durch staatliche Maßnahmen nicht aufgehoben werden kann.

Doch verfolgen wir zunächst die Krisenerklärung der Memorandenökonomen etwas detaillierter, um im Anschluß daran eine generelle Bewertung vorzunehmen.

3.1. *Die Erklärung zyklischer Krisen am Beispiel der Krise von 1980 bis 1983*

Die meisten Memorandentheoretiker interpretieren zyklische Überproduktionskrisen wesentlich anders als neokonservative Theoretiker. Sie beziehen eine Reihe wichtiger Faktoren in die Betrachtung ein und erklären diese Krisen

- nicht als „Betriebsunfall“, wie es in der BRD nach 1966/67 häufig geschah;
- nicht als außenwirtschaftlich bedingte Störung;
- nicht primär als Konsequenz von Fehlern der staatlichen Regulierung, vor allem im sozialen Bereich;
- nicht als Folge der von den Gewerkschaften erkämpften Lohnerhöhungen;

sondern als *systemeigenes* Merkmal des Kapitalismus.

Besonders entschieden wenden sie sich gegen das Argument, die staatliche Sozialpolitik sei der Krisenverursacher. Dieses Argument nutzen Konservative gern, weil sie Ursachen der Krise nicht im kapitalistischen System sehen wollen.

Die Memorandentheoretiker gehen bei ihrer Krisenerklärung ebenso wie Keynes von der unzureichenden Nachfrage aus.[55] Ihre Krisenerklärung enthält aber auch Überlegungen, die über Keynes hinaus- oder von Keynes wegführen.

Die zyklische Krise von 1980/83 ist nach Ansicht der

[55] Vgl. Memorandum ’81, a. a. O., S. 12.

Memorandentheoretiker im Hinblick auf Größenordnung und Schärfe mit der großen Weltwirtschaftskrise von 1929 bis 33 vergleichbar. Im Memorandum '83 wird diese Krise wie folgt charakterisiert: „Die gegenwärtige wirtschaftliche Entwicklung wird durch drei sich überlagernde Bewegungen bestimmt: Erstens läßt sich eine langfristige Grundströmung abnehmenden Wirtschaftswachstums feststellen; zweitens unterliegt die ökonomische Entwicklung nach wie vor einem Konjunkturzyklus, dessen Aufschwünge jedoch schwächer, dessen Abschwungphasen hingegen länger und stärker verlaufen; drittens zeigen sich Selbstverstärkungseffekte, die aus den Wachstumsverlusten speziell der Investitionsschwäche der vergangenen Jahre resultieren. Zu diesen Sekundäreffekten der Krise gehört vor allem die durch Investitionsrückgänge bedingte Veralterung des Produktionsapparates der Volkswirtschaften, die endgültige Vernichtung von Arbeitsplätzen wegen nicht vorgenommener Ersatzinvestitionen und auch politische Reaktionen auf eine durch die Krise bedingte zunehmende Staatsverschuldung, die zum Anlaß genommen wird, die Kreditaufnahme und damit die öffentlichen Ausgaben zu mindern, was die gesamtwirtschaftliche Nachfrage weiter senkt."[56]

Diese Krisenerklärung ist höchst komplex und trifft das Wesen des Problems. Sie wird auch bei den folgenden Detaildarstellungen durchgehalten. Besonders wichtig ist die Verbindung *langfristiger* und zyklischer Prozesse.

Die Krise von 1980/83 wird im Kern als „Akkumulationskrise" bestimmt. Daraus leite sich die Erklärung des verminderten Wachstums der Investitionen ab. In den Vordergrund wird die sich mittelfristig abschwächende Nachfrage gerückt und im einzelnen erläutert. Anders als in der Vergangenheit wachse die Nachfrage nicht mehr rasch in die Kapazitäten hinein, und außerdem kumulieren in einer „Wachstumskrise" die Strukturprobleme, denn geringes Wachstum führe zu einem „strukturellen Umstellungsstau",

[56] Memorandum '83, a. a. O., S. 64/65.

wodurch die eigentlichen Ursachen der Stagnation, die im Nachfragerückgang liegen, verdeckt werden.

Außerordentlich wichtig ist die Feststellung der Memorandenökonomen, daß die zyklische Krise zu einer veränderten gesamtwirtschaftlichen Bedeutung des *Rationalisierungsprozesses* führe. In einer Stagnation könne die rationalisierungsbedingte Arbeitslosigkeit nicht mehr abgebaut werden, sondern erhöhe laufend die Arbeitslosigkeit, weil durch den Einsatz neuer Techniken (Mikroelektronik) die Rationalisierungseffekte im industriellen Bereich tendenziell höher seien als in der Vergangenheit, und die Rationalisierungstechnik in Bereiche eingedrungen sei, die früher nicht oder nur in geringem Umfang als rationalisierungsfähig angesehen wurden. Vor dem Hintergrund einer seit Mitte der siebziger Jahre deutlich schwächer verlaufenden Nachfrageentwicklung im Vergleich zur vorhergehenden Periode und weil Rationalisierungsinvestitionen zumindest als Nebeneffekt auch Kapazitätserweiterungen bringen, ohne mehr Arbeitsplätze zu schaffen, müsse auf absehbare Zeit „mit einer weiter anhaltenden Krise der westlichen Industrieländer gerechnet werden. Dies um so mehr, da das alte Akkumulationsmuster ... dadurch gekennzeichnet war, daß

- Rationalisierungs- und Erweiterungsinvestitionen parallel verliefen, wobei ein tendenzieller Überhang der Erweiterungsinvestitionen vorlag; ...
- der Dienstleistungsbereich wegen der dort relativ geringen Rationalisierungsmöglichkeiten Arbeitskräfte aus dem industriellen Sektor aufnehmen konnte;
- Investitionswachstum auch mit Beschäftigtenwachstum verbunden war;
- ein kräftiges Nachfragewachstum auf noch weitgehend ungesättigten Konsumgütermärkten die Erwartungen der Investoren rechtfertigte, daß Absatzprobleme allenfalls vorübergehend während konjunktureller Abschwächungsphasen auftraten, jedoch kein zyklenübergreifendes Investitionshemmnis darstellten.“ [57]

[57] Ebenda, S. 67.

Die schwache Nachfrage zeigte sich im rückläufigen Wachstum des Privatverbrauchs, ja sogar in einer realen Abnahme des privaten Verbrauchs von 1,2 bzw. 2 % in den Jahren 1981–82. Das wirkte sich negativ auf die Investitionsgüternachfrage aus.

Die Schwäche des privaten Verbrauchs sei primär auf das verminderte gesamtwirtschaftliche Wachstum und die steigende Arbeitslosigkeit zurückzuführen. Daß es in den vorangegangenen Jahren nicht zu einem massiveren Rückgang des privaten Verbrauchswachstums gekommen sei, liege vor allem am gestiegenen Anteil der Sozialeinkommen am gesamten verfügbaren Einkommen. Hierbei handelt es sich um die Wirkung des sogenannten eingebauten Stabilisators (der Konsumnachfrage), also die gesetzlich verankerten Sozialleistungen. In der Periode 1976–81 wirkte sich zudem die Expansion der öffentlichen Ausgaben nachfragestützend aus.

„Von 1980 an läßt sich ein prozyklischer Einfluß der unter Konsolidierungsvorgaben stehenden Fiskalpolitik registrieren; hierin äußern sich die erwähnten Sekundäreffekte bzw. hier tritt die Wirtschaftspolitik als nachgelagerte Krisenursache zutage. Sicherlich hätte der Rückgang des privaten Verbrauchs verhindert oder gemildert werden können, wenn die Haushalte eine gewisse, mit einem überdurchschnittlichen Einkommen verstärkte Konsumgüternachfrage entfaltet hätten. Dem aber dürfte eine Bedarfssättigung in diesen hohen Einkommensklassen entgegenstehen, die bislang nicht durch eine tiefgreifende Konsumgüterinnovation aufgehoben wurde. Eine andere Verteilung innerhalb des Haushaltseinkommens zugunsten der niedrigeren Einkommensklassen dagegen belebt ohne Konsumgüterinnovation die Konsumgüternachfrage.

Insofern kommt der These von der ‚relativen Sättigung' als Erklärung der niedrigen Konsumgüternachfrage Bedeutung zu, denn relative Sättigung bedeutet ja zum einen, daß bei gegebener Einkommensstruktur ein wachsender Anteil der (einkommensstärkeren) Haushalte wachsende Bedarfsdeckung aufweist, was mit einer steigenden Sparquote *dieser* Haushalte korrespondiert; und zweitens ist die Sättigung relativ im Hinblick auf den sinkenden Anteil der *Konsuminnovationen* im Rahmen der gesamten Innovationstätigkeit." [58]

Ursächlich für die Schwäche des privaten Konsums sei auch die Entwicklung des Unternehmersparens, denn die Sparquote aus Profiten wäre weit höher als aus Löhnen und Gehältern. Ein Teil des Profits verbliebe als unverteilter Gewinn, und ausgeschüttete Gewinne würden zu einem höheren Prozentsatz gespart.

Die Gründe für diese Entwicklung, die sich bei mäßigen Steigerungsraten der Produktion vollzogen hat, seien in der gestiegenen Produktivität, der Preisentwicklung, den Ergebnissen der Tarifauseinandersetzungen und in der staatlichen Verteilungspolitik zu suchen: denn die durch Rationalisierungsinvestitionen erzielten Kostensenkungen seien weder in den Preisen weitergegeben worden – dies sei das Ergebnis vermachteter Märkte –; noch sei es den Gewerkschaften gelungen, die entstandenen Rationalisierungsgewinne durch eine Erhöhung der Lohnsumme abzuschöpfen, etwa durch Reallohnsatzsteigerungen bei gegebener Arbeitszeit oder durch Arbeitszeitverkürzung bei vollem Lohnausgleich.

Sobald das gesamtwirtschaftliche Sparen die Investitionsgüternachfrage zu übersteigen tendiere, stellten sich bei den Unternehmen Absatzschwierigkeiten ein, und die Produktion werde der Nachfrage entsprechend gesenkt. In der Folge sänken das Volkseinkommen und das Sparvolumen, bis sich Sparen und Investieren bei geräumten Gütermärkten entsprechen könnten. Die entstandene Nachfragelücke könne auch nicht durch eine weitere Nachfrage der Unternehmer nach Investitionsgütern einzig zum Zwecke der Rationalisierung (d. h. ohne Kapazitätseffekt) ausgefüllt werden. Denn Investitionen dieser Art tendierten nach ihrer Ausreifungszeit dazu, Rationalisierungsgewinne zu erzielen und die Löhne weiter zu senken.[59]

[58] Ebenda, S. 69/70. [59] Vgl. ebenda, S. 73.

Von neokonservativen Ökonomen wird behauptet, die Unternehmen erzielten zu niedrige Profite und könnten daher nicht ausreichend investieren. Dieses Argument weisen die Memorandenökonomen eindeutig zurück: Die Profite hätten sich zwar ungleich entwickelt, zum großen Teil als Folge von Monopolisierung und Marktmacht. Aber statt im Inland zu investieren, zögen viele Unternehmen wegen der von ihnen wesentlich mitverursachten Schwäche der binnenländischen Nachfrage günstigere Anlageformen vor, so Finanzanlagen und Direktinvestitionen im Ausland. Das zeige, daß die neokonservative Behauptung von den zu niedrigen Profiten als Ursache der „Investitionsschwäche" falsch sei.

Bei der Analyse der Krise von 1980/83 werden von den Memorandenökonomen auch *Zinshöhe* und *Außenhandel* der BRD beachtet. Diese Faktoren beeinflussen in der Tat die wirtschaftliche Entwicklung, aber keineswegs so stark, wie oft betont wird. Die Memorandenökonomen schreiben: „Die Zinshöhe spielt im Rahmen der gesamtwirtschaftlichen Nachfrageentwicklung primär im Bausektor eine Rolle, und zwar speziell beim Wohnungsbau. Industrie- und Tiefbau weisen hingegen sehr viel geringere Reaktionen auf Zinsänderungen auf: der Industriebau ist generell von der Nachfrageentwicklung bestimmt und der Tiefbau wird größtenteils durch die öffentlichen Investitionsausgaben in seinem Produktions- und Beschäftigungsvolumen bestimmt. Es wäre daher sinnvoll gewesen, durch eine gezielt auf den privaten Wohnungsbau ausgerichtete Zinsverbilligung, wie sie erst nach dem Regierungswechsel im Herbst 1982 erfolgte (Zinssubventionierung für Zwischenfinanzierungen von Bausparverträgen), wenigstens dem privaten Wohnungsbau zu einer gewissen Kontinuität zu verhelfen. Eine solche investitionslenkende Maßnahme kann als unproblematisch betrachtet werden, da sie auf eindeutig feststellbaren Bedarf gerichtet ist und ohnehin nur eine Verstärkung der steuerpolitischen Kapitallenkung in den privaten Wohnungsbau bedeutet. Allerdings sollte die Wirksamkeit unter den insgesamt ungünstigen

Beschäftigungsbedingungen nicht überschätzt werden. Viele Bausparer werden trotz der Zinsverbilligung davor zurückschrecken, sich dauerhafte Lasten aufzubürden, die sie im Fall von Arbeitslosigkeit nicht mehr tragen können." [60]

Im Memorandum '83 wird auch eine Beziehung zur weltwirtschaftlichen Entwicklung hergestellt. Die Krise von 1980/83 sei zwar eine *Welt*wirtschaftskrise gewesen, aber die primären Krisenursachen lägen nicht in der *Welt*wirtschaft. Weltwirtschaftliche Faktoren träten nur als Verstärker der Krise auf. Die kapitalistischen Industrieländer konnten z. B. die durch die Rohölpreissteigerungen verursachten Probleme verkraften, zumal sie die Energieverteuerung über Preiserhöhungen der Industriegüter teilweise an die ölexportierenden Länder zurückgeben konnten. Für die ölimportierenden Entwicklungsländer hatten die Ölpreissteigerungen und die Verteuerung der Industrieprodukte katastrophale Wirkungen, denn sie erhöhten ihre Verschuldung in rapidem Tempo. Die dadurch bedingte Gefahr für die weltwirtschaftlichen Beziehungen hätten die konservativen Wirtschaftsstrategien in den führenden kapitalistischen Industrieländern mitverursacht. Die binnenwirtschaftliche Nachfragedämpfung behinderte die Exporte der Entwicklungsländer in die Industrieländer. Die imperialistische Hochzinspolitik machte das Aufbringen der Zinsen für viele Länder der Dritten Welt zu einem unlösbaren Problem. Die prekäre Lage auf den internationalen Kreditmärkten Anfang der achtziger Jahre wäre folglich vor allem eine Folge der Weltwirtschaftskrise, die zunehmend politisch verstärkt wurde.

Mit dem Verweis auf die ungünstige weltwirtschaftliche Lage wird von konservativen Ökonomen suggeriert, eine binnenwirtschaftliche Beschäftigungspolitik habe wenig Erfolgsaussichten. Daher müßten *kostendämpfende* Maßnahmen ergriffen werden, so Lohnsenkungen, Steuer- und Abgabenentlastungen, um die internationale Wettbewerbsfähigkeit der Bundesrepublik zu erhöhen.

[60] Ebenda, S. 77.

Der Versuch, die Wirtschaftskrise durch Verweis auf die weltwirtschaftlichen Abläufe verständlich zu machen, ist auch im Hinblick auf die Exportstärke der BRD irreführend. Die langfristige Entwicklung der Warenausfuhr der BRD zeigt, daß binnenwirtschaftliche Rezessionen und ein Rückgang des Exportes nur einmal zusammenfallen, nämlich 1975. In diesem Jahr fiel die Warenausfuhr nominal um 3,9 %. Allerdings wurde im Jahr 1974 auch eine relativ hohe Steigerung der Warenausfuhr von 29,2 % (!) erreicht. Faßt man die Jahre 1974 und 1975 zusammen, so erfolgte auch damals keine Verschlechterung der außenwirtschaftlichen Position der BRD, denn die langfristig steigende Tendenz des Außenhandels blieb erhalten.

Vor den Krisen 1974/75 und 1980/83 lagen die Zuwachsraten des Exports deutlich über jenen des Sozialprodukts (BSP). Auch während der Krise – mit Ausnahme des Jahres 1975 – wuchsen die Exporte schneller als das BSP und leisteten so einen Beitrag zur Krisenüberwindung. Der überproportionale Anstieg des Exports zeigt sich in der langfristig steigenden Tendenz der Exportquote (Export in Prozent des BSP): Diese stieg von durchschnittlich 18,4 % 1967–70 auf 24,5 % 1979–82.

In den folgenden Jahren wurde die Weltmarktverflechtung der BRD weiter vorangetrieben, wie im Memorandum '86 (S. 108) festgestellt wird. Der Außenhandelsüberschuß entwickelte sich günstig und stimulierte die Wirtschaft. Die BRD verfügt über eine starke Außenhandelsposition auf der Basis des hohen Qualifikationsniveaus der Arbeiter, des hohen technischen Niveaus und dem geringen Anstieg der Lohnstückkosten. Letztere stiegen von 1975–82 um 4,1 %; in den USA um 7,6 und in Frankreich um 12,1 %.

Von der internationalen Handelsverflechtung der BRD gingen nach Ansicht der Memorandenökonomen keine primären Krisenursachen aus. Die Strategie der Exportförderung war insofern erfolgreich, als in einer Reihe von Branchen und bei exportstarken Unternehmen die Umsatzeinbrüche aufgrund einer rückläufigen Inlandsnachfrage durch verstärkte Auslandsumsätze teilweise kompensiert werden konnten. Die Politik der angebotsorientierten Exportforcierung begünstigte in besonderem Maße die stärksten Unternehmen. Die 100 größten westdeutschen Unternehmen tätigten 1976 ca. 25 % des gesamtwirtschaftlichen Umsatzes, aber fast 50 % des Exports.

Den kurzfristigen Effekten der BRD-Exportoffensive sind die Kosten dieser Strategie gegenüberzustellen. Reallohnverluste und staatlicher Steuerverzicht zugunsten der Exportunternehmen schwächten die Binnennachfrage.

Die Memorandenökonomen zeigen, daß sich der Zusammenhang zwischen Exporterfolg und Beschäftigung zunehmend lockerte, die Beschäftigungseffekte also abnahmen. Zwar haben zwischen 1976 und 1981 die exportabhängigen Arbeitsplätze zugenommen, aber die beschäftigungspolitischen Wirkungen der Exporte waren nach 1976 gering. Verstärkte Exporte brachten also keine Lösung der Beschäftigungsprobleme. Zunehmend größere Produktionssteigerungen wurden notwendig, um einen bestimmten Beschäftigungseffekt zu erzielen. Immer mehr Exporte werden erforderlich, um den Beschäftigungsstand zu erhalten.[61]

[61] Vgl. ebenda, S. 83. — „Für die Unternehmer ist eine ganz andere Form der Nachfragesteigerung optimal, nämlich die Steigerung der Exportnachfrage. Die notwendige Nachfragesteigerung soll also möglichst aus dem Ausland geholt werden. Der wesentliche Vorteil für die Unternehmer liegt dabei darin, daß sie zur Förderung der Konkurrenzfähigkeit der deutschen Industrie immer auf eine Zurückhaltung bei den inländischen Lohnforderungen drängen können nach dem Motto: Je stärker die Lohnzurückhaltung und je niedriger daher die Preise, desto stärker die Auslandsnachfrage und desto höher die inländische Beschäftigung. Der Vorteil der Steigerung der Auslandsnachfrage im Vergleich zur Erhöhung der inländischen Nachfrage besteht für die Unternehmer also darin, daß sie die Auslandsnachfrage auf der Grundlage möglichst niedriger Stundenlöhne erzielen können, während die Massenkaufkraftsteigerungen im Inland umgekehrt gerade eine Erhöhung der Stundenlöhne erfordert. In diesem Sinne liegt z. B. die aktuelle Geldpolitik der Deutschen Bundesbank mit ihrer Verknappung der

Untersucht man, wieviel zusätzliche Arbeitsplätze durch höhere Exporte 1981 im Vergleich zu 1976 geschaffen wurden, so ergibt sich, daß insgesamt ca. 700000 neue, direkt oder indirekt mit dem Export verbundene Arbeitsplätze entstanden sind. Bei der negativen binnenwirtschaftlichen Arbeitsplatzentwicklung sind diese Zahlen beeindruckend: Die exportinduzierten neuen Arbeitsplätze konnten zwar den binnenwirtschaftlichen Beschäftigungsrückgang nicht kompensieren, verhinderten aber ein stärkeres Anwachsen der Arbeitslosigkeit. Hinter dieser Gesamtzahl durch den Export geschaffener Arbeitsplätze verbirgt sich, daß von 1976 bis 1981 eine zusätzliche Exportmilliarde nur ca. 4450 neue Arbeitsplätze geschaffen hat, während es im Zeitraum 1970–74 noch über 9000 Arbeitsplätze waren. „Dieser Unterschied kann nur teilweise aus inflationären Tendenzen bei der Ausfuhr erklärt werden. Berücksichtigt man, daß zur Zeit 1 Prozent Exportsteigerung nur ca. 20000 Arbeitsplätze schafft, so läßt sich leicht errechnen, welche Dimensionen die Exportsteigerungen der BRD annehmen müßten, um wesentlich zum Abbau der Arbeitslosigkeit beitragen zu können. Die seit 1976 im Jahresdurchschnitt um 8 Prozent wachsenden Exporte jedenfalls leisteten, vergleicht man ihre beschäftigungspolitische Wirkung mit der möglichen Wirkung binnenwirtschaftlicher Ankurbelungsprogramme, nur einen relativ geringen Beitrag zur Arbeitsplatzsicherung."[62]

Demnach könnten nur überdurchschnittlich hohe Wachstumsraten einen erheblichen Abbau der Arbeitslosigkeit

Geldmenge nach innen (wodurch auch den Lohnsteigerungen Grenzen gezogen werden sollen) und der Stützung des DM-Wechselkurses (mit dem Ziel der Exportförderung durch einen möglichst niedrigen Wechselkurs der DM) ganz auf der Linie der Unternehmer. Für die Arbeitnehmer ist eine solche einseitige Politik der Exportförderung dagegen negativ" (O. Demele, Sind die Vorschläge für eine alternative Wirtschaftspolitik „alternative Utopien" oder Mittel zu „Systemüberwindung"?, in: Alternative Wirtschaftspolitik, 2. Argument-Sonderband, AS 52, Berlin (West), S. 17).

[62] Ebenda, S. 84.

bewirken. Im Unterschied zu einer binnenwirtschaftlichen Belebung ist bei den Beschäftigungswirkungen einer Exportankurbelung zugleich die Importentwicklung – die tendenziell binnenwirtschaftliche Arbeitsplätze ersetzt – zu berücksichtigen.

Zwischen 1960 und 1978 wurden ca. eine Million Arbeitsplätze durch den Export (verarbeitendes Gewerbe) mehr geschaffen, als durch den Import ersetzt wurden. Nach Berechnungen des Rheinisch-Westfälischen Instituts kam es seit Mitte der siebziger Jahre zu einem negativen Nettobeschäftigungseffekt des Außenhandels. Solche Berechnungen sind zwar unsicher, es sprechen aber auch theoretische Überlegungen für einen abnehmenden Nettobeschäftigungseffekt der Außenhandelsverflechtung der BRD. Die Import- und Exportstruktur der BRD gleicht sich zunehmend an. Etwa 60 % des Außenhandels der BRD besteht aus dem simultanen Export und Import von relativ ähnlichen industriellen Gütern (intraindustrieller Handel).

Nur ein dauerhaft hoher Außenhandels- und Leistungsbilanzüberschuß der BRD könnte einen begrenzten Beitrag zur Beschäftigungssicherung leisten. Solche längerfristigen Überschüsse bedeuteten jedoch – insbesondere bei stagnierenden Weltmärkten – einen Export von Arbeitslosigkeit in die entsprechenden Defizitländer. Die Gegenreaktionen dieser Länder führten zu einem ruinösen internationalen Konkurrenzkampf um mehr Wettbewerbsfähigkeit: Reallohnabbau, Steuersubventionen und andere Exportförderungsmaßnahmen konterkarierten sich im internationalen Maßstab.

Diese und andere Probleme, die in den letzten Jahren große Bedeutung erlangt haben, werden von den Memorandenökonomen sehr differenziert beurteilt.[63]

[63] Memorandum '86, Für eine beschäftigungspolitische Offensive: Sofortmaßnahmen für zwei Millionen Arbeitsplätze, Köln 1986, S. 106 f.

3.2. *Die Marxsche Theorie der zyklischen Entwicklung*

Viele Überlegungen der Memorandenökonomen zur zyklischen Krise sind im Prinzip auch in der Marxschen Krisentheorie enthalten. Marx hat bekanntlich nachgewiesen, daß sich der kapitalistische Reproduktionsprozeß zyklisch vollzieht, d. h. über Krise, Stagnation, Belebung und Aufschwung, und daß dieser Prozeß aus den systemeigenen Widersprüchen des Kapitalismus resultiert. Die Krise spielt im Rahmen dieser Entwicklung die entscheidende Rolle, weil sie einerseits den Ausbruch der Widersprüche, andererseits eine momentane Lösung einzelner Widersprüche darstellt. Diese Theorie wurde von der Realität stets aufs neue bestätigt, auch in jüngster Zeit. Gleichzeitig ist aber zu beachten, daß in den letzten Jahren viele neue Momente hinzugekommen sind, die diese Gesetzmäßigkeit mitbestimmen.

Mit Hilfe der Marxschen Krisentheorie ist es – entgegen anders lautenden Ausführungen[64] – sehr wohl möglich, die ökonomische Entwicklung nach 1975 zu erklären. Dabei geht es nicht nur um die Wechselbeziehungen zwischen zyklischen und langfristigen Krisenprozessen, sondern auch um das Verhältnis von Ökonomie und Politik und die außerordentlich wichtigen Beziehungen zwischen nationalen und internationalen Entwicklungstendenzen. Die Memorandenökonomen beziehen zu den genannten Bereichen prinzipiell und realistisch Position, ohne allerdings die langfristigen Krisen mit dem Begriff „allgemeine Krise" zu erfassen.[65]

Bei einer Einschätzung zyklischer Überproduktionskrisen im heutigen Kapitalismus muß auch das kapitalistische Monopol betrachtet werden, da dieses einerseits die

[64] Vgl. F. Beckenbach, Öko-sozialer Umbau der Wirtschaft, in: Alternativen der Ökonomie – Ökonomie der Alternativen, hg. von M. Ernst-Pörksen, Argument – Sonderband AS 104, Berlin (West) 1984, S. 7.

[65] Vgl. Memorandum '83, a. a. O., S. 192/193.

Grundeigenschaften des Kapitalismus der freien Konkurrenz in der Periode des Imperialismus fortführt, andererseits und vor allem den zyklischen Ablauf des Reproduktionsprozesses modifiziert und neue Widersprüche verursacht. Die Monopolunternehmen behindern z. B. die Kapitalwanderung und betreiben eine inflationäre Politik. Die Memorandenökonomen machen diese Prozesse an vielen Beispielen deutlich, führen sie aber keineswegs mit der notwendigen Eindeutigkeit auf das Monopol zurück.

Ein weiteres Problem, das beim Lesen der Memoranden auffällt, ist, daß der kapitalistische Grundwiderspruch bei der Krisenerklärung keine nennenswerte Rolle spielt. Bei Marx heißt zyklische Überproduktion: Überproduktion von Produktionsmitteln, Arbeits- und Lebensmitteln. Überproduktion ist keine Überproduktion im Verhältnis zu den Bedürfnissen der Menschen, sondern im Verhältnis zur *zahlungsfähigen Nachfrage* der Massen. Aus dem Grundwiderspruch entstehen jene Bedingungen, die zyklische Wirtschaftskrisen hervorbringen, entwickeln sich jene Widersprüche, die in der Überproduktionskrise offen zum Ausbruch kommen.

Der Widerspruch zwischen gesellschaftlichem Charakter der Produktion und privatkapitalistischer Aneignung ihrer Resultate ist *deshalb* der Grundwiderspruch des Kapitalismus, weil er

- die Spezifik des Widerspruchs zwischen Produktivkräften und Produktionsverhältnissen zum Ausdruck bringt;
- der Ausgangspunkt vieler Widersprüche der kapitalistischen Gesellschaft ist, die ihrerseits wieder Ursachen von Krisen sind.

Aus dem Grundwiderspruch des Kapitalismus entstehen also jene Bedingungen, die Wirtschaftskrisen hervorbringen und sie unvermeidbar machen, entwickeln sich jene Widersprüche innerhalb des kapitalistischen Reproduktionsprozesses, die in der zyklischen Wirtschaftskrise offen zum Ausbruch kommen. Marx formulierte den

Grundwiderspruch folgendermaßen: „Der Widerspruch, ganz allgemein ausgedrückt, besteht darin, daß die kapitalistische Produktionsweise eine Tendenz einschließt nach absoluter Entwicklung der Produktivkräfte, abgesehen vom Wert und dem in ihm eingeschlossenen Mehrwert, auch abgesehen von den gesellschaftlichen Verhältnissen, innerhalb deren die kapitalistische Produktion stattfindet; während sie andererseits die Erhaltung des existierenden Kapitalwerts und seine Verwertung im höchsten Maß zum Ziel hat."[66]

Das Ziel der kapitalistischen Produktion macht also eine ständige Ausdehnung der Produktion notwendig. Mit der Produktion von Mehrwert ist dieses Ziel jedoch längst nicht erreicht, da der Mehrwert durch den Verkauf der Ware erst realisiert werden muß. Ob diese Realisierung erfolgt, hängt letzten Endes von der zahlungsfähigen Nachfrage der Werktätigen ab, deren Kaufkraft allerdings durch die Ausbeutung beschränkt wird. Schrankenlose Ausdehnung der Profitproduktion ist für das Kapital eine Existenzbedingung. Aber mit ihr werden ständig aufs neue die Schranken für die Profitrealisation und damit für das Wachstum der kapitalistischen Wirtschaft gesetzt. Das heißt: Die schrankenlose Ausdehnung der Produktion durch die Kapitalisten schlägt in das Gegenteil um und begrenzt die Produktion. Allerdings sind diese Schranken weder absolut noch starr: „Die kapitalistische Produktion strebt beständig, diese ihr immanenten Schranken zu überwinden, aber sie überwindet sie nur durch Mittel, die ihr diese Schranken aufs neue und auf gewaltigerem Maßstab entgegenstellen."[67]

Die Bewegung der kapitalistischen Wirtschaft wird also durch einen Mechanismus bestimmt, der vom *Grundwiderspruch* ausgeht und durch andere Widersprüche charakterisiert ist. Zu den anderen Widersprüchen gehören vor allem

[66] K. Marx, Das Kapital. Dritter Band, in: MEW, Bd. 25, Berlin 1972, S. 259.
[67] Ebenda, S. 260.

– der Widerspruch zwischen Produktion und Markt,
– die disproportionale Entwicklung zwischen den verschiedenen Abteilungen der Produktion,
– der Widerspruch zwischen der Organisation der Produktion im Betrieb und der Anarchie in der Gesellschaft.

Die Darstellung des Zusammenhanges von Grundwiderspruch und zyklischer Überproduktion ist somit auch heute von grundsätzlicher Bedeutung bei einer Einschätzung der gesamtwirtschaftlichen Bewegung des Kapitals.

Ein anderes, an Bedeutung zunehmendes Problem ist die fortschreitende Internationalisierung und Verflechtung der Produktion, grundsätzlich wie auch bezogen auf ihren Einfluß auf die nationalen Wirtschaften. Im Rahmen des kapitalistischen Wirtschaftssystems hat sich die ökonomische Verflechtung zwischen den einzelnen Ländern und Regionen in den letzten Jahrzehnten außerordentlich verstärkt (vgl. Tab. 2). Diese fortschreitende Internationalisierung zeigt sich in einem raschen Wachstum des Außenhandels, verläuft aber ungleichmäßig, weil sich z. B. im Bereich des Außenhandels die Konkurrenzverhältnisse zwischen den Monopolgruppen und Unternehmen verändern.[68] Dazu gibt es auch in den Memoranden viele interessante Darlegungen.[69]

Auch bei der Internationalisierung der Produktion ist davon auszugehen, daß sich der kapitalistische Grundwiderspruch dadurch verschärft, daß der Vergesellschaftungsprozeß durch neue Erscheinungen in der Internationalisierung neue Qualitäten gewinnt, zugleich aber die kapitalistische Aneignung durch die rasche Machtausweitung der transnationalen Konzerne noch ausgeprägter wird. Die transnationalen Konzerne unterlaufen immer wieder die nationale Wirtschaftspolitik imperialistischer Staaten und Entwicklungsländer. Der Widerspruch zwischen transnationalen Monopolen und weitgehend nationaler Begrenztheit staatlicher Wirtschaftsaktivitäten ist ein wichtiges

[68] Vgl. E. Lüdemann, Verstärkte Rivalität im kapitalistischen Außenhandel, in: IPW-Berichte, 6/1985, S. 19.
[69] Vgl. Memo-Forum (Bremen), 5/1985.

Tabelle 2: Entwicklung des kapitalistischen Welthandels

	Außenhandel in jeweiligen Preisen, in Mrd. US $					
	Kapitalistischer Welthandel insgesamt		davon: Kapitalistische Industrieländer		Entwicklung länder	
	Export	Import	Export	Import	Export	Im
1973	517,9	528,6	407,8	429,5	110,1	99
1974	766,8	774,5	543,5	613,3	223,3	161
1975	788,9	800,3	579,4	614,2	209,5	186
1976	899,3	910,4	644,3	703,8	255,0	206
1980	1822,7	1867,5	1262,4	1424,8	560,3	442,
1981	1793,1	1845,6	1239,2	1353,5	535,9	492
1982	1659,4	1739,1	1173,7	1268,5	485,7	470,
1983	1611,1	1662,4	1161,5	1211,4	449,6	451,

Quelle: IPW-Berichte, 6/1985, S. 63.

Merkmal der Krise der staatsmonopolistischen Wirtschaftsregulierung und beeinflußt auch die zyklische Entwicklung.

Die stärkere Verflechtung der kapitalistischen Industrieländer, die Bedeutung der Entwicklungsländer und insbesondere der OPEC-Staaten sowie der „Schwellenländer" in den internationalen Wirtschaftsbeziehungen ist durch eine verschärfte Konkurrenz mit Strukurveränderungen, massenhaften Konkursen und mit zunehmender sozialer Unsicherheit für die Werktätigen verbunden. In den Entwicklungsländern sind die Ausplünderung durch die transnationalen Konzerne und die Bindungen an das kapitalistische Weltwirtschaftssystem mit so hoher Verschuldung verbunden, daß viele dieser Länder unter einem extremen Entzug von Nationaleinkommen mit den schlimmsten Folgen für den Reproduktionsprozeß leiden. Zugleich dämpft das die Exportmöglichkeiten der imperialistischen Zentren in die Entwicklungsländer und damit das ökonomische Wachstum des Imperialismus.

)-Länder		übr. EL		Kapitalistische Industrieländer Index, 1970 = 100			
				Außenhandelspreise		Reale Entwicklung des Außenhandels	
rt	Import	Export	Import	Export	Import	Export	Import
	20,7	68,4	78,4	136	137	131	131
	33,4	97,8	127,8	170	193	141	132
	52,0	96,1	134,1	191	215	135	119
	63,6	117,3	143,0	191	215	150	135
	125,1	251,1	317,6	203	370	185	161
	144,5	268,5	347,6	291	363	189	156
	151,7	262,0	318,9	279	341	187	160
	146,6	268,6	304,4	267	326	191	160

4. Vom „Wohlfahrtsstaat" zur Demontage sozialer Leistungen

In den sechziger und ersten siebziger Jahren wurde von bürgerlichen Kräften oft behauptet, in der BRD seien die Bismarckschen Sozialgesetze von 1883 bis 1889 und die Reichsversicherungsordnung von 1911 „zum perfektesten, umfassendsten und teuersten sozialen Schutzsystem der Welt"[70] ausgebaut worden, aber die damit verbundenen finanziellen Aufwendungen könnten kaum noch erbracht werden. Vor allem die Wortführer der Monopole plädierten damals nachdrücklich für einen Abbau der staatlichen Sozialleistungen. Hans Martin Schleyer, Präsident der Bundesvereinigung der Arbeitgeberverbände der BRD, verlangte eine „Entschlackungskur". Er verwies darauf, daß Steuern und Sozialausgaben bereits 36,5 % des westdeutschen Sozialprodukts ausmachten. Damit sollte eine angeblich viel zu hohe Belastung der Wirtschaft durch Sozialausgaben „bewiesen" und ihre Verringerung als notwendig hingestellt werden.

[70] Capital (Hamburg), 7/1975, S. 18.

Schon seit Jahrzehnten gibt es in den imperialistischen Ländern *zwei Haupttendenzen* in der sozialpolitischen Propaganda und in der Sozialpolitik von Staat und Monopolen. Die erste kann erfaßt werden mit dem viel gebrauchten Begriff vom *Wohlfahrtsstaat*; die zweite mit dem Begriff der *sozialen Demontage*, d. h. dem Abbau sozialer Leistungen, wie er in der zyklischen Krise von 1980 bis 1983 praktiziert wurde.

4.1. „Wohlfahrtsstaat" in Theorie und Praxis

Viele bürgerliche Theoretiker und Politiker hatten nach dem zweiten Weltkrieg erkannt, daß der Kapitalismus mit neuen Formen und Methoden verteidigt werden mußte, und sie entwickelten deshalb neue Begriffe wie Konsumgesellschaft und Wohlstandsgesellschaft. In diesem Zusammenhang bezeichneten sie den „Wohlfahrtsstaat" als einen Staat, der sich „um das Wohl der Bürger sorgt", sie durch bestimmte Maßnahmen im Bereich des Gesundheits-, Erziehungs- und Sozialwesens umfassend unterstützt. So kennzeichnete der ehemalige Führer der britischen Labour-Party Hugh Gaitskell zu Beginn der sechziger Jahre den „Wohlfahrtsstaat" in Großbritannien als ein System sozialer Reformen, das charakterisiert werde durch soziale Sicherung, kostenlosen Gesundheitsdienst und andere Merkmale.

Besonders umfassend definierte der schwedische Wirtschaftstheoretiker Gunnar Myrdal Entwicklung und Wesen des „Wohlfahrtsstaates": „In den letzten fünfzig Jahren wurde in allen reichen Ländern des Westens der Staat zu einem demokratischen Wohlfahrtsstaat und übernahm damit Verpflichtungen auf vielen Gebieten der wirtschaftlichen Entwicklung, sei es betreffs Vollbeschäftigung, gleicher Möglichkeiten für alle, sozialer Sicherheit oder betreffs einer Garantie bestimmter Untergrenzen, was Einkommen, aber auch Ernährung, Wohnung, Gesundheitspflege und Erziehung für die Menschen aller Regionen und Stände betrifft.“ [71]

Aus Myrdals Definition ist ersichtlich, daß die Theorie vom „Wohlfahrtsstaat“ die Aufgaben des kapitalistischen Staates in der Periode des staatsmonopolistischen Kapitalismus in der Wirtschafts- und Sozialpolitik charakterisieren soll. Die Anhänger dieser Theorie sind der Ansicht, daß der heutige kapitalistische Staat im Gegensatz zur Periode des „laissez faire“ dazu beitragen muß, den Funktionsmechanismus der Wirtschaft zu verbessern und soziale Ungerechtigkeiten zu mildern, um systemgefährdende Klassenauseinandersetzungen zu vermeiden. Daraus folgt, daß die Theorie vom „Wohlfahrtsstaat“ einerseits eine wichtige Form der damaligen Apologetik des staatsmonopolistischen Systems darstellte, andererseits aber auch die Entwicklungstendenzen in der staatlichen Regulierungstätigkeit reflektierte.

Die Theorie vom „Wohlfahrtsstaat“ bringt somit in verzerrter Form Merkmale und Widersprüche des staatsmonopolistischen Kapitalismus zum Ausdruck. Das zeigt sich darin, daß sie von unterschiedlichen gesellschaftlichen und politischen Kräften zur Durchsetzung ihrer Ziele genutzt wird.

Viele bürgerliche und sozialdemokratische Politiker haben in den sechziger und siebziger Jahren Wohlfahrtsmaßnahmen propagiert und zum Teil auch durchgeführt, um die Werktätigen von antikapitalistischen Aktionen abzuhalten. Demgegenüber haben zugleich antimonopolistisch gesinnte Kräfte Sozial- und Wohlfahrtsmaßnahmen propagiert und durchgesetzt, um ihre Klassenpositionen gegenüber der Monopolbourgeoisie zu verbessern. Aus diesen Gründen müssen die sozialpolitischen Zielstellungen *differenziert* eingeschätzt werden. Um so mehr, als es für die Menschen in den kapitalistischen Ländern oft schwer erkennbar ist, ob sich hinter der Wohlfahrtspropaganda so-

[71] G. Myrdal, Jenseits des Wohlfahrtsstaates, Stuttgart 1961, S. 48.

ziale Verbesserungen verbergen oder ob es sich einfach um bürgerliche Massendemagogie handelt. Es gilt zu beachten, daß viele bürgerliche Ideologen lange Zeit unmittelbar an die von den Werktätigen erkämpften sozialpolitischen Maßnahmen anknüpften und glaubhaft zu machen versuchten, das staatsmonopolistische System garantiere jedem Menschen soziale Sicherheit und wachsenden Lebensstandard, so daß alle Bemühungen zur Beseitigung dieses Systems überflüssig seien.

Inzwischen ist die ökonomische Situation anders. Die komplexe Krisensituation verursachte Veränderungen in den Klassenkampfbedingungen und damit auch in der ideologischen Propaganda. *An die Stelle einer breiten Wohlfahrtspropaganda rückte der politische und ideologische Kampf gegen Wohlfahrtsmaßnahmen.*

Bemerkungen über Wohlfahrt finden sich zwar schon in den Arbeiten bürgerlicher Ökonomen des 18. und des 19. Jahrhunderts, von einer Theorie des „Wohlfahrtsstaates" im hier behandelten Sinn spricht man jedoch erst seit Ende des zweiten Weltkrieges. Die Entstehung dieser Theorie wurde allerdings nachträglich von bürgerlichen Ökonomen fälschlicherweise in die Zeit der großen Weltwirtschaftskrise zurückverlegt. Die damalige Krise führte für die Mehrheit des Volkes in den kapitalistischen Ländern zu einer katastrophalen Verschlechterung der Lebensbedingungen. In Deutschland verminderte sich zwischen 1928 und 1932 das Volkseinkommen von 75,4 auf 45,3 Mrd. Reichsmark. In den USA gab es 1933 nach offiziellen Angaben 13 Mio Arbeitslose und viele Millionen Kurzarbeiter. Das nominelle Volkseinkommen war von 87,8 Mrd. Dollar im Jahre 1929 auf 40,2 Mrd. Dollar im Jahre 1932 gesunken. In Schweden betrug 1932 die Arbeitslosigkeit 22,4 % der gewerkschaftlich organisierten Beschäftigten.

Es verwundert nicht, daß unter diesen Umständen die Bourgeoisie – vor allem aufgrund der zahlreichen Aktionen der Arbeiter und Angestellten – den Bestand des Systems bedroht sah. Bestimmte bürgerliche und sozialdemokratische Kräfte forderten daher sozial- und wirtschaftspolitische Maßnahmen, die als Nahziel gewisse soziale Verbesserungen bringen, als Hauptziel aber die Existenz des kapitalistischen Systems festigen sollten. Auch wenn der Effekt der damaligcn Maßnahmen gering war, gelten sie heute, so Roosevelts „New Deal“ und die schwedische Beschäftigungspolitik, als Vorläufer des „Wohlfahrtsstaates“. Viele bürgerliche und sozialdemkokratische Ideologen benutzten in der Folgezeit in wachsendem Maße die Theorie vom „Wohlfahrtsstaat“ zur Charakterisierung dieser Maßnahmen und bezeichneten den kapitalistischen Staat als deren Urheber.

Die in der großen Weltwirtschaftskrise eingeleitete Politik mußte in den folgenden Jahren wegen der teilweise weiterhin schlechten ökonomischen Situation sowie unter dem Druck der Werktätigen fortgesetzt werden.

Die Entstehung der Theorie vom „Wohlfahrtsstaat“ liegt also nicht, wie in bürgerlichen Publikationen häufig behauptet wird, in einem plötzlich erwachten Gerechtigkeitssinn der Kapitalisten oder ihres Staates begründet, sondern in der Verschärfung der Widersprüche des Kapitalismus, insbesondere während der Weltwirtschaftskrise, und in der gewachsenen Stärke der antimonpolistischen Kräfte.

Die gewaltige Erschütterung des Kapitals in der großen Weltwirtschaftskrise ist allerdings nur eine der entscheidenden Ursachen für die Entwicklung und die Verbreitung der Theorie vom „Wohlfahrtsstaat“. Die zweite ist der zunehmende Einfluß der Länder der sozialistischen Staatengemeinschaft auf das Denken der Menschen.

Eine wichtige Etappe in der Entwicklung der bürgerlichen Theorie vom „Wohlfahrtsstaat“ bildet das Auftreten von Lord William H. Beveridge, der als geistiger Vater des britischen „Wohlfahrtstaates“ gilt. Beveridge erhielt 1941 von der britischen Regierung den Auftrag, eine Übersicht über das englische System der Sozialversicherung zu erarbeiten und Vorschläge für seine Verbesserung zu machen. Das Ergebnis war der 1942 veröffentlichte „Beveridge-Report“, dessen Grundgedanke darin besteht, alle Bürger, mit Ausnahme der ganz reichen, die das selbst ausdrücklich nicht wünschten, in einem umfassenden System „sozialer Sicherstellung“ zu erfassen. Als Voraussetzung für die Erfüllung dieses Planes bezeichnete Beveridge eine aktive Wirtschaftspolitik zur Vermeidung von Massenarbeitslosigkeit. Von den bürgerlich sozialdemokratischen Wohlfahrtstheoretikern wird dieser Plan als eine revolutionäre Tat gefeiert. In Wahrheit handelt es sich um bürgerliche Reformbestrebungen im Bereich der staatlichen Sozialgesetzgebung, die bestimmten Kreisen der Bourgeoisie angesichts der Gefahren einer revolutionären Entwicklung, mit der sie nach dem zweiten Weltkrieg rechneten, als unumgänglich erschienen. Gemäß dem Beveridge-Plan sollten die Sozialleistungen einheitlich festgesetzt werden. Damit wurde, wie sich in der Folgezeit erwies, die materielle Not vieler Menschen zwar gelindert, aber keineswegs beseitigt.[72]

Wenngleich die veränderten Existenzbedingungen den Imperialismus in zunehmendem Maße zu Zugeständnissen auf dem Gebiet der Sozialpolitik zwangen, so gab es in den herrschenden Kreisen der kapitalistischen Länder und in der bürgerlichen Ökonomie stets unterschiedliche Auffassungen zum „Wohlfahrtsstaat“. Ihren Befürwortern, zu denen bürgerliche Reformer und sozialdemokratische Politiker gehörten, standen und stehen Konservative und Neoliberale gegenüber. Letztere lehnen den „Wohlfahrtsstaat“ ab, weil ihrer Meinung nach die unter seinem Namen durchgeführten Sozialmaßnahmen quantitativ über die von ihnen für notwendig gehaltenen Leistungen hinausgehen und dadurch die kapitalistische Wirtschaftsordnung zerstören. Sie vertreten die unmittelbaren Profitinteressen der Monopole und versuchen alles, um Krisenlasten soweit wie möglich auf die Werktätigen abzuwälzen. Sie sind es auch, die mit der „Pleite des Wohlfahrtsstaates“ und den „Grenzen des Sozialstaates“ operieren. Auf diese Weise werden die Arbeiter und ihre Gewerkschaften als die eigentlichen Urheber wichtiger Krisen des Kapitalismus hingestellt, da diese an-

72 Vgl. W. Beveridge, Vollbeschäftigung in einer freien Gesellschaft, Hamburg 1946, S. 35.

geblich Forderungen in bezug auf soziale Sicherheit und Lohnhöhe stellen, die von der Wirtschaft nicht verkraftet werden könnten.

Neoliberale wie Ludwig Erhard, Wilhelm Röpke und Alfred Müller-Armack erklärten in den fünfziger Jahren, die staatlichen Sozialmaßnahmen dürften zu keiner Sicherstellung des Menschen „von der Wiege bis zur Bahre“ ausarten. Die Freiheit zur privaten Initiative, zur Selbstvorsorge und zur Eigenverantwortung müsse prinzipiell gewahrt bleiben. Sie bezeichnen den „Wohlfahrtsstaat“ als „Versorgungsstaat“, der ständig vor der Versuchung steht, mehr verteilen zu wollen, als überhaupt zu verteilen sei, und auf diese Weise eine Inflation hervorrufe. Die Folge sei eine Behinderung der Unternehmerinitiative und des ökonomischen Wachstums infolge ständig zunehmender finanzieller Belastungen der Wirtschaft durch den Staat, was zur Verminderung seiner Fähigkeit, Sozialleistungen überhaupt zu erbringen und schließlich zu einer „Sozialisierung auf kaltem Wege“ führe.

Das Hauptziel der neoliberalen und neokonservativen Argumentation gegen den „Wohlfahrtsstaat“ bestand und besteht darin, die sozialen Errungenschaften der Werktätigen als ökonomisch nicht tragbar hinzustellen und die staatsmonopolistische Entwicklung mit ihrer Reichtumskonzentration bei wenigen Monopolgruppen zu rechtfertigen. Ihre Argumentation soll eine gegen die Mehrheit des Volkes gerichtete Politik rechtfertigen und die Arbeiter für Inflation, Behinderung der Unternehmerinitiative, sinkende Konkurrenzfähigkeit, Wirtschaftskrisen und andere Erscheinungen verantwortlich machen.

Im Unterschied zu den neoliberalen und konservativen Kräften verwandten viele andere bürgerliche und sozialdemokratische Ökonomen die Theorie vom „Wohlfahrtsstaat“, um einerseits Charakter und Ziele des staatsmonopolistischen Kapitalismus zu verschleiern und um andererseits objektiven gesellschaftlichen Bedürfnissen, die sich zum Beispiel aus dem Niveau der Vergesellschaftung der Produktivkräfte und dem ökonomischen Wettbewerb zwischen Sozialismus und Kapitalismus ergeben, zu entsprechen. Im Vordergrund stand das Bemühen, den Kapitalismus als eine sozial gerechte Ordnung hinzustellen, die durch Anwendung geeigneter Methoden und Maßnahmen den ökonomischen Wettbewerb mit dem sozialistischen Weltsystem günstig beeinflussen könne. Als Beweis dafür werden die wirtschafts-, sozial-, bildungs- und gesundheitspolitischen Maßnahmen des Staates angeführt.

Wenn in jüngster Zeit die Theorie vom „Wohlfahrtsstaat“ höchst selten in der bürgerlichen Propaganda eine Rolle spielt, so deshalb, weil sie zu offensichtlich mit den Realitäten und den konservativen Zielen kollidiert. Mit der Verschärfung der allgemeinen Krise des Kapitalismus und der weltweiten zyklischen Überproduktionskrise ist bewiesen, daß von einer krisenfreien Lenkung der Wirtschaft und folglich auch von einer sozialen Sicherstellung aller Menschen durch den Staat keine Rede sein kann. Die von den „Wohlfahrtsstaat“-Theoretikern verkündeten wirtschafts- und sozialpolitischen Ziele konnten zwar zu keiner Zeit in der angegebenen Höhe erreicht werden, aber seit Mitte der siebziger Jahre haben sich die ökonomischen Krisenerscheinungen des Kapitalismus verschärft, und damit haben sich zugleich die Diskrepanzen zwischen den angeblichen Zielen der „Wohlstandsgesellschaft“ (wie des „Wohlfahrtsstaates“) und dem tatsächlich Erreichten in riesiger Dimension erweitert. Von „Vollbeschäftigung“ sind die imperialistischen Staaten so weit entfernt wie seit Jahrzehnten nicht mehr. Die meisten weisen Arbeitslosenraten von 3 bis 6 % auf. In der BRD betrug im März 1976 die Arbeitslosenquote nach offiziellen Angaben 5,2 %. Dazu kommt das große Heer von Kurzarbeitern.

Hauptsächliche Ursache des Dilemmas der bürgerlich-sozialdemokratischen Theorie von „Wohlfahrtsstaat“ sind die alle kapitalistischen Länder erfassende zyklische Überproduktionskrise und die Inflation. Sie bewirken eine Verschärfung des Verteilungskampfes mit den entsprechenden ideologischen Manövern. Unter den Bedingungen eines „Null-Wachstums“ oder Rückganges der Produktion versuchen die Monopole, ihre Profite zu sichern und die Lasten der Krise auf die Arbeiter, Angestellten und die anderen werktätigen Schichten abzuwälzen. Die Propaganda gegen den „Wohlfahrtsstaat“ hat somit einen sehr materiellen Gehalt. Diese Propaganda soll davon ablenken, daß die Monopolunternehmen nach wie vor hohe Profite erzielten bzw. daß Profite durch noch höhere staatliche Subventionen verschiedenster Art auf Kosten der Werktätigen ermöglicht werden.

Aber auch vor den letzten zyklischen Weltwirtschaftskrisen hatte die Realität nichts mit den Verheißungen des „Wohlfahrtsstaates“ gemein. Die Entwicklung der Einkommen und ihrer Verteilung war keineswegs gemäß den Ankündigungen der Wohlfahrtstheoretiker verlaufen.

Seit 1974 gibt es eine sehr differenzierte Einkommensentwicklung. Reallohnsenkungen sind über Jahre hinweg eine typische Erscheinung.

Natürlich ist in den kapitalistischen Ländern das Konsumtionsniveau in den letzten Jahrzehnten angewachsen. Die Klassiker des Marxismus-Leninismus, die kommunistischen und Arbeiterparteien sind immer davon ausgegangen, daß sich die Produktivkräfte und die Produktion im Kapitalismus, wenn auch auf widerspruchsvolle Weise, weiter entwickeln. Neue, bisher noch nicht gekannte Konsumgüter kamen auf den Markt, und es erhöhte sich auch bei den Werktätigen der Verbrauch an Konsumgütern. Das erklärt sich vor allem aus der Wirkungsweise des von W. I. Lenin formulierten Gesetzes vom Anwachsen der Bedürfnisse der Gesellschaft,[78] wonach einem objektiven, konkrethistorischen Stand der Produktivkräfte ein bestimmtes gesellschaftliches Niveau der Bedürfnisse entspricht. Dabei ist wichtig, daß sich dieses Gesetz auf spezifische Weise, in Abhängigkeit vom Charakter der jeweiligen Gesellschaftsordnung, durchsetzt.

Im Kapitalismus ist die Konsumtion der Arbeiterklasse

[73] Vgl. W. I. Lenin, Zur sogenannten Frage der Märkte, in: Werke, Bd. 1, Berlin 1961, S. 98.

im wesentlichen durch den Lohn begrenzt. Die Verschärfung der inneren Widersprüche des Kapitalismus und der Einfluß der wachsenden Stärke des sozialistischen Weltsystems, die qualitativ neue Stellung der Arbeiterklasse in den sozialistischen Ländern und die damit verbundenen Erfolge bei der Verbesserung ihrer Arbeits- und Lebensbedingungen führten dazu, daß der bürgerliche Staat nach 1945 soziale Zugeständnisse gegenüber der Arbeiterklasse machen mußte und stärker als vorher zum sozialen Manövrieren gezwungen war.

Arbeitshetze und Intensivierung der Arbeit steigern nicht nur – was für das Kapital wichtig ist – die Arbeitsproduktivität, sondern auch die Zahl der Arbeitsunfälle, die Frühinvalidität und das Ausmaß der Berufskrankheiten.

Der Kapitalismus kann den Werktätigen langfristig prinzipiell keine soziale Sicherheit bieten. Er ist auf den Profit orientiert und trifft soziale Regelungen nur in dem Maß, wie sie zur Erhaltung seiner Existenz unerläßlich sind und ihm von der Arbeiterklasse abgerungen werden. Krankenversicherung, Wohnungsbeihilfen und Tariflohnerhöhungen sind ohne Zweifel sehr wichtig, schöpfen aber bei weitem nicht die Möglichkeiten zur Verbesserung der Lebenslage aus, die durch den heutigen Stand der Produktivkräfte gegeben sind.

Das Wesen der staatsmonopolistischen „Wohlfahrtspolitik" besteht darin, durch materielle Zugeständnisse an die Arbeiter und Angestellten die sozialökonomischen Grundlagen der monopolistischen Kapitalverwertung garantieren und soziale Konflikte vermeiden zu helfen. Wohlfahrtsstaat und Massenloyalität gehören also zusammen.

Prinzipiell anderen Charakter hat die Sozialpolitik im Sozialismus. Sie ist als wichtiges Element staatlicher Politik darauf gerichtet, den Lebensstandard aller Werktätigen auf der Basis eines stabilen Wachstums der Wirtschaft kontinuierlich zu erhöhen und die sozialistische Lebensweise zu entwickeln. Wirtschafts- und Sozialpolitik bilden im Sozialismus eine untrennbare Einheit.

Im grundsätzlichen Unterschied zum Kapitalismus bestehen direkte Wechselbeziehungen zwischen Produktion und Befürfnisbefriedigung, weil beide Bereiche nicht durch privates Eigentum an den Produktionsmitteln getrennt sind und demzufolge die Werktätigen sich die Ergebnisse ihrer Arbeit selbst aneignen. Das Ziel der Produktion wird nicht von wenigen Monopolgruppen bestimmt, sondern ist gesellschaftlicher Natur und auf die immer bessere Befriedigung der materiellen und kulturellen Bedürfnisse aller Menschen gerichtet. Das ökonomische Grundgesetz des Sozialismus bringt diesen wechselseitigen Zusammenhang von Produktion und Bedürfnisbefriedigung zum Ausdruck, denn es erfaßt sowohl das Ziel als auch die Mittel der Produktion. Seine konkrete Ausnutzung erfolgt in der DDR durch die Realisierung der seit dem VIII. Parteitag der SED beschlossenen Maßnahmen. Im Zentrum der Politik der DDR steht seither die konsequente Verwirklichung der Hauptaufgabe: das materielle und kulturelle Lebensniveau des Volkes auf der Grundlage eines hohen Entwicklungstempos der sozialistischen Produktion anzuheben.

Die staatliche Sozialpolitik verbessert die Arbeits- und Lebensbedingungen der Werktätigen und ist nicht durch Inflation, Unternehmerwillkür oder Krisen in Frage gestellt.

Grundlegende soziale Bedürfnisse der Werktätigen werden prinzipiell besser befriedigt als im Kapitalismus, wie die Sicherheit des Arbeitsplatzes, die Sozialfürsorge, der Schutz von Mutter und Kind sowie die Entwicklung im Gesundheits- und Bildungswesen zeigen.

4.2. *Die Demontage der sozialen Leistungen*

In der zweiten Hälfte der siebziger Jahre setzte sich in der BRD aufgrund verschlechterter Kapitalverwertungsbedingungen immer mehr der Abbau sozialer Leistungen durch „Spar"- und Umverteilungspolitik durch. Die Kürzung staatlicher Zuschüsse und die krisenbedingte Mehrbelastung der sozialen Sicherung bei Rückgang des Finanzaufkommens hatten höchst negative Auswirkungen auf viele Menschen. Die Bundesanstalt für Arbeit (BA) kürzte die Bemessungsgrundlage ihrer Beitragsleistungen für Arbeitslose auf 68% des Nettolohns. Da dies aber ihre Finanzlage nicht ausreichend verbesserte, wurden zeitweise weitere Leistungseinschränkungen sowie die Erhöhung der Beitragssätze vorgenommen. Die sozialpolitische Demontage war ein Bruch mit erkämpften Prinzipien. Gebrochen wurde mit dem Prinzip, daß niemand von seinen Einkommensverhältnissen bei der Inanspruchnahme des Gesundheitssystems abhängig sein solle. Der Eingriff erfolgte bei den sozial Schwachen, während die pharmazeutische Industrie, Ärzte, Zahnärzte, Apotheker unangestastet blieben. In diese Linie fallen auch die Bestrebungen, die Verteilungsstruktur des Sozialsystems zu verändern.[74]

Die Demontage im Bereich der Sozialversicherung wird begleitet durch Einschnitte in allen sozialen Systemen, die über öffentliche Haushalte finanziert werden: Sozialhilfe, Bundes-Ausbildungsförderungs-Gesetz (BAföG), Wohngeld, Kindergeld usw. Bei dieser Entwicklung geht es nicht nur um drastische Umverteilungen zugunsten der Profite und um Kürzung und Einschränkung von Sozialleistungen. Konservative Politik ist vielmehr auf prinzipielle Unterordnung sozialer Leistungen unter die kapitalorientierte Wirtschafts- und Gesellschaftspolitik ausgerichtet. Seit Amtsantritt der Kohl-Genscher-Regierung wurden die repressiven Merkmale der Sozialpolitik wesentlich verstärkt. Dieser Regierung geht es „nicht nur um die Senkung der Sozialquote, sondern auch um die Umfunktionierung wesentlicher Elemente des bestehenden Systems der Sozialpolitik“[75].

Über die sozialen Auswirkungen dieser Politik hinaus, die im Prinzip von der sozial-liberalen Koalition übernommen, aber im *Ausmaß* durch die CDU/CSU-FDP-Regierung quantitativ wesentlich erweitert wurden, führt diese Politik

[74] Vgl. Memorandum ’83, a. a. O., S. 113/114.

[75] H. Jung, Sozialpolitik im staatsmonopolistischen Kapitalismus, in: Marxistische Blätter (Frankfurt a. M.), 1/1985, S. 10.

zu einer Reduktion der Masseneinkommen und einer Ausweitung der Armut.[76] Gerade letzteres wird in den jüngsten Memoranden sehr kritisch vermerkt.[77]

Am härtesten von der andauernden Krise betroffen sind die Arbeitslosen, denn bei der sozialen Absicherung der Arbeitslosen werden die schärfsten Einschnitte vorgenommen. Der Abbau sozialer Leistungen in der Arbeitslosenversicherung wurde mit einem zeitweisen Anheben der Beitragssätze gekoppelt.

Ebenso wie die Arbeitslosen sind auch die Rentner kaum in der Lage, sich gegen die systematische Verschlechterung ihrer Lebensbedingungen zu wehren. Die Einsparungen der BA gegenüber der gesetzlichen Rentenversicherung werden durch Beitragserhöhungen und Leistungseinschränkungen aufgefangen. Damit einher geht eine Kürzung des Bundeszuschusses. Diese Maßnahmen führen zur Aushöhlung des Alterssicherungssystems. Die Krankenversicherung ist ebenso betroffen:

„Im System der Krankenversicherung zeigt sich deutlich, was von einer global propagierten Privatisierungsstrategie tatsächlich übrigbleibt. Die Inanspruchnahme von Leistungen des Gesundheitssystems wird durch verschärfte Kontrollen erschwert. Durch eine Kostenbeteiligung werden die Risiken des Krankwerdens privatisiert. Die Diffamierung der Kranken als Simulanten und die Kritik angeblich verschwenderischer Inanspruchnahme medizinischer Leistungen soll dieses Manöver der sozialpolitischen Wende propagandistisch decken. Die Wirtschaftskrise bewirkt real aber einen ganz anderen Tatbestand: Im September 1982 konnte der tiefste Krankenstand seit Jahren registriert werden. 4,6 % der Arbeitnehmer waren krank gemeldet. Dieser Stand entspricht dem Niveau von 1968. Arbeitslosigkeit und daraus resultierende Angst vor dem drohenden Arbeitsplatzverlust haben zu einem bedenklichen

[76] Zum Problem der neuen Armut vgl. u. a.: W. Baumann, Die alte und die neue Armut. Zum Verhältnis von Armut und Sozialpolitik, in: Marxistische Blätter, 1/1985, S. 26f.

[77] Memorandum ’86, a. a. O., S. 45/46.

Rückgang der Beanspruchung medizinischer Therapieleistungen geführt."[78]

Ab dem Schuljahr 1983/84 wurden nur noch Schüler des zweiten Bildungsweges (an Abendschulen und Kollegs) finanziell unterstützt. Nur Schüler, die nicht bei ihren Eltern wohnen und deren Ausbildungsstätte von der Wohnung der Eltern nicht erreichbar ist, erhalten noch BAFöG. Der Bedarfssatz wird auf 490 DM monatlich und der Elternfreibetrag auf 1450 DM festgelegt. Schüler aus besonders einkommensschwachen Familien, die bereits vor dem 1. August 1983 Förderung erhielten, können im Rahmen einer Härteregelung den Höchstsatz von 200 DM (Elternfreibetrag 1100 DM) beziehen. Damit fällt im Prinzip die BAFöG-Förderung für Auszubildende im Elternhaus weg. Die Aushöhlung der materiellen Absicherung von Chancengleichheit im Bildungssystem führt dazu, daß der Besuch insbesondere höherer Bildungseinrichtungen, aber auch berufsbildender Schulen wieder von den familiären Einkommensverhältnissen abhängig gemacht wird.

Aus haushaltstechnischen Gründen wurde ab Wintersemester 1983/84 die Studentenförderung auf Darlehen umgestellt. Der monatliche Höchstsatz ist mit 660 DM festgeschrieben, ein Mietzuschuß ist bis zu 60 DM möglich. Bei vollem Förderungssatz sammelt sich nach einem zehnsemestrigen Studium eine Schuld in Höhe von ca. 40000 DM an. Diese Perspektive muß sich auf die Studienentscheidung negativ auswirken. Durch den Rückzahlungsmodus der Darlehen wird eine Eliteorientierung eingebaut. 30 % der Geförderten, die nach dem Prüfungsergebnis zu den Leistungsbesten eines Examensjahres gehören, werden 25 % Darlehensschuld erlassen. Wer schneller das Studium abschließt und früher das Darlehen zurückzahlt, kann mit Nachlässen von der Gesamtschuld rechnen. Entscheidend bleibt, daß der Eliteparagraph auf die unteren Einkommensschichten beschränkt bleibt. Während dem Studierenden aus einkommensschwachen Elternhäusern eine Kostenent-

[78] Memorandum '83, a. a. O., S. 114/115.

lastung bei besonderer Leistung zugestanden wird, kann der über die Familie finanzierte Student auf derartige „Leistungsanreize“ verzichten.

Zu den Grundlinien konservativer Wirtschaftspolitik gehört der Ausbau des repressiven Ordnungsstaates und der Abbau politischer Schutz- und Freiheitsrechte. Diese Doppelstrategie liefert die Arbeiter immer weitgehender den Kapitalinteressen aus und verwehrt ihnen andererseits zunehmend das Recht auf Gegenwehr. „Dies geschieht immer dann und dort, wo sich zwischen Schutzrechten der Betroffenen und Anforderungen der Unternehmenswirtschaft Widersprüche ergeben. Auf den Gebieten des Jugendarbeits-, Daten- und Umweltschutzes zeigen sich erste, in der längeren Frist sicherlich intensivierte Einschränkungen. Am weitesten fortgeschritten sind jedoch die Eingriffe in die Schutzrechte von Mietern. Die vor allem steuer- und zinspolitisch initiierte Verbesserung der Rentabilität des frei finanzierten Mietwohnungsbaus geht mit empfindlichen Einschränkungen bisher geltender Schutzrechte für Mieter einher. Erste Untersuchungen zu den Auswirkungen der rentabilitätsorientierten Liberalisierung des Wohnungsmarktes in Nordrhein-Westfalen zeigen, daß diese Aufweichung des Mieterschutzes zum Anstieg der Mietkosten führt. In der Hauptgruppe ‚Wohnungsmieten‘ des Preisausweises für die Lebenshaltungskosten aller privaten Haushalte läßt sich in den ersten Monaten des Jahres 1983 ein weit überproportionaler Mietanstieg feststellen.“ [79]

Die Memorandenökonomen hatten schon Mitte der siebziger Jahre erkannt, daß sich seit der Krise von 1974/75 die ökonomischen Voraussetzungen der staatlichen Sozialpolitik wesentlich verschlechtert haben und das Monopolkapital seither versucht, durch eine Umverteilung des Nationalkeinkommens zu Lasten der Werktätigen einen Ausweg aus den Krisenprozessen zu finden.[80] Mit der These vom „Rückzug des Staates“ soll hauptsächlich eine Redu-

[79] Ebenda, S. 121.
[80] Vgl. Memorandum ’85, a. a. O., S. 56.

zierung der Sozialleistungen kaschiert werden. Der sozialdemokratische Politiker Horst Peter beschrieb diesen Prozeß wie folgt: „Die tiefgreifende weltwirtschaftliche Krise der zweiten Hälfte der 70er Jahre hat dem sozialliberalen Modell des Sozialstaates die ökonomische, das Kapital hat ihm die politische Grundlage entzogen. Das ist der eigentliche Grund des Zerbrechens der sozialliberalen Koalition. Das sozialliberale Bündnis zwischen Arbeitnehmern, reformorientiertem Bürgertum und fortschrittlichem Kapital beruhte auf dem Versuch, den Kapitalismus krisenfrei fortzuentwickeln: staatliche Globalsteuerung der Nachfrage diente der Erhöhung des materiellen Wohlstands der Bevölkerung auf der Grundlage von stabilen Gewinnerwartungen der Wirtschaft. Die Kooperation von Gewerkschaften, Unternehmerorganisationen und Staat wurde zum Fundament ökonomischer Disziplin und politischer Stabilität. Fortschrittsglaube, Vertrauen in die Machbarkeit gesellschaftlicher Verhältnisse und die Überwindung konjunktureller Krisen mit antizyklischer Wirtschaftspolitik und den Instrumenten der Arbeitsmarktpolitik sowie das Postulat von Sozialstaatlichkeit und sozialer Gleichheit verbanden sich zur Vorstellung eines modernen, gerechten und konfliktfreien Deutschland. Die Mitte der 70er Jahre einsetzende Krise entzog diesem Konzept die materiellen Voraussetzungen, indem die Finanzierungsspielräume zur Aufrechterhaltung der sozialen Sicherheit besonders durch die steigende Arbeitslosigkeit eingeengt wurden."[81]

Unter den Bedingungen eines relativ hohen ökonomischen Wachstums konnte das Monopolkapital zur Sicherung seiner Herrschaft relativ umfangreiche soziale Zugeständnisse machen und den Widerspruch zwischen den Bedürfnissen der Werktätigen und den Profitinteressen des Monopolkapitals zeitweilig abschwächen. Nach der gravierenden Verschlechterung der Verwertungsbedingungen und der dadurch bedingten Einengung der Finanzierungs-

[81] K. Peter, Sozialpolitik vor neuen Herausforderungen, in: Die Neue Gesellschaft (Bonn-Bad Godesberg), 1/1983, S. 12.

möglichkeiten für soziale Leistungen zeigen sich die Grenzen des Systems zur Lösung sozialer Probleme immer deutlicher.[82] Der arbeiterfeindlichen Strategie muß daher auch auf sozialem Gebiet eine *antimonopolistische, alternative* Strategie in der Sozialpolitik entgegengesetzt werden. Für die Begründung einer solchen Strategie ist die Analyse der sozialen Manövrierfähigkeit des Kapitalismus und die Offenlegung des sozialreaktionären Kurses von großer theoretischer und politischer Bedeutung – für die antimonopolistische Ideologiebildung wie für entsprechende Aktionen. Die Memorandenökonomen haben im Rahmen ihrer Analysetätigkeit wiederholt nachgewiesen, daß der Imperialismus nicht in der Lage ist, soziale Probleme zu bewältigen, weil er die Arbeiter und Angestellten den Bedingungen der Kapitalverwertung unterordnet, also die Profitinteressen eindeutig in den Vordergrund stellt.

5. Regulierung der Wirtschaft bei Durchsetzung demokratischer Elemente

Die Lenkung ökonomischer Prozesse wird von den Memorandenökonomen aus gesamtwirtschaftlicher, zweigwirtschaftlicher und betrieblicher Sicht behandelt. Ausgehend von den objektiven ökonomischen Entwicklungstendenzen und den Krisen weisen die Memorandenökonomen nach, daß es im heutigen Kapitalismus nicht etwa um eine Zurücknahme der Staatstätigkeit geht, sondern um eine zielgerichtete Einflußnahme des Staates auf die Wirtschaft bei Beachtung des hohen Vergesellschaftungsgrades der Produktion sowie entsprechend den gesellschaftlichen Bedürfnissen. Der Staat muß nach ihrer Ansicht *komplexer* in die Wirtschaft eingreifen und neue Formen der ökonomischen Regulierung entwickeln. Dabei geht es in der Tat auch darum, die Werktätigen mehr an ökonomischen Entscheidungen zu beteiligen. Der in der bürgerlichen Ökonomie ge-

[82] Vgl. J. Groß, Sozialleistungssystem der BRD unter Anpassungszwang, in: IPW-Forschungshefte, 3/1983, S. 5.

führte Streit um „mehr oder weniger Staat“ widerspiegelt einerseits den Zwang für das Kapital, zur Abschwächung der sich verschärfenden Widersprüche den Staat einzusetzen, andererseits widerspiegelt er das Klasseninteresse der privaten Monopole, die Staatseingriffe in Grenzen zu halten. Dieser Widerspruch ist im Imperialismus *nicht* lösbar.

Eine wichtige Frage ist die nach dem Zusammenhang von staatlicher Regulierung und Vergesellschaftung der Produktion. Dazu heißt es im Memorandum ’83: „Vergesellschaftung der Produktion bedeutet mehr als bloße Verstaatlichung und den Wechsel von Eigentumstiteln. Die in den letzten Jahren immer wieder von gewerkschaftlichen Arbeitskreisen, von Belegschaften und Betriebsräten entwickelten Ideen zukünftiger Produktionsfelder zeigen, welches Innovationspotential in den Betrieben vorhanden ist. Die Orientierung an maximalen Profiten und die Abhängigkeit von übergeordneten Konzerninteressen haben eine in diesem Sinne zukunftsorientierte Umstrukturierung der Produktion bisher verhindert. Vergesellschaftung der Produktion bei Ausweitung der Mitbestimmung stellt dazu eine Alternative dar. Gegenüber konservativen, marktorientierten Ideologien erscheint dies gewiß als Bruch mit lange Zeit als selbstverständlich und naturgegeben empfundenen Prinzipien des Wirtschaftens.

Arbeiter und Angestellte, die als Produzenten selbst über neue Produkte nachdenken und mitentscheiden, stellen damit traditionelle betriebliche Machtstrukturen infrage.

In den besonders von Wirtschaftskrise und Stagnation betroffenen Branchen eröffnen sich damit jedoch neue Perspektiven der Arbeitsplatzerhaltung und der Bekämpfung regionaler Strukturkrisen.“[83]

Hier wird das Vergesellschaftungsproblem grundsätzlich angesprochen. Die Hauptlinie ist die Betonung einer verstärkten Einflußnahme der Werktätigen auf die ökonomischen Prozesse.

[83] Memorandum ’83, a. a. O., S. 222.

5.1. *Zur Diskussion um die staatsmonopolistische Regulierung in der BRD seit Mitte der siebziger Jahre*

Die Entwicklung von Vorschlägen zur Demokratisierung der staatlichen Wirtschaftspolitik durch die Memorandenökonomen war eine Konsequenz des Versagens der staatsmonopolistischen Globalsteuerung in der Krise von 1974/75 sowie der Einsicht, daß die gesellschaftlichen Produktivkräfte und ihre Nutzung durch die Gesellschaft neue Regulierungsformen erfordern. Den Ansatz bildete die widersprüchliche und monopolistisch orientierte Regulierungspraxis der SPD-FDP-Regierung.

Nach Verabschiedung des Stabilitäts- und Wachstumsgesetzes im Jahre 1966 wurde von sozialdemokratischen und bürgerlichen Wirtschaftstheoretikern der BRD erklärt, nun seien die institutionellen Voraussetzungen für eine Wirtschaftspolitik geschaffen, die eine stabile ökonomische Entwicklung zu sichern vermöge. Das Schlagwort von der „Machbarkeit der Konjunktur" machte die Runde. Eine Ursache dieser Propaganda war die Tatsache, daß in den sechziger Jahren die ökonomische Aktivität des westdeutschen Staates quantitativ und qualitativ zugenommen hatte. Der Staat führte zahlreiche wachstumspolitische, strukturelle und andere Maßnahmen durch, um die Kosten- und Absatzsituation der Monopole zu verbessern und dem tendenziellen Fall der Profitrate entgegenzuwirken. Da sich dennoch die Schwierigkeiten auf ökonomischem Gebiet verstärkten, haben führende SPD-Wirtschaftspolitiker zahlreiche Vorschläge gemacht, um die Situation zu verbessern. Herbert Ehrenberg schrieb, ein „erweitertes Stabilitäts- und Wachstumsgesetz mit der Sicherung ständiger Koordinierung der staatlichen Wirtschaftspolitik mit der Geld- und Kreditpolitik würde die Chancen, das neue Zielviereck einigermaßen gleichmäßig zu erreichen, bedeutsam erhöhen. Freilich nützt das beste Instrumentarium nichts, wenn der Mut zur rechtzeitigen und richtig dosierten Anwendung fehlt. Hier liegt eigentlich der Kernpunkt zahlreicher berechtigter kritischer Einwendungen gegen die marktwirtschaftliche, aber sozial gebundene Wirtschaftsordnung: es ist nicht diese Ordnung, die für die zahlreichen Verzerrungen und Unzulänglichkeiten der wirtschaftlichen Entwicklung in den letzten zwei Jahrzehnten verantwortlich zu machen ist, sondern – neben der bereits oben geschilderten Tatsache, daß zu lange die Sozialbildung vernachlässigt wurde – die Unzulänglichkeiten des Instrumentariums nun (noch mehr) der mangelnde Mut zur rechtzeitigen und richtigen Anwendung."[84]

Ehrenberg stellt hier zwei Probleme in den Vordergund, die typisch für die damalige ökonomische Apologetik bürgerlicher und sozialreformistischer Ökonomen waren:

1. Nicht der Kapitalismus sei Schuld an den „Verzerrungen", das heißt Krisenerscheinungen, in der Wirtschaft, sondern ein unzureichendes Instrumentarium und vor allem der mangelnde Mut zu dessen Anwendung.
2. Eine verbesserte staatliche Wirtschaftspolitik und mehr Mut beim Einsatz der vorhandenen Instrumente würden die Probleme lösen.

Ehrenberg verlangte ein neues Bankgesetz und in dessen Rahmen eine Beschränkung der Autorität der Bundesbank. Er wollte außerdem das geld- und kreditpolitische Instrumentarium der Bundesbank wirkungsvoller gestalten. Die Zentralnotenbank brauche eine weitgehende Unabhängigkeit, aber keine absolute. Gerade bei einer Erweiterung des dem Zentralbankrat zur Verfügung stehenden Instrumentariums zur Erreichung einer höheren Wirksamkeit sei auch die Ausrichtung der Geld- und Kreditpolitik auf alle gesamtwirtschaftlichen Ziele und die Möglichkeiten parlamentarischer Kontrollen zu überlegen. Die Bundesbank sei auf das Zielviereck.

- Vollbeschäftigung,
- Geldwertstabilität,
- optimales Wirtschaftswachstum bei Außenhandelsgleichgewicht und

[84] H. Ehrenberg, Zwischen Marx und Markt, Stuttgart 1973, S. 202.

– gerechtere Einkommens- und Vermögensverteilung festzulegen.[85]

Hier nennt Ehrenberg Ziele, die unter kapitalistischen Verhältnissen langfristig nicht realisierbar sind. Auch eine höhere wirtschaftspolitische Effektivität des Bankapparates vermag daran nichts zu ändern.

Die SPD wollte damals durch eine vorausschauende, planvolle Krisenpolitik ein neues Niveau der politischen Gestaltung ökonomischer Prozesse im Kapitalismus erreichen. Reimut Jochimsen erklärte sogar, es sei notwendig und möglich, durch Ausbau der staatlichen Steuerung den Grundwiderspruch des Kapitalismus – wie er ihn versteht – langfristig aufzuheben.[86]

Mit diesen Feststellungen wurde jene Linie in der Argumentation fortgesetzt, erweitert und präzisiert, die bereits in den fünfziger und vor allem in den ersten sechziger Jahren eingeleitet wurde. In den Jahren 1963 bis 1964 wurde gerade von der SPD die Propaganda um eine Verbesserung der staatlichen Wirtschaftspolitik beträchtlich intensiviert. Auf der Wirtschaftskonferenz in Essen im Jahre 1963 und auf dem Karlsruher Parteitag 1964 der SPD bezeichnete Karl Schiller, damals ein einflußreicher Wirtschaftstheoretiker der SPD, die Kombination von Marktwirtschaft, monetärer und fiskalischer Globalsteuerung sowie staatlicher Wohlfahrtsmaßnahmen als Kernstück sozialdemokratischer Wirtschaftspolitik. Er erkannte in vollem Um-

85 Vgl. ebenda, S. 197–198. – Hans Apel führte zum gleichen Problem aus: „Das konjunkturpolitische Instrumentarium, das uns zur Verfügung steht, beruht im wesentlichen auf dem Prinzip der Globalsteuerung. Sie ermöglicht einen schnellen und unkomplizierten Einsatz von Maßnahmen mit großer Breitenwirkung. Die Wirtschaftsrezession hat jedoch erneut deutlich gemacht, daß eine Weiterentwicklung des zunächst eingesetzten Instrumentariums notwendig war" (H. Apel, Sozialdemokratische Finanzpolitik, in: Die Neue Gesellschaft 6/1977, S. 445).

86 Vgl. R. Jochimsen, Aktive Strukturpolitik. Ansatzpunkt unserer Volkswirtschaft, in: Wirtschaftspolitik, hg. von P. v. Oertzen/ H. Ehmke/H. Ehrenberg, Bonn-Bad Godesberg 1974, S. 297.

fang die monopolistische Konkurrenz an und wandte sich ausdrücklich gegen eine „planification en detail". Nach Schiller war eine Globalsteuerung, das heißt eine Ergänzung des monopolistischen Konkurrenzmechanismus durch staatliche Instrumente und Maßnahmen, notwendig, weil der kapitalistische Profitmechanismus zur Lenkung der Wirtschaft nicht ausreiche, allein durch bestimmte Formen staatlicher Planung „Dirigismus" vermieden werden könne und die gesellschaftlich notwendigen strukturellen Umwandlungen nur durch eine vorausschauende Wirtschaftspolitik mit all ihren Anforderungen und Konsequenzen zu bewältigen seien. Diese Thesen von der Globalsteuerung fanden sich auch im Regierungsprogramm der Koalition CDU/CSU-SPD von 1966. Sie entsprachen den grundlegenden Interessen vieler Monopolgruppen, weil sie die Weiterführung des Kapitalverwertungsprozesses sicherten und dem tendenziellen Fall der Profitrate entgegenwirkten.

Schiller bot eine wirtschaftspolitische Konzeption an, die dem staatsmonopolistischen System größere Entwicklungsmöglichkeiten in Aussicht stellte. Er hat häufig darauf hingewiesen, daß seine Wirtschaftspolitik auf den „neuesten Erkenntnissen" der bürgerlichen Wirtschaftstheorie basiere und eine gesunde Mischung keynesianistischer und neoliberaler Elemente darstellte. Schiller gab sich gern als „modern" denkender Wirtschaftspolitiker, der die konstruktiven Gedanken von Keynes und Eucken zu einer geschlossenen und wirkungsvollen Konzeption vereint habe und auf diese Weise eine rationale, wissenschaftliche Politik zu betreiben vermag. Mit seiner „Wirtschaftspolitik aus einem Guß" erweckte er allerdings Illusionen, die in der Folgezeit, vor allem in der zyklischen Krise von 1974/75, geplatzt sind.

Man kann somit feststellen: Mitte der sechziger Jahre waren die Neoliberalen und die mit ihnen verbundenen Wirtschaftspolitiker nicht imstande, die akuten ökonomischen Probleme zu lösen. Dies war ein Grund dafür, daß die führenden Monopolvertreter damals nach *neuen* wirtschaftspolitischen Konzeptionen suchten und einige von ihnen zu der Ansicht gelangten, daß die von sozialdemokratischen Politikern vertretene Wirtschaftspolitik bei der Lösung von Krisenerscheinungen genutzt werden sollte. Schließlich wurde mit dem Stabilitäts- und Wachstumsgesetz einerseits die Voraussetzung für ein stärkeres staatliches Eingreifen in die Wirtschaft geschaffen, andererseits die Wirtschaftspolitik auf die Marktwirtschaft festgelegt.[87]

Das Stabilitätsgesetz, oft als „magna charta" der Wirtschaftspolitik bezeichnet, war das Ergebnis einer langen kontroversen Diskussion, an der viele bürgerliche und sozialdemokratische Ökonomen beteiligt waren. Die durch dieses Gesetz legitimierte Globalsteuerung wurde die für die BRD typische Form der Wirtschaftspolitik, mit der den Krisenprozessen in der ökonomischen Basis entgegengewirkt werden sollte. Das Gesetz leitete eine neue Phase staatsmonopolistischer Regulierung ein, an die große Erwartung geknüpft wurde. Es sollte helfen,

- den monopolistischen Preis-Profit-Mechanismus als Regulator auf einzelnen Gebieten ganz oder teilweise zu ersetzen oder zu ergänzen;
- zyklische Krisen zu vermeiden, abzuschwächen oder deren negative Konsequenzen für den Profit zu bewältigen;
- die wissenschaftlich-technische Revolution und das ökonomische Wachstum zu stimulieren;
- die expansiven Ziele des Finanzkapitals durchzusetzen;
- die Klassengegensätze abzuschwächen und die antimonopolistischen Kräfte in das imperialistische System zu integrieren.

Diese Form staatsmonopolistischer Regulierung basierte auf den monopolistischen Eigentumsverhältnissen und brachte, da sie unmittelbar mit der politischen Konzeption der herrschenden Kräfte verbunden ist, die widersprüchlichen Beziehungen zwischen Ökonomie, Politik und Ideo-

[87] Vgl. Kommentar zum „Gesetz zur Förderung der Stabilität und des Wachstums der Wirtschaft", hg. von A. Möller, Hannover 1968.

logie im Kapitalismus und die Differenzierungsprozesse innerhalb des Finanzkapitals zum Ausdruck. Sie zeigt den Übergang zu einem strafferen Lenkungssystem des gesamtwirtschaftlichen Reproduktionsprozesses, mit dessen Hilfe die Formen und Instrumente der Wirtschaftspolitik mehr den Zielen des Finanzkapitals angepaßt und die vorhandenen materiellen und finanziellen Mittel konzentrierter für die Durchsetzung der ökonomischen und politischen Ziele des Finanzkapitals eingesetzt werden sollten. Der Staat sollte versuchen, die ökonomischen Prozesse als Komplex zu erfassen und quasi „gesellschaftliche" Formen der Leitung anwenden. Seine Regulierung sollte helfen, so etwas wie ein kapitalistisches „Gesamtinteresse" zu formulieren und die Entscheidungen der Konzerne zu koordinieren. Die Regulierung ist aus diesem Grunde mit den systemeigenen Antagonismen der imperialistischen Wirtschaft behaftet, die auch die vielfach zu beobachtende innere Widersprüchlichkeit wirtschaftspolitischer Strategien verursachen und maßgebend dafür sind, „daß über das theoretisch vorhandene, technische Instrumentarium staatlicher Wirtschaftpolitik praktisch nie frei verfügt werden kann"[88].

Dies hatte insofern eine gewisse Basis, weil durch Abschwächung der organisatorischen Grenzlinien zwischen Monopolen und Staatsbürokratie sich die ökonomischen Antagonismen und die Konflikte zwischen den monopolistischen Machtgruppen stärker und unmittelbarer in den staatlichen Apparat verlagern. Die Tätigkeit des Staates wird nach wie vor vom anarchischen Charakter der kapitalistischen Produktion beeinflußt, was seine Fähigkeit zur kurz- und langfristigen Stabilisierung des sozialökonomischen Systems bedeutend abschwächt. Dadurch sowie aufgrund zahlreicher anderer Einflußfaktoren kann die staatsmonopolistische Regulierung nur Teilziele erreichen.

Die zyklische Überproduktionskrise von 1974/75, die

[88] J. Hirsch, Wissenschaftlich-technischer Fortschritt und politisches System, Frankfurt a. M. 1970, S. 57.

ungleichmäßige ökonomische Entwicklung und andere Prozesse haben daher in den siebziger Jahren die Krise der staatsmonopolistischen Regulierung und ihrer Theorie wesentlich verschärft. Die im Stabilitäts- und Wachstumsgesetz der BRD formulierten und für die Regierung verpflichtenden wirtschaftspolitischen Hauptziele wie Sicherung eines stetigen Wachstums, Gewährleistung von Vollbeschäftigung und Vermeidung inflationärer Tendenzen wurden viele Jahre hindurch nicht erreicht. Die politische Koordinierung war in vielen Fällen eine Spätkoordinierung, und die ökonomisch-politische Ausgabenplanung erwies sich immer wieder als unrealistisch, denn die Verschuldung des Bundes stieg rasch. Das Ziel des imperialistischen Staates, über Steuern und Staatshaushalt „Daten" zu setzen, um unter Einbeziehung des Marktes eine Verhaltenssteuerung der „Investoren" und „Konsumenten" zu erreichen, wurde nur temporär realisiert.

Sozialdemokratische Wirtschaftstheoretiker haben aber damals stets betont, daß sie ein geschlossenes und praktikables Konzept besitzen, mit dessen Hilfe zum Beispiel die Inflation verhindert oder doch sehr niedrig gehalten werden könne. Da dem die Realität nicht entsprach, wurde die Globalsteuerung in den folgenden Jahren teilweise sehr kritisch beurteilt.

5.2. *Versuche einer Neuorientierung der staatsmonopolistischen Wirtschaftspolitik*

Neuerdings geht auch die SPD – hauptsächlich aufgrund ungünstiger Erfahrungen, die sie auf ökonomischem Gebiet in den siebziger Jahren gemacht hat – in der Wirtschaftstheorie vorsichtiger und differenzierter vor. Ihre führenden Theoretiker erheben aber nach wie vor – trotz aller Unterschiede – die Forderung, die staatliche Wirtschaftspolitik solle die unerwünschten Folgen des „marktwirtschaftlichen Selbststeuerungsprozesses" verhindern.

Die staatlichen Regulierungsmaßnahmen hatten in der

Tat sehr unterschiedliche Wirkungen. Sie verschärften oft bestehende Widersprüche oder verursachten neue Schwierigkeiten. Gerade in den letzten Jahren sind die Grenzen der staatlichen Wirtschaftspolitik besonders offenkundig geworden. Es hat sich gezeigt, daß die vordem praktizierten Formen der Wirtschaftspolitik nach der ökonomischen Umbruchsituation Mitte der siebziger Jahre nicht mehr ausreichten und zum Teil ihre relative Anpassungsfähigkeit eingebüßt haben. Ökonomen wie Ehrenberg und Giersch hatten das erkannt und propagierten als Ausweg vor allem eine zielbewußte Beeinflussung der strukturellen Prozesse, mit dem Ziel, die Wirtschaftspolitik den veränderten ökonomischen Bedingungen anzupassen und den Staat effektiver zur Durchsetzung notwendiger Maßnahmen zu nutzen. Im Vordergrund steht die Tatsache, daß die staatsmonopolistische Regulierung eine unerläßliche Komponente der politischen Herrschaftssicherung in der allgemeinen Krise des Kapitalismus ist.

Die staatsmonopolistische Regulierung zeigt noch mehr als theoretische Diskussionen, daß nicht einmal einzelne Theorien, zum Beispiel die Wachstums- oder Inflationstheorie, die selbst wieder sehr aufgesplittert sind, als Grundlage praktischer Wirtschaftspolitik fungieren können, obwohl sie einige brauchbare Einsichten vermitteln. Um so mehr gilt das für mehrere Theorien, die in einer Konzeption vereint sind. Deshalb sind die apologetischen Zielstellungen zumeist wichtiger als die Praxisorientierung.

Von SPD- und bürgerlichen Theoretikern wurde vorgeschlagen, von der Globalsteuerung zu einer differenzierten Strukturpolitik überzugehen, um mehr positive Effekte in der Wirtschaft zu erzielen. Zwischen Globalsteuerung und Strukturpolitik gibt es insofern einen gewissen Unterschied, als die Globalsteuerung vornehmlich auf die Zirkulation und die staatliche Umverteilung finanzieller Mittel gerichtet ist, also vor allem *indirekt* wirkt, während die Strukturpolitik die Produktion beeinflussen soll, und zwar wenn nötig auch direkt. Das bedeutet, daß der Staat mehr als bisher dem gesellschaftlichen Charakter der Produktion Rechnung tragen muß. Er leitete deshalb – oft gemeinsam mit privaten Monopolen – Maßnahmen zur Produktionseinschränkung oder -stimulierung in einzelnen Branchen ein. Das erörtern auch die Memorandenökonomen sehr ausführlich. Gefördert werden zum Beispiel Elektronik und Atomenergie, eingeschränkt werden Schiffbau und Stahlindustrie.

Es besteht kein Zweifel darüber, daß die Strukturpolitik objektiv notwendig ist; denn zyklische Krisen und Strukturkrisen verflechten sich immer mehr, und der wissenschaftlich-technische Fortschritt verstärkt die Unterschiede in der Dynamik einzelner Industriezweige und Regionen. Auch heute setzt sich allerdings diese objektive Notwendigkeit der Umgestaltung und Anpassung der Wirtschaft und die gesellschaftliche Arbeitsteilung trotz staatlicher Strukturpolitik vor allem über Strukturkrisen durch.

Strukturkrisen sind ihrem Wesen nach Kapitalentwertungsprozesse, „die vorwiegend als längerfristige partielle Disproportionen innerhalb des gesellschaftlichen Reproduktionsprozesses in Erscheinung treten und ihren Ausgangspunkt in der materiellen Produktion haben. Sie können auf die übrigen Phasen des Reproduktionsprozesses ausstrahlen oder durch Verlagerungseffekte bei der Umverteilung des Nationaleinkommens in der Zirkulationssphäre sowie im Bereich der Konsumtion eine selbständige Gestalt erhalten.“[89] Am sichtbarsten zeigen sich Strukturkrisen in sektoral überschüssigen Produktionskapazitäten. Im Kapitalismus der freien Konkurrenz sanken die Preise, und das Kapital wanderte ab, wenn strukturelle Überkapazitäten auftraten. Im monopolistischen Kapitalismus behindern die Monopole die Kapitalfluktuation, und die unter Druck stehenden Unternehmen verharren in ihren Bereichen. Strukturelle Veränderungen treten nicht erst in der Gegenwart auf, sondern sind so alt wie die Produktion selbst, sie sind aber im heutigen Kapitalismus besonders

[89] Autorenkollektiv (Ltg. H. Riedel), Strukturveränderungen und staatsmonopolistisches Finanzsystem, Berlin 1978, S. 22.

komplex und tiefgreifend. Damit verbunden ist die Tatsache, daß Strukturkrisen vor allem in der Periode der allgemeinen Krise des Kapitalismus zu einer charakteristischen Erscheinung geworden sind.

Strukturprozesse haben arbeitsmäßige, regionale, soziale und andere Aspekte. Die Kapitale wandern in profitable Standorte. Die Anwendung von Kapital in den Ballungszentren verursacht für das Einzelkapital teilweise relativ niedrige Kosten.

5.3. Die Position der Memorandenökonomen zur Regulierung der BRD-Wirtschaft

Die ständige Verschärfung des kapitalistischen Grundwiderspruchs mit seinen vielfältigen Erscheinungsformen und Konsequenzen verlangt die Entwicklung neuer Grundlagen und Formen der staatlichen Wirtschaftspolitik und der Regulierung der Wirtschaft überhaupt. Solche Grundlagen und Formen werden auch von den Memorandenökonomen diskutiert und vorgeschlagen, und zwar mit dem Ziel, die ökonomischen Prozesse von vornherein als *gesellschaftliche* Probleme anzuerkennen. Dabei wird von ihnen auf frühere Vorschläge zurückgegriffen, auch auf Vorschläge, die zum Beispiel in der SPD erörtert wurden.

In den Diskussionen über die Erfordernisse eines alternativen Regulierungssystems zeigen sich bei den Memorandenökonomen folgende Schwerpunkte:

erstens eine konsequente Ablehnung der bürgerlichen Apologetik des Marktes als Regulators der Produktion;

zweitens die Forderung nach Vergesellschaftung von Schlüsselindustrien, um eine gewisse Planmäßigkeit in der Wirtschaft zu erreichen;

drittens die Begründung der Notwendigkeit, in der Wirtschaft insgesamt mehr Demokratie durchzusetzen.

Diese Überlegungen korrespondieren teilweise mit neueren Überlegungen der SPD über ihre wirtschaftspolitische Konzeption für die nächsten Jahre.

Die Memorandenökonomen wenden sich entschieden gegen jede realitätsfremde, von den Konservativen aber in den letzten Jahren stark geförderte Marktapologetik.[90] Sie gegehen davon aus, daß der Markt in der BRD-Wirtschaft eine wichtige Rolle spielt, er aber *nicht* als *Regulator* der Wirtschaft fungiert. Die Funktion des Regulators obliegt dem staatlich beeinflußten (Monopol-)Profit. Der Markt ist ein wichtiger *Vermittler* der Profitregulierung, denn er weist durch die Bewegung von Angebot, Nachfrage und Preis den Kapitalisten den Weg zur Kapitalanlage und Profitrealisierung.

Der Markt bringt im heutigen Kapitalismus als Sphäre des Austausches ökonomische Beziehungen zum Ausdruck und vermittelt das Wirken der ökonomischen Gesetze. Er hat sich im monopolistischen Kapitalismus enorm ausgedehnt, aber der Zusammenhang zwischen den Unternehmern wird nicht mehr ausschließlich über ihn hergestellt, sondern in hohem Maße durch kapitalmäßige und vertragliche Bindungen zwischen den Unternehmen. Monopole und Staat modifizieren diese Beziehungen.

Wenn von bürgerlicher und sozialdemokratischer Seite in ihrer Kritik an der sozialistischen Volkswirtschaftsplanung die angeblich höhere Effektivität der „Marktwirtschaft" in den Vordergrund gerückt und behauptet wird, das Marktsystem erfülle besser als andere Systeme seine gesellschaftlichen und sozialen Aufgaben, so kann eindeutig festgestellt werden, daß die Marktpropaganda weder für den heutigen Kapitalismus noch für den Sozialismus haltbar ist. Der Markt fungiert keineswegs als dominierendes Steuerungsinstrument der Wirtschaft, denn er vermag viele Probleme nicht oder nur ungenügend zu bewältigen. Auch die Grenzen der Steuerungskapazität des imperialistischen Staates werden zunehmend deutlicher. Die politischen Organe stehen unter dem Druck des zunehmenden Aufgabenzuwachses und müssen viele Folgen monopolistischer Produktion bewältigen helfen, zum Beispiel im Be-

[90] Vgl. Memorandum '83, a. a. O., S. 64/65.

reich der Umwelt. Sie sind um verbesserte Problemlösungsstrategien bemüht, können aber damit dem gesellschaftlichen Charakter der Probleme nur teilweise gerecht werden.

Der Markt erfüllt also im heutigen Kapitalismus viele der ihm nachgesagten Funktionen nicht und kann sie auch nicht erfüllen. Daher sind die staatlichen Organe bemüht, durch weiteren Ausbau, bessere theoretische Begründung und systematischere Nutzung ihrer Regulierungsinstrumentarien die existenten Entwicklungs- und Krisenprozesse erfolgversprechender zu beeinflussen und die wissenschaftlich-technische Revolution effektiv zu nutzen. Ausgangspunkt ist zumeist die systematische Beachtung der Verflechtung von kapitalistischen Monopolen und Staat sowie die Hervorhebung der Vorteile dieser Verflechtung für die staatsmonopolistische Regulierung. Diese Verflechtung bringt allerdings zahlreiche Widersprüche und Konflikte, die auf staatlicher und privatmonopolistischer Ebene Ausdruck finden, ständig reproduziert werden und leitungsmäßig bewältigt werden müssen. Der Staat muß im gesellschaftlichen Maßstab die Anforderungen der Produktivkräfte mit dem Profitziel der Monopole in Übereinstimmung bringen, was aber nur partiell möglich ist.

Nachdem seit Mitte der siebziger Jahre eine Wende in der ökonomischen Entwicklung des Kapitalismus von einer längeren Phase des Wachstums und relativer Prosperität in eine Phase langfristiger Depression mit Verdichtung krisenhafter Prozesse erfolgte, erfuhren viele Intellektuelle den Widerspruch zwischen den objektiven Prozessen und dem Zurückbleiben der sozialen und politischen Instrumentarien zu ihrer Lenkung. Die Konsequenz war eine verstärkte Hinwendung zur *politischen* Theorie von Karl Marx und Antonio Gramsci und ein Überdenken des Regulierungssystems. Die Memorandenökonomen stellten zum Beispiel die Frage, durch welche wirtschaftspolitischen Maßnahmen ein qualitatives Wachstum erreichbar sei. Sie nennen in diesem Zusammenhang als Mittel

- gesamtwirtschaftliche und sektorale Rahmenplanung durch überbetriebliche Mitbestimmung;

– Ausweitung der Investitionslenkung durch Gebote und Verbote auf der Basis von Gesetzen und Auflagen.[91]

Besonders wichtig ist der Hinweis, daß eine „wirtschaftsdemokratische Umgestaltung der Volkswirtschaft" zur Durchsetzung eines alternativen Wachstums- und Entwicklungstyps eine ordnungspolitische Strukturreform in der Entwicklung der BRD darstellen würde.

Diese Überlegungen entsprechen insofern aktuellen politischen und ökonomischen Notwendigkeiten, als die wichtigen wirtschaftlichen Entscheidungen in privaten Unternehmen wie auch im staatlichen Wirtschaftssektor ohne oder mit unzulänglicher Beteiligung der Arbeitnehmer fallen, obwohl in erster Linie die Arbeiter die Entscheidungsfolgen und Risiken zu tragen haben: „Die wirtschaftlichen Entscheidungsstrukturen in der Bundesrepublik entsprechen noch nicht denen einer sozialen Demokratie; die im Grundgesetz geforderte Sozialbindung des Eigentums erfordert indessen Wirtschaftsdemokratie."[92]

Die Memorandenökonomen halten mehr Demokratie in der Wirtschaft für notwendig. Sie wollen die Mitbestimmungsrechte der Arbeiter und Verbraucher verbessern.[93] Rahmenplanung könne dabei wichtig sein, weil sie nicht unmittelbar in den Verwertungsprozeß eingreift, sondern erst auf Branchenebene ansetzt.

Mit einer Rahmenplanung als solcher sind allerdings die Möglichkeiten einer antimonopolistischen Einflußnahme gering – auch dann, wenn ein Teil des Produktionsprozesses direkt gesellschaftlich kontrolliert und der gesellschaftliche Bedarf insgesamt mehr in Rechnung gestellt wird.

Das Lenkungsmodell der Memorandengruppe stützt sich somit einerseits auf eine globale Planung der ökonomischen Entwicklung und sieht eine Abkehr von punktuellen staatlichen Eingriffen und eine Korrektur von Fehlentwicklungen des Marktes vor. Auf diese Weise soll die privatkapitalistische Investitionstätigkeit besser mit den gesell-

[91] Vgl. Memorandum '80, a. a. O., S. 266/267.
[92] Ebenda.
[93] Vgl. Memo-Forum (Bremen), 6/1985.

schaftlichen Erfordernissen in Einklang gebracht werden, wobei der Bedarf als ein entscheidender Ansatz für die Auswahl von Investitionen genannt wird. Andererseits – und das ist der qualitative Unterschied zu rechtsreformistischen Konzeptionen – gehen die Memorandenökonomen bei ihren Lenkungsvorschlägen konsequent von den Interessen der Arbeiter und Angestellten aus.

Die Hauptschwäche ihrer Konzeption liegt in einer teilweise illusionären Betrachtung des Staates. Die Durchsetzung einer demokratischen Wirtschaftspolitik hängt unter den Bedingungen des gegenwärtigen Imperialismus primär vom kämpferischen Eintreten der Werktätigen für ihre Forderungen ab, von der Erringung starker Positionen, die es nicht zulassen, daß Staat und Monopole die Lebensinteressen der arbeitenden Menschen ignorieren.

Die Memorandenökonomen gehen von der richtigen Überlegung aus, daß die Produktivkraftentwicklung im Prozeß der Durchsetzung tiefer Strukturveränderungen neue Qualitäten erhält, daß *Gewinnung und Einsatz* der Ressourcen ein ganz neues Gewicht im Reproduktionsprozeß erlangen. Die staatsmonopolistische Regulierung vermag aber ohne Strukturkrisen und ohne tiefe soziale Konflikte den komplexen Strukturwandel nicht zu steuern.[94] Hinzu kommt, daß neue Technologien und Erzeugnisse, die zu einer Entwertung alter Technik und alter Produkte führen, sich verbunden mit Strukturkrisen in vielen Bereichen der Wirtschaft durchsetzen und die Arbeitslosigkeit erhöhen.

Die Vergesellschaftung der Produktion gewinnt außerdem durch Internationalisierungstendenzen eine neue Qualität. Diese neue Qualität besteht u. a. in den weitreichenden und komplexen sozialen Folgen, die in den letzten Jahren teilweise globalen Charakter angenommen haben.[95]

[94] Vgl. Ebenda.

[95] Es sei an dieser Stelle ausdrücklich vermerkt, daß die höchst wichtigen Probleme staatlicher und *internationaler* Regulierung, deren Wechselbeziehungen und Widersprüche hier ausgespart werden, an einer anderen Stelle ausführlich behandelt werden. Bisher hat diese außerordentlich komplizierte Proble-

5.4. Ökonomische Regulierung umfaßt das System der ökonomischen Gesetze

Alle Produktionsweisen mit gesellschaftlicher Arbeitsteilung bedürfen einer – wie auch immer gearteten – Regulierung. Diese wird von den herrschenden Produktionsverhältnissen bestimmt; sie ist im Kapitalismus eine Regulierung des Profits bzw. zugunsten des Profits und ihr Mechanismus ist ein Preis-Profit-Mechanismus.

Die Regulierung umfaßt das System der ökonomischen Gesetze, ist „mit dem Wirkungsmechanismus der ökonomischen Gesetze“ identisch.[96] Diese Auffassung steht bürgerlichen Auffassungen entgegen, denn letztere ignorieren die Existenz objektiv wirkender ökonomischer Gesetze und reduzieren die gesamtwirtschaftliche Regulierung auf die staatliche Wirtschaftspolitik, was die – falsche – Feststellung ermöglicht, daß mit Veränderungen in der Wirtschaftspolitik Krisen vermieden werden können.

Der Regulierungsmechanismus umfaßt die ökonomischen Gesetze und das Handeln der Menschen, Klassen, Gruppen und Institutionen einschließlich der staatlichen Wirtschaftspolitik. Seine Wirkungsweise wird in hohem Maße durch das Kräfteverhältnis, den Klassenkampf, in allen Formen und auf allen Ebenen bestimmt. Regulierung ist somit nicht nur Verteilung der gesellschaftlichen Gesamtarbeit auf die einzelnen Bereiche und Zweige zur Sicherung der Reproduktion der gesellschaftlichen Existenzbedingungen, sondern auch Einbeziehung der Klassenverhältnisse. Die ökonomischen Gesetze wirken im Kapitalismus

matik in der Literatur schon vielfach Beachtung gefunden. Vgl. dazu u. a.: H. Heininger/L. Maier, Tendenzen und Widersprüche der Internationalisierung des staatsmonopolistischen Kapitalismus – politökonomische Probleme. (Thesen in: IPW-Berichte, 3/1985, S. 51; Staatsgrenzen. Probleme (national-) staatlichen Handelns in der alternativen Wirtschaftspolitik, in: Alternative Wirtschaftspolitik, Bd. 4, Argument – Sonderband, AS 89, Berlin (West) 1982.

96 D. Klein, Die Marxsche Auffassung zum Regulierungsmechanismus im Kapitalismus, in: IPW-Berichte, 3/1983, S. 23.

nur über das Handeln der Klassen, Schichten, Individuen, Verbände und Staatsorgane. Die Einheit von Objektivem und Subjektivem setzt sich durch, indem die ökonomischen Gesetze über Löhne, Preise, Profit, Zins und Rente die ökonomischen Interessen so berühren, daß ökonomisches Handeln entsteht.[97] Dieses Handeln impliziert den Klassenkampf in seinen verschiedenen Formen. Der Regulierungsmechanismus enthält somit den Klassenkampf als immanenten Bestandteil.

Die Regulierung hat auch in Verbindung mit dem kapitalistischen System Veränderungen erfahren.

Die *erste* Etappe der Regulierung war bestimmt durch den Kapitalismus der *freien Konkurrenz*, also durch das Wirken des Durchschnittsprofits, der zyklischen Krisen und anderer Gesetze.

Die *zweite* Etappe war charakterisiert durch das *private Monopol* und die Entwicklung einer monopolistischen Regulierungsstrategie. Bestimmend wurden Monopolprofit und außerökonomische Gewalt.

Die *dritte* Etappe entwickelte sich mit der Herausbildung des staatsmonopolistischen Kapitalismus, das heißt mit der systematischen Einflußnahme des Staates auf den Reproduktionsprozeß. Es existieren anscheinend zwei Regulierungsbereiche: der privatmonopolistische und der staatliche. Oft wird der Begriff Regulierung nur auf den staatlichen Bereich, also auf die staatliche Wirtschaftspolitik bezogen. Dies ist eine verengte Darstellung, die auch von den Memorandenökonomen nicht geteilt wird.

Die staatsmonopolistische Regulierung ist die widersprüchliche Einheit verschiedener Mechanismen:

- der staatlich beeinflußten monopolistischen Konkurrenz;
- der staatlichen Wirtschaftstätigkeit;
- der von staatsmonopolistischen Bedingungen beeinflußten Konkurrenz im nichtmonopolistischen Bereich.

[97] Vgl. Politische Ökonomie des Kapitalismus. Lehrbuch, Berlin 1984, Kap. 23.

Die *vierte* Etappe der Regulierung begann im Gefolge der veränderten Reproduktions- und Verwertungsbedingungen des Kapitals Mitte der siebziger Jahre. Sie war Ausgangspunkt und Ursache für eine beträchtliche Zunahme der regulierungstheoretischen Debatten. An ihnen beteiligten sich auch die Memorandenökonomen sehr aktiv, denn diese hatten erkannt, daß die Regulierung über den staatlich beeinflußten Monopolprofit höchst verlustreich ist und mit vielen negativen sozialen Folgen erfolgte.[98] Daraus leiteten die Memoranden ihre Forderung nach Abschwächung der staatlich beeinflußten Monopolprofitregulierung ab.

Die Memorandenökonomen stellen die Krise der staatsmonopolistischen Regulierung nicht als spezifische Seite der Entfaltung des kapitalistischen Grundwiderspruchs dar. Bei dieser Problematik geht es darum, daß der Vergesellschaftungsprozeß neue Dimensionen und Qualitäten erlangt hat, die Aneignung aber weiter (monopol)kapitalistisch erfolgt, also auf Basis des Wirkungsmechanismus der ökonomischen Gesetze.

Die Memorandenökonomen erläutern aber viele Seiten der Krise der kapitalistischen Regulierung, also der Tatsache, daß die verschiedenen Krisen heute keinen Weg bereiten für eine Entwicklung der Produktivkräfte, sondern die Produktivkräfte im Vergleich zu ihren Entwicklungsmöglichkeiten hemmen. Die sozialen Konflikte werden bis zum Übergang zum Sozialismus oder zu einem nichtkapitalistischen Entwicklungsweg in einer wachsenden Zahl von Ländern verschärft. Die Regulierungskrise besteht darin, daß der Wirkungsmechanismus der ökonomischen Gesetze Tendenzen einschließt, die das Gleichgewicht zwischen Gesellschaft und Natur und die Existenz der Menschheit überhaupt gefährden. Die qualitative Verschärfung der kapitalistischen Krisen seit den siebziger Jahren ist nicht vorwiegend die Folge mangelhafter Wirtschaftspolitik, sondern Folge der Enge der kapitalistischen Produktionsverhältnisse.

[98] Dies wird in fast allen Memoranden dargelegt.

Der Imperialismus praktiziert mit seiner Regulierung eine permanente Anpassungspolitik; auf der Ebene der *privaten Monopole* durch eine Stärkung der transnationalen Monopole, um neue Möglichkeiten der internationalen Arbeitsteilung zu erschließen, die Potenzen von Wissenschaft und Technik zu mobilisieren und die Akkumulationskraft zu vergrößern; auf der Ebene des *Staates* durch Verstärkung der aggressiven Politik nach außen und einer Forcierung der sozialreaktionären Politik nach innen. Dazu gehören z. B. staatliche Subventionierungsmaßnahmen.

Da die Anpassung der staatsmonopolistischen Regulierung an die neuen Existenzbedingungen dem Monopolprofit untergeordnet ist, können nur bedingt objektiv notwendige Proportionen hergestellt werden. Dieter Klein schreibt: „Gemessen an der Nutzung aller vorhandenen Produktivkräfte, an den Anforderungen einer Vollbeschäftigung und einer vollen Ausschöpfung der Produktionskapazitäten, sind die durch die staatsmonopolistische Regulierung hervorgebrachten Proportionen jedoch nicht die notwendigen. Gemessen gar an den Interessen der Werktätigen, an friedlicher Nutzung der produktiven Potenzen, noch weit weniger.“ [99]

Im Rahmen des Kapitalismus sind andere Varianten staatlicher Wirtschaftspolitik möglich als die reaktionäre oder reformistische. Sollen sie durchgesetzt werden, ist ein ständiger Kampf der Werktätigen gegen monopolistische Interessen, sind einflußreiche Gewerkschaften und ein starker Einfluß der revolutionären Arbeiterbewegung und ihrer Organisationen erforderlich. Rudolf Hickel hat diese Zusammenhänge aus Memorandensicht mit dem Hinweis bestimmt, daß Steuerungsmodelle gefunden werden müssen, die nicht ständig in der Hoffnung auf die Funktionsfähigkeit marktwirtschaftlicher Systemkoordination verfangen bleiben. Verlangt wird eine *direkte, bewußt planende* und *koordinierende Wirtschaftsdemokratie.*

[99] D. Klein, Krise der staatsmonopolistischen Regulierung und Tendenzen imperialistischer Anpassung, in: IPW-Berichte, 3/1983, S. 9.

Ein typisches Merkmal der Regulierungskonzeption der Memoranden besteht also in dem Nachweis, daß im Imperialismus die Elemente und Maßnahmen der Wirtschaftsregulierung in verschiedener Weise ihre objektiven Grundlagen widerspiegeln können. Der Spielraum umfaßt reaktionäre Maßnahmen wie Abbau der Sozialleistungen, staatsmonopolistische Reformen *und antimonopolistische* Maßnahmen. Die Nutzung dieses Spielraums ergibt sich im Ergebnis des Klassenkampfes.

Bereits kurzfristige Maßnahmen einer „alternativen Wirtschaftspolitik" seien in Richtung auf eine direkt-demokratisch ausgerichtete „Neugestaltung der Wirtschaft" einzuleiten. „Einfallstellen" dafür seien:

- durch politische Auflagen kontrollierte, strukturell ausgerichtete Vollbeschäftigungspolitik;
- Ausbau und nicht Abbau einer bedarfsorientierten und beschäftigungswirksamen Finanzpolitik;
- bedarfs- und beschäftigungsorientierte Technologie- und Strukturpolitik in Verbindung mit qualitativer Wachstumspolitik;
- Politik einer sozial gebotenen und ökonomisch möglichen Arbeitszeitverkürzung bei kaufkraftsicherndem Lohnausgleich.

Dieser kurzfristige Mittelkatalog soll die keynesianische Naivität hinter sich lassen, wonach die wirtschaftliche Gesamtstabilität innerhalb eines unveränderten „Rahmens der marktwirtschaftlichen Ordnung" hergestellt werden könne: „Denn es ist das entwickelte Marktsystem, das ursächlich staatliche Interventionen herausfordert, die jedoch im engen Korsett indirekter Wirtschaftspolitik kaum noch erfolgreich verarbeitet werden können. Die Krisen des Keynesianismus, die damit zum Ausdruck kommenden prinzipiellen Systemprobleme, verlangen einen politischen Ausbau der Planung und Steuerung bei flankierender Weiterentwicklung der Demokratisierung in Wirtschaft und Gesellschaft." [100]

[100] R. Hickel, „Gegengutachten" – Anstoß und konzeptionelle Entwicklung einer wirtschaftspolitischen Alternative, a. a. O., S. 156.

Die Forderung nach Realisierung „alternativer Wirtschaftspolitik“ muß in eine soziale Bewegung einbezogen werden, die die Unternehmerautonomie zugunsten von mehr Mitbestimmung abbaut. Es gehe darum, einen Beitrag zur Veränderung des gesellschaftlichen Kräfteverhältnisses zu leisten. „Denn erst mit der breiten Mobilisierung der Bevölkerung für eine demokratische Wende in der Wirtschaftspolitik werden die notwendigen Voraussetzungen für deren Durchsetzung und für ihre zielkonforme Wirksamkeit geschaffen.“ [101]

Dies wird zum Beispiel an der strukturpolitischen Konzeption der Memorandenökonomen deutlich gemacht.

Strukturkrisen äußern sich in Überkapazitäten, Arbeitsplatzverlusten, veralteter Technik und weiteren miteinander verflochtenen Merkmalen. Sie gelten in der bürgerlichen Ökonomie als Ausdruck dynamischer Veränderungen sowie als notwendige Begleiterscheinung von Anpassungsprozessen. Als Ursachen werden genannt: Konsumwandel, äußere Einflüsse oder auch – aus neokonservativer Sicht – „staatliche Eingriffe in den Marktmechanismus“ [102]. Da die staatsmonopolistische Strukturpolitik der BRD versagt hat, werden Alternativkonzepte dringend benötigt. Die Memorandenökonomen betonen mit Recht, daß in der seit 1975 anhaltenden Stahlkrise die Auswirkungen konkurrenzbedingter Überakkumulation und krisenbedingter Nachfrageschwäche zusammentreffen. Ihre Alternative ist eine Vergesellschaftung der Stahlindustrie. [103]

Diese Haltung stimmt mit jener der IG Metall überein. Von der IG Metall wird betont, daß die Vergesellschaftung der Stahlindustrie noch keine Arbeitsplätze sichere und auch keine zusätzliche Nachfrage nach Stahl schaffe, sondern sie müsse vielmehr als wesentlicher „Bestandteil einer alternativen Wirtschaftspolitk“ verstanden werden, die darauf gerichtet sein sollte, daß „über ein umfangreiches Beschäftigungsprogramm und energische Arbeitszeitver-

[101] Ebenda, S. 157.
[102] Memorandum ’83, a. a. O., S. 192/193.
[103] Vgl. ebenda, S. 208.

kürzungen bei vollem Lohnausgleich und festgelegten Arbeitsbedingungen die wirtschaftlichen Bedingungen geschaffen werden, unter denen auch die Stahlnachfrage steigt und durch eine gezielte Struktur- und Regionalpolitik die Vernichtung von Arbeitsplätzen verhindert werden kann“ [104]. In diesem Zusammenhang wird die Bildung einer nationalen Stahl-AG vorgeschlagen, die jährlich kurz- und langfristige nationale Produktions-, Investitions- und Personalbedarfsarbeitspläne aufstellen soll. Diese Pläne sollen sowohl Teil des nationalen Stahlplans als auch eines regionalen Entwicklungsplans sein. Eine alternative Wirtschaftspolitik verfüge mit der Vergesellschaftung und der Rahmen- und Strukturplanung über die Instrumente, um den Strukturwandel im Stahlsektor ohne Massenarbeitslosigkeit bewältigen zu können.[105]

Bürgerliche Theoretiker versuchen den Arbeitern seit langem einzureden, daß Staatsbetriebe ihrer Natur nach bürokratisch und wenig flexibel seien, sich nicht auf die „Anforderungen des Marktes“ und auf die Bedingungen der wissenschaftlich-technischen Revolution einstellen könnten. Nur *privates* Eigentum an den Produktionsmitteln könne Beweglichkeit, Initiative und ökonomischen Fortschritt sichern. In Wirklichkeit unterstützen staatliche Unternehmen die monopolistischen Konzerne in vielfältiger Weise bei der Profiterzielung. Die Milliardenverluste bei Bahn und Post der BRD zum Beispiel entstehen vor allem durch zu niedrige Preise und Tarife für die Konzernbetriebe. Dazu kommen die Einsparungen des Kapitals durch niedrige Strom- und Gaspreise. Diese und andere Beispiele zeigen, daß das Privatkapital nur unzureichend in der Lage ist, den Anforderungen der gesellschaftlichen Produktion zu entsprechen.

[104] Ebenda, S. 201.

[105] Ebenda, S. 202. – Typisch sind Formulierungen wie diese: „Nach dem Grundverständnis der Marktwirtschaft hat der Staat die Rahmenbedingungen für die Wirtschaft zu setzen, sich aber eigener unmittelbarer Aktivitäten in der Wirtschaft zu enthalten. Auch im Fußball hat es schließlich seinen guten Sinn, daß der Schiedsrichter zwar pfeifen, aber selbst nicht mitspielen darf“ (Handelsblatt, Düsseldorf, 4/1984, S. 22).

Vergesellschaftung der Produktion bei Ausweitung der Mitbestimmung bedeutet für die Memorandenökonomen mehr als bloße Verstaatlichung und den Wechsel von Eigentumsmitteln. Wie dieses „Mehr" zu verstehen ist, wird trotz allem nicht recht klar. Die Bildung einer nationalen Werft-AG, an der die Bundesregierung und die vier Bundesländer jeweils zur Hälfte beteiligt sind, ist an sich eine staatliche Lösung. Daran ändert auch die verstärkte Nutzung des vorhandenen Innovationspotentials nichts. Die Frage bleibt, wie eine derartige Vergesellschaftung in Verbindung mit den anderen Elementen einer alternativen Wirtschaftspolitik qualitative Veränderungen in der Wirtschaft herbeizuführen vermag. Nach wie vor gilt die Feststellung von Engels aus dem Jahre 1882, daß durch eine Verstaatlichung die Kapitaleigenschaft der Produktivkräfte nicht aufgehoben wird.

Die Betrachtung der Regulierung in den Memoranden zeigt, daß auch auf diesem Gebiet von den Alternativökonomen interessante Einsichten vermittelt und realistische Standpunkte vorgestellt werden, die einen positiven Einfluß auf die Regulierungsdiskussion haben und die Notwendigkeiten demokratischer Regulierungsformen eindeutig begründen. Besonders wichtig sind die Überlegungen zur Vergessellschaftung, zur Erweiterung der Demokratie und zur Bestimmung des Verhältnisses von ökonomischen Gesetzen und Wirtschaftspolitik. Im Ergebnis wird mit Recht betont, daß ein neuer ökonomischer Regulierungsmechanismus erforderlich sei.

6. Gibt es Realisierungsmöglichkeiten für eine alternative Wirtschaftspolitik?

Den Memorandenökonomen wird häufig der Vorwurf gemacht, ihre wirtschaftspolitischen Alternativen seien kaum mehr als eine „alternative Utopie", da gegenwärtig in der BRD keine Chance bestehe, sie in der Praxis durchzusetzen, nicht einmal partiell. Daraus folgt zwangsläufig die Frage nach dem *Adressaten* alternativer Vorschläge und schließlich die Frage nach den *Realisierungsmöglichkeiten* alternativer Politik.

Bei der Beantwortung dieser Fragen ist auf die prinzipiellen Unterschiede im Verhältnis von Wirtschaftstheorie und Wirtschaftspolitik im Kapitalismus einerseits und im Sozialismus andererseits hinzuweisen. In diesen Rahmen sind die Bemühungen der Memorandentheoretiker um die Realisierung ihrer theoretischen Vorstellungen einzuordnen.

Wie ist die Situation im heutigen Kapitalismus?

Als im Jahre 1963 in der BRD ein Sachverständigenrat zur Begutachtung der gesamtwirtschaftlichen Entwicklung ins Leben gerufen wurde, geschah das in einer Periode ausgeprägter Wissenschaftsgläubigkeit und vor allem in der Hoffnung, damit eine weitere wichtige Voraussetzung für eine *systematische theoretische* Begründung der staatlichen Wirtschaftspolitik, für eine effektivere Wirtschaftspolitik, geschaffen zu haben.

Von den damals und bis Mitte der siebziger Jahre gehegten Erwartungen ist allerdings nicht viel übriggeblieben. Heute werden die Gutachten des Sachverständigenrates höflich zur Kenntnis genommen, aber von den Politikern selten gelesen. Auch Karl Schillers Kombination von Markt und staatlicher Globalsteuerung auf der Basis des „Freiburger Imperativs" und der Keynesschen Botschaft ist seit Jahren kaum noch ein Thema. Geblieben ist aber die Frage: Wie ist das Verhältnis von bürgerlicher Wirtschaftstheorie und staatsmonopolistischer Regulierung zu beurteilen?

In der bürgerlichen Ökonomie gibt es unterschiedliche Ansichten über Einflußmöglichkeiten der bürgerlichen Wirtschaftstheorie auf die staatliche Wirtschaftspolitik. Diese Unterschiede werden vielfach aus dem *Pluralismus* der bürgerlichen Ökonomie abgeleitet und gerade in jüngster Zeit oft mit der Feststellung verbunden, daß die Wirtschaftstheorie kaum mehr als ein Alibi für die Wirtschaftspolitik sei.

Westdeutsche Wirtschaftspolitiker behaupten neuerdings

recht häufig, in der BRD gebe es zwar Tausende von gut dotierten Beratern, aber deren Empfehlungen könnten von den Praktikern kaum zur *Kenntnis* genommen, geschweige denn *verarbeitet* werden. Wissenschaftliche Empfehlungen würden im wesentlichen nur zur *Rechtfertigung* politisch heikler Entscheidungen benutzt.

Hans Tietmeyer, lange Jahre führender Beamter im Bundeswirtschaftsministerium, hat das Verhältnis von Theorie und Politik wie folgt bestimmt: „Wissenschaftliche Berater haben es zumeist mehr mit Bürokraten in den höheren Rängen als mit Politikern selbst zu tun. Und die Mitglieder der Ministerialbürokratie wissen auf der einen Seite nur zu gut, daß Wirtschaftspolitk auf Dauer ohne wissenschaftliche Erkenntnis, also ohne wissenschaftliche Untermauerung, nicht auskommt. So beschäftigen sich gerade die Stababteilungen der Ministerien intensiv mit den Ergebnissen der Wirtschaftsforschung, und es verläuft so auch keinesfalls eine scharfe Trennungslinie zwischen der Arbeit etwa der Wirtschaftsforschungsinstitute und der Stäbe. Diese aber haben zumeist das *bessere* Gefühl für die – aus politischer Sicht – *Realitätsnähe* bzw. Realitätsferne der Beratungsergebnisse, sie wissen auch, wie wissenschaftliche Ergebnisse zu Alibizwecken eingesetzt werden können, wie man Gutachten ausschlachtet oder in der Schublade verschwinden läßt, welche Zitate hilfreich oder welche Ergebnisse gut zu verkaufen sind und welches Gewicht die Beweislast in kontroversen Auseinandersetzungen hat."[106]

Solche Darlegungen sollten Anlaß sein, bei der kritischen Einschätzung des Verhältnisses von bürgerlicher Wirtschaftstheorie und staatlicher Regulierung mehr als bislang *differenzierter* vorzugehen und überzogene Annahmen über die Einflußmöglichkeiten der Theorie abzubauen.

Eine weitere ernst zu nehmende bürgerliche Bestimmung

[106] H. Tietmeyer, Angewandte Wirtschaftsforschung im Dienste der Politikberatung – mehr als nur ein Alibi für die Wirtschaftspolitik? in: Angewandte Wirtschaftsforschung im Spannungsfeld zwischen Wirtschaftstheorie und Wirtschaftspolitik, Tübingen 1983, S. 204.

des Verhältnisses von Wirtschaftstheorie und Wirtschaftspolitik im heutigen Kapitalismus besteht in der These, daß *nicht* die *Theorie* die Grundlage für die Politik schaffe, sondern die voranpreschende *Politik* die Theorie erst hervorrufe. Das ist zum Beispiel der Standpunkt des einflußreichen österreichischen Ökonomen Erich Streißler.[107]

Bei der *marxistischen* Charakterisierung des Verhältnisses von Wirtschaftstheorie und Wirtschaftspolitik ist vor allem zu beachten, daß im Sozialismus eine neue Qualität im Wechselverhältnis von ökonomischer Theorie und Wirtschaftspolitik existiert. Der Sozialismus hat das Verhältnis von Theorie und Politik auf neue Grundlagen gestellt. Die Beziehungen von Ökonomie und Politik sind „durch einen hohen Grad an Intensität und besonders starke Wechselwirkungen charakterisiert."[108]

Politik von Partei und Staat ist keine Ergänzung der ökonomischen Basis, sondern eine aus dem Wesen des sozialistischen Eigentums folgende „Existenz- und Entwicklungsbedingung sozialistischer Ökonomie ... Ohne tiefes Verständnis der politischen Zusammenhänge, ohne politisches Herangehen an die zu lösenden Aufgaben kann es keinen Zugang zum wirklichen Verständnis auch unserer wirtschaftlichen Fragen geben."[109] Der ökonomischen Politik liegt vor allem die bewußte Ausnutzung der ökonomischen Gesetze des Sozialismus zugrunde. Indem die politische Ökonomie des Sozialismus das System der ökonomi-

[107] E. Streißler stellt z. B. die Frage, was die Wirtschaftstheorie der Wirtschaftspolitik gebracht hat? Im Merkantilismus sei die Theorie der Politik gefolgt. Auch bei Adam Smith sei es so gewesen. Theoretische Arbeiten begründen nach Streißler die Politik nur insofern, als sie Politik als schlüssiges Ergebnis eines konsisten Systems erscheinen lassen (Vgl. E. Streißler, Entwicklungslinien der Wirtschaftstheorie und ihre Ausstrahlungskraft auf die Wirtschaftspolitik, in: Angewandte Wirtschaftsforschung im Spannungsfeld zwischen Wirtschaftstheorie und Wirtschaftspolitik, a. a. O., S. 21f.).

[108] J. Hörnig, Die Aufgaben der Wirtschaftswissenschaften in der Gegenwart in: Wirtschaftswissenschaft, 6/1972, S. 808.

[109] Ebenda.

schen Gesetze, ihren Wirkungsmechanismus und ihre Wirkungsbedingungen erforscht, das Wesen und die Erfordernisse der Gesetze formuliert und die effektivsten Formen der Ausnutzung dieser Gesetze herausarbeitet, liefert sie entscheidende theoretische und methodologische Grundlagen für die Gestaltung einer wissenschaftlich begründeten Politik.

Die bürgerliche Ökonomie kann eine solche Aufgabenstellung nicht formulieren. Deshalb müssen ihre praktischen Einflußmöglichkeiten begrenzt bleiben, kann sie den Schritt zur Grundlegung der Politik nicht systematisch und dauerhaft vollziehen.

Auch im Sozialismus ist die Verbindung von ökonomischer Theorie und Politik nicht so direkt, wie aus allgemeinen Formulierungen zum Grundsätzlichen des Problems oft herausgelesen wird. Als Produkt der wissenschaftlichen Arbeit wird die Theorie über die Wirtschaftspolitik wirsam. Das wiederum bedeutet, daß die Lösung praktischer Probleme stets theoretische Erkenntnisse voraussetzt.

Im Sozialismus hat sich – keineswegs glatt und konfliktfrei – eine neue Qualität im Verhältnis von Wissenschaft und Politik allgemein und im Verhältnis von Wirtschaftstheorie und Wirtschaftspolitik im besonderen herausgebildet. Davon ausgehend ist es auch möglich, *grundsätzlicher* und *eindeutiger* als das vielfach geschieht, Grenzen und Widersprüche der wirtschaftspolitischen Funktion der bürgerlichen Ökonomie zu bewerten.

Die ökonomische Entwicklung im Kapitalismus nach 1975 zeigt, daß die bürgerliche Wirtschaftstheorie weit weniger wirtschaftspolitischen Einfluß hat, als oft angenommen wird. Die ideologische Funktion überwiegt eindeutig. Daran knüpfen auch die Memorandenökonomen an. Gerade sie betonen einerseits immer wieder die geringe praktische Bedeutung bürgerlicher Wirtschaftstheorien und andererseits die Notwendigkeit, mittels theoretischer Erkenntnisse über staatliche und andere Organe eine an den sozialen Bedürfnissen der meisten Menschen orientierte Politik durchzusetzen. Das impliziert die eingangs gestellte

Frage nach dem Adressaten dieser Theorie und das Problem, ob dieser bereit und in der Lage ist, eine entsprechende Theorie zu realisieren.

Der Adressatenkreis ist höchst vielschichtig. Im einzelnen kommen *vier* Adressaten in Frage:

Erstens die breite Öffentlichkeit. Sie soll über den zweifelhaften Charakter bürgerlicher Erklärungen der ökonomischen Situation aufgeklärt „und mit realistischen Möglichkeiten zur Verbesserung der sozialökonomischen Lage der arbeitenden Menschen konfrontiert werden“[110]. Ziel ist, die Menschen von der Notwendigkeit zu überzeugen, sich mit Alternativen zur bestehenden politischen und ökonomischen Situation auseinanderzusetzen.

Zweitens die bürgerliche politische Ökonomie, die zu einer Diskussion ihrer eigenen wissenschaftlichen Auffassungen und zur Revision falscher Thesen veranlaßt werden soll. Die bürgerlichen Ökonomen müßten sich mit den Ansichten der Memoranden auseinandersetzen und zu den Forderungen Stellung nehmen.

Der *dritte* Adressat sind die Wirtschaftspolitiker in der BRD. Also die Instanzen, die für die Durchführung der kritisierten, weil unwirksamen und sozialschädlichen Wirtschaftspolitik verantwortlich sind, die aber andererseits auch institutionell verantwortlich wären für einen großen Teil der alternativ vorgeschlagenen Wirtschaftspolitik (Fiskal-, Struktur-, Außenhandelspolitik, Preiskontrollen usw.). Wenn die Memoranden sich ausdrücklich an staatliche Stellen mit der Aufforderung zur Änderung der wirtschaftspolitischen Orientierung wenden, so tun sie dies nicht in der Illusion, es genüge, dem Staat den richtigen Weg zu weisen, oder vernünftige und soziale Vorschläge könnten bereits Druck auf die staatlichen Stellen zur Änderung ihrer Politik ausüben. Andererseits bedeutet das tiefreichende Engagement des Staates in der Wirtschaft aber auch, daß Alternativen sich auf eine Veränderung dieses

110 Autorenkollektiv, Marxismus und Arbeiterbewegung, Frankfurt a. M. 1980, S. 277.

Engagements beziehen müssen und der Glaube irreführend wäre, Alternativen jenseits staatlicher Politik sinnvoll entwickeln zu können.

Der *vierte* und wichtigste Adressat wirtschafts- und sozialpolitischer Alternativvorschläge sind die Werktätigen, in erster Linie die gewerkschaftlich organisierten. Die Werktätigen insgesamt, weil sie von der sozialökonomischen Polarisierung betroffen sind und daher objektiv an der Veränderung der Verhältnisse interessiert sind. Die organisierten Arbeiter und Angestellten, weil die gewerkschaftliche Organisation die Form des Widerstandes gegen die bestehenden Verhältnisse und für ihre schrittweisen Verbesserungen ist. Die politische Grundlage der in den Memoranden vorgetragenen Konzeption ist die Überzeugung, daß nur die organisierte Mobilisierung der arbeitenden Menschen eine Verbesserung ihrer Situation gegen die Interessen des Monopolkapitals durchsetzen kann. Die Auseinandersetzung geht dabei zum einen um Forderungen der Gewerkschaften, die sie direkt in Tarifauseinandersetzungen, gegen die Unternehmer erkämpfen (Lohnerhöhungen, Arbeitsbedingungen, Arbeitszeit usw.); sie geht zum anderen aber auch um Forderungen nach einer bestimmten staatlichen Politik (expansive sozialorientierte Fiskalpolitik, Abrüstung usw.) oder um die Schaffung eines besseren institutionellen Rahmens für mehr Wirtschaftsdemokratie, für dessen Verwirklichung neue gesetzliche Grundlagen erforderlich sind (Ausweitung der Mitbestimmung, Investitionslenkung, Wirtschafts- und Sozialräte, Überführung von Schlüsselindustrien in Gemeineigentum usw.).[111]

Einige Alternativökonomen vertreten den Standpunkt, daß sich die Memorandengruppe nicht als gewerkschaftliches Organ versteht, sondern als Theoretikergruppierung, die eigenverantwortlich antikapitalistisch und sozialstaatlich orientierte wissenschaftliche Analyse produziert. Diese Analysen müßten keineswegs mit den Auffassungen bestimmter Gewerkschaften(r) übereinstimmen. Aller-

[111] Vgl. ebenda, S. 278.

dings sei der politische Spielraum innerhalb des gewerkschaftlichen Meinungsspektrums so groß, daß die Memoranden durchaus mit gewerkschaftlichen Positionen in Einklang gesehen werden könnten. Zwischen den Gewerkschaften hier und der Memorandengruppe dort gäbe es keinen Gegensatz, weil viele Memorandenökonomen aktive Gewerkschaftsmitglieder seien. Es gebe auch keinen Versuch, „auf Biegen und Brechen Alternativen zu konzipieren", die nahtlos in ein gewerkschaftliches Grundsatzprogramm einfügbar wären. „Das Bewußtsein, arbeitsorientierte Politik wissenschaftlich haltbar begründen zu können, gibt den Mitgliedern der Memoranden-Gruppe dabei die Legitimation, im Sinne gewerkschaftlicher Interessen – und zwar dem Prinzip nach – zu handeln."[112]

Mit solchen Darlegungen wird vorsichtig angedeutet, daß zwischen Gewerkschaftsfunktionären und der Memorandengruppe Meinungsverschiedenheiten bestehen und daß gegenwärtig die Aussichten, über den DGB Einfluß auf die Wirtschaftspolitik zu gewinnen, gering sind.

Andere Alternativökonomen betonen, ihre wirtschaftspolitischen Konzepte müßten *in* und mit der SPD durchgesetzt werden. Das sei zwar mühsam, wäre aber um der Arbeiterklasse willen dringend geboten. In diesem Zusammenhang schreibt der Westberliner Ökonom Klaus-Peter Kisker: „Wer in der Bundesrepublik alternative Wirtschaftspolitik nicht nur entwerfen, sondern durchsetzen will, kommt an der SPD nicht vorbei, denn noch ist sie die *einzige* ernst zu nehmende politische Kraft, die die Mehrheit der abhängigen Beschäftigten als ihre Partei ansieht. Der Versuch, sozialistische Alternativen hier durchzusetzen, ist kein einmaliger Vorgang, sondern besteht darin, Maßnahmen zu erzwingen, die die Steuerung der Wirtschaft durch private Profitinteressen schrittweise, in einem lang anlaufenden, sich beschleunigenden, und adjustierbaren

[112] D. Eißel, Zielsetzungen und Probleme der Formulierung und Durchsetzung einer alternativen Wirtschaftspolitik, in: Alternative Wirtschaftspolitik, 2. Argument-Sonderband, AS 52, Berlin (West) 1980, S. 30/31.

Prozeß einschränken und durch gesellschaftliche Entscheidungsprozesse ersetzen." [113]

Obwohl die SPD zum Teil ähnliche Ziele propagiert wie die Memorandengruppe, so qualitatives Wachstum, ist kaum anzunehmen, daß die gegenwärtige SPD-Führung die Memorandenkonzeption aufgreift. Dazu sind die Unterschiede in Grundfragen, zum Beispiel zur Vergesellschaftung der Produktionsmittel, zu groß.

Interessant ist natürlich die Frage, ob zwischen Grünen und Memorandengruppe auf wirtschaftstheoretischem Gebiet Übereinstimmung besteht. Die pauschale Antwort ist: In einigen theoretischen Bereichen gibt es Übereinstimmung, in anderen nicht. Die wichtigsten Unterschiede beziehen sich auf das qualitative Wachstum und die Vergesellschaftung von Produktionsmitteln. Beides lehnen die Grünen noch mehrheitlich ab.

Treffend und grundsätzlich problematisiert Huffschmid Ziel und Realisierungsmöglichkeiten alternativer Wirtschaftspolitik, wenn er ausführt: „Jede Politik, die wirksam werden, also verändern will, ist zunächst systemimmanent und muß sich eine feste Basis im System suchen. Steht das Ziel der Politik aber im Widerspruch zum System, wird ein konsequentes Verfolgen dieser Politik, die Mobilisierung für sie und ihre allmähliche Durchsetzung das schrittweise Zurückdrängen bislang herrschender Bestimmungsfaktoren des Systems bedeuten.

Der praktische *Anfang* systemimmanenter Krisenüberwindung ist durch das Vorherrschen der Systemimmanenz geprägt, entsprechend unvollkommen, bruchstückhaft und gefährdet ist die Krisenüberwindung. Die praktische *Weiterführung* systemimmanenter Krisenüberwindung ist durch die Entwicklung konsequenterer Strategien der Krisenüberwindung, d. h. der Versuche zur Herstellung eines krisenfreien Reproduktionsprozesses geprägt; entsprechend müssen Abstriche an der strengen Systemimmanenz, Zu-

[113] K.-P. Kisker, Politische Bedingungen der Durchsetzung einer alternativen Wirtschaftspolitik in der SPD, in: Argument – Sonderband, AS 35, Berlin (West) 1979, S. 35.

geständnisse an systemfremde Elemente gemacht werden. In der praktischen *Vollendung* der systemimmanenten Krisenüberwindung tritt das Moment der Systemimmanenz immer mehr zurück, um schließlich in der praktischen Organisation einer krisenfreien wirtschaftlichen Entwicklung ganz zu verschwinden.“[114]

Ansatzpunkte für eine derartige Strategie sollen die Verstaatlichung von bestimmten Bereichen der Wirtschaft und eine Ausweitung der Planung in der Wirtschaft generell sein.

„Die Aufgabe der Formulierung alternativer wirtschaftspolitischer Vorschläge wäre es demnach, den negativen Einfluß einer fehlorientierten Sachverständigenberatung durch die wissenschaftliche Abstützung von Gegenargumenten aufzuheben und diese Gegenargumentation publik zu machen. Diese Aufgabe der öffentlichen Meinungs(um)bildung müßte natürlich von allen Gruppen unterstützt werden, die unter der bisherigen Fehlorientierung der Politik besonders leiden. Dies gilt unter Berücksichtigung der Arbeitslosigkeit und der Einkommensentwicklung besonders für die Arbeitnehmer. Insofern wären auch bei dieser Problemsicht die Gewerkschaften mit der Aufgabe angesprochen, das Gewicht ihrer Organisation für eine andere Ausrichtung der Politikberatung einzusetzen. In diesem Sinne wären die Gewerkschaften als Organisation Ansprechpartner einer alternativen Konzeption. Dies aber hätte in bewußter Zusammenarbeit mit den gewerkschaftlichen Abstimmungs- und Entscheidungsgremien auf andere Weise erfolgen müssen, als durch die Sammlung von Unterschriften im gewerkschaftlichen Raum, ohne sich mit den in den Gewerkschaften bereits vertretenen Auffassungen auseinanderzusetzen. Aus dieser Sicht wäre zumindest die Strategie der Verfasser der Memoranden denkbar ungeschickt.“[115]

[114] J. Huffschmid, Möglichkeiten systemimmanenter Krisenüberwindung?, in: Alternative Wirtschaftspolitik, Argument — Sonderband, AS 35, a. a. O., S. 91.

[115] R. Henschel, Wer kann der politische Adressat einer alternativen Wirtschaftspolitik in der Bundesrepublik Deutschland

Geht man jedoch davon aus, daß die Verfasser der Memoranden gerade auf die teilweise sehr konkreten wirtschaftspolitischen Vorschläge das entscheidende Gewicht legen, „so kommen die Gewerkschaften als Adressaten nicht in Frage, denn sie können wirtschaftspolitische Vorschläge dieser Art nicht umsetzen. Sollen diese Vorschläge mehr als nur eine Flankierung lohnpolitischer Forderungen sein, so käme als einziger Adressat der Memoranden nur der Staat selbst in Frage. Hier muß man allerdings fragen, wie eine relativ kleine Wissenschaftlergruppe, die selbst unter den Kritikern des Sachverständigenrats noch isoliert ist, Einfluß auf die Politik nehmen will, ohne zusammen mit allen anderen Kritikern des Sachverständigenrates eine andere wissenschaftliche Mehrheitsmeinung demonstrieren zu können. Diese schon mehrmals angeschnittene Frage muß leider offenbleiben.“ [116]

Die Reaktion der verschiedenen Adressaten auf die Vorschläge der Memoranden war, das bezeugen die eben zitierten – aber auch andere – Stellungnahmen, sehr unterschiedlich. Dennoch wird man feststellen müssen, daß Parteien wie die SPD oder die Grünen vieles fordern, was auch im Forderungskatalog der Memorandengruppe fest verankert ist. Bei zahlreichen Problemen, zum Beispiel der Abschwächung der Massenarbeitslosigkeit, besteht ein mehr oder minder ausgesprochener Grundkonsens, der für Initiativen in der Gesetzgebung oder für wirtschaftspolitische Maßnahmen sehr wichtig ist und die Grundlage abgibt für Verbesserungen der ökonomischen Situation. Die Bedeutung der Memoranden besteht somit u. a. darin, kontinuierlich kritische Probleme benannt, die zuständigen Adressaten angesprochen und verantwortungsbewußte Kräfte zum Handeln veranlaßt zu haben.

Die Realisierungsproblematik wird vom Problem her auch auf realistische Zeithorizonte bezogen, indem kurz-, mittel- und langfristige Ziele formuliert werden.

sein?, in: Alternative Wirtschaftspolitik, Argument-Sonderband AS 52, a. a. O., S. 10/11.

116 Ebenda.

Kurzfristig soll die gesamtwirtschaftliche Nachfrage gesteigert und die Arbeitszeit verkürzt werden. (Ersteres ist eine bekannte keynesianistische Forderung.) In Verbindung damit sollen staatliche Maßnahmen ergriffen werden, die die Nachfragestimulierung und Arbeitszeitverkürzung absichern sollen, da das Monopolkapital Gegenstrategien einleiten wird. Zu den staatlichen Maßnahmen gehören Auflagen und Preiskontrollen.

Mittel- und langfristig sollen gesellschaftliche Lenkungsinstitutionen geschaffen und gegen die privatkapitalistischen Entscheidungszentren ins Spiel gebracht werden. Damit sollen Krisen abgeschwächt und gesellschaftliche Interessen über mehr Mitbestimmung, Rahmenplanung und Vergesellschaftung wichtiger Unternehmen durchgesetzt werden.

Exkurs

Öffentliche Resonanz der Memorandengruppe

Bereits kurze Zeit nach ihrem ersten öffentlichen Auftreten nahmen Presse, Fernsehen, wissenschaftliche Interessenten und Organisationen von der „Arbeitsgruppe Alternativen der Wirtschaftspolitik" Kenntnis, teils kritisch, teils zustimmend. Inzwischen werden die jährlich Ende April erscheinenden Memoranden kaum weniger beachtet als vergleichbare Publikationen bürgerlich-konservativer Kräfte.

In Presseerklärungen wurde zumeist ein differenziertes Bild vermittelt. So hieß es im „Vorwärts", die Memorandengruppe lebe von der „Unschärfe" der Darstellung und wiederhole seit Jahren im Prinzip die gleichen Vorschläge, wirke gewissermaßen als Wiederholungstäter.[117]

Aus der konservativ orientierten bürgerlichen Ökonomie

[117] Vgl. Vorwärts vom 9. 7. 1981, S. 19.

kommt regelmäßig heftige Kritik. Diese Kritik wird indirekt oder direkt, sachbezogen oder propagandistisch überzogen vorgebracht. Die Einwände sind weitgehend mit den Positionen des Sachverständigenrates der BRD identisch und gehen in jene Richtung, die Roland Vaubel eingeschlagen hat.[118]

Vaubel stellt einerseits die Sachaussagen der Memorandengruppe vor und differenziert andererseits zwischen keynesianistischen und marxistischen Elementen. Letztere seien geringer an Zahl, „aber stärker an Gewicht"[119]. Was er als „marxistisch" interpretiert, hat teilweise mit Marxismus nichts zu tun. Bemängelt wird von Vaubel prinzipiell, daß von den Memorandenökonomen zu viele Maßnahmen vorgeschlagen werden, um die Arbeitslosigkeit zu beseitigen, obwohl es sich dabei nur um ein einzelnes Ziel handelt. Jedem wirtschaftspolitischen Ziel sollte nur das jeweils effizienteste Instrument zugeordnet werden.

Ist schon diese Kritik nicht begründet, weil die Arbeitslosigkeit – wenn überhaupt – nur mit einer Vielzahl von Maßnahmen verringert werden kann, so gilt das auch für Vaubels Bemerkung, die verschiedenen widerstreitenden Vorschläge erweckten den Verdacht, daß die Memorandentheoretiker entweder „jedem einzelnen ihrer Vorschläge zu wenig vertrauen, als daß sie sich ganz auf ihn verlassen möchten, oder aber, daß sie mit einer Ausnahme alle vorgeschlagenen Maßnahmen als für die Erreichung der Vollbeschäftigung vergleichsweise ungeeignet betrachten, das Ziel der Vollbeschäftigung also nur vorgeschoben ist"[120].

Vaubel wendet sich vor allem gegen die „Kaufkrafttheorie des Lohnes", nach der „die Arbeitslosigkeit verschwinden würde, wenn die Löhne stark genug erhöht würden, weshalb dann noch eine antizyklische oder langfristige ‚expansive' Ausgabenpolitik des Staates oder eine Ver-

[118] Vgl. R. Vaubel, Alternativen der Wirtschaftspolitik? Das Memorandum der 130. Eine Widerlegung, in: Wirtschaftspolitik – kontrovers, hg. von D. B. Simmert, a. a. O.

[119] Ebenda, S. 159.

[120] Ebenda.

staatlichung der Produktionsmittel um die Arbeitslosigkeit zu bekämpfen?“[121]

Die sogenannte Kaufkrafttheorie des Lohnes sei in zweierlei Hinsicht unvollständig. „Sie ignoriert sowohl die sich ergebenden Umschichtungen auf der Nachfrageseite als auch die Rentabilitätswirkungen auf der Angebotsseite.“[122] Für Vaubel kann jede Art von Arbeitslosigkeit außer der rein friktionellen (Arbeitsplatzwechsel) durch eine Anpassung der Reallöhne beseitigt werden; denn jede Arbeitslosigkeit „beruhe stets auf einer Überhöhung der Reallöhne“. Nach seiner Ansicht würden die von den Autoren der Memoranden vorgeschlagenen Maßnahmen zwangsläufig die Arbeitslosigkeit in der BRD weiter verschärfen und das „Wachstum des Volks- und Welteinkommens reduzieren“[123].

Vaubel will nachweisen, daß die Arbeitslosigkeit durch Lohnerhöhung nicht vermindert, sondern vergrößert wird, und zwar kurzfristig und bei Existenz freier Kapazitäten. Es sei nicht sinnvoll, daß der Staat die Beschäftigung im öffentlichen Dienst erhöht, um die Arbeitslosigkeit zu vermindern; eine staatliche Beschäftigungsgarantie müßte den Anstieg der Löhne beschleunigen. Arbeitszeitverkürzungen ließen sich nicht „beschäftigungspolitisch“, sondern nur mit Veränderungen des Freizeitwertes und des Arbeitsleides begründen. Eine Arbeitszeitverkürzung bei vollem Lohnausgleich würde die Arbeitslosigkeit verschärfen.

Vaubels Argumentation zielt vor allem darauf ab, Lohnerhöhungen zu verhindern und damit die soziale Position der Werktätigen zu verschlechtern. Sie soll ferner helfen, eine Vergesellschaftung der Produktionsmittel als überflüssig hinzustellen. Gerade diese aber ist bekanntermaßen die entscheidende Voraussetzung für eine Beseitigung der Massenarbeitslosigkeit.

121 Ebenda.
122 Ebenda.
123 Ebenda, S. 171/172.

Eine andere Auseinandersetzung mit den Memoranden wählte H.-P. Spahn vom Institut für Wirtschaftspolitik an der Freien Universität in Westberlin. Spahn behauptet, Krise und Stagnation seien bei den Memoranden die unmittelbare Folge einer nicht nachfragewirksamen Verwendung von „überschüssigem Sparkapital": (Haushalts-) Ersparnisse und Profite werden nicht investiert. Aus einer solchen Diagnose, die sich zuerst explizit in der postkeynesianischen *Theorie* der säkularen Stagnation findet und die in letzter Zeit in modifizierter Form vom Memorandum aufgegriffen wurde, leitet sich die direkte wirtschaftspolitische Forderung ab, diese überschüssigen Einkommensteile über den Staat „in Nachfrage zu verwandeln". Zu klären sind nun insbesondere die einkommenstheoretischen Implikationen einer solchen Position, die nicht zuletzt in einer „falschen" Einkommensverteilung (d. h. in einer zu hohen Gewinnquote) sowohl die Ursache der Fehlentwicklung als auch den Ansatzpunkt zu ihrer Überwindung sieht.[124]

Die theoretische Position der Memoranden enthält wesentliche Elemente der Überspartheorie. Es lassen sich deshalb auch Grundmuster neoklassischen Denkens aufzeigen (insbesondere in den einkommenstheoretischen Passagen), die mit dem Anspruch kollidieren, eine (links-)keynesianische Analyse zu liefern. Das beginnt mit der Feststellung, daß Sparen die Bereitstellung von Kapital für die Investition bedeute; in einer echten Wettbewerbswirtschaft müßten die Unternehmen über den Zins um das Kapitalangebot der privaten Haushalte konkurrieren. Die Ersetzung der Kredit- durch die Innenfinanzierung via einbehaltener Gewinne wird deshalb als „Ausdruck der Perversion des marktwirtschaftlichen Funktionsmechanismus" gerügt. Im Monopolkapitalismus existiert diese heile Welt jedenfalls nicht mehr; die Investitionen werden in erster Linie aus den

[124] Vgl. H.-P. Spahn, „Überschüssige" Ersparnisse und Profite als Ursache der Stagnation?, in: WSI-Mitteilungen, 5/1983, S. 281.

Profiten getätigt, womit sich eine gewisse Annäherung an die klassische bzw. marxistische Position vollzieht. Dem *vorkeynesianischen Denkmuster folgend sehe das Memorandum das zentrale Problem darin*, daß die *Investitionen zu gering sind, um Ersparnisse und (Monopol-)Profite* zu „absorbieren".[125]

[125] Ebenda, S. 286.

VIERTES KAPITEL

Alternative ökonomische Konzeptionen in Frankreich und Probleme ihrer Durchsetzung

Die bedeutende politische und ökonomische Stellung Frankreichs in der Welt (Siegermacht im zweiten Weltkrieg, ständiges Mitglied des UNO-Sicherheitsrates, Atommacht, nach der BRD zweitgrößtes ökonomisches Potential Westeuropas) läßt es allein schon lohnenswert – und vor allem notwendig – erscheinen, sich mit alternativen ökonomischen Vorstellungen in Frankreich zu beschäftigen. Tatsächlich ist alternatives ökonomisches Denken in Frankreich sehr verbreitet.

Der Begriff „alternativ" steht hier vor allem für solche ökonomischen Konzeptionen, die sich im Rahmen demokratischer und antimonopolistischer Orientierung bewegen. Mit diesen Konzeptionen soll eine ökonomische Politik betrieben werden, die sich – im Gegensatz zur konservativen Wirtschaftspolitik des drastischen Durchsetzens monopolistischer Profitinteressen, rigorosen Sozialabbaus und Reallohnsenkungen – mehr an den Interessen der Werktätigen orientiert, negative soziale Konsequenzen der Produktivkraftentwicklung unter kapitalistischen Verhältnissen abschwächt und wesentliche Ansatzpunkte bietet, um gesellschaftlichen Fortschritt schrittweise durchzusetzen.

Es wird deutlich, daß es in bezug auf die Formulierung aktueller Aufgaben einer alternativen Wirtschaftspolitik und in den Hauptpunkten der Auseinandersetzung mit konservativer Ideologie, Politik und Praxis zum Teil Übereinstimmung mit marxistischen Positionen gibt, was die aktive Mitarbeit von Kommunisten bei der Realisierung dieser alternativen Forderungen ermöglicht und in bezug auf die Stabilisierung demokratischer Errungenschaften auch unverzichtbar erfordert.

Das von der Parti communiste française (Französische Kommunistische Partei – FKP) und der Parti socialiste (Sozialistische Partei – SP) unterzeichnete Programme commun (Gemeinsames Regierungsprogramm – GRP) von 1972, das der Bildung einer Linksunion Ausdruck verlieh, beinhaltet die am weitesten entwickelte gesellschafts- und wirtschaftspolitische Alternative, die von linken politischen Parteien in Westeuropa bisher gemeinsam vorgelegt wurde.

Auch wenn es als *politisches* Programm, also als verbindliches Dokument einer Linksregierung, keine Gültigkeit mehr besitzt, ist mit ihm doch unwiderruflich ein bestimmtes, hohes Anspruchsniveau in bezug auf ein zu vereinbarendes Regierungsprogramm einer Linksregierung für den Fall eines Sieges bei Präsidentschafts- und Parlamentswahlen vorgegeben. Nur so werden auch die programmatischen Dokumente der SP seit den siebziger Jahren („Pour le socialisme“ – Für den Sozialismus, 1974; „Quinze Thèses sur l'Autogestion“ – 15 Thesen über die Selbstverwaltung, 1975; „Projet socialiste“ – Das sozialistische Projekt, 1980; „Cent dix propositions socialistes pour la France“ – 110 Vorschläge für Frankreich, 1981) verständlich.

Seit 1966 besteht mit den *C*entre d'*E*tudes, de *R*echerches et d'*E*ducation *S*ozialiste (Studienzentrum für sozialistische Forschung und Erziehung CERES) eine starke linkssozialistische Strömung innerhalb der SP, die für ein breites Linksbündnis eintritt und weitreichende Alternativvorstellungen entwickelt hat.

Eine Behandlung alternativer ökonomischer Auffassungen des CERES ist von Bedeutung, weil seine Vertreter führend an den Verhandlungen beteiligt waren, die zur Unterzeichnung des GRP von 1972 führten und die wesentlichen Anteil an der Ausarbeitung von Parteiprogrammen der SP hatten und haben. Außerdem müssen gerade in der gegenwärtigen internationalen Situation die Differenzierungsprozesse innerhalb der Sozialdemokratie analysiert und solche Positionen kritisch gewürdigt werden, die sich der gegenwärtigen imperialistischen Strategie deutlich entgegenstellen, demokratische Forderungen im Inneren und nach außen verfechten und insgesamt die mehr an Arbeiterinteressen orientierte Klassentendenz in der Sozialdemokratie zum Ausdruck bringen.[1]

Die besondere Aktualität einer Beschäftigung mit alternativen ökonomischen Auffassungen in Frankreich ergibt sich daraus, daß der Sieg der Linksparteien bei den Präsidentschafts- und Parlamentswahlen 1981 bedeutende Möglichkeiten für tiefgreifende sozialökonomische, politische und kulturelle Wandlungen eröffnete. Vor allem bis etwa Mitte 1982 wurden wesentliche Elemente eines alternativen wirtschaftspolitischen Programms auch wirtschaftspraktisch umgesetzt.

Im folgenden wird zunächst kurz auf die ökonomische Situation in Frankreich am Beginn der achtziger Jahre eingegangen. Im zweiten Abschnitt geht es um die Einschätzung des GRP von FKP und SP von 1972. Im dritten Abschnitt wird zum Verhältnis von Anspruch und Durchsetzung alternativer Wirtschaftspolitik seit Mai 1981 Stellung genommen. Der vierte Abschnitt hat eine Einschätzung der alternativen ökonomischen Vorstellungen des CERES und seiner Positionen zur französischen Wirtschaftspolitik seit Mai 1981 zum Gegenstand.

[1] Weiterführende prinzipielle Ausführungen zu Rolle und Funktion der sozialdemokratischen Bewegung in den gegenwärtigen Klassenauseinandersetzungen bei: U. Plener, Zur politischen Rolle der Sozialdemokratie in der Gegenwart, in: Zur Kritik der sozialdemokratischen Regierungspolitik in den 70er und zu Beginn der 80er Jahre, Berlin 1984, S. 5ff. (Thematische Information und Dokumentation, hg. von der Akademie für Gesellschaftswissenschaften beim ZK der SED, Reihe B, 43/1984).

1. Die ökonomische Situation in Frankreich zu Beginn der achtziger Jahre

Frankreich gehört zu den führenden imperialistischen Industrieländern und verfügt – nach der BRD – in Westeuropa über das größte ökonomische Potential.

Von Mitte 1980 bis 1983 befand sich Frankreich (wie auch alle anderen imperialistischen Industrieländer) in einer zyklischen Überproduktionskrise; die wirtschaftliche Entwicklung seit 1983 ist im wesentlichen durch eine Depressionsphase geprägt (vgl. Tab. 1).

Tabelle 1: Industrieproduktion (Index 1975 = 100)

	OECD-Länder insg.	USA	Japan	BRD	Frankreich	Großbritannien	Italien
Vorkrisenhöchststand	126	129,6	141,8	119	121	118,1	136,1
1980	123	124,8	137,4	117	118	108,5	127,7
1981	123	128,2	138,8	116	117	104,2	125,0
1982	118	117,7	139,9	113	115	106,4	121,7
1983	122	125,3	144,2	114	116	109,5	115,6
1984/I	129	135,5	154,3	117	116	111,6	126,8

Quelle: Jahresbericht 1984. Zur Wirtschaftslage imperialistischer Länder, in: IPW-Berichte, 8/1984, S. 27.

Ein Überblick über die wirtschaftliche Lage Frankreichs soll hier anhand der Einschätzung ökonomischer Eckdaten erfolgen.

Gemessen am Bruttoinlandsprodukt der 24 OECD-Staaten rangiert Frankreich nach den USA, Japan und der BRD auf der vierten Position (vgl. Tab. 2.)

Um das Entwicklungsniveau der Industrieproduktion

Tabelle 2: Bruttoinlandsprodukt der führenden OECD-Staaten (in Mrd. US-Dollar, zu Preisen und Wechselkursen von 1975)

	USA	Japan	BRD	Frankreich	Großbritannien	Italien
1975	1538,8	498,8	417,2	338,8	232,5	192,1
1980	1815,8	640,6	496,1	398,0	251,0	231,9
1981	1870,4	666,4	495,7	399,1	247,8	232,2
1982	1826,3	687,7	490,5	405,4	253,6	231,4
1983	1890,2	708,3	496,7	407,4	259,9	228,0

Quelle: Jahresbericht 1984. Zur Wirtschaftslage imperialistischer Länder, in: IPW-Berichte, 8/1984, S. 48.

Frankreichs sowie seine Positionen im internationalen Vergleich zu verdeutlichen, müssen vor allem auch die Industriezweige, die die sich weltweit vollziehende wissenschaftlich-technische Revolution entscheidend mitbestimmen, berücksichtigt werden. Dazu gehören die Nuklear- und die Weltraumtechnik, der gesamte Bereich der Rohstoff- und Energiesubstitution, die Elektronik sowie der Roboterbau. Hervorzuheben sind Frankreichs Erfolge im Bereich der Nukleartechnik, insbesondere bei der friedlichen Nutzung der Atomkraft zur Energieerzeugung. 1980 produzierte Frankreich 23,5 % seiner gesamten Elektroenergie in Kernkraftwerken und übernahm damit den vierten Rang nach der Schweiz, Belgien und Schweden und vor Japan, Großbritannien, den USA, der BRD und Kanada.[2] Die Stellung Frankreichs in bezug auf die absolute Größe der Kernkraftwerkskapazität verdeutlicht Tabelle 3.

Die Priorität, die Frankreich bei der Energieerzeugung auf die Kernkraft legt, resultiert u. a. daraus, daß es zur Dek-

[2] Vgl. M. Pecquer, L'offre mondiale d'énergie nucleaire, in: Problèmes économiques (Paris), Nr. 1751 vom 9. 12. 1981, S. 21.

Tabelle 3: Stand der Kernenergieprogramme in den OECD-Ländern (in Gigawatt am Jahresende 1981)

	in Betrieb	Länderschätzung 1990
USA	56,4	121,0
Frankreich	22,0	56,0
Japan	15,7	51,0
BRD	9,9	25,0
Großbritannien	6,4	12,3
Italien	1,4	5,4
Insgesamt	131,7	319,4

Quelle: Internationale Energie-Agentur (IEA). Organisation für wirtschaftliche Zusammenarbeit und Entwicklung (OECD). Weltenergieausblick. Nomos Verlagsgesellschaft Baden-Baden, 1984, S. 388.

kung seines Energiebedarfs in hohem Maße auf den Import an Brennstoffen angewiesen und damit von den Preisbewegungen auf internationalen Märkten abhängig ist. Vor allem aufgrund der Veränderungen in den Ausgaben für die Ölimporte erhöhte sich der Anteil der Aufwendungen für die Einfuhr mineralischer Brennstoffe am Bruttosozialprodukt für Frankreich zwischen 1970 und 1980 von 1,3 auf 4,8.[3]

Erfolge hat Frankreich auch in der Weltraumforschung und der Raumfahrt zu verzeichnen, wo es nach der UdSSR und den USA den dritten Rang in der Welt einnimmt.[4]

Auch in bezug auf die Nutzbarmachung neuer, alternativer Energiequellen, wie Sonnenenergie und Biogas, gehört Frankreich zu den führenden imperialistischen Industriestaaten.[5]

Gleiches gilt für die Aktivitäten zur Erschließung neuer Rohstofflagerstätten in den Weltmeeren, bei der sich die

[3] Vgl. Strukturwandel und Strukturkrisen im gegenwärtigen Kapitalismus, in: IPW-Forschungshefte, 4/1983, S. 32.
[4] Vgl. L'Humanité (Paris) vom 25. 6. 1982, S. 9.
[5] Vgl. Le Monde (Paris) vom 30. 10. 1981, S. 44.

französische Unternehmensgruppe AFERNOD seit Mitte der siebziger Jahre an der Entwicklung und Erprobung untermeerischer Abbausysteme beteiligt.[6]

Auf dem Gebiet der Elektronikindustrie bleibt Frankreich hinter den führenden Staaten zurück. Es existiert eine deutliche „technologische Lücke" zu Japan, den USA sowie der BRD.[7] In bezug auf den Einsatz von Industrierobotern in wichtigen kapitalistischen Industrieländern nimmt Frankreich den sechsten Platz ein (vgl. Tab. 4).

Tabelle 4: Einsatz von Industrierobotern (in 1000 Stück)

	1981	1985*	1989*
Japan	14,2	100,4	327,0
USA	4,7	15,0	100,0
BRD	1,4	5,0	12,0
Großbritannien	0,7	3,0	21,5
Schweden	0,7	2,3	5,0
Frankreich	0,6	1,0	1,5

* Schätzung.

Quelle: Industrieroboter auf dem kapitalistischen Weltmarkt, in: IPW-Berichte, 10/1983, S. 52.

Gegenwärtig muß Frankreich ca. 50 % des Bedarfs an Industrierobotern importieren.[8] Führende französische Herstellerfirma ist Renault, mit 450 produzierten Industrierobotern (1982), die damit auf dem zehnten Platz der Produzentenfirmen rangiert.[9]

[6] Vgl. Zukunftsträchtige Rohstoffquellen, in: Horizont, 8/1982, S. 25.

[7] Vgl. Frankreichs Produktion und Absatz von elektronischen Bauelementen, in: DDR-Außenwirtschaft, 32/1981, S. 11; Neue Tendenzen der ökonomischen und politischen Integration der EG-Staaten, in: IPW- Forschungshefte, 3/1985, S. 33 f.

[8] Frankreich: Industrieroboter. Staat fördert Produktion und Einsatz, in: Dokumentationen zur Außenwirtschaft, 15/1984, S. 28.

[9] Vgl. R. Weiß, Kapitalistischer Industrieroboterbau im Prozeß rascher Modernisierung, in: IPW-Berichte, 11/1982, S. 38.

Was Prozesse der Konzentration und Zentralisation des Monopolkapitals anbetrifft, so nehmen – nach dem Umsatzvolumen von 1982 – französische Unternehmen folgende Positionen im westeuropäischen Vergleich ein:

– Erdölindustrie Rang 5 (CFP);
– chemische Industrie Rang 8 (Rhône-Poulenc);
– Elektrotechnik/Elektronik Rang 3 (CGE);
– Autoindustrie Rang 2 (Renault);
– Maschinen- und Anlangenbau Rang 3 (Schneider);
– Nahrungs- und Genußmittelindustrie Rang 7 (BSN);
– Textil- und Bekleidungsindustrie Rang 4 (Prouvost);
– Bauwirtschaft Rang 2 (SCREB).[10]

Verstärkt seit Anfang der sechziger Jahre investiert Frankreich enorme finanzielle und materielle Mittel in den Ausbau seines militärischen Sektors, was notwendige Investitionen und Möglichkeiten zu Strukturveränderungen in anderen Bereichen der Wirtschaft einschränkt. Priorität hat dabei die ständige Modernisierung und der Ausbau der Kernwaffenstreitkräfte, bei gleichzeitiger Weiterentwicklung moderner konventioneller Waffensysteme. So wuchsen die Rüstungsausgaben von 1980 bis 1983 von 111,672 auf 118,676 Mrd. FF (zu Preisen von 1980).[11] Frankreich wurde nach den USA zum zweitgrößten Waffenproduzenten und Waffenexporteur im kapitalistischen System.[12] Die Rüstungsexportaufträge Frankreichs stiegen von 4 Mrd. FF 1972 auf 41,6 Mrd. FF 1982.[13]

Wesentlichen Einfluß auf die Position Frankreichs in der Weltwirtschaft hat auch die Tatsache, daß Frankreich zu den wichtigsten Produzentenländern und Expoteuren von landwirtschaftlichen Produkten zählt (vgl. Tab. 5).

[10] Vgl. Frankreich: Die 50 größten Industrieunternehmen, in: Dokumentationen zur Außenwirtschaft, 12/1984, S. 5.

[11] Vgl. Die Rolle der Rüstung in der Wirtschaft des heutigen Kapitalismus, in: IPW-Forschungshefte, 4/1984, S. 15.

[12] Vgl. K. Engelhardt/K. Berndt, Militärische Forschung und Entwicklung in der imperialistischen Hochrüstung, in: IPW-Berichte, 6/1981, S. 14.

[13] Vgl. Die Rolle der Rüstung in der Wirtschaft des heutigen Kapitalismus, a. a. O., S. 16.

Günstige natürliche Bedingungen und eine entwickelte materiell-technische Basis liegen diesem landwirtschaftlichen Potential zugrunde.

Tabelle 5: Selbstversorgungsgrad bei wichtigen landwirtschaftlichen Erzeugnissen 1979/80 (in %)

	BRD	Frankreich	Großbritannien	Italien	EG(9)
Getreide insgesamt	87	165	78	67	96
Kartoffeln	90	105	95	99	101
Zucker	127	200	44	87	124
Rindfleisch	102	108	78	62	100
Kalbfleisch	66	107	139	69	106
Schweinefleisch	95	83	63	88	101
Geflügelfleisch	60	120	100	99	105
Butter	133	115	45	70	121
Magermilchpulver	207	107	329	–	131
Käse	96	122	71	75	108
Wein	58	103	–	135	103

Quelle: Ausgewählte Daten zur Situation der Landwirtschaft in der EG, in: IPW-Berichte, 6/1982, S. 73.

Frankreichs Positionen innerhalb der Weltwirtschaft werden darüber hinaus entscheidend durch seine Teilnahme an der internationalen Arbeitsteilung und am Welthandel charakterisiert (vgl. Tabelle 6).

Die in Tabelle 6 aufgezeigten Defizite Frankreichs sind Ausdruck der Strukturkrisen in einer Reihe von Zweigen, die dem Druck produktiverer Unternehmen in anderen imperialistischen Industrieländern (insbesondere BRD, USA, Japan) und kostengünstiger produzierender Zweige in Entwicklungsländern ausgesetzt sind. Eine zunehmende Tendenz zur Verminderung des Handelsbilanzdefizits seit 1983 resultiert vor allem aus der durch die „Politik der

Tabelle 6: Daten zur Außenwirtschaft imperialistischer Hauptländer

	USA	Japan	BRD	Frankreich	Großbritannien	Italien
Warenexport (Mrd. US-Dollar)						
1982	212,21	38,3	175,5	92,4	97,2	73,4
1983	200,51	47,0	168,7	91,2	91,8	72,7
1984	217,91	69,8	171,0	93,1	94,2	73,4
Warenimport (Mrd. US-Dollar)						
1982	254,9	131,1	154,0	115,4	99,7	85,9
1983	269,9	126,5	151,9	105,0	100,1	80,4
1984	341,2	136,1	152,0	103,4	105,2	84,3
Außenhandelsbilanz (Mrd. US-Dollar)						
1982	− 42,7	+ 7,2	+21,5	−23,1	− 2,5	−12,5
1983	− 69,4	+20,5	+16,8	−13,8	− 8,3	− 7,5
1984	−123,3	+33,7	+19,0	−10,3	−11,0	−10,9
Warenexport (real), Veränderung gegenüber dem Vorjahr, von hundert						
1982	−11	− 3	+2	−3	+3	0
1983	− 6	+ 7	0	+4	+1	+4
1984	+ 7	+15	+9	+6	+8	+7
Warenimport (real), Veränderung gegenüber dem Vorjahr, von hundert						
1982	− 4	0	+1	+3	+ 4	+2
1983	+10	− 1	+4	−2	+ 8	−1
1984	+24	+12	+5	+3	+10	+8
Leistungsbilanz (Mrd. US-Dollar)						
1982	− 7,4	+ 7,6	+4,1	−11,5	+9,6	−6,6
1993	− 41,6	+20,8	+6,2	− 4,4	+3,9	+0,6
1984	−101,6	+35,0	+3,3	− 0,1	+0,1	−2,9

Quelle: Jahresbericht 1985. Zur Wirtschaftslage imperialistischer Länder, in: IPW-Berichte, 8/1985, S. 33.

Strenge“ (politique de rigueur) hervorgerufenen Nachfragedrosselung im Inland und des Abbaus von Erdölvorräten, andererseits aus dem Zuwachs des Exportvolumens. Die merkliche Steigerung der Nachfrage nach französischen Produkten ist vor allem darauf zurückzuführen, daß einige entwickelte kapitalistische Länder 1983 in die Phase des zyklischen Aufschwungs eingetreten sind. Exportfördernd wirkte auch die Abwertung des Franc. Allerdings existiert nach wie vor ein starker außenwirtschaftlicher Druck, der vor allem an der hohen Auslandsverschuldung (Anfang 1984 bei 54 Mrd. Dollar)[14] und der Währungslabilität (3 Abwertungen des Franc seit Mai 1981) sichtbar ist (vgl. Tab. 7).

Tabelle 7: Die Kursentwicklung des französischen Franc gegenüber den 14 wichtigsten kapitalistischen Währungen (1966 = 100)

1970 = 91,3	1981 = 87,6
1975 = 94,4	1982 = 83,0
1980 = 93,2	1983 = 79,6

Quelle: Französischer Franc. Zur Kursentwicklung 1966 bis 1983, in: Dokumentationen zur Außenwirtschaft, Nr. 40, vom 3. 10. 1984, S. 8.

Im einzelnen sind bei der Kursentwicklung des französischen Franc – im Verhältnis von 1983 zu 1966 – besonders die fast 70%ige Abwertung gegenüber dem Schweizer Franken sowie die Abwertung um mehr als 50 % gegenüber der DM und dem japanischen Yen hervorzuheben.[15]

Auf dem Gebiet der Preisentwicklung ist es Frankreich bisher nicht gelungen, sich dem „Inflationsniveau“ seiner wichtigsten Konkurrenten anzunähern (vgl. Tab. 8).

[14] Vgl. Jahresbericht 1984. Zur Wirtschaftslage imperialistischer Länder, in: IPW-Berichte, 8/1984, S. 47.

[15] Vgl. Französischer Franc. Zur Kursentwicklung 1966 bis 1983, in: Dokumentationen zur Außenwirtschaft, 40/1984, S. 8.

Tabelle 8: Verbrauchspreise in imperialistischen Hauptländern (Veränderungen gegenüber dem Vorjahr bzw. dem gleichen Vorjahreszeitraum, in %)

	USA	Japan	BRD	Frankreich	Großbritannien	Italien
1981	+10,2	+4,9	+6,3	+13,4	+11,9	+18,7
1982	+ 6,0	+2,8	+5,3	+11,8	+ 8,5	+16,3
1983	+ 3,2	+1,9	+3,3	+ 9,6	+ 4,6	+14,6
1984	+ 4,3	+2,2	+2,4	+ 7,4	+ 5,0	+10,6
1985/I	+ 3,6	+1,9	+2,3	+ 6,5	+ 5,5	+ 9,3
1985/II	+ 3,7	+2,1	+2,4	+ 6,5	+ 7,0	+ 9,4
1985/III	+ 3,4	+2,1	+2,2	+ 5,7	+ 6,0	+ 9,1

Quelle: Daten zur wirtschaftlichen Lage imperialistischer Länder, in: IPW-Berichte, 1/1986, S. 64.

Das soziale Problem Nummer 1 ist auch in Frankreich die hohe Arbeitslosigkeit. Ihre Entwicklung, auch in Gegenüberstellung zur Situation in anderen imperialistischen Industrieländern, wird in Tabelle 9 veranschaulicht.

Bis Dezember 1984 stieg die Arbeitslosigkeit auf 2400800 (saisonbereinigt) an.[16]

Verschärfend zur ohnehin hohen Arbeitslosigkeit in Frankreich kommt hinzu, daß ihr Ansteigen auch durch solche staatlichen Maßnahmen wie verlängerte Ausbildungszeiten (Praktika) für Jugendliche, Einführung befristeter Arbeitsverträge für Arbeitslose, vermehrtes Angebot an Teilarbeitszeit und Förderung des vorgezogenen Ruhestandes für Arbeitslose auf 55 Jahre nicht verhindert werden konnte.

[16] Vgl. L'Humanité vom 15. 1. 1985.

Tabelle 9: Arbeitslosigkeit und Arbeitslosenrate in imperialistischen Hauptländern

	USA		Japan		BRD		Frankreich		Großbritannien		Italien	
	in 1000	%	in 1000	%	in 1000	%	in 1000	%	in 1000	%	in 1000	%
1980	7637	7,1	1140	2,0	889	3,0	‘1451	7,8	1665	6,8	1698	7,6
1981	8273	7,6	1260	2,2	1272	5,5	1773	9,2	2520	10,5	1913	8,4
1982	10678	9,7	1360	2,4	1833	7,5	2008	10,3	2917	12,2	2068	9,1
1983	10717	9,6	1560	2,7	2258	9,1	2041	10,4	3105	13,0	2271	9,9
1984/I	9406	8,4	1710	3,0	2490	10,0	2252	11,4	3176	13,3	2520	–
1984/II	8420	–	1640	–	2166	–	2183	–	3074	–	2348	–
1984/II	8365	–	1580	–	2182	–	2280	–	3167	–	–	–

Quelle: Daten zur wirtschaftlichen Lage imperialistischer Länder, in: IPW-Berichte, 1/1985, S. 64.

2. Das Gemeinsame Regierungsprogramm der FKP und der SP von 1972

Das Zustandekommen dieses Programms war vor allem das Ergebnis des beharrlichen Eintretens der FKP für ein dauerhaftes Bündnis mit der SP im Kampf um antimonopolistisch-demokratische Umgestaltungen. Die Ergebnisse der Präsidentschaftswahlen vom Mai 1969 machten erneut deutlich, daß ohne ein breites demokratisches Bündnis, mit der FKP und der SP, keine echte Alternative zur Politik bürgerlicher Parteien denkbar ist.

Am 9. 7. 1972 billigten die nationale Parteikonferenz der FKP und der Konvent der SP das Abkommen über ein Gemeinsames Regierungsprogramm (GRP), das in der Nacht vom 26. zum 27. Juni 1972 durch den Generalsekretär der FKP, G. Marchais, und den Ersten Sekretär der SP, F. Mitterand, unterzeichnet wurde. Am 12. 7. 1972 trat der linke Flügel der Radikalen Partei (Mouvement des Radicaux de Gauche – MRG) unter der Führung von R. Fabre dem Abkommen bei.

In der Präambel des Programms[17] drücken beide Parteien ihren gemeinsamen Willen aus, „den Ungerechtigkeiten und der Willkür des gegenwärtigen Regimes ein Ende zu setzen“[18]. Als oberstes Ziel wird die Verbesserung der Lebensbedingungen, die Befriedigung der Bedürfnisse und Hoffnungen der arbeitenden Bevölkerung angesehen. Das Abkommen wird ausdrücklich nicht als Programm für den Aufbau des Sozialismus in Frankreich bezeichnet. Die vorgesehenen Maßnahmen sollen vielmehr den Weg zum Sozialismus eröffnen. Demnach handelt es sich aber auch keinesfalls etwa um eine Summe von Reformen zur Verbesserung und Stabilisierung des bestehenden Systems. Beide Parteien waren durch ihre eigenen Analysen zu der Überzeu-

[17] Vgl. Das gemeinsame Regierungsprogramm der Sozialisten und Kommunisten in Frankreich, hg. und eingel. von W. Goldschmidt, Frankfurt a. M. 1972, S. 12ff.
[18] Ebenda, S. 12.

gung gelangt, daß eine entscheidende Verbesserung der Lebensbedingungen der arbeitenden Bevölkerung tiefgreifende sozialökonomische Veränderungen zur Voraussetzung hat.

Das Dokument stellt ein geschlossenes Programm der Regierungstätigkeit für den Fall eines Sieges der Linkskräfte bei den Parlamentswahlen dar. Es geht von einer doppelten Zielstellung aus: Zum einen handelt es sich um die Befriedigung aktueller sozialer Bedürfnisse, andererseits sollen durch die Einleitung antimonopolistischer, demokratischer Strukturreformen optimale Bedingungen für weitergehende Schritte in Richtung Sozialismus geschaffen werden.

Der erste Teil befaßt sich mit den vorrangig zu lösenden sozialen Maßnahmen, um das Leben der arbeitenden Bevölkerung spürbar zu verbessern. Das betrifft die Veränderung der Arbeits- und Lebensbedingungen, insbesondere die Beseitigung der Arbeitslosigkeit und der chronischen Unterbeschäftigung, die gewerkschaftliche Mitbestimmung, die Steigerung der Kaufkraft der Löhne, die Sozialversicherung, den Wohnungsbau, die Volksbildung, die Entwicklung von Kultur und Sport, die Förderung der Jugend, der Frauen und der Familie in Stadt und Land.

Der zweite Teil beinhaltet Maßnahmen zur Demokratisierung der Wirtschaft, insbesondere die Nationalisierung der Schlüsselindustrien und des gesamten Bank- und Finanzsektors.

Im dritten Teil geht es um die Demokratisierung der staatlichen und gesellschaftlichen Institutionen und um die Gewährleistung und Erweiterung der demokratischen Rechte und Freiheiten der Bürger.

Der abschließende vierte Teil befaßt sich mit der internationalen Stellung Frankreichs, mit der Sicherung einer dem Frieden dienenden unabhängigen Außenpolitik. In diesem Abschnitt werden solche wichtigen Fragen angesprochen wie die allgemeine, umfassende und kontrollierte Abrüstung als das Hauptziel, der Verzicht auf strategische Atomstreitkräfte und die Umstellung der Atomwaffenindustrie auf friedliche Zwecke, unter Berücksichtigung der Interessen der von diesen Maßnahmen betroffenen Arbeiter.

In den politökonomisch relevanten Abschnitten geht es, linkskeynesianisch inspiriert, zunächst um eine erhebliche Stärkung der Kaufkraft, also der Nachfrage, vor allem durch Erhöhung der direkten Einkommen und der Sozialleistungen, Anhebung des SMIC (Salaire Minimum Interprofessionnel de Croissance – staatlich garantierter Mindestlohn) und Senkung der Steuern, die besonders auf den Massenkonsumgütern liegen.

Zu den wesentlichen Sofortmaßnahmen gehören eine Senkung der tatsächlichen Arbeitszeit für alle Lohn- und Gehaltsempfänger bei vollem Lohnausgleich auf 40 Wochenstunden, eine umfassende demokratische Steuerreform, die Erhöhung der Arbeitslosenunterstützung, die Erhöhung der Renten, schrittweise Durchsetzung einer kostenlosen medizinischen Betreuung, Maßnahmen zur Eindämmung der Bodenspekulation und zur Beseitigung des Wohnraummangels, Errichtung eines Ausgleichsfonds (nach dem Verursacherprinzip!) zum Kampf gegen Umweltschäden sowie Maßnahmen gegen die inflationäre Entwicklung und zur Sicherung der Preisstabilität. Wesentliche Kontrollaufgaben bei der Inflationsbekämpfung sollen den Werktätigen und ihren Gewerkschaften durch den Zugang zu allen Geschäftsunterlagen zufallen.

Eine strenge staatliche Kontrolle ist für Mieten, Grundnahrungsmittel und für Bildungs- und Kulturgüter vorgesehen.

Damit werden Probleme angesprochen, die von besonders großem allgemeinem Interesse sind, also, über sozialpolitische Sofortmaßnahmen hinausgehend, einen antimonopolistisch-demokratischen Weg zu tiefgreifenden gesellschaftlichen Veränderungen öffnen sollen.

Eine entscheidende Bedeutung zur Verwirklichung des Programms kommt der Nationalisierung der industriellen Schlüsselunternehmen und des gesamten Finanzwesens zu. So sieht das GRP die Nationalisierung von acht Schlüsselunternehmen und des gesamten Bank- und Finanzwesens vor. Der verbleibende umfangreiche privatkapitalistische Sektor soll einer demokratischen Kontrolle durch die Werktätigen unterworfen werden. Die Überschreitung einer Mindestschwelle bei der Nationalisierung, verbunden mit der Einführung demokratischer Mitbestimmungsprinzipien in den Unternehmen, soll es ermöglichen, die Macht der monopolistischen Zentren einzuschränken. Die schrittweise Durchführung der Nationalisierungen soll mit der wirtschaftlichen Entwicklung und den Forderungen der Massen verbunden werden. Weiter heißt es dazu: „Deshalb kann die Regierung, falls die Arbeiter den Wunsch äußern, ihr Unternehmen zu verstaatlichen oder zu nationalisieren, dies dem Parlament vortragen.“[19]

Die Umstrukturierung des Produktionsapparates soll schrittweise und flexibel gehandhabt werden, gemäß einer Strategie des industriellen Aufbaus, die den Erfordernissen des ökonomischen *und* sozialen Fortschritts Rechnung trägt. Ausdrücklich wird darauf hingewiesen, daß die geplanten Nationalisierungen nicht mit Verstaatlichungen gleichzusetzen seien. In diesem Zusammenhang wird auf die notwendige Schaffung neuer Strukturen in der Produktion und Leitung der Betriebe hingewiesen. Dabei gehe es nicht nur um eine Erweiterung der Befugnisse von betrieblichen Interessenvertretungen der Werktätigen, zum Beisipel auf dem Gebiet der Arbeits- und Erholungsbedingungen, sondern vor allem bei der Festlegung, Durchführung und Kontrolle der Produktions- und Investitionsvorhaben.

Die nationalisierten Unternehmen stellen laut GRP zweifellos das wichtigste Instrument dar, mit dem die wesentlichen Ziele eines demokratisch ausgearbeiteten Wirtschaftsplanes durchgesetzt werden sollen. Das demokratische Planungskonzept der Linksparteien knüpft historisch an antimonopolistische und strukturreformistische Traditionen der frühen „Planification“-Modelle der Resistance-Bewegung nach 1944 an und grenzt sich deutlich von der

[19] Ebenda, S. 38.

staatsmonopolistischen Regulierungspraxis in Frankreich seit de Gaulles Präsidentschaftsübernahme 1958, die sich zur Überwindung der Strukturschwächen des französischen Kapitalismus ebenfalls der „Planification“ bediente, ab.

Das Ziel der demokratischen Planung wird in der Befriedigung der individuellen und kollektiven Bedürfnisse gesehen. Demokratischen Charakter soll auch die Ausarbeitung des Planes tragen. Er soll unter breitester Einbeziehung der Werktätigen auf der Ebene der Betriebe, der regionalen und lokalen Gemeinschaften, der Verbraucherorganisationen vorbereitet und dann in letzter Instanz in der Nationalversammlung beraten werden. Die Durchführung des beschlossenen staatlichen Plans soll sich nach den Vorstellungen der Linken auf die aktive Mitarbeit der Werktätigen auf allen Ebenen, auf die Rolle des staatlichen Sektors – und dabei besonders der nationalisierten Schlüsselunternehmen – und schließlich auf die demokratische Neuordnung der Kreditpolitik, des Staatshaushaltes und des Steuerwesens stützen.

Zusammenfassend ist festzustellen, daß das GRP mit Forderungen nach demokratischer Nationalisierung der Schlüsselindustrien, nach demokratischer Mitbestimmung und demokratischer Wirtschaftsplanung wesentliche Elemente eines Kampfes um die Schaffung der ökonomischen Grundlagen einer antimonopolistischen Demokratie beinhaltet.[20]

20 Vgl. Die internationale kommunistische Bewegung, Red.: W. W. Sagladin, Berlin 1984. – Es werden hier folgende Forderungen in den Mittelpunkt des Kampfes für Demokratie unter den gegenwärtigen Bedingungen gerückt: „– Durchführung einer Politik des Friedens und der friedlichen Koexistenz zwischen Staaten mit unterschiedlicher sozialer Ordnung, die Entspannung durch effektive Maßnahmen zur Reduzierung der Rüstungen und zur Abrüstung zu bewahren und weiterzuentwickeln; Einstellung des Wettrüstens und Übergang zur Abrüstung; Entwicklung einer gegenseitig vorteilhaften Zusammenarbeit und eines besseren gegenseitigen Verstehens zwischen den Ländern und Völkern;

Zweifellos tritt in vielen Forderungen und Formulierungen der Kompromißcharakter des Programms deutlich zum Vorschein. Damit verbundene Probleme betreffen die Min-

— Verteidigung der nationalen Souveränität und der nationalen Interessen gegen den ausländischen und vor allem den USA-Imperialismus, gegen Anschläge der transnationalen Monopole und verschiedener staatsmonopolistischer Vereinigungen;
— Nationalisierung der wichtigsten Wirtschaftszweige und demokratische Kontrolle der Massen und der Massenorganisationen der Werktätigen über die nationalisierten und andere Betriebe;
— Durchführung einer Politik der demokratischen Planung der wirtschaftlichen Entwicklung, die nicht von den Interessen des Monopolkapitals, sondern von den Interessen der Werktätigen ausgeht;
— tiefgreifende Umgestaltungen in der Landwirtschaft im Interesse der Werktätigen auf dem Lande;
— Reform des Gesundheitswesens, des Bildungswesens, des Systems der Sozialfürsorge und anderer sozialer Bereiche im Interesse der Werktätigen;
— Pflege und Entwicklung der Nationalkultur, die zum Besitz des werktätigen Volkes werden muß;
— energische Maßnahmen zum Umweltschutz;
— Erweiterung der Mitbestimmung der Werktätigen und ihrer Massenorganisationen in allen Bereichen des Lebens der Gesellschaft und auf allen Ebenen, von den einzelnen Betrieben bis zur gesamtnationalen Ebene;
— Erweiterung der persönlichen und kollektiven demokratischen Rechte und Freiheiten; Aufhebung der gegen die Arbeiterbewegung und die demokratische Bewegung gerichteten Repressivgesetze; Liquidierung des politischen Terrorismus;
— Demokratisierung der Armee, der Polizei, der Sicherheitsdienste und der anderen Organe des bürgerlichen Staates, damit sie nicht von reaktionären Kräften gegen die Völker der eigenen Länder ausgenutzt werden können;
— das Abschwächen der Folgen der sich verschärfenden Krise auf die Werktätigen verhindern und Kampf für einen demokratischen Ausweg aus der Krise, der den nationalen Interessen der Volksmassen entspricht und den Weg zur sozialistischen Umgestaltung der Gesellschaft frei macht“ (ebenda, S. 345f.).
— Und in der Publikation: Arbeiterbewegung im Kapitalismus der Gegenwart. Revolutionstheoretische Grundfragen des Kampfes der Arbeiterklasse um Demokratie und Sozialismus unter den heutigen Bedingungen des staatsmonopolistischen Kapitalismus, Autorenkollektiv (Leitg. R. Reißig), Berlin 1980,

destschwelle der Nationalisierungen, die Überführung des monopolkapitalistischen Eigentums in demokratisch kontrolliertes Eigentum des Staates der antimonopolistischen Demokratie, die Finanzierungsquellen für demokratische Programme, vor allem aber auch die Berücksichtigung des kapitalistischen Umfeldes, den Grad der Einbettung Frankreichs in die internationale kapitalistische Arbeitsteilung, also das Problem einer alternativen Außenhandelsstrategie.

Die im GRP zum Ausdruck kommende Aktionseinheit von Kommunisten und Sozialdemokraten hatte sich unter dem Zeichen bevorstehender Wahlen, den Parlamentswahlen von 1973 und den Präsidentschaftswahlen von 1974, entwickelt. In den Wahlergebnissen (die Linkskräfte erhielten bei den Parlamentswahlen mit 46,3 % die höchste Stimmenzahl seit 20 Jahren; für den gemeinsamen Präsidentschaftskandidaten des Linksbündnisses F. Mitterand wurden 49,3 % der Stimmen abgegeben) widerspielgelte sich die Unzufriedenheit großer Teile der französischen Bevölkerung mit der Politik der Rechtsparteien und auch breite Zustimmung zum GRP, zu politischen und ökonomischen Veränderungen.

Im Zusammenhang mit der nach 1972 erfolgten Veränderung des Kräfteverhältnisses zwischen der FKP und der SP zugunsten der SP und mit dem gewachsenen inneren und äußeren Druck der politischen Reaktion und auch der internationalen Sozialdemokratie verstärkten sich die rechten

S. 205, werden vor allem folgende Aufgaben, die eine Regierung des antimonopolistischen Bündnisses in Angriff zu nehmen hätte, genannt: „Konstituierung und Ausdehnung eines demokratischen Wirtschaftssektors, Demokratisierung des übernommenen staatlichen Wirtschaftsmechanismus, Entwicklung einer demokratischen Planung, Durchsetzung einer demokratischen Mitbestimmung und Verwaltung, neue soziale und demokratische Rechte für die Werktätigen, eine offene, flexible und perspektivische Politik gegenüber den kleinen Gewerbetreibenden, den Handwerkern, Klein- und Mittelbetrieben sowie eine neue demokratische, nach antimonopolistischen Prinzipien strukturierte Haushalts- und Steuerpolitik, Währungs- und Außenhandelspolitik."

Tendenzen in der Politik der SP. Letztlich waren das wichtige Ursachen für das Scheitern der von der FKP initiierten Verhandlungen zur Aktualisierung des GRP, für dessen Aufkündigung und für den Bruch der Linksunion im Frühjahr 1978.[21]

Eine Verschlechterung der internationalen Konkurrenzfähigkeit der französischen Wirtschaft gegenüber den imperialistischen Hauptrivalen, vor allem in einigen Industriezweigen, die die sich weltweit vollziehende wissenschaftlich-technische Revolution entscheidend mitbestimmen, sich immer stärker abzeichnende Strukturkrisen, hohe Inflationsraten, eine defizitäre Leistungsbilanz, ein starkes Ansteigen der Arbeitslosigkeit und ein Zustand der an der Regierung befindlichen Parteien, der in starkem Maße durch Zerstrittenheit und Skandale geprägt war, ermöglichten die Erfolge der Linkskräfte bei den Präsidentschafts- und Parlamentswahlen von 1981.

3. Verhältnis von programmatischem Anspruch und tatsächlicher Durchsetzung linksorientierter Wirtschaftspolitik. Mai 1981 bis Juli 1984

Mit 51,76 % gegenüber 48,24 % der Stimmen für Giscard d'Estaing ging F. Mitterand aus dem zweiten Wahlgang zur Präsidentschaft (10. Mai 1981) als Sieger hervor. Entscheidenden Einfluß auf den Ausgang der Wahl hatte die Konzentration der Linkskräfte, die dadurch ermöglicht wurde, daß die FKP die 4,5 Mio Wähler ihres Kandidaten G. Marchais aufgerufen hatte, am 10. Mai für F. Mitterand zu stimmen.

Bei den Wahlen zur Nationalversammlung konnten die Linksparteien den am 10. Mai errungenen Erfolg auf par-

[21] Ausführlicher wird darauf eingegangen in: G. Lindenau, Entwicklung der Aktionseinheit von FKP und FSP (1969–1975), in: Beiträge zur Geschichte der Arbeiterbewegung, 6/1979, S. 855ff.

lamentarischer Ebene ausbauen und insgesamt 124 Mandate hinzugewinnen. Die Errichtung der politischen Führung durch eine von der SP geführte Linksregierung setzte der 23jährigen ungeteilten Herrschaft bürgerlicher Parteien ein Ende und leitete eine neue Phase in der Entwicklung der Klassenkämpfe ein, die bedeutende Möglichkeiten für tiefgreifende sozialökonomische, politische und kulturelle Wandlungen eröffnete, auch wenn die politische Situation, wie R. Bourderon hervorhob, in starkem Maße dadurch geprägt war, „*um jeden Preis* Veränderungen durchzusetzen und Giscard d'Estaing loszuwerden. Daher trat die Frage des Inhalts dieser Veränderungen für viele Franzosen in den Hintergrund.“ [22]

Gestützt auf über 700000 Mitglieder, ihre Wähler, ihren Einfluß in der größten Gewerkschaft, der CGT, und auf ihre Positionen in den Betrieben und in den Kommunen, stellte die FKP einen bedeutenden politischen Faktor dar. Dieser Tatsache mußte die SP durch das Angebot zur Mitübernahme von Regierungsverantwortung in einer von der SP geführten Regierung Rechnung tragen.

Am 23. Juni 1981 unterzeichneten die FKP und die SP eine „Gemeinsame Erklärung über die Grundsätze der gemeinsamen Regierungspolitik“ [23]. Die Erklärung beinhaltet solche Zielstellungen wie Anhebung der Einkommen der am stärksten Benachteiligten, Verkürzung der wöchentlichen Arbeitszeit, Ausweitung des öffentlichen Sektors und Ausarbeitung eines Zwei-Jahre-Sanierungsplanes, der die Voraussetzungen für ein neues Wirtschaftswachstum und für einen wirksamen Kampf gegen die Arbeitslosigkeit schaffen soll. Beide Parteien sprechen sich für die Durchsetzung einer „Politik des Wandels“ (le changement) aus, die zur Verringerung der sozialen Ungleichheiten, zur Wahrung und Ausweitung der Freiheitsrechte des einzelnen, zur Entwick-

[22] R. Bourderon, Auf dem Wege von Veränderungen, in: Probleme des Friedens und des Sozialismus. Zeitschrift der kommunistischen und Arbeiterparteien für Theorie und Information, 1/1982, S. 64.
[23] Vgl. Neues Deutschland vom 25. 6. 1981.

lung der Rechte der Arbeiter und zur Demokratisierung des nationalen Lebens führen soll. Ohne Zweifel stellt diese Vereinbarung eine wirkliche Alternative gegenüber Theorie und Praxis rechtskonservativer staatsmonopolistischer Regulierung dar.[24] Die inhaltlichen Aspekte dieses Abkommens lassen in ihrer Allgemeinheit durchaus Parallelen zum GRP von 1972 erkennen.

Die Erklärung vom 23. 6. 1981 stellte die Grundlage für die Beteiligung der FKP an der zweiten Regierung unter Premierminister P. Mauroy mit vier Ministern dar. Die Beteiligung von kommunistischen Ministern an der Regierung – nachdem die FKP 34 Jahre lang von der Möglichkeit der Übernahme von Regierungsfunktionen ausgeschlossen war – war zweifellos ein Wendepunkt im politischen Leben Frankreichs.

Das grundsätzliche Problem, vor dem jede Linksregierung in einem hochentwickelten kapitalistischen Land steht, besteht darin, ob sie die gegebenen Möglichkeiten der politischen Macht zu nutzen versteht, um im konsequenten Kampf gegen inländische und ausländische Reaktion auch die ökonomische Macht zu erobern. Es geht also nach der Bildung einer Linksregierung darum, über eine alternative Wirtschaftspolitik, die mit dem Anspruch auftritt, mehr an den Interessen der Werktätigen orientiert zu sein, die notwendigen ökonomischen Voraussetzungen zu schaffen, die über die Stärkung der Positionen der Arbeiterklasse und anderer demokratischer Kräfte den Weg zu weitergehenden Schritten in Richtung Sozialismus ebnen.

Unmittelbare Grundlage für die Wirtschaftspolitik der von der SP geführten Linksregierung bildete jedoch das SP-Programm „110 Vorschläge für Frankreich"[25]. Es wurde während eines Sonderparteitages der SP am 24. Januar

[24] A. Milejkovskij, Buržuaznaja političeskaja ėkonomija i problemy ėkonomičeskoj politiki na sovremennom etape, in: Mirovaja ėkonomika i meždunarodnye otnošenija (Moskva), 6/1984, S. 24.

[25] Blätter für deutsche und internationale Politik (Köln), 6/1981, S. 757 (Auszüge).

1981 in Créteil, auf dem auch F. Mitterand offiziell als Kandidat für die Präsidentschaftswahlen aufgestellt wurde, verabschiedet und enthält die in vier Komplexen zusammengefaßten Grundsätze der SP.

In bezug auf den Kampf gegen die Arbeitslosigkeit wurde der gezielten Ankurbelung der Wirtschaft und der Neubelebung der Inlandsproduktion durch die Erhöhung des Lebensstandards der am stärksten benachteiligten Bevölkerungsgruppen der zentrale Stellenwert eingeräumt. Das Dokument sieht weitere Maßnahmen zur Lösung des sozialen Problems Nummer 1, der Arbeitslosigkeit, vor, wie zum Beispiel ein Programm großer staatlicher Aufträge im Rahmen der Umstrukturierung der Industrie, die Ausweitung des öffentlichen Sektors, die Verkürzung der Arbeitszeit, die Reform der Absatz- und Vertriebswege, eine neue und diversifizierte Energiepolitik, die Unterstützung der kleinen und mittleren Unternehmen, den Kampf gegen die Spekulation, eine Steuerreform zur Wiederherstellung der Steuergleichheit und zum Kampf gegen die Steuerhinterziehung. Weiterhin spricht sich die SP in dem Programm für ein soziales Wachstum, für eine Dynamisierung der Forschung und eine Diversifizierung der Industrien, für eine Wiederherstellung des Handelsbilanzgleichgewichts und für die Förderung der französischen Landwirtschaft aus. Das seien „die Hauptziele des wirtschaftlichen Kampfes, den die Sozialisten führen und gewinnen wollen. Sagen wir ganz offen, daß keines dauerhaft erreicht würde, wenn die Preissteigerungen – Steuer für die Armen und Subvention für die Reichen – nicht letztendlich beseitigt würden.“ [26]

Durch die Ausweitung des öffentlichen Sektors (Nationalisierung der Banken und Versicherungen sowie von Industrieunternehmen) solle der Staat vom „Diktat des Großkapitals“ und der Markt vom „Gewicht der herrschenden Konzerne“ befreit werden. Dabei wird die Nationalisierung als ein Mittel zur Erreichung des Ziels der Selbstverwaltung

[26] Ebenda, S. 758.

aufgefaßt. Weiter heißt es im Programm: „Aber man muß alle diese Maßnahmen und was dazugehört im Hinblick auf einen neuen Begriff sehen: die Eroberung der freien Zeit. Durch die Verkürzung der Arbeitszeit – die 35-Stunden-Woche, fünf Wochen bezahlten Urlaub, die freiwillige Pensionierung mit 60 und 55 Jahren –, deren Bedeutung weit über simple wirtschaftliche Erwägungen hinausgeht und eine neue Einstellung zum Menschen in bezug auf seine Arbeit, eine neue Einstellung zu der Zeit und zum Leben angesichts des Fortschritts der Elektronik, der Mikroprozessoren und der Automatisierung beinhalten, wird die endlich eroberte Zeit zum Leben die künftige Gesellschaft um Werte bereichern, die die Verfechter der alten Gesellschaft heute weder zugeben noch verstehen können."[27]

Das Pathos einiger Formulierungen verdeutlicht, daß es sich bei den „110 Vorschlägen . . ." um ein Programm handelte, mit dem die SP die bevorstehenden Wahlen gewinnen wollte und das demzufolge die Erwartungen großer Teile der französischen Bevölkerung widerspiegeln mußte. Auch maßgebliche rechte Führer der SP stellten sich daher verbal hinter dieses Dokument.

Die Regierungserklärung des Premierministers in der Nationalversammlung, gehalten am 8. Juni 1981, über das Programm der neuen Regierung beinhaltete dann u. a. Aussagen über die konkrete Umsetzung des Wahlprogramms der SP auf wirtschaftlichem Gebiet.[28] Danach sollte zunächst mit einem Zweijahresplan versucht werden, aus der gegenwärtigen Krisensituation herauszukommen. Ab 1984 sollte die Wirtschaftspolitik über einen Fünfjahrplan realisiert werden. Dazu führte Mauroy aus: „So wird der Zweijahrplan einen gnadenlosen Kampf gegen die Arbeitslosigkeit organisieren. (Der Kampf gegen die Arbeitslosigkeit wurde von F. Mitterand im Wahlkampf als vorrangig zu verwirklichendes Ziel bestimmt. Und der Wahlsieg Mitterands basiert nicht unwesentlich auf dem Vertrauen, das die

[27] Ebenda, S. 759.
[28] Vgl. Europa-Archiv (Bonn), 18/1981, S. D 490ff. (Auszüge).

Mehrheit der Wähler in eine Wirtschaftspolitik zum Abbau der Arbeitslosigkeit unter einer Linksregierung setzt. – d. V.) Er wird es ermöglichen, im Jahre 1984 eine noch tiefergreifende Transformation unserer Gesellschaft einzuleiten. Dann wird Ihnen ein ehrgeiziger Fünfjahrplan vorgelegt werden. Der Zeitplan ist klar: Wir haben uns zunächst den dringendsten Aufgaben gestellt mit der doppelten Zielsetzung der Sanierung und der nationalen Solidarität. Der Zweijahrplan soll bis 1984 die Tendenz umkehren, vor allem auf dem Arbeitsmarkt; er soll uns in eine günstige Ausgangsposition führen. Dann werden wir auf längere Sicht das Leben in Frankreich verändern können."[29]

Welche Ergebnisse liegen vor?

Vor allem im ersten Regierungsjahr wurde eine Reihe von Maßnahmen beschlossen, die dazu beigetragen haben, die soziale Lage großer Bevölkerungsteile zu verbessern. Dazu zählen:

- die mehrmalige Anhebung des SMIC um insgesamt weit über 30 % auf 4116,84 FF/Monat (Stand 1. November 1984);
- die Verkürzung der wöchentlichen effektiven Arbeitszeit auf 39 Stunden bei vollem Lohnausgleich (seit Juli 1981);
- der Anspruch auf fünf bezahlte Urlaubswochen (seit Juli 1981);
- die Verabschiedung staatlicher Programme zur Schaffung neuer Arbeitsplätze im öffentlichen Dienst (50000 Stellen bis Mitte 1982);
- die Erhöhung zahlreicher Sozialleistungen wie Kindergeld, Mietkostenzuschüsse, Renten, staatlich subventionierte Ferienschecks;
- die Verabschiedung eines Beschäftigungsprogramms zur beruflichen Eingliederung von Schulabgängern zwischen 16 und 18 Jahren (Plan Avenir Jeunes);
- die Herabsetzung des Rentenalters von 65 auf 60 Jahre für Männer und auf 55 Jahre für Frauen, ohne Renteneinbußen (seit 1. April 1983);

[29] Ebenda.

– Sondersteuern auf Gewinne der Bank- und Ölgesellschaften.

Einen zentralen Platz in bezug auf die propagierte „Politik des Wandels" nahm die Stärkung des öffentlichen Sektors ein, der eine stimulierende Rolle auf dem Gebiet der Investitionen spielen sollte, wobei P. Mauroy in seiner Regierungserklärung gleichzeitig einschränkend hervorhob, daß die neue Wirtschaftspolitik weitgehend auf dem Willen des *privaten* Sektors beruhe, zu modernisieren, zu investieren und neue Arbeitsplätze zu schaffen!

Die neuen Nationalisierungen wurden als „Vollendung" und „Weiterführung" der durchgeführten Nationalisierungen unter der Volksfront 1936 (Banque der France) und unter der Regierung der nationalen Einheit 1945 (Notenbank, vier große Depositenbanken, elf Versicherungsgruppen, die Charbonnages, der Autokonzern Renault, die Air France, die Gas- und Elektrizitätsgesellschaft GDF und EDF) verstanden. Dazu erklärte P. Mauroy: „Gemäß der Absichtserklärung des Präsidenten der Republik werden elf Industriekonzerne im Laufe der Legislaturperiode dem öffentlichen Sektor eingegliedert werden. Elf Konzerne – keiner mehr, keiner weniger. Dazu haben wir uns verpflichtet. Die unterschiedliche Lage dieser Konzerne verlangt indessen, daß unsere Aktion eine gewisse Flexibilität hinsichtlich des Zeitpunkts und der Form wahrt."[30]

Am 23. September 1981 wurde der Gesetzentwurf für die Nationalisierungen verabschiedet. Er sah die Nationalisierung von fünf großen Industriekonzernen (CGE, SGPM, PUK, Rhône-Poulenc, Thomson-Brandt), von 36 Großbanken und von zwei großen Finanzgesellschaften (Paribas und Compagnie financière de Suez) vor. Zugleich wurde beschlossen, die beiden größten Stahlkonzerne (USINOR und SALICOR) zu verstaatlichen (November 1981) sowie den Rüstungskonzern Dassault und den Rüstungssektor von Matra durch Übernahme von 51 % der Aktien unter Staatskontrolle zu stellen (Oktober 1981). Die in den „110

[30] Ebenda.

Vorschlägen..." vorgesehene Verstaatlichung bzw. Übernahme des Aktienkontrollpaketes von drei teilweise in ausländischem Besitz befindlichen wichtigen Konzernen (CII – Honeywell, ITT – France und Roussel Uclaf) erfolgte 1982.[31]

Zweifellos stellen Verstaatlichungen ein wichtiges Instrument für eine Linksregierung dar, um notwendige Strukturreformen durchführen zu können.[32] In bezug auf die Einschätzung von Verstaatlichungen im Kapitalismus hat bereits Engels wichtige Hinweise gegeben. Auf eine Seite machte er aufmerksam, indem er hervorhob, daß „jede Verstaatlichung nicht eine Abschaffung, sondern nur eine Formveränderung der Ausbeutung" ist, solange „die besitzenden Klassen am Ruder bleiben".[33] Auf eine zweite Seite der Verstaatlichung bezog sich Engels, als er betonte, daß das „Staatseigentum an den Produktivkräften" wohl „nicht die Lösung des Konflikts" (des kapitalistischen Grundwiderspruchs) bedeutet, jedoch das „formelle Mittel, die Handhabe der Lösung" in sich birgt.[34] In welcher Weise und in welchem Ausmaß die in der Verstaatlichung angelegten widersprüchlichen Möglichkeiten in der gesellschaftlichen Wirklichkeit zur Geltung kommen, hängt dann vom jeweiligen Kräfteverhältnis der Klassen, im Hinblick auf die fortschrittlichen Potenzen vor allem von der Mobilisierung der Kampfkraft der Arbeiterklasse für die Sicherung und den Ausbau demokratischer Umgestaltungen ab.

Unter Berücksichtigung der Verstaatlichungen von 1936 und 1945 kontrollierte die Linksregierung u. a. 17 %

[31] Nähere Angaben über Erzeugnispalette, Umsatz, Gewinn, Beschäftigtenzahl der zu verstaatlichenden Unternehmen in: L'Humanité vom 9. 7. 1981 und Le Monde vom 10. 7. 1981.

[32] Vgl. Grundlagen des antimonopolistischen Kampfes in der Gegenwart, Berlin 1980, S. 97f. (Thematische Information und Dokumentation, hg. von der Akademie für Gesellschaftswissenschaften beim ZK der SED, Reihe A, 18/1980).

[33] F. Engels, Brief an Max Oppenheim vom 24. 3. 1891, in: MEW, Bd. 38, Berlin 1968, S. 64.

[34] F. Engels, Herrn Eugen Dührings Umwälzung der Wissenschaft (Anti-Dühring), in: MEW, Bd. 20, Berlin 1972, S. 260.

des Bruttoinlandsprodukts, 35 % der Investitionen, 11 % der erwerbstätigen Bevölkerung. Der Staatsanteil an den Aufwendungen für Forschung und Entwicklung betrug 70 %. 1982 entfielen auf verstaatlichte Banken 77,6 % aller ausgereichten Kredite. Der Anteil des staatlichen Sektors am Außenhandel betrug bei Importgeschäften 18,6 % und beim Export 12,7 %.[35]

Nationalisierte Unternehmen dominieren in vier Sektoren, die strategisch von besonderer Bedeutung sind:
- im öffentlichen Verkehrs- und Kommunikationswesen,
- in der Energiewirtschaft und bei den Energieressourcen,
- im Banken- und Kreditsektor,
- bei den wichtigsten Wachstumssektoren mit hohem Technologieaufwand: unter anderem Raum- und Luftfahrt, Atomwirtschaft, Elektronik, Informatik, alternativer Energie und Rohstoffe, Biochemie.[36]

Damit verbundene Möglichkeiten der Verwirklichung demokratischer Mitbestimmung der Werktätigen in diesen Betrieben und die Einbettung der Verstaatlichungen in ein antimonopolistisch-demokratisches Gesamtkonzept wurden jedoch nicht durchgesetzt.

So wurde zum Beispiel von seiten der Regierung bei den Verhandlungen mit den Unternehmern zur Neugestaltung der Rechte der Werktätigen die programmatische Forderung nach einem Vetorecht des Betriebsrates bei Kündigungen nicht realisiert. Gerade das wäre aber ein Punkt gewesen, dessen konsequente Realisierung die Macht der Unternehmer (die „Freiheit" der Kündigung) auf einem wichtigen Gebiet eingeschränkt hätte.

Auch muß die Tatsache hervorgehoben werden, daß der Umfang der Nationalisierungen in bestimmten Punkten noch hinter dem im GRP von 1972 als „Mindestschwelle" für die Eröffnung eines Übergangs zum Sozialismus auch

[35] Frankreich. Staatlicher Sektor der Industrie, in: Dokumentationen zur Außenwirtschaft, 14/1984, S. 6.

[36] Frankreich: Mehr Wettbewerbsfähigkeit durch die neue Industriepolitik in: DIW-Wochenbericht, Berlin (West), 50/1983, S. 621.

von der damaligen Führung der SP bezeichneten Maß an Nationalisierungen zurückbleibt.

Die Politik der Erhöhung der Kaufkraft, der Ankurbelung der Wirtschaft durch Nachfrageförderung, eine im Zusammenhang mit zusätzlichen Nationalisierungen zu bewirkende Strukturreform sollten dem Ziel dienen, die Arbeitslosigkeit zu beseitigen, einen Kampf gegen die Inflation zu führen, Voraussetzungen für eine Wiederbelebung der produktiven Investitionen (das heißt für Wirtschaftswachstum) zu schaffen und insgesamt, unter Berücksichtigung des Außenhandels (Abbau der Leistungs- und Handelsbilanzdefizite) ein wirtschaftliches Gleichgewicht anzustreben.

Zweifellos sollten die – linkskeynesianisch inspirierten – Maßnahmen der Regierung im ersten Jahr die sozialen Auswirkungen der kapitalistischen Krise, in der sich Frankreich wie alle anderen kapitalistischen Staaten seit 1980 befand, in wichtigen Punkten abschwächen. Dabei muß klar sein, daß eine solche alternative Reformpolitik (Investitionsstimulierung und Abbau der Arbeitslosigkeit über die Stimulierung der Nachfrage und über den – wenn auch unzureichenden – Beginn der Einführung demokratischer Mitbestimmungsprinzipien für die Werktätigen in den Betrieben) auf den erbitterten Widerstand von bürgerlichen Kräften im Inland (aktiver und passiver Investitions„streik" von privatkapitalistischen Unternehmen, Kapitalflucht) als auch im kapitalistischen Ausland stößt.

Neben der Tatsache, daß die Verstaatlichungen nicht dazu geführt haben, im Rahmen demokratischer Strukturveränderungen der Wirtschaft die Eigentums- und Machtverhältnisse des französischen und ausländischen Monopolkapitals schrittweise zurückzudrängen, rückten führende Politiker der SP in immer stärkerem Maße die Wiederherstellung der internationalen Konkurrenzfähigkeit der französischen Wirtschaft in den Mittelpunkt der Wirtschaftspolitik. Die Verstaatlichungen wurden immer mehr diesem Ziel untergeordnet. Die Verbesserung bzw. Wiederherstellung der internationalen Konkurrenzfähigkeit der französischen Wirtschaft wurde von Beginn der Linksregierung an für notwendig erachtet. Demgegenüber wurde der Frage der Verteidigung nationaler Interessen gegenüber dem ausländischen Monpolkapital[37], der Frage der Abhängigkeit Frankreichs vom kapitalistisch dominierten Weltmarkt, weniger Beachtung geschenkt.

So sollte vor allem im ersten Jahr der Linksregierung die notwendige Investitionsstimulierung – gemäß Keynesschen Intentionen – über die Massenkaufkrafterhöhung und über Integration des Staates in die Wirtschaftstätigkeit herbeigeführt werden. Dabei unterschätzte man die Tatsache, daß die spürbare Erhöhung der Massenkaufkraft in erster Linie dem ausländischen Kapital (vor allem dem der BRD, der USA und Japans) zugute kam, das versuchte, der eigenen Inlandskrise mit einer Exportoffensive begegnen zu können. Es ist jedoch gerade für die gegenwärtige ökonomische Situation Frankreichs aufgrund bedeutender Strukturschwächen gegenüber seinen imperialistischen Hauptkonkurrenten kennzeichnend, daß eine Erhöhung der Binnennachfrage nur durch steigende Importe gedeckt werden kann und damit das Außenhandelsdefizit ansteigen muß. Das ist eine Folge davon, daß in der Vergangenheit stets nur einige Produktionslinien modernster Technologie (Kernenergie, Luftfahrt, Telekommunikation, weniger Elektronik- und Automatisierungstechnik) gefördert wurden, während traditionelle Industriezweige wie die Chemie- und Textilindustrie sowie die Konsumgüter herstellenden Unternehmen stark vernachlässigt wurden. Den Exportfähigkeiten bei wenigen Produkten steht daher traditionell bei den meisten anderen Waren eine überstarke Importkonkurrenz gegenüber.

Die Inkonsequenzen bei den Eingriffen in die Profit- und Machtsphäre des Monopolkapitals im Zusammenhang mit der Praktizierung einer derart „offenen" Außenhandelsstrategie gerade auch während der kapitalistischen Welt-

[37] Vgl. Die internationale kommunistische Bewegung, a. a. O., S. 345.

wirtschaftskrise 1980/83 hatte seit 1982 eine zusätzliche Zuspitzung der wirtschaftlichen Situation Frankreichs zur Konsequenz. Die Arbeitslosenrate stieg auf über 10 %; die offizielle Zielstellung einer Begrenzung der Preissteigerungsrate auf unter 10 % wurde nicht erreicht; das Handelsbilanzdefizit vergrößerte sich 1982 gegenüber dem Vorjahr um die Hälfte; das Exportvolumen nahm um 3 % gegenüber dem Vorjahr ab, während gleichzeitig die Importe um 3 % anstiegen; das Leistungsbilanzdefizit vergrößerte sich gegenüber 1981 auf über das Dreifache.[38]

Hieraus wird ersichtlich: Aufgrund eines weitgehenden Verzichts von staatlichen Kontrollmaßnahmen auf dem Binnenmarkt gegenüber imperialistischer Konkurrenz führte die im Zusammenhang mit der Nachfrageförderung verbundene Erhöhung staatlicher Ausgaben, die auch eine Erhöhung des Haushaltsdefizits bewirkte, nicht primär zu dem erhofften Rückgang der Arbeitslosigkeit, sondern zur Erhöhung der Importe. Dieser Gesamtsituation versuchte man bereits 1982 mit einem Lohn- und Preisstopp (1. Juli bis 31. Oktober 1982) zu begegnen.

Vor allem das weitgehende Fehlen der Massenmobilisierung der Werktätigen für die Durchsetzung antimonopolistischer Reformen ermöglichte es den maßgeblichen politischen Führern der SP, in der Wirtschaftspolitik eine Abkehr von der Konsumstimulierung durchzusetzen und über Investitionsanreize (u. a. Vorzugskredite, erleichterte Abschreibemodalitäten, Aufschub der Besteuerung des Betriebsvermögens bis 1985, Entlastungen von der Gewerbesteuer) den Unternehmen stärkere Zugeständnisse zu machen.

Zu Beginn des Jahres 1983 verschlechterte sich die wirtschaftliche Situation weiter. Die Entwicklung an den internationalen Devisenmärkten bewirkte einen starken Kursverlust des Franc, so daß nach knapp eineinhalb Jahren der Regierungsübernahme durch die Linksparteien eine dritte

[38] Jahresbericht 1983. Zur Wirtschaftslage imperialistischer Länder, in: IPW-Berichte 8/1983, S. 21ff.

Franc-Abwertung (nach 5. Oktober 1981, Abwertung um 3 %; 12. Juni 1982 um 5,75 %) oder der Rückzug aus dem Europäischen Währungssystem und eine Zunahme protektionistischer Maßnahmen gegenüber der imperialistischen Konkurrenz zur Disposition stand. In der Auseinandersetzung über den Wirtschaftskurs, die innerhalb der SP geführt wurde, konnte sich der Minister für Forschung und Technologie, J.-P. Chevènement, nicht durchsetzen. Er erklärte am 2. Februar 1983 seinen Rücktritt, da die Wirtschaftspolitik der Regierung und die Vorstellung des CERES, die er in der Regierung vertrat, unvereinbar geworden waren. (Eine Regierungsumbildung, bei der P. Mauroy zum Premierminister wiederernannt wurde, fand am 22. März 1983 statt.) Das Ausscheiden Chevènements bedeutete eine Schwächung linkssozialistischer Positionen in der Regierung und eine weitere Stärkung rechtssozialreformistischer Positionen, wie sie auf dem Gebiet der Wirtschaftspolitik u. a. J. Delors vertritt.

In einer Fernsehansprache am 23. März 1983 äußerte sich Präsident Mitterand zur wirtschaftlichen Situation. Es gelte – so hob er hervor – Siege an drei Fronten zu erringen: Arbeitslosigkeit, Inflation, Außenhandel. In Frankreich gebe es zwei Millionen Arbeitslose, seit 1973 habe der Wert des Franc im Vergleich zur DM um 40 % abgenommen und habe dreimal abgewertet werden müssen (3. Abwertungen am 21. März 1983 um 2,5 %). Es müsse der Kampf gegen das Außenhandelsdefizit aufgenommen werden. Die Franzosen müßten deshalb vor allem französische Produkte kaufen.[39]

Am 25. März 1983 gab P. Mauroy ein 10-Punkte-Programm (Delors-Plan) bekannt, durch dessen Realisierung das Außenhandelsdefizit innerhalb von zwei Jahren abgebaut werden sollte. Im einzelnen sieht das Programm zur Verringerung des öffentlichen Defizits vor: 1. Beschränkung des Defizits auf 3 % des Bruttoinlandprodukts (Streichung von Kreditrücklagen, Sondersteuern als Aus-

[39] Vgl. Europa-Archiv, 8/1983, S. Z 66.

gleich für den Rückgang durch die Öl-Preissenkung); 2. Wahrung des Gleichgewichts in der Sozialversicherung, für die zusätzlich 13 Milliarden Francs bereitgestellt werden; 3. systematischer Abbau der Defizite der großen staatlichen Unternehmen (durch Anhebung der Tarife bei Bahn, Post und Elektrizitätsgesellschaften); 4. Einsparungen durch Kürzung des Kreditrahmens der Gebietskörperschaften, Entwicklung der Spartätigkeit und Währungskontrolle; 5. Zwangsanleihe von 10 % der Einkommens- und Vermögenssteuer für Höherverdienende; 6. Wiederankurbelung der Bauspartätigkeit; 7. Festsetzung der Höchstgrenze für Sparkassenbücher auf 58000 Francs; 8. Einrichtung von Lohnfonds für die Entwicklung der Industrie und die Schaffung von Arbeitsplätzen; 9. Herabsetzung der Grenze für die Geldmengenausweitung auf 9 %; 10. Beschränkung der Ausgaben von französischen Auslandstouristen auf jährlich 2000 Francs pro Erwachsener und 1000 Francs pro Kind.[40]

Den Grundinhalt kann man in zwei Punkten zusammenfassen. Es geht erstens um die Verringerung der öffentlichen Defizite zur Abbremsung eines weiteren raschen Geldmengenwachstums und zweitens um eine drastische Konsumbeschränkung durch Verteuerung bzw. Sparzwang und Sparförderung mit dem Ziel, den Importbedarf zu reduzieren. Mit diesem 10-Punkte-Programm wurde die zweite Etappe der „politique de rigueur“ (nach Juni 1982) eingeleitet. Der damit praktizierte Sozialabbau (Reallohnsenkung, Kürzung öffentlicher Sozialleistungen) wies nun durchaus Parallelen mit einer durch konservative Wirtschaftspolitik bewirkten Verschlechterung der sozialen Lage der Werktätigen in anderen entwickelten imperialistischen Staaten auf.

Die deutliche Diskrepanz zwischen der im Mai 1981 versprochenen Politik des demokratischen Wandels und der praktizierten „Politik der wirtschaftlichen Strenge und des Maßhaltens“ (politique de rigueur) schlug sich in einem

[40] Vgl. ebenda.

wachsenden Vertrauensverlust gegenüber der von der SP geführten Regierung nieder. Die FKP und die Gewerkschaften kritisierten in zunehmenden Maße die in der Austeritätspolitik zum Ausdruck kommende Tatsache, daß maßgebliche rechte Führer der SP nicht bereit waren, entscheidend gegen ökonomische Machtpositionen des Monopolkapitals vorzugehen und die Werktätigen für den antimonopolistischen Kampf zu mobilisieren. Im Zusammenhang mit der Neusetzung der Prioritäten in der Wirtschaftspolitik der Regierung seit Mitte 1982 wurde es für die französischen Kommunisten immer komplizierter, ihre Rolle als Regierungspartei *und* als entschiedenster Interessenvertreter der Werktätigen (also als Kampfpartei) wahrzunehmen.

Bei den Kampfaktionen der Werktätigen ragten vor allem die Streikwelle vom Oktober 1982 zur Sicherung der Kaufkraft der Löhne, der Streik in der Pariser Metro vom Juni 1983, die Aktionen zur Verteidigung der Arbeitsplätze in der staatlichen Stahl- und Kohlenindustrie sowie im Schiffbau seit Ende 1983 und die Protestaktionen gegen Arbeitsplatzvernichtung beim Autokonzern Peugeot, besonders im Tochterunternehmen Talbot in Poissy, heraus.

In immer stärkerem Maße trat neben der Gewerkschaftsorganisation CGT auch die FKP direkt für die zentralen Forderungen der Werktätigen hinsichtlich der Sicherung von Arbeitsplätzen und von Einkommen ein.

Ausgehend von den Erwartungen der Werktätigen an die Politik der Linksparteien betonte die FKP bei ihren Gesprächen mit der SP im Dezember 1983 nochmals die Notwendigkeit der Realisierung der 1981 gegenüber den Wählern eingegangenen Versprechungen und Verpflichtungen sowie der Einhaltung des gemeinsamen Regierungsabkommens.[41]

Die Ergebnisse der Wahlen zum EG-Parlament am 17. Juni 1984 dokumentierten das gewachsene Unverständnis breiter werktätiger Schichten vor allem über den wirt-

[41] Vgl. L'Humanité vom 2. 12. 1983.

schaftspolitischen Sparkurs der Regierung. Im einzelnen entfielen auf die FKP 11,28 % und auf die SP 20,76 % der Stimmen, was für die 81 französischen Sitze im EG-Parlament 10 (9 weniger als 1979) für FKP und 20 (2 weniger als 1979) für die SP ergibt. Demgegenüber konnten bürgerliche und rechtsextreme Parteien Stimmengewinne verbuchen.[42]

In der nach den Wahlen erfolgten Regierungsumbildung und der Ernennung von L. Fabius zum Premierminister stellte sich für die FKP die Frage nach den gegenwärtigen Möglichkeiten einer effektiven Regierungsbeteiligung. In diesem Zusammenhang legte die FKP ihre kritische Position zur Wende der Regierungspolitik, die u. a. gekennzeichnet war durch einen Anstieg der Arbeitslosigkeit, durch Stagnation des Wirtschaftswachstums und durch Rückgang der Reallöhne, offen dar und betonte die Notwendigkeit der Herbeiführung von Veränderungen. In der Erklärung des ZK der FKP zur Politik der französischen Regierung vom 19. Juli 1984 stellte die FKP zum wiederholten Male ihre Auffassungen zu den notwendigen Veränderungen in der Wirtschafts- und Sozialpolitik detalliert dar. Und es heißt dann: „Wir sind leider gezwungen festzustellen, daß die Erklärungen des Premierministers auf die gestellten Fragen keine positive Antwort gegeben haben. Aus ihnen geht hervor, daß er beschlossen hat, die Politik der ‚Einschränkung' (rigueur) fortzusetzen."[43]

In dieser Situation beschloß das ZK, an der neuen Regierung nicht mehr teilzunehmen. Eine Unterstützung der gegenwärtigen Politik, so wurde betont, könne zu nichts anderem als zu einem Mißerfolg für die Linksparteien bei den Parlamentswahlen von 1986 führen. In der Erklärung wird die Bereitschaft der FKP hervorgehoben, alle die Maßnahmen zu unterstützen, die im Sinne der Vereinbarung zwischen FKP und SP vom 23. Juni 1981 getroffen wurden, und sich unter neuen Bedingungen zum Nutzen der Linksunion auch wieder an der Regierung zu beteiligen.[44]

[42] Vgl. L'Humanité vom 19. 7. 1984.
[43] L'Humanité vom 20. 7. 1984.
[44] Vgl. ebenda.

Die im Juli 1984 ohne Beteiligung der FKP neu gebildete Regierung unter Premierminister L. Fabius setzte die seit 1982/83 verfolgte restriktive Wirtschaftspolitik mit noch deutlicheren Akzenten fort. In seiner Regierungserklärung bedauerte Fabius zwar verbal, daß er seine Erklärung nicht im Namen der Linksunion (also unter Beteiligung der FKP) abgeben könne. In seiner Rede kam aber klarer denn je zum Ausdruck, daß die Modernisierung der gesellschaftlichen Strukturen des staatsmonopolistischen Kapitalismus – und nicht deren Überwindung, wie sowohl im SP-Programm für die achtziger Jahre, dem „projet socialiste" als auch in den „110 Vorschlägen für Frankreich" hervorgehoben – das zentrale Anliegen der gegenwärtigen Führung der SP ist.

Von zentraler Bedeutung sei die Beschleunigung des Modernisierungsprozesses der französischen Wirtschaft, wobei die Modernisierung vor der Schaffung von Arbeitsplätzen erst einmal Arbeitsplätze kosten könne. Deshalb sagte er einen langen und schwierigen Kampf gegen die Arbeitslosigkeit voraus. Drei Bereiche wurden als für die Zukunft der französischen Wirtschaft ausschlaggebend angesehen: die Forschung, die Investitionen (vor allem über Abgabenerleichterungen für Unternehmer, Freigabe der Industriepreise, Sparförderung) und die Anpassung der Berufsausbildung an die Zukunftstechnologien. Die Modernisierung hänge weitgehend von den Großunternehmen ab, an deren Spitze die verstaatlichten Unternehmen zu marschieren hätten. Die Förderung der Gründung von Klein- und Mittelbetrieben soll vor allem der Schaffung neuer Arbeitsplätze dienlich sein.[45]

In seiner Rede zur Regierungserklärung betonte A. Lajoinie, Vorsitzender der Fraktion der FKP in der Nationalversammlung, die Notwendigkeit einer konsequenten Nutzung der – durch die 1981 eingeleiteten Reformen – gegebenen Möglichkeiten, um die französische Wirtschaft zu stärken und aus der gegenwärtigen Krise herauszu-

[45] Vgl. L'Humanité vom 25. 7. 1984.

kommen. Es sei notwendig, mit größter Geschlossenheit der Linkskräfte und gestützt auf die Arbeiterbewegung zu handeln, damit der verstaatlichte Sektor unter Einpassung des privaten Sektors der Wirtschaft über eine effektive Investitionspolitik und die Schaffung von Arbeitsplätzen es ermögliche, den Binnenmarkt wiederzuerobern und den Export in einem Umfang zu betreiben, der ein Handelsbilanzgleichgewicht bewirke. Nur auf diesem Wege könne das Vertrauen der Franzosen, das zur Regierungsübernahme durch die Linksparteien im Mai 1981 geführt hatte, zurückgewonnen und gefestigt werden.[46]

Zusammenfassend ist festzustellen:

Seit Mai 1981, also seit der Zeit, wo aufgrund der Übernahme der politischen Macht durch eine von der SP geführte Linksregierung Möglichkeiten für eine wirtschaftspraktische Umsetzung der weitreichenden Zielstellungen der SP-Programme und der „Gemeinsamen Erklärung“ zwischen FKP und SP existierten, wurde zu keinem Zeitpunkt von den maßgeblichen Politikern der SP konsequent dahingehend gewirkt, über die ständige Abstimmung der einzuschlagenden Wirtschaftspolitik mit den Gewerkschaften den notwendigen großen nationalen Konsens zwischen Linksregierung und Werktätigen zu festigen und die Werktätigen umfassend für die Verwirklichung demokratischer Reformen zu mobilisieren.

Im gesamten Kontext betrachtet, läßt somit die praktizierte Wirtschaftspolitik grundsätzlich auf die Absicht einer staatlich besser gelenkten Modernisierung und Umstrukturierung des französischen Kapitalismus schließen. Die wirtschaftspolitischen Maßnahmen zielten insgesamt letztlich darauf, die Grundlagen der kapitalistischen Gesellschaft in Frankreich zu erhalten und sie durch den Einsatz sozialreformerischer Mittel und Methoden, verbunden mit einem qualitativen Ausbau der staatsmonopolistischen Regulierung, den veränderten Reproduktionsbedingungen effektiver anzupassen.

[46] Vgl. ebenda.

Eine – wie in den „110 Vorschlägen für Frankreich" vorgesehene – schrittweise Zurückdrängung der Herrschaft des Profitprinzips über die Wirtschaft, ein Ausweg aus der Krisensituation, ist jedoch nicht durch eine Austeritätspolitik à la française zu verwirklichen, sondern nur über den Prozeß entschlossener Eingriffe in die Profit- und Machtverhältnisse des französischen und ausländischen Monopolkapitals.

4. Alternative ökonomische Vorstellungen des CERES

4.1. Ideologischer Standort des CERES

Der CERES wurde im Januar 1966 als Studiengruppe innerhalb der SFIO (Section Française de l'Internationale Ouvrière – Französische Sektion der Arbeiterinternationale), die von 1919 bis 1969 bestand und deren Reste in die 1969 neu gegründete SP übernommen wurden, gegründet. Seine Positionen sind in verschiedenen Büchern veröffentlicht worden.[47] Außerdem werden einige Zeitschriften herausgegeben, deren wichtigste „En jeu" ist.

Zu den Initiatoren des CERES sind vor allem Jean-Pierre Chevènement, Didier Motchane, Georges Sarre und Jacques Vidal zu zählen. Den Einfluß des CERES auf Theorie, Ideologie und Politik der SP widerspiegelt die Tatsache, daß er auf den alle zwei Jahre stattfindenden Parteitagen der SP im Verlauf der siebziger und zu Beginn der acht-

[47] Vgl. J. Mandrin (Pseud. f. J.-P. Chevènement), Socialisme ou socialmédiocratie, Paris 1969; D. Motchane, Chefs pour le socialisme, Paris 1973; P. Duidoni, Histoire du Nouveau Parti Socialiste, Paris 1973; J.-P. Chevènement (CERES), Le vieux, la crise, le neuf, Paris 1974; M. Chazat/G. Toutain/J.-P. Chevènement, CERES-Strategie für den Sozialismus, Hamburg – Berlin (West) 1977; J.-P. Chevènement (CERES), Das Ende der Spaltung? Zum Verhältnis von Sozialisten und Kommunisten, Hamburg 1978; J. P. Chevènement (CERES), Etre socialiste aujourd'hui, Paris 1979.

ziger Jahre stets zwischen 15 und 20 % der Parteitagsdelegierten stellte (auf dem Parteitag der SP 1983 in Bourg-en-Bresse stimmten für den Resolutionsentwurf des CERES 18 % der Delegierten). Dabei ist sein Einfluß auf ideologische Grundorientierungen der Partei jedoch höher anzusetzen als sein tatsächlicher politischer Einfluß in der SP. Vor allem J.-P. Chèvnement war maßgeblich an der Ausarbeitung des Parteiprogramms der SP, an den Verhandlungen mit der FKP, die zur Unterzeichnung des GRP führten, sowie des SP-Programms für die achtziger Jahre „Projet socialiste" (1979) beteiligt.

Die ersten Erfahrungen eines Teils der Gründungsmitglieder im Staatsdienst sowie – sofern sie einberufen waren – ihre Teilnahme an den Kämpfen der französischen Armee gegen die algerische Befreiungsbewegung, ließen sie das Ausmaß der „Lüge, Hypokrise, Häßlichkeit, Kleinlichkeit, Ungerechtigkeit" erfassen und ihrer Bestimmung „eine andere Dimension (geben): die des sozialistischen Engagements".[48]

Ist die Entstehung linkssozialistischer alternativer Positionen vor allem als ein Ergebnis der Veränderungen im Wechselverhältnis von staatsmonopolistischem Kapitalismus und Opportunismus sowie der sich damit vollziehenden Differenzierungsprozesse in der sozialdemokratischen Bewegung in der dritten Etappe der allgemeinen Krise des Kapitalismus anzusehen, so wird verständlich, daß der Übergang linkssozialistischer Kräfte auf marxistisch-leninistische Positionen in der Regel über einen „ideologischen Umweg" erfolgt.

So tritt der CERES mit dem Anspruch auf, „die verkalkte Sozialdemokratie von innen zu regenerieren", da der Versuch, „aus dem Nichts die große Volkspartei des demokratischen Sozialismus zu schaffen, im politischen Kontext der Epoche zum Scheitern verurteilt" ist[49], wird der ideo-

[48] M. Chazat/G. Toutain/J. P. Chevènement, CERES-Strategie für den Sozialismus, a. a. O., S. 9.
[49] Ebenda.

logische Standort „als außerhalb der alten Gleise“, d. h. unter gleichzeitiger Infragestellung der theoretischen Konzepte der FKP und der SP, bestimmt.[50]

Im Kern geht es der CERES-Gruppe um die Ausarbeitung einer Strategie für den Übergang zum Sozialismus in einem hochentwickelten kapitalistischen Land. Sehr selbstbewußt heißt es dazu: „Kurzum, der CERES ist die undogmatischste Linie, die man sich vorstellen kann. Seine besondere Qualität besteht darin, dynamisch zu denken und infolgedessen der Linken von innen her einen Weg vorzuschlagen, der es ihr ermöglicht, ihre alten Verknöcherungen zu überwinden, um sich zugleich mit einem historischen Projekt und einer menschlichen Gemeinschaft zu identifizieren: mit dem Sozialismus, der als erster in der Geschichte in einem entwickelten Land das Licht der Welt erblickt haben wird, und mit Frankreich, das als erstes Land fast zweihundert Jahre nach der Großen Revolution die Vorstellung davon entwickelt haben wird.“[51]

Die Grundlage dieses Übergangs zum Sozialismus bildet für den CERES ein Linksbündnis von SP und FKP, die sogenannte Klassenfront. Das besondere Augenmerk wird aber darüber hinaus darauf gelegt, die lohnabhängigen Mittelschichten in diese Klassenfront einzugliedern und sie „mit einem intensiven politischen Kampf zu verbinden, der darauf zielt, den ideologischen Zement aufzulösen, der die Glieder dieser Schichten noch an den bürgerlichen Block bindet“.[52]

Dabei wird gleichzeitig hervorgehoben, daß die Mittelschichten in ihrer Mehrheit zu den Klassenpositionen der Werktätigen, speziell der Arbeiterklasse, herangeführt werden müssen bzw. daß die Hegemonie der Arbeiterklasse während des ganzen Übergangsprozesses gesichert sein

[50] Ebenda, S. 126.

[51] J.-P. Chevènement (CERES), Das Ende der Spaltung?, a. a. O., S. 142.

[52] M. Chazat/G. Toutain/J.-P. Chevènement, CERES-Strategie für den Sozialismus, a. a. O., S. 159.

muß.[53] Jedoch geschieht die Ausarbeitung einer Strategie für den Übergang zum Sozialismus im Zusammenhang mit einer deutlichen Abgrenzung von den vorhandenen Erfahrungen, über die die Staaten des realen Sozialismus verfügen. Der CERES gesteht zwar ein, noch keine definitive Position zum realen Sozialismus bezogen zu haben, charakterisiert aber die Staaten des realen Sozialismus als „staatskapitalistische“, was auf einen nicht geringen Einfluß trotzkistischen Gedankengutes schließen läßt.[54]

Der CERES ist der Auffassung, mit der Ausarbeitung seiner Strategie Neuland zu beschreiten, quasi den sogenannten dritten Weg neu zu erfinden, der die Ablehnung alles Existierenden zur Voraussetzung habe. So heißt es dazu: „Die Aufgabe des Sozialismus in einem fortgeschrittenen Land wie dem unsrigen ruft zu einer Infragestellung der existierenden Gesellschaftsmodelle auf, inklusive der Gesellschaften, die sich als solche bezeichnen. Daher erscheint es uns unerläßlich, die Konturen eines Projekts einer sozialistischen Gesellschaft neuen Typs sozusagen ‚im Hohlraum‘ erscheinen zu lassen.“[55] Hier tritt die Übernahme der linksradikalen Auffassungen von A. Gorz deutlich hervor, der zum gleichen Problem ausführte: „Für die Arbeiterbewegung in den fortgeschrittenen kapitalistischen Ländern bleibt ... die Tatsache bestehen, daß der Sozialismus der Akkumulation, wie er in Osteuropa praktiziert worden ist, kein gültiges Modell darstellt und keine Lösung für die Probleme der fortgeschrittenen industriellen Zivilisation anbietet. Mit anderen Worten, es ist unmöglich, die Einschätzung der Lösungen, die der Sozialismus in Westeuropa und Nordamerika bringen könnte, auf die Erfahrungen mit der Sowjetunion zu stützen.“[56]

[53] Vgl. ebenda, S. 159f.

[54] Vgl. ebenda, S. 56; auch: D. Motchane, Chefs pour le socialisme a. a. O., S. 159.

[55] M. Chazat/G. Toutain/J.-P. Chevènement, CERES-Strategie für den Sozialismus, a. a. O., S. 57.

[56] A. Gorz, Der schwierige Sozialismus, Frankfurt a. M. 1968, S. 154.

Bei der Ausarbeitung einer Strategie für den Übergang zum Sozialismus beruft sich der CERES auf eine Vielzahl von ideologischen Quellen. Die Kritik an gegenwärtigen kapitalistischen Verhältnissen konzentriert sich auf die Probleme der Ausbeutung und Entfremdung, vor allem im Zusammenhang mit der spezifischen Art und Weise der kapitalistischen Arbeisteilung. Hier wird in starkem Maße auf politökonomische Grundaussagen von Marx und Engels Bezug genommen. Allgemein wird betont: „Der Marxismus stellt den unüberschreitbaren Horizont unserer Zeit dar, und auf ihn bezogen gelingt es uns zuallererst, unser System der theoretischen Reflexion zu lokalisieren.“[57]

Geschieht die Marx-Rezeption in der Absicht, die kapitalistischen Verhältnisse als durch antagonistische Klasseninteressen geprägt nachzuweisen und eine an den Interessen der Werktätigen gebundene Politik zu begründen, so wird gleichzeitig der Leninismus (zum Beispiel in der Parteitheorie und bei der Erklärung des Imperialismusbegriffs) als Marxismus der gegenwärtigen Epoche abgelehnt, wird die Auffassung von einer „Krise des Marxismus“ verbreitet und daraus die angebliche Notwendigkeit einer Aktualisierung der Marxschen Theorie abgeleitet. Dahinter steht der Anspruch, einen „dritten“ Weg – weder sozialdemokratisch noch kommunistisch – in der Arbeiterbewegung und zum Sozialismus begründen zu können. Die theoretischen Grundpositionen des CERES basieren auf Auffassungen u. a. von L. Blum, K. Kautsky, O. Bauer, A. Gorz, H. Lefebvre und auf trotzkistischen Positionen.

Andererseits übernehmen sie auch von bestimmten Linkskräften in Westeuropa fehlinterpretierte Auffassungen solch führender Persönlichkeiten der Arbeiterbewegung wie Antonio Gramsci und Rosa Luxemburg. Dabei handelt es sich zumeist um die Einpassung entsprechender Aussagen in die CERES-Strategie des Übergangs zum Sozialis-

[57] M. Chazat/G. Toutain/J.-P. Chevènement, CERES-Strategie für den Sozialismus, a. a. O., S. 119.

mus, wie in der hier gebotenen Kürze am Beispiel der Gramsci-Rezeption deutlich gemacht werden soll.[58]

Die Gramsci-Rezeption durch den CERES erfolgt auf der Grundlage der in den sechziger und siebziger Jahren vor allem von bestimmten Linkskräften Italiens, Spaniens, aber auch Frankreichs bezogenen Positionen zu solchen zentralen Kategorien der Theorie Gramscis wie historischer Block, Verhältnis von Hegemonie und Diktatur des Proletariats, Verhältnis von Stellungs- und Bewegungskrieg. Im Kern geht es dabei um die Frage, inwiefern Positionen Gramscis zur Politik der revolutionären Arbeiterbewegung in den zwanziger und dreißiger Jahren in Italien für die derzeitige Ausarbeitung der Strategie und Taktik eines Übergangs zum Sozialismus in Westeuropa allgemein und in Frankreich im besonderen von Bedeutung sind. Dabei erfolgt eine Interpretation der Auffassungen Gramscis jedoch unzulässigerweise dahingehend, Hegemonie des Proletariats und Diktatur des Proletariats gegenüberzustellen und in expliziter Abgrenzung zu Theorie und Praxis des realen Sozialismus über die Erringung der Hegemonie (was bedeute: Organisationsform der Konsensbildung durch geistige Führung) auf dem Weg zu einem „humanen" Sozialismus zu gelangen.

In diesem Zusammenhang wird die Bildung eines „historischen Blocks", d. h. die Herstellung eines „freiwilligen" Konsens der gesellschaftlichen Mehrheit der nicht-bourgeoisen Bevölkerung und die Erringung der Hegemonie dieses „historischen Blocks" gegenüber der Bourgeoisie *dann* als Voraussetzung für die Eroberung der Herrschaft durch die Übernahme der Staatsmacht gesehen, wenn sich in diesem Staat auch die herrschende Bourgeoisie in erster Linie auf den Konsens und erst in zweiter Linie auf Zwang stützt. – Es sei demzufolge ein „Stellungskrieg" um die gesell-

[58] Hier soll auf eine fundierte marxistisch-leninistische Arbeit zu dieser Problematik verwiesen werden: A. Kramer, Antonio Gramsci über das Bündnis zwischen Arbeiterklasse und Intelligenz, in: Beiträge zur Geschichte der Arbeiterbewegung, 3/1984, S. 313ff.

schaftliche Hegomonie, d. h. ein Kampf um eine hegemoniefördernde Stellung innerhalb der kapitalistischen Gesellschaft, zu führen. Die Schlußfolgerung daraus lautet, daß demokratische Strategien des Übergangs zum Sozialismus demokratische Massenrevolutionen sein müssen, indem repräsentative Demokratie und Basisdemokratie, Hegemonie und Pluralismus miteinander zu verknüpfen seien. Die Bedingungen für die Erringung und Erhaltung der Hegemonie werden in der Kontrolle und Behrrschung des Produktionsprozesses und in der Existenz politischer Basisformen (Rätedemokratie) gesehen, wodurch sich die Einheit der Arbeiterklasse in Form einer „Produzenten"-Klasse realisiere.

Wie sich hier konkret an der Nichtbewältigung der Dialektik von Partei – Klasse – Masse gezeigt hat, sind materialistische Auffassungen noch mit mechanistischen, spontaneistischen und utopisch-sozialistischen Ideen verknüpft. In den dabei verbundenen Unterschätzungen des Verhältnisses von ökonomischer und außerökonomischer Gewalt im gegenwärtigen staatsmonopolistischen Herrschaftssystem, die letztlich zur Negierung der führenden Rolle der Arbeiterklasse und ihrer revolutionären Partei bzw. zum ausschließlichen Bekenntnis zu einem „Massencharakter" der Partei führen, zeigt sich eine Hauptschwäche der CERES-Position.

Wenn der CERES betont, daß er sich dort lokalisiert, „wo mehrere vom Marxismus inspirierte Strömungen zusammenfließen"[59], so ergeben sich daraus also mit Notwendigkeit bestimmte Schwächen in den theoretischen Auffassungen des CERES, wird deutlich, daß der CERES nicht konsequent Klassenpositionen der Arbeiterklasse vertritt, was u. a. die Einbettung der Diktatur des Proletariats in ein System des parlamentarischen Pluralismus, Auffassungen von der „Allmacht des Stimmzettels", die Auslegung von Demokratie als „Volkssouveränität" betrifft.

[59] M. Chazat/G. Toutain/J.-P. Chevènement, CERES-Strategie für den Sozialismus, a. a. O., S. 120.

Allerdings kann nicht geleugnet werden, daß dadurch die Möglichkeiten nicht generell verschlossen sind, um zum Beispiel die politökonomisch relevanten Probleme der Abhängigkeit vom Weltmarkt, des Schutzes des Binnenmarktes vor ausländischer Konkurrenz, bestimmter mit Notwendigkeit einzuführender Maßnahmen des Protektionismus bei der Ausarbeitung einer alternativen Wirtschaftsstrategie positiv zu behandeln.

4.2. Grundlegende politökonomische Aspekte der CERES-Alternativen

4.2.1. Kritische Positionen zum gegenwärtigen Kapitalismus

Der CERES unterscheidet in seinen Untersuchungen zwischen einer Kapitalismus- und einer Imperialismuskritik, wobei dem Imperialismusbegriff nicht das marxistisch-leninistische Verständnis als Grundlage dient. Im Gegensatz zu den Leninschen Analysen, die mit der Herausarbeitung des Monopolbegriffs die neue Qualität der ökonomischen und außerökonomischen Herrschaft des Kapitals zum Inhalt haben, faßt der CERES den Imperialismus als lediglich politisches Herrschaftssystem auf und hebt hier besonders dessen Aggressivität nach außen hervor: „Die Krise des modernen Kapitalismus ist die Krise der Ausbeutung. Nach außen die Krise des Imperialismus. Im inneren die Krise der Arbeiterorganisation."[60] An anderer Stelle heißt es: „Der Imperialismus ist wesentliche Triebfeder des gegenwärtigen Kapitalismus. Im aktuellen Stadium handelt es sich um ein von den Vereinigten Staaten beherrschtes multidimensionales System."[61] Demzufolge sei „die entscheidende Diskussion die der Natur und Intensität der Dependenz und Interdependenz zwischen den

[60] J.-P. Chevènement (CERES), Das Ende der Spaltung?, a. a. O., S. 178.

[61] M. Chazat/G. Toutain/J. -P. Chevènement, CERES-Strategie für den Sozialismus, a. a. O., S. 50.

nationalen Bourgeoisien und dem imperialistischen System."[62] Damit wird eine von Kautsky zu Beginn des Jahrhunders aufgestellte These übernommen, wonach die Entwicklung des Imperialismus in Richtung einer fortschreitenden Polarisierung um eine große Macht weitergehe.

Die entscheidende Gefahr dieser Position besteht jedoch darin, den Handlungsspielraum des „eigenen" Monopolkapitals und des „eigenen" imperialistischen Staates zu unterschätzen und bestimmten nationalistischen Tendenzen Vorschub leisten zu können.

Bei der Kritik der ökonomischen Grundlagen des Kapitalismus hebt der CERES zunächst die Marxsche Leistung prononciert hervor: „Die marxistische Analyse des Kapitalismus als auf die Ausbeutung und die Verallgemeinerung des Warenaustauschs begründete Produktionsweise bleibt unerreicht. Sie gibt die theoretische Basis für die Forderungen der Arbeiterbewegung. Der CERES hat sich von Anfang an die Aufgabe gestellt, den zweckmäßigen Charakter dieser Analyse als Erklärungsmethode für die gegenwärtigen kapitalistischen Gesellschaften zu zeigen."[63]

Im Mittelpunkt seiner Analyse des gegenwärigen Kapitalismus steht das Problem der Entfremdung des Individuums, der „Ausführenden", im Zusammenhang mit der spezifisch kapitalistischen Art und Weise der Arbeitsteilung und Arbeitsorganisation. Darauf aufbauend erfolgt eine Kritik der „internen Rationalität"[64] des Kapitalismus, deren Grenze dahingehend zu sehen sei, daß sie eine Selbstverwirklichung des Individuums nicht zulasse. Komprimiert wird dazu ausgeführt: „In der kapitalistischen Gesellschaft wird die Aktivität der Menschen auf zweifache Weise ihrer Bedeutung beraubt: einmal durch den Endzweck des Systems, der in der Akkumulation des Kapitals liegt, sodann die Arbeitsorganisation, die den

[62] Ebenda, S. 52.
[63] Ebenda, S. 46.
[64] Ebenda, S. 47.

Werktätigen auf die Ausführung von Handgriffen reduziert, deren Bedeutung er nicht kennt."[65]

Mit Äußerungen wie: „Der moderne Kapitalismus mündet in einem Universum von Frustration und Repression"[66]; „Unsere Gesellschaft ist die des Triumphes der Wissenschaft, aber in ihr hat sich eine regelrechte industrielle Sklaverei entwickelt"[67]; „Die extreme Parzellierung der Arbeit (scheint) ihre äußerste Grenze erreicht zu haben, und zwar sowohl auf wirtschaftlicher wie auf politischer Ebene. Fernbleiben von der Arbeit, Arbeitsplatzwechsel, wilde Streiks oder Bummelstreiks, Ablehnung der Industriearbeit, Revolte der Jugend, berufliches Desinteresse, soziale Auflösungserscheinungen ..., das sind die Symptome, die darauf hindeuten, wie wenig die Parzellierung der Arbeit kulturellen Entwicklungsmöglichkeiten entspricht. ... Aber der Kapitalismus scheint unfähig zu sein, die technologischen Prozesse und das hierarchische System im Betrieb tiefgreifend zu verändern ..., den Arbeitern ein höheres Einkommen oder eine größere Initiative zuzugestehen, ohne die ganze hierarchische Linie in Frage zu stellen (Meister, höhere Angestellte)"[68], werden zweifellos eine Vielzahl von Entfremdungserscheinungen dargestellt, die Ausdruck der Tatsache sind, daß der kapitalistische Lohnarbeiter seiner Arbeit und den Ergebnissen seiner Arbeit entfremdet gegenübersteht, daß die „interne Rationalität" des Kapitalismus als Zielsetzung nicht die Selbstverwirklichung des Menschen beinhaltet, sondern „unter dem Aspekt der Produktivität ‚in der Reproduktion' oder politischen und ideologischen Vorherrschaft der Bourgeoisie" besteht.[69]

[65] J.-P. Chevènement (CERES), Das Ende der Spaltung?, a. a. O., S. 227.
[66] M. Chazat/G. Toutain/J.-P. Chevènement, CERES-Strategie für den Sozialismus, a. a. O., S. 46.
[67] J.-P. Chevènement (CERES), Das Ende der Spaltung?, a. a. O., S. 178.
[68] Ebenda, S. 181.
[69] Ebenda, S. 179.

Allerdings vermitteln die angeführten Zitate den Eindruck, daß das Problem der Entfremdung vor allem hinsichtlich des Gegensatzes zwischen „Leitern und Geleiteten“, hervorgerufen durch „die sogenannte wissenschaftliche Arbeitsorganisation“, die rentabel ist und die Arbeiterklasse in eine „Abhängigkeitssituation“ brachte[70], gesehen wird.

Indem man also teilweise, wie oben gezeigt, bei der Darstellung von *Erscheinungen* der Verkehrung des Arbeitsprozesses stehenbleibt, also bei einer Vorstufe für das Aufdecken der wesentlichen Zusammenhänge von Kapital und Arbeit, läuft man Gefahr, die Entfremdung des Produzenten von seiner Tätigkeit nicht als spezifische Erscheinungsform des kapitalistischen (bzw. allgemein des durch privates Eigentum an Produktionsmitteln geprägten) Produktionsprozesses, also als Folge der über die Sachenwelt vermittelten Herrschaft des Privateigentümers an Produktionsmitteln, deren Realisierung auch der Produzent als Lohnempfänger unterliegt, zu sehen, sondern auf die zunächst klassenunspezifische Ebene „Zentralisierung oder Dezentralisierung von Entscheidungen“ zu verlagern.

Politisch mündet solche Position, wie man das dann auch an den Interpretationen der Leitungs- und Planungsstrukturen im realen Sozialismus nachvollziehen kann, in antikommunistischen, besonders antisowjetischen Äußerungen.

Ökonomisch wendet man sich mit der Alternative „Zentralisierung oder Dezentralisierung“ gegen den im Zusammenhang mit dem hochvergesellschafteten Grad der Produktivkräfte objektiv notwendigen „einheitlichen Willen“, der die gemeinsame Arbeit leitet. Das ist jedoch ein Erfordernis, das auf alle modernen Arbeitsprozesse zutrifft.[71]

Ähnlich unausgereift sind die Auffassungen des CERES zum Problem der Hegemonie der Bourgeoisie im gegenwärtigen Kapitalismus. Zunächst wird dazu betont, daß

[70] Ebenda.

[71] Vgl. K. Marx, Das Kapital. Dritter Band, in: MEW. Bd. 25, Berlin 1973, S. 397.

die Herrschaftsform des Kapitals, „die ihre Realität aus der materiellen Ausbeutung der Arbeitskraft schöpft, (sich) eine abgeleitete Form der sozialen Entfremdung über-(stülpt)“[72]. Die herrschende Klasse verfüge über ein „Arsenal mächtiger kultureller, moralischer und kommunikativer Mittel, um seine geistige Hegemonie dem Proletariat aufzuzwingen ...“[73] Explizit wird auf die Tendenz der Integration der Arbeiterklasse und auch der neuen sogenannten lohnabhängigen Schichten in das bestehende kapitalistische System hingewiesen, wobei ein deutlicher Bezug zu Positionen von Herbert Marcuse in „Der eindimensionale Mensch“ unverkennbar ist.[74]

Illusionär wird daraus aber für das monopolistische Stadium des Kapitalismus geschlußfolgert, daß der „Staat daher eine demokratische Form annehmen muß, um die Grundlagen der Unterdrückung zu verbergen und sich gegenüber dem Kapital als gesonderte Macht, als Koordinator und Souverän zu setzen“[75].

Das grundlegende Problem einer solchen Interpretation der gesellschaftlichen Verhältnisse des gegenwärtigen Kapitalismus besteht in der Unterschätzung des prinzipiell und alle gesellschaftlichen Bereiche umfassenden reaktionären Charakters der staatsmonopolistischen Herrschaftsverhältnisse (vgl. dazu Lenins Bemerkung zum Staatsmonopol als Reaktion auf der ganzen Linie!) und in der Überbetonung bürgerlich-parlamentarischer Demokratie, in der Verabsolutierung von Prinzipien als unveräußerliche Bestandteile politischer Demokratie „an sich“, wie sie der bürgerlich-demokratischen Bewegung entstammen. Hier wird deutlich an rechte sozialreformistische Positionen Kautskys angeknüpft, der davon ausging, daß sich im Kapitalismus bereits ein Kräfteverhältnis dergestalt herausgebildet habe, daß das „Proletariat ... die Mehrheit des

[72] M. Chazat/G. Toutain/J.-P. Chevènement, CERES-Strategie für den Sozialismus, a. a. O., S. 46.
[73] Ebenda.
[74] Ebenda, S. 47f.
[75] Ebenda, S. 48.

Volkes darstellt" und daraufhin die „herrschenden Klassen" zum Respekt vor den Volksmassen bereit seien".[76]

Zusammenfassend ist festzustellen, daß der CERES zwar in eindringlicher Form „Anstrengungen zur Erhellung der Ausbeutung und (zur) Entmystifizierung der herrschenden Ideologie"[74] unternimmt, in wesentlichen Fragen, wie beim Entfremdungsmechanismus und beim Problem bürgerlicher Hegemonie und Demokratie jedoch zum Teil Inkonsequenzen in bezug auf den Klassencharakter des bürgerlichen Staates und Illusionen über die konkrete Form der Dikatur des Proletariats (als parlamentarischer Pluralismus) deutlich werden, daß man damit aber dem eigenen Anspruch, Klassenpositionen der Arbeiterklasse zu vertreten, nicht gerecht wird.

4.2.2. CERES-Vorstellungen von lang-, mittel- und kurzfristiger Strategie eines „Bruchs mit der kapitalistischen Logik"

Langfristige Zielvorstellungen des CERES

In der langfristig zu verwirklichenden Strategie des CERES nehmen die „Infragestellung der Arbeitsteilung" und das „Projekt der Selbstverwaltung" den zentralen Platz ein. Das wird durch folgende Aussagen verdeutlicht:

„Es gibt kein Vorankommen auf dem sozialistischen Weg ohne die Infragestellung der Arbeitsteilung. Außerhalb dieses fundamentalen Aspekts gibt es nur partielle Angriffswinkel, die für eine erfolgreiche Vorwärtsentwicklung zwar unerläßlich, aber ungenügend sind, um die Vereinnahmung durch den Kapitalismus zu verhindern."[78]

„Die Suche nach einer sozialistischen Strategie, deren Ziel nicht durch die Mittel pervertiert wird, ist in der

[76] K. Kautsky, Die Diktatur des Proletariats, Wien 1918, S. 7 und S. 25.

[77] M. Chazat/G. Toutain/J.-P. Chevènement, CERES-Strategie für den Sozialismus, a. a. O., S. 47.

[78] J.-P. Chevènement (CERES), Das Ende der Spaltung?, a. a. O., S. 175.

Praxis wie in der Theorie die Grundlage für das Projekt der Selbstverwaltung." [79]

Der vollständige Bruch mit der „kapitalistischen Logik ... hängt genau von dem Neuen ab, das entstanden sein wird: von dem, was der Motor des Sozialismus, das vorwärtstreibende Moment der Selbstverwaltung ist: die mit vielen Kämpfen verbundene Infragestellung der Teilung der Arbeitsaufgaben und Rollen, die auf eine jahrtausendelange Unterdrückung zurückgeht" [80].

Dazu wird betont, daß es sich bei der Verwirklichung dieser Zielstellungen um einen langfristigen Prozeß handele, [81] der, auf der Grundlage des politischen Willens derjenigen, „die als Arbeiter leben" [82], im Betrieb, also „von unten", beginnen müsse und die Etappen „Kampf um demokratische Kontrolle der Betriebe" – „Ausübung der demokratischen Kontrolle" – „Selbstverwaltung" zu durchlaufen habe.

Bevor auf Möglichkeiten und Grenzen solcher rätekonzeptionellen Vorstellungen näher eingegangen wird, soll zunächst noch die CERES-Position zu den ökonomischen und politischen Bedingungen der Durchführbarkeit einer „Strategie des Bruchs mit dem Kapitalismus" analysiert werden.

Es wird davon ausgegangen, daß „eine tiefe und anhaltende ökonomische Krise, die von den Rechten im Rahmen des gegenwärtigen politischen Systems nicht zu bewältigen ist", und zu einer „Krise des Überbaus und des historischen Blocks der Bourgeoisie" führt, [83] den Parteien des Linksbündnisses zu einem Wahlsieg verhelfen könnte bzw. den Boden dafür aufbereiten könnte, „den Gegner von der

[79] M. Chazat/G. Toutain/J.-P. Chevènement, CERES-Strategie für den Sozialismus, a. a. O., S. 45.
[80] J.-P. Chevènement (CERES), Das Ende der Spaltung?, a. a. O., S. 178.
[81] Vgl. M. Chazat/G. Toutain/J.-P. Chevènement, CERES-Strategie für den Sozialismus, a. a. O., S. 73.
[82] J.-P. Chevènement (CERES), Das Ende der Spaltung?, a. a. O., S. 185.
[83] Ebenda, S. 191.

Erfahrung zu überzeugen, daß sie keine Siegeschancen haben"[84].

Ergeben sich vor allem aus letzterer Äußerung deutliche Anzeichen für eine Verabsolutierung des Demokratiebegriffs, für das Verhaftetsein in gefährlichen Illusionen, was die Übernahme und die Behauptung der politischen Macht betrifft, so sind die CERES-Auffassungen zu den ökonomischen Zwängen, die besonders auf außenwirtschaftlichem Gebiet gesehen werden, durchaus realistisch.

Indem auf die große internationale Verflechtung des französischen Finanzkapitals hingewiesen wird, dessen Charakter man nicht ohne weiteres sofort verändern könne, wird eine Außenwirtschaftsstrategie entwickelt, deren Schwergewicht auf den Ausbau der Beziehungen mit den sozialistischen Ländern und den Entwicklungsländern gerichtet ist. Die bestehenden Verflechtungen mit dem internationalen Finanzkapital sollen schrittweise durch von einer Linksregierung vermittelte planmäßige Beziehungen ersetzt werden. Damit wird eine schrittweise Autonomie (nicht zu verwechseln mit Autarkie) durch Herausbildung eines antiimperialistischen Wirtschaftsblocks (so im Bereich der Industrie-, der Handels-, der Währungs- und auch der Militärpolitik) angestrebt. Der hauptsächliche Gegenspieler in Europa sei dabei die BRD als dominierende kapitalistische Macht und als Außenposten des USA-Imperialismus, die sich als „Bremse eines sozialistischen Experimentes in Frankreich" erweisen würde.[85]

Besonders ins Auge gefaßt wird eine Vertiefung der ökonomischen Beziehungen mit südeuropäischen Ländern (also z. B. mit Spanien, Italien, Griechenland). Im Rahmen einer sogenannten Mittelmeerstrategie wird ein wesentlicher Unterschied in bezug auf die gesellschaftlichen und ökono-

[84] M. Chazat/G. Toutain/J.-P. Chevènement, CERES-Strategie für den Sozialismus, a. a. O., S. 106.

[85] Vgl. U. Rehfeld, Gemeinsames Programm, Krise und internationale Arbeitsteilung. Die Grenzen des Reformismus, in: Leviathan. Zeitschrift für Sozialwissenschaft (Opladen), 1/1978, S. 38.

mischen Strukturen zwischen dem kapitalistischen Nord- und Mitteleuropa und Südeuropa konstatiert, der die Mittelmeerländer eher für einen Übergang zum Sozialismus reif mache. Eine engere Verbindung zu diesen Ländern könne dazu führen, bestimmte interimperialistische Widersprüche so zu kanalisieren, daß den Hauptkonkurrenten (USA, BRD) ein Kompromiß hinsichtlich eines Verzichts auf „Destabilisierung des sozialistischen Experiments" aufgezwungen wird.[86]

In diesem Zusammenhang ist der CERES der Auffassung, daß „ohne" Ansteckung „der nächstliegenden Länder das französische Experiment mehr oder weniger schnell zum Scheitern verurteilt wäre"[87]. Und weiter heißt es dazu: „Übrigens wäre eine der Bedingungen für den dauerhaften Erfolg der Maßnahmen einer Volksfrontregierung ohne jeden Zweifel an die Rückwirkungen gebunden, die sie auf das Verhalten der europäischen Arbeiterklasse haben ... Der Kern des Problems ist in der Tat, daß es kein Europa auf dem Weg zum Sozialismus geben wird, solange nicht wenigstens in einem der großen Länder Westeuropas eine antikapitalistische Linke zur Macht gelangt ... Es wäre demnach wenig realistisch, die Enge des Spielraums zu leugnen. Kompromisse mit den benachbarten Ländern werden unerläßlich sein, um in einer bestimmten Zahl von Bereichen einer gemeinsamen Politik zuzustimmen."[88]

Aus der Tatsache, daß, wie weiter oben realistisch betont wurde, die Herstellung der Autonomie, nicht der wirtschaftlichen Autarkie, als Ziel anvisiert wird, wird dann die *ökonomische* Durchführbarkeit der „Strategie des Bruchs mit dem Kapitalismus" von der Sicherung der internationalen Konkurrenzfähigkeit abhängig gemacht, die über eine entsprechende sozialistische Industriepolitik realisiert wer-

[86] Vgl. ebenda, S. 39.
[87] M. Chazat/G. Toutain/J.-P. Chevènement, CERES-Strategie für den Sozialismus, a. a. O., S. 99.
[88] Ebenda, S. 101f.

den soll: „Die Wette der Strategie des Bruchs ist eine Wette über die gesellschaftliche Wettbewerbsfähigkeit.“[89]

Diese Position ist widersprüchlich. Entweder es geht um eine schrittweise Neurorientierung auf den Außenmärkten, die mit einer gewissen Neutralisierung der imperialistischen Hauptkonkurrenten USA und BRD, gesetzlichen Beschränkungen der Handlungsspielräume entsprechender Monopolgesellschaften im Inland, Schutz des Binnenmarktes vor imperialistischer Konkurrenz und Maßnahmen gegen Kapitalflucht verbunden werden muß, oder es geht um die Realisierung von Maßnahmen, die die internationale Konkurrenzfähigkeit des Landes stärken sollen. Bei letzterem ist ein Bruch mit der kapitalistischen Logik nicht unmittelbar zu erkennen.

Insgesamt werden die großen Linien einer unabhängigen Wirtschaftspolitik folgendermaßen zusammengefaßt:

„– Rückeroberung eines Teils des Binnenmarktes oder mengenmäßige Stabilisierung des Anteils, der den ausländischen Lieferanten konzediert wird (Wechselkurs-Politik);
– Entkolonialisierungsabkommen und wirtschaftliche Kooperationsvereinbarungen mit den Ländern der Dritten Welt (Clearings mit den Rohstoffländern);
– Hebung der Leistungsfähigkeit der französischen Landwirtschaft, allgemeine Entwicklung der geistigen Potenzen der Menschen, Förderung der Industrien mit großer Wertschöpfung;
– industrielle und technologische Kooperation mit den europäischen Ländern, die einen Willen zur Autonomie manifestieren;
– Entwicklung der Produktionen, die einer neuen Logik der Bedürfnisse entsprechen, einer inneren (Maschinen, die hochqualifizierten Werktätigen angepaßt sind) oder externen (Fabriken, die nicht die in der Dritten Welt bestehenden Gesellschaftsformen zerstören, Sonnenenergie usw.).“[90]

[89] J.-P. Chevènement (CERES), Das Ende der Spaltung?, a. a. O., S. 190.
[90] Ebenda, S. 194.

Mit der vom CERES vorgeschlagenen sozialistischen Industriepolitik soll langfristig eine materiell-technische Basis geschaffen werden, die die Verwirklichung sozialistisch-kommunistischer Ideale ermöglicht. So wird im einzelnen darauf verwiesen, daß der „größte Reichtum eines Landes der der Werktätigen (ist); es sind ihre Intelligenz, ihre Kreativität, ihre Vorstellungskraft, die sich in der täglichen Arbeit manifestieren“[91].

Die Infragestellung der kapitalistischen Logik müsse konsequenterweise zu einem neuen Gleichgewicht des Verhältnisses Mensch – Maschine führen, „das sowohl sozial als auch ökonomisch effizienter ist als das, das aus der hochgradigen Mechanisierung und Kapitalisierung in Verbindung mit einem unwissenden und unterentwickelten Arbeiter resultiert“[92]. Dies führe zur Konzipierung anderer Arbeitsinstrumente, die „qualifizierten Arbeitern adäquat“ sein müssen, dabei aber nicht weniger perfektioniert oder modern als bisher. Es gehe darum, daß die Arbeiter bereits bei der Konzipierung des Arbeitsgeräts einbezogen werden, des Arbeitsgeräts, „das er für die Herstellung von Produkten braucht, die er gut kennt, deren sämtliche Funktionen ihm vertraut sind und deren gesellschaftliche Nützlichkeit er schätzt, daß er also Lust zu Produzieren haben wird, weil seine Arbeit dann einen Sinn haben wird“[93].

Hier kommen zweifellos – wenn auch in sehr allgemeiner Form – wesentliche Elemente des CERES-Verständnisses einer sozialistischen Industriepolitik zum Ausdruck, die letztlich darin besteht, die ökonomischen Voraussetzungen zu schaffen, um mit dem kapitalistischen Ausbeutungs- und Entfremdungssystem brechen zu können und in einem längeren historischen Prozeß an die Arbeit als erstes Lebensbedürfnis heranzuführen.

In diesem Zusammenhang äußert sich der CERES über eine „andere Konsumlogik“, die sich äußerlich von der der kapitalistischen Gegenwart unterscheidet. Neben frag-

[91] Ebenda, S. 182.
[92] Ebenda.
[93] Ebenda, S. 183.

würdig erscheinenden Beispielen, wie dem „praktisch unbegrenzt haltbaren Auto", würden andere Erzeugnisse die man unter dem Sammelbegriff „alternative rentable Exportartikel" fassen könnte und auf Entwicklungsländer ausgerichtet sind, durchaus einer vom CERES angestrebten neuen sozialistischen Weltwirtschaftsordnung dienlich sein.[94] Es scheint allerdings, daß über die materiellen und subjektiven Voraussetzungen zur „Installierung" dieser neuen Konsumlogik noch nicht mit letzter Konsequenz nachgedacht wurde.

Kritische Einwände müssen vor allem zur vom CERES angestrebten Struktur der sozialistischen Produktionsverhältnisse vorgebracht werden. Einerseits wendet sich der CERES an mehreren Stellen gegen ein linksradikales basisorientiertes Konzept: „. . . es kann sich nicht um ein unmittelbar basisorientiertes Konzept handeln (das Bergwerk den Bergleuten!), sondern um eine allgemeine Neuordnung der Werte, Ideen und Machtbefugnisse, die der Herausbildung eines neuen sozial dominierenden Blocks (der Block der Arbeiterklasse) und dem Zurückweichen des alten (der Block der Bourgeoisie) entspricht."[95]

Andererseits erinnern Aussagen des CERES zur „Tirade" Kampf – Kontrolle – Selbstverwaltung[96] im Zusammenhang mit gleichzeitiger Ablehnung des Prinzips des demokratischen Zentralismus[97] in starkem Maße an hinreichend bekannte trotzkistische[98] und anarcho-syndikalistische Auffassungen zum Prinzip einer Basisdemokratie. So ist es nicht uninteressant – und wohl auch nicht zufällig –, daß mit Ernst Mandels „Arbeiterkontrolle, Arbeiterräte,

[94] Vgl. Ebenda, S. 196ff.
[95] Ebenda, S. 192.
[96] Vgl. M. Chazat/B. Toutain/J.-P. Chevènement, CERES-Strategie für den Sozialismus, a. a. O., S. 73.
[97] Vgl. ebenda, S. 85.
[98] Vgl. z. B.: E. Mandel, Zehn Thesen zur sozialökonomischen Gesetzmäßigkeit der Übergangsgesellschaft zwischen Kapitalismus und Sozialismus, in: Probleme des Sozialismus und der Übergangsgesellschaften, hg. von P. Hennicke, Frankfurt a. M. 1973, S. 35f.

Arbeiterselbstverwaltung"[99] deutliche Parallelen zu den CERES-Positionen zu ziehen sind. Solche rätekonzeptionellen Vorstellungen sind nicht neu. Es soll hier nur darauf verwiesen werden, daß Lenin sich im Zusammenhang mit ähnlichen Auffassungen der Gruppe der sogenannten Arbeiteropposition auseinandergesetzt hat.[100]

Grundsätzlich problematisiert werden muß schließlich auch die CERES-Forderung nach „Infragestellung der Arbeitsteilung". Diese Forderung trägt in ihrer Absolutheit, einmal im Hinblick auf die Beseitigung der Arbeitsteilung „an sich" und andererseits im Hinblick auf ihre Interpretation als Beseitigung des *„sozialen Antagonismus* zwischen Leitern und Geleiteten", linksradikale Züge.

Zweifellos kann es nicht darum gehen, die Arbeitsteilung „an sich" abzulehnen, sondern darum, die Arbeitsteilung als ein Merkmal entfremdeter Arbeit unter den Bedingungen des Privateigentums an den Produktionsmitteln aufzufassen, wobei es speziell um die Behandlung des in der sozialen Teilung zwischen geistiger und körperlicher Arbeit zum Ausdruck kommenden *sozialen Antagonismus* in der Arbeit als *Lohnarbeit* selbst, also unter kapitalistischen Verhältnissen geht. Demzufolge besteht ein grundlegendes Ziel jeder sozialistischen Revolution darin, den sozialen Antagonismus, der in allen Ausbeuterordnungen u. a. im Monopol der geistigen Arbeit bei den Eigentümern der Produktionsmittel und im Monopol der körperlichen Arbeit bei den Ausgebeuteten zum Ausdruck kommt, zu beseitigen. Dem entspricht der im philosophischen Sinn zu verwendende Begriff der *Aufhebung* der Arbeitsteilung. Die Teilung der Arbeit aufheben bedeutet also, daß „die Menschen den Austausch, die Produktion, die Weise ihres

99 Vgl. Arbeiterkontrolle, Arbeiterräte, Arbeiterselbstverwaltung. Eine Anthologie, zus.gest. und eingel. von E. Mandel, Frankfurt a. M. 1971.

100 Vgl. W. I. Lenin, Noch einmal über die Gewerkschaften, die gegenwärtige Lage und die Fehler Trotzkis und Bucharins, in: Werke, Bd. 32, Berlin 1975, S. 74; ders., X. Parteitag der KPR(B), in: Werke, Bd. 32, Berlin 1975, S. 249ff.

gegenseitigen Verhaltens wieder in ihre Gewalt bekommen"[101]. Bei der weiteren Gestaltung der neuen, sozialistischen Verhältnisse muß es dann um die *schrittweise Verwirklichung der Einheit* von geistiger und körperlicher Arbeit gehen, mit dem Ziel, die *sozialen Unterschiede* völlig aufzuheben und eine klassenlose Gesellschaft zu entwickeln.

Was nun die materiell-technische Seite der Arbeitsteilung anbetrifft, so ist klar, daß die Schaffung der dem gesellschaftlichen Eigentum an den Produktionsmitteln adäquaten materiell-technischen Basis mit Notwendigkeit die verstärkte Förderung und Ausprägung der unterschiedlichen individuellen Fähigkeiten und Neigungen für den Arbeitsprozeß zur Voraussetzung und Bedingung hat, daß sich demzufolge der gesellschaftliche Charakter des Arbeitsprozesses *stets* in einem ständigen Zusammenwirken der Individuen mit ihren *verschiedenen Tätigkeiten* darstellen wird, macht doch gerade die volle Ausschöpfung der *individuellen* Fähigkeiten den eigentlichen Inhalt des gesellschaftlichen Reichtums aus.[102]

Was jedoch das nächstliegende Problem des Kampfes um demokratische Kontrolle von Betrieb und Gesellschaft betrifft, so ist darin tatsächlich ein entscheidender Ansatzpunkt für die Schaffung ökonomischer Grundlagen einer antimonopolistischen Demokratie zu sehen. Hierbei spielt die Umstrukturierung der Volkswirtschaft eine entscheidende Rolle. Die Behandlung dieser Problematik ist in die mittelfristige CERES-Strategie eines Bruchs mit den kapitalistischen Verhältnissen eingebettet.

Die mittelfristige Strategie des CERES

Der notwendigen Umstrukturierung der Wirtschaft mittels Nationalisierungen bzw. durch Vergesellschaftung und Wirtschaftsprogrammierung mißt der CERES eine große Bedeutung bei. Dabei wird zunächst die deutliche Unter-

[101] K. Marx/F. Engels, Die Deutsche Ideologie, in: MEW, Bd. 3, Berlin 1969 S. 35.

[102] Vgl. K. Marx, Grundrisse der Kritik der Politischen Ökonomie in: MEW, Bd. 42, Berlin 1984 S. 604.

scheidung zwischen Nationalisierung und Vergesellschaftung betont. Zu Recht wird darauf verwiesen, daß, „wenn die Nationalisierung nicht sofort Teil einer neuen sozialen Logik wird, die andere Zwecke und Mittel beinhaltet, sie sofort durch die alte, dominierend gebliebene Logik instrumentalisiert (wird). Die Nationalisierung selbst ist das notwendige Instrument des Bruchs mit dem Kapitalismus. Aber ihr realer Inhalt ist für die Frage entscheidend, ob sie tatsächlich ein Vorwärts zum Sozialismus oder im Gegenteil ein Mittel zur Rationalisierung und Restaurierung des alten kapitalistischen Biedermanns ist."[103]

Die hier vertretene Position weist marxistische Züge auf und unterscheidet sich damit deutlich von noch innerhalb der BRD-Memorandengruppe vertretenen widersprüchlichen Auffassungen über staatsmonopolistische Lösungen von systemimmanenten Strukturproblemen.[104] Für den CERES steht das Problem der Nationalisierung in untrennbarem Zusammenhang mit der Veränderung des Kräfteverhältnisses im Betrieb zugunsten der Werktätigen. Diese Veränderung soll vor allem über die neue Rolle, die den Betriebskomitees zukommen muß, bewirkt werden. So soll eine Konsultationspflicht und ein Vetorecht der Betriebskomitees verwirklicht werden, in allen Fragen, die die Personalplanung und zum Teil den innerbetrieblichen Arbeitsablauf betreffen (Einstellungen; Versetzungen; Einstufungen; Arbeitsgeschwindigkeit; Stellenwechsel; bei Entlassungen soll eine Pflicht zur Wiedereinstellung unter gleichwertigen Bedingungen gewährleistet werden; obligatorische Bekanntgabe aller Buchungs- und Planungsunterlagen; Festlegung der maximalen Lohndifferenzen innerhalb eines einheitlichen Bewertungssystems; Kontrolle der Auswirkungen der Investitionen auf die Arbeitsbedingungen; Diskussion über den Sozialetat

[103] J.-P. Chevènement (CERES), Das Ende der Spaltung?, a. a. O., S. 175.

[104] Vgl. Memorandum '83, Qualitatives Wachstum, Arbeitszeitverkürzung, Demokratisierung. Alternativen zum Unternehmerstaat und Krisenpolitik, a. a. O., S. 143ff.

der Betriebe u. a. m.).[105] Besonders bei dieser Problematik bezieht sich der CERES ausdrücklich auf das 1972 verabschiedete GRP und bezeichnet es (eingedenk entsprechender Aktualisierungsaspekte) als einen „mächtige(n) Hebel zur Umgestaltung und Neuorientierung der französischen Gesellschaft“[106].

Im einzelnen unterscheidet der CERES im Rahmen der Umstrukturierung der Wirtschaft vier Bereiche, in denen das „Eingreifen“ des Staates verschiedene Formen annehmen müßte. Ein erster Sektor, der für die Aufrechterhaltung der nationalen Unabhängigkeit sowohl in militärischer als auch in ökonomischer Hinsicht bedeutsam ist, ist vom Weltmarkt völlig abzutrennen (Rüstungsbetriebe, Energie-, besonders der Nuklearsektor, Weltraumforschung, Grundlagenforschung, Landwirtschaft). Ein zweiter Sektor, der für die erfolgreiche Spezialisierung Frankreichs gegenüber dem Weltmarkt eine Rolle spielen soll, soll zum Teil verstaatlicht werden bzw. durch öffentliche Mittel eine „Starthilfe“ erhalten (Eisen- und Stahlindustrie, Luftfahrtindustrie). Hierunter fallen auch die Bereiche, die die „sozialistische Spezialisierung“ als „Träger einer neuen sozialen Organisationsform“ ausmachen sollen. Insgesamt sollen an eine Starthilfe spezielle Kriterien angelegt werden, wie Umfang der „Wertschöpfung“, bereitgestellte Arbeitsplätze, Beitrag zum Außenhandelsgleichgewicht. Ein dritter Sektor sei durch den „sozialen Charakter der Nachfrage“ bestimmt, zu dem Bauwesen, Personentransportmittel, Gesundheitswesen und andere soziale Dienstleistungen zu zählen wären. Da diese Zweige vorrangig auf die gesellschaftliche Konsumtion, auf den Binnenmarkt ausgerichtet sind und weitgehend von öffentlichen Aufträgen leben, wird eine weitgehende Verstaatlichung als gerechtfertigt angesehen, um zunächst entsprechende Kontrollfunktionen real ausüben zu können. Als vierter Sektor verbleibe der des Marktes, der für die

105 Vgl. J.-P. Chevènement (CERES), Das Ende der Spaltung?, a. a. O., S. 186f.

106 Ebenda, S. 17.

internationale Konkurrenz offenbliebe. Hier soll die mögliche Intervention des Staates auf globale Regulierungsinstrumente beschränkt bleiben (Wechselkurs, Preis, Besteuerung, Einkommen), weil das „sozialistische Experiment" es sich nicht erlauben können wird, „der internationalen Arbeitsteilung mehr als einen Schritt voraus zu sein ... So bringt uns die Logik einer Strategie des Bruchs, die jedoch die Zwänge der internationalen Umgebung nicht verkennen kann, dazu, vier Bereiche zu definieren von denen zwei außerhalb dieser Zwänge liegen (der reservierte Bereich und der Bereich der sozialen Nachfrage) und zwei andere ihnen mit oder ohne öffentliche Hilfe ausgesetzt sind (geförderter Bereich und Bereich des freien Marktes)." [107]

Obwohl der Umfang der Nationalisierungen damit weit über die von der SP vorgeschlagene Anzahl hinausgehen würde, bleibt es genaueren Analysen vorbehalten festzustellen, inwiefern damit die notwendige „Mindestschwelle" überschritten ist, die die Einleitung entsprechender Reformmaßnahmen politisch und ökonomisch ermöglicht.

Nüchtern und realistisch geht aber der CERES davon aus, daß in dieser Übergangsperiode selbst in den nationalisierten Betrieben weiterhin Mehrwert geschaffen wird und Selbstregulierungsmechanismen in bestimmtem Umfang funktionieren werden.[108]

In welchem Maße aber damit der Bruch mit der kapitalistischen Logik tatsächlich eingeleitet werden kann, wird einerseits vom politischen Druck der progressiven Kräfte auf das Kapital abhängen, andererseits von der konsequenten Politik einer Linksregierung, die sich u. a. darin äußern muß, die im Zusammenhang mit notwendigen Strukturreformen vorgenommenen Nationalisierungen auch wirklich in ein größeres demokratisches Gesellschaftskonzept einzupassen.

[107] Ebenda, S. 199f.

[108] Vgl. M. Chazat/G. Toutain/J.-P. Chevènement, CERES-Strategie für den Sozialismus, a. a. O., S. 77; vgl. J.-P. Chevènement (CERES), Das Ende der Spaltung?, a. a. O., S. 186f.

Die kurzfristige Strätegie des CERES

Sehr genau geht der CERES auf die ökonomischen Zwänge ein, „die aus einer kapitalistischen Produktionsweise erwachsen können, die man nicht von heute auf morgen ändern kann . . .“ [109]

Für den CERES geht es kurzfristig um die Sicherung des ökonomischen Gleichgewichts. Welche zentrale Rolle diesem Problem zukommt, zeigten auch die Ereignisse in Chile und Portugal.[110]

[109] J.-P. Chevènement (CERES), Das Ende der Spaltung?, a. a. O., S. 202.

[110] Auf der ökonomischen Ebene waren sie im wesentlichen durch folgende Abläufe gekennzeichnet, die von K. Novy sehr deutlich veranschaulicht werden, auch wenn man ihm dann bei seinen Schlußfolgerungen nicht in allen Punkten zustimmen kann:

„– *Erhöhung der unteren Einkommen*, Verkürzung der Arbeitszeit, Demokratisierung und Humanisierung am Arbeitsplatz.

– Sollen diese reforminduzierten Leistungen ihren originären Zielgruppen zugute kommen, muß eine Umwälzung der in den Unternehmen entstandenen Kosten auf die Preise – und damit auf Konsumenten und Reallöhne – verhindert werden. Also *Preiskontrolle* der wichtigsten Produktarten.

– Daraus folgt eine *Gewinnkompression* in der Privatwirtschaft, die ihre Investitionstätigkeit drosselt; ihr fehlen auch die Selbstfinanzierungsmöglichkeiten. Dem ‚Investitionsstreik‘ folgen eine *Krise der Investitionsgüterindustrie*, Rückgang des Volkseinkommens und Arbeitslosigkeit.

– Auf der anderen Seite werden die erhöhten Einnahmen der unteren Einkommensgruppen für Konsumausgaben verwandt: *Steigerung der Konsumquote = Sinken der Sparquote*, *Zunahme der Konsumgüterimporte* da einheimische Industrie wegen des Preisstopps und der politischen Unsicherheit nicht expandiert – es auch so schnell nicht könnte.

– Die spätestens jetzt negativ werdende Zahlungsbilanz frißt – falls vorhanden – die Devisenreserven auf und macht schließlich *von ausländischen Krediten abhängig.*

– Die Umschichtung der Nachfrage, gekoppelt mit der Preiskontrolle, führt zur zunehmenden Verweigerung des Privatkapitals (Arbeitslosigkeit und *Kapitalflucht*) und erzwingt *weitergehende Reformeingriffe* (öffentliche Kontrolle, Sozialisierung).

Der CERES spricht sich in bezug auf Sofortmaßnahmen für Lohnerhöhungen und Verbesserungen von Sozialleistungen, vor allem für die am meisten Benachteiligten aus, mit dem Ziel, offensichtliche Ungleichheiten zu verringern und die politische Basis einer Linksregierung zu stabilisieren. Das habe dann zweifellos eine „zeitlich beschränkte Festlegung der Preise“ für lebensnotwendige Waren und Dienstleistungen zur Konsequenz. Damit könnten die Lohnerhöhungen von den Unternehmern nicht auf die Preise weitergegeben werden. Die Betriebe müßten, um ihre Investitionen zu finanzieren, ihre Verschuldung vergrößern (was natürlich voraussetzt, daß das Kapital überhaupt investieren will). Die gezielte Kreditvergabe durch den Staat soll es erlauben, sowohl das Wachstum der Geldmenge zu begrenzen („der Kampf gegen die Inflation [bedeutet] in der Tat die Infragestellung des Wirtschaftssystems, dessen permanentes Produkt sie ist“ [111]) als auch die Finanzierung, entsprechend den Prioritäten der neuen Wirtschaftspolitik, zu regeln.

Außenwirtschaftlich geht es vor allem um eine rigorose

— Vielfach wird aber — da die meisten Reformregierungen nur über eine außerordentlich knappe und prekäre Mehrheit verfügen — eher der Weg der *Lockerung der Preiskontrolle* und der Wiederstimulierung der Privatwirtschaft gegangen, was — zusammen mit dem Wertverfall der Währung (Kapitalflucht, passive Zahlungsbilanz) und der damit importierten Inflation — zum Explodieren des aufgestauten Preisdrucks führt: *galoppierende Inflation.*
— Schließlich gehen durch die untrennbare Dynamik der Kreislaufzusammenhänge sowie durch den Machtkampf um ökonomische Entscheidungen und Aktionsparameter die anfänglichen Reformerfolge für die eigene politische Basis verloren: Arbeitslosigkeit, gesunkene Reallöhne, Inflation, Rücknahme der innerbetrieblichen Errungenschaften im Namen von Produktivitätssteigerungen, usw. Das ist die Stunde der *Gegenreform* oder — oft — der Konterrevolution“ (K. Novy, Wirtschaftswissenschaften, wirtschaftspolitische Alternativen und Wirtschaftsreformpraxis. Anmerkungen zur Debatte und ihrer vergessenen Vorgeschichte, in: Leviathan, 4/1979, S. 479).

111 M. Chazat/G. Toutain/J.-P. Chevènement, CERES-Strategie für den Sozialismus, a. a. O., S. 95.

Devisenkontrolle. Tatsächlich weist der CERES auch auf mögliche Auswirkungen hin, die eine Ankurbelung des Massenkonsums mit sich bringt. So wird einmal auf die Stimulierung der Wirtschaftstätigkeit hingewiesen und auf den Abbau eines Teils der Arbeitslosigkeit, zum anderen wird durchaus auch die Gefahr einer Störung des Handelsbilanzgleichgewichts durch übermäßig hohe Importe gesehen, daraus resultierende Inflationsbeschleunigung und Francschwäche. Um diesen „vorhersehbaren Schwierigkeiten" in bestimmtem Umfang begegnen zu können, gibt der CERES einen in fünf Punkten formulierten Maßnahmekatalog an:

Erstens soll die Erhöhung der Massenkonsumtion, die entsprechende Investitionsstimulierung bewirke, eingegrenzt bleiben in die vorhersehbaren Wirtschaftswachstumsraten. Diese Maßnahme soll begleitet werden von einer umfassenden Indexierung der mittleren und niedrigen Löhne sowie der Spareinlagen der Bevölkerung.

Zweitens wird der Entwicklung der *gesellschaftlichen* Konsumtion das Primat gegeben.

Drittens geht es dem CERES um eine über fünf Jahre angelegte strukturelle Umverteilung des Nationaleinkommens in Abhängigkeit von der Reduktion der „parasitären Sektoren" und der vom Kapitalismus erzeugten Verschwendung.

Viertens wird vorwiegend auf den Binnenmarkt orientiert, mit dem Ziel, den Anteil der Importe zugunsten der nationalen Produktion einzuschränken.

Fünftens geht es um eine Umorientierung des Außenhandels auf bestimmte Entwicklungsländer.[112]

Bedeutsam ist schließlich die Feststellung, „daß Wirtschaftspolitik zuerst Politik ist"[113]. Daher gehe es *nicht primär* um die Erfüllung von zweifellos gerechtfertigten Lohnforderungen, die zu erfüllen die Bourgeoisie letztlich immer bereit war, wenn dadurch nur das kapitalistische

112 Vgl. J.-P. Chevènement (CERES), Das Ende der Spaltung?, a. a. O., S. 203f.

113 Ebenda, S. 204.

Gesellschaftssystem aufrechtzuerhalten war (Juni 1936, Mai 1968). Vielmehr müsse man den demokratischen Machtforderungen der Werktätigen in den Betrieben den Vorrang geben.

Indem der CERES im Rahmen seiner Strategie des Bruchs mit der kapitalistischen Logik in einem entwickelten kapitalistischen Land solche politischen Fragen aufwirft, wie: Mit wem soll die neue Wirtschaftspolitik durchgeführt werden? Auf welchen Gebieten sind die Entscheidungen zu suchen, und wer sind die Entscheidungsträger? Von wem muß man das sakrosankte Vertrauen erhalten?, und diese Fragen eindeutig zugunsten der Werktätigen beantwortet, beinhaltet die CERES-Strategie zweifellos wesentliche Elemente eines demokratischen Alternativprogramms und liegen realistische Einschätzungen des wirtschaftspolitischen Spielraums einer Linksregierung vor, die – eingedenk der grundsätzlichen Zielorientierung – bei allen zum Teil noch vorhandenen widersprüchlichen Positionen, vor allem auch zum realen Sozialismus, für andere linkssozialistische Kräfte in Westeuropa beispielhaft sind.

4.3. CERES-Positionen zur Wirtschaftspolitik seit Mai 1981

Der CERES sieht im politischen Sieg der Linksparteien im Mai 1981 zum erstenmal seit 1945 die Möglichkeit, ein großes, alle Franzosen einigendes gesellschaftliches Projekt zu verwirklichen.[114] Auf das Wesentliche reduziert, bedeute der Wechsel, „notwendige technologische, industrielle, soziale und kulturelle Veränderungen in Frankreich vorzunehmen bzw., einfach ausgedrückt, eine Veränderung unserer kollektiven Lebensart“ [115].

Im gleichen Atemzug ist man sich aber durchaus der Schwierigkeiten bewußt, die die Umsetzung des politischen

[114] Vgl. Le Monde vom 15. 9. 1982.
[115] Ebenda.

Sieges der Linksparteien in ein gesamtgesellschaftliches demokratisches Alternativkonzept beinhaltet.

Auf die komplizierte innenpolitische Situation verwies Didier Motchane, indem er hervorhob, daß das politische Kräfteverhältnis im Mai 1981 dadurch zu charakterisieren sei, „daß viele Linkswähler bestenfalls eine negative Einstellung zur Politik der Rechten hatten, keinesfalls jedoch eine klare Vorstellung über die Alternativvorschläge der Linken besaßen“ [116].

In bezug auf die ökonomische Situation stellte Chevènement fest, daß vor allem die ökonomische Macht noch nicht in den Händen der Linkskräfte ist, daß auch nach den Verstaatlichungen die weitaus überwiegende Zahl der Unternehmen privaten Charakter trägt und daß weiterhin die Situation in bezug auf Außenmärkte für Frankreich ungünstig ist.[117]

In der Linksregierung ist der CERES vor allem durch Chevènement, von Mai 1981 bis Mitte 1982 als Staatsminister und Minister für Forschung und Technologie und bis März 1983 als Minister für Forschung und Industrie sowie ab Juli 1984 als Erziehungsminister, vertreten.

Zweifellos nahmen für die Linksregierung von Beginn an Forschung und technologische Entwicklung einen besonderen Platz ein. Dabei wurden die Rahmenbedingungen, die sich mit den Intentionen des CERES decken, bereits von François Mitterand vorgegeben. Der Präsident stellte am 22. April 1981, also noch vor seiner Wahl, in einem Vortrag, der das nationale Moment stark hervorhob, fest: „Eine der Lehren dieser vergangenen Jahre besteht darin, daß die Nationen selbst nicht mehr über das Tempo bestimmen, in dem Innovationen oder Entdeckungen hervorgebracht und angewandt werden: Nur jenes Land, das in höchstem Maße zupackend und kühn ist, wird den anderen seinen Rhyth-

116 Glaubwürdige Methode der Politik. Interview mit Didier Motchane, in: Sozialismus. Marxistische Zeitschrift. hg. von Sozialistischen Studiengruppen (SOST, Hamburg), 1/1983, S. 71.

117 Vgl. Le Monde vom 23. 6. 1981.

mus aufzwingen. Infolge der Entwicklung der internationalen Konkurrenz kann es die Situation des Herstellers dieser oder jener Ware von dem Moment an erschweren, wo es eine revolutionäre Produktionstechnik herausbringt.“[118]

Auch der CERES ist der Auffassung, daß den Zukunftsindustrien (vor allem der Biotechnologie, der Mikroelektronik und alternativen Energien) besondere Priorität eingeräumt werden muß, damit Frankreich im internationalen Konkurrenzkampf bestehen kann. Chevènement betonte: „Unsere Mittel sind Ideen, Menschen, Geld und dynamische Strukturen, und wir sind gerade dabei, diese Mittel zu vereinigen. Ich würde sie so zusammenfassen: zwei Sektoren, drei Synergien, ein Motor.“[119] Über einen staatlichen Wirtschaftssektor, dem die Leitfunktion auf dem Gebiet der Investitionen zukommen muß, und über einen „aktiver“ zu gestaltenden Privatsektor der Wirtschaft solle Wirtschaftswachstum bewirkt werden. Die drei großen Synergien der Zukunft stellen für Chevènement die verstärkte Koordinierung von Forschung und Produktion, ein am Arbeitskräftebedarf der Industrie orientiertes Ausbildungssystem und ein Bankensektor dar, der stärker als bisher technologische Innovationen finanziert. Als der entscheidende Motor wird die Motivation der Werktätigen betrachtet.[120]

Umfangreiche Investitionen gerade in Zukunftsindustrien seien deshalb so wichtig, weil sie einerseits die Exportchancen erhöhten, andererseits wirkten sie Arbeitsplätze schaffend, indem, wie Chevènement hervorhebt, ein in der modernen Industrie Beschäftigter drei neue Arbeitsplätze zahlt.[121] Nur durch Wirtschaftswachstum, bewirkt über die entsprechenden Strukturveränderungen in Richtung Zu-

[118] Discours de François Mitterand au Palais du Luxembourg le 22 avril 1981, in: Le progrès scientifique, Paris 1981, Nr. 212/213, S. 10.

[119] J.-P. Chevènement, Schlüssel zum Erfolg. Interview mit dem französischen Forschungs- und Industrieminister, in: Wirtschaftswoche, Düsseldorf, 47/1982, S. 32f.

[120] Vgl. ebenda. [121] Vgl. Le Monde vom 15. 9. 1982.

kunftsindustrien, sei es möglich, die hohe Arbeitslosigkeit abzubauen.

Gab es in den inhaltlichen Grundzügen der neuen Forschungs- und Technologiepolitik also eine breite Übereinstimmung zwischen den Auffassungen des Präsidenten, der Regierung unter Premierminister Mauroy und dem CERES, so entwickelte sich vor allem im Zusammenhang mit der verkündeten Sparpolitik, dem Delors-Plan, seit dem Sommer 1982 eine offene Auseinandersetzung. Zunächst verteidigte Chevènement noch den Lohn- und Preisstopp von 1982: „François Mitterand ist nicht gewählt worden, um den Sozialismus zu verwirklichen. Er ist gewählt worden auf der Basis der 110 Vorschläge, der wir in dieser Perspektive verpflichtet sind, aber das ist nicht das Ziel des gegenwärtigen Abschnitts.“ [122]

Wenig später hob dann Thierry Bondoux, Mitglied des CERES und der Nationalleitung der SP, hervor, daß es einen natürlichen Widerspruch gebe zwischen dem Erfordernis der Mobilisierung und der Art und Weise der Mobilisierung, nämlich der ökonomischen und sozialen Sparpolitik.[123]

Auf die Gefahren einer inkonsequenten Durchsetzung alternativer ökonomischer Politik machte der CERES bereits in seinem Antrag an den 6. Parteitag der SP (23. bis 25. Oktober 1981 in Valence) „Sozialisten in Frankreich: Für ein politisches Gesamtkonzept“ aufmerksam.[124] In dem Antrag wird festgestellt, daß der Kampf gegen die Arbeitslosigkeit das Primat habe. Kernstück des Kampfes gegen die Arbeitslosigkeit sei die Arbeitszeitverkürzung auf 35 Stunden bis 1985. Erst eine derartige wesentliche Verkürzung schaffe Arbeitsplätze. Unterhalb einer solchen Schwelle sei eine Arbeitszeitverkürzung ohne ökonomischen Gewinn.

[122] Le Monde vom 22. 6. 1982.
[123] Vgl. Le Monde vom 13. 9. 1982.
[124] Vgl. Sozialisten in Frankreich: Für ein politisches Gesamtkonzept, in: Sozialismus. Marxistische Zeitschrift, hg. von SOST 6/1981, S. 30ff.

Auch bei den Verstaatlichungen dürfe kein zeitlicher Verzug mehr eintreten. Indem die Verstaatlichungen, die eine Linksregierung vornimmt, gleichzeitig die Voraussetzung für notwendige industrielle Strukturreformen und für die Erweiterung der Rechte der Werktätigen darstellen, berge jeder Aufschub die Gefahr einer politischen und ökonomischen Sabotage durch die Rechtskräfte.

Eindringlich forderte der CERES: „Die Linksregierung wird nach ihrer Fähigkeit beurteilt werden, die Arbeitslosigkeit zu stoppen und das Land aus der Krise zu führen ... Eine großangelegte Politik zur Investition und technologischen Entwicklung mit dem Ziel, zunächst den Binnenmarkt und dann die Wettbewerbsfähigkeit der französischen Wirtschaft zurückzuerobern, ist unbedingt notwendig. Damit ist zugleich eine vollständige neue Kreditpolitik . . . sowie ein Zuwachs der Bedeutung öffentlicher Gelder in Industrieinvestitionen verbunden. Gleichzeitig muß alles unternommen werden, die Arbeitsplatzbeschaffung für Jugendliche zu fördern . . . Die Wiederbelebung des Binnenmarktes muß fortgesetzt werden, notfalls durch Einschränkung der Importe.“ [125]

War für den CERES also die Notwendigkeit gegeben, bis zur Wirksamkeit der wirtschaftlichen Strukturveränderungen, das heißt bis zum Aufholen von internationalen Konkurrenzrückständen, den französischen Markt durch protektionistische Maßnahmen zu schützen, so sah vor allem der damalige Wirtschafts- und Finanzminister Delors in einer Austeritätspolitik das geeignete Mittel, vor allem die private Investitionstätigkeit anzuregen, die Inflationsrate zu verringern und das Außenhandelsdefizit durch Importbeschränkungen abzubauen. Da sich Chevènement mit seinen Forderungen nicht durchsetzen konnte, reichte er am 2. Februar 1983 seinen Rücktritt ein und schied mit der Regierungsumbildung vom März 1983 aus seinem Amt aus.

Dem 7. Parteitag der SP (28.–30. Oktober 1983 in

[125] Ebenda, S. 30.

Bourg-en-Bresse) legten CERES-Mitglieder einen Antrag mit dem Titel „Für eine wirtschaftspolitische Offensive in Frankreich" vor.[126] In konzentrierter Form beinhaltet dieser Antrag die alternativen ökonomischen Vorstellungen des CERES bei gleichzeitiger kritischer Einschätzung der wirtschaftspraktischen Umsetzung der wirtschaftspolitischen Konzeptionen der SP. Da es sich hierbei um die jüngsten umfassenden ökonomischen Überlegungen des CERES handelt, soll ihnen im folgenden etwas ausführlicher Platz eingeräumt werden.

Zunächst wird hervorgehoben, daß die Linksregierung wichtige Reformen in Angriff genommen habe, „um die Produktion zu dynamisieren und um die Anstrengungen der Franzosen anders umzuverteilen"[127]. Die Nationalisierungen in der Industrie und im Bankwesen ermöglichten prinzipiell eine derartige Gestaltung der Industriepolitik, die sich an den Zielen der nationalen Unabhängigkeit und an der besseren Beherrschung der Geldströme orientiert (das heißt, für den CERES ist die „Mindestschwelle" von Verstaatlichungen, die prinzipiell notwendig ist, um demokratische Reformen mit entsprechender ökonomischer Macht von seiten einer Linksregierung durchsetzen zu können, überschritten worden). Gleichzeitig wird darauf verwiesen, daß es noch verfrüht sei, die Nationalisierungen als Erfolg zu verbuchen, da man in der Praxis damit noch in den Anfängen stecke. Es seien auch nach wie vor starke Kräfte in den Geschäftsleitungen vorhanden, die sich Entscheidungen entgegenstellten, die dem nationalen Interesse dienen. Die Banken würden den Bestrebungen der Regierung, dem nationalisierten Sektor die Schlüsselstellung bei der Investitionspolitik einzuräumen, nur zögernd entgegenkommen. Die Sozialausgabenpolitik müsse noch durch Grundsatzreformen verändert werden.[128]

[126] Vgl. Für eine wirtschaftspolitische Offensive in Frankreich, in: Sozialismus, Marxistische Zeitschrift, hg. von SOST, 5/1983, S. 87ff.

[127] Ebenda, S. 87.

[128] Auf wesentliche Aspekte einer inkonsequenten Durchset-

Dann geht der CERES auf die gegenwärtigen ökonomischen Probleme in Frankreich ein, die besonders im wachsenden Außenhandelsdefizit und den sich daraus ergebenden Zwängen gesehen werden. Eindeutig positioniert sich der CERES dazu: „Es ist gefährlich, auf die Zwänge des Augenblicks mit einem Rezessionsplan zu antworten, der das Risiko beinhaltet, die Erfolge seit 1981 wieder in Frage zu stellen ... Die Antwort, die die Regierung mit dem Sparplan vom 25. März 1983 darauf gegeben hat, zielt auf die Lockerung der Außenhandelszwänge. Gemessen an den eigenen Zielsetzungen ist dieser Plan aber unzureichend und gefährlich für die Zukunft. Der Sparplan gründet sich auf das Prinzip, die Importe durch eine Einschränkung der Inlandsnachfrage zu reduzieren. Dieser Schritt einer klassischen Deflationspolitik ist der einzige, den liberale Regierungen kennen und anzuwenden bereit sind. Ohne die

zung alternativer Wirtschaftspolitik durch die SP ging auch bereits 1982 G. Althabe vom CERES ein. Er betonte, daß die Regierung mit ihren Taten nicht die Bedingungen in Frage stelle, unter denen die kapitalistische Logik von Produktion und Austausch funktioniere. Das betreffe alle wesentlichen Felder der „Regierungsintervention", wie Reduktion der Arbeitszeit, Nationalisierungen und Erweiterung der Rechte der Werktätigen. So überlasse die Regierung die konkrete Arbeitszeitverkürzung den Verhandlungen zwischen Unternehmern und Gewerkschaften, was angesichts der relativ schwachen Position der Gewerkschaften darauf hinauslaufe, „die Arbeitszeitgestaltung zu individualisieren" und damit Arbeitskollektive zu sprengen und notwendige gewerkschaftliche Präsenz zu unterminieren. Die Defensivposition der Regierung bei den Nationalisierungen bestehe darin, daß „weder eine Debatte darüber stattgefunden (hat), wie die Macht in den nationalisierten Unternehmen zu organisieren wäre, noch darüber, welche Funktion der erweiterte öffentliche Sektor bekommen soll (d. h. über Industriepolitik)". Die demokratische Forderung nach Erweiterung der Rechte der Werktätigen laufe in der Praxis auf eine Modernisierung der Arbeitsbeziehungen heraus, bei der die Machtverhältnisse innerhalb des Unternehmens nicht in Frage gestellt würden (vgl. Gérard Althabe (CERES), die Linke und der „soziale Kompromiß" in Frankreich, in: Sozialismus. Marxistische Zeitschrift, hg. von SOST, 5/1982, S. 35ff.).

Konsequenzen zu betrachten und ohne zu fragen, ob Deflationspolitik mit dem politischen Engagement der Linken vereinbar ist, müßten Sozialisten aber wissen, daß Deflationspolitik auf einer irrtümlichen Hypothese beruht: die Gründe für die Inflation, unter der wir gegenwärtig leiden, werden im monetären und budgetären Bereich gesucht, sie liegen in Wirklichkeit aber in den Strukturen von Produktion und Verteilung und in den Auseinandersetzungen zwischen den sozialen Gruppen um die Revenueverteilung. Deflationspolitik vernachlässigt außerdem das Faktum, daß der Niedergang unserer Industrie uns stärker noch als unsere Importe gegenüber einer Nachfragereduktion verwundbar macht ... Schließlich und vor allem: Dieser Schritt ist nicht dazu angetan, die Franzosen zu mobilisieren.“ [129]

Hier wird erkennbar, daß der CERES zweifellos über weitgehende Einsichten in die wesentlichen Zusammenhänge, die die kapitalistische Gesellschaft kennzeichnen, verfügt.

Entschieden wendet sich der CERES gegen die u. a. auch von maßgeblichen politischen Führern der SP geteilte Auffassung, den gegebenen Außenhandelsdruck als Ergebnis einer zu weit linksgerichteten Politik zu interpretieren. Vielmehr handele es sich um einen „realen Druck, der durch unser Zögern, weitergehende Maßnahmen durchzusetzen, immer weiter wächst“ [130].

Vier Momente hebt der CERES hervor, die seiner Meinung nach eine Voraussetzung für eine wirtschaftspolitische Offensive in Frankreich darstellen:

- Stabilisierung des wirtschaftlichen, politischen und sozialen Umfeldes der Produktion;
- Investitionsanregungen für die Unternehmen;
- Lockerung des Außenhandelsdrucks und eine
- aktive und selektive Finanzierungspolitik.

[129] Für eine wirtschaftspolitische Offensive in Frankreich, a. a. O., S. 87f.

[130] Ebenda, S. 88.

Bei der Stabilisierung des Umfeldes der Produktion handelt es sich für den CERES vor allem um die demokratische Gestaltung der Beziehungen in den Unternehmen, zwischen den Unternehmen und zwischen den Unternehmen und dem Handel (Begünstigung des französischen Angebots) mit dem Ziel, die Potenzen der eigenen Wirtschaft zu erhöhen und ein damit auch gestärktes politisches Gewicht Frankreichs zu nutzen, um die gegebene Kräftekonstellation auf dem Weltmarkt in eine internationale Wirtschaftsordnung zu verwandeln, „die für alle akzeptabel ist, insbesondere für die Entwicklungsländer“ [131].

Eine solche Stabilisierung kann nach der Überzeugung des CERES „nicht darin bestehen, einer immer passiver und resignativer werdenden Gesellschaft die bittere Medizin der Austerität einzuflößen“ [132]. Vielmehr müßten die Auroux-Gesetze und die Gesetze über die Demokratisierung des öffentlichen Lebens konsequent durchgesetzt werden. Verhandlungen betreffs der Dauer der Arbeitszeit und der Lohnerhöhungen müßten wieder in Gang kommen. Ohne Zweifel hat der CERES auf entscheidende Punkte hingewiesen, die für die ökonomischen und auch politischen Schwierigkeiten der Realisierung des Programms der Linksregierung verantwortlich waren.

Als zentrale Bedingung für einen Investitionsaufschwung bezeichnet der CERES die kurzfristige Stabilisierung der finanziellen Lage der Unternehmen und die mittelfristige Stabilisierung der Nachfrage. Eine Verbesserung der finanziellen Lage der Unternehmen wird für möglich gehalten, indem diese von bestimmten Sozialleistungen befreit werden, die dann über den Staatshaushalt zu finanzieren wären. Allerdings könne die Absicherung dieser Finanzierung allein durch die Forderung einer optimalen Nutzung von finanziellen und Bank-Ressourcen und der Schaffung von Sparanreizen zur Gründung eines Investions-Spar-Fonds [133]

[131] Ebenda, S. 90.
[132] Vgl. ebenda.
[133] Ebenda, S. 92.

nicht das letzte Wort gewesen sein. Gleichzeitig weist der CERES aber darauf hin, daß die Anerkennung der Notwendigkeit von verbesserten Gewinnchancen für die Unternehmen auf keinen Fall als Vorwand dienen darf, eine Stagnation der Kaufkraft durch einen Lohnstopp (wie er in der zweiten Hälfte 1982 Gültigkeit hatte) zu rechtfertigen. Der CERES berücksichtigt auch, daß sich das internationale kapitalistische Umfeld in einer krisenhaften Situation befindet. Demzufolge sei ein Minimum an Binnenmarktbelebung notwendig, denn „bei Investitionsentscheidungen wird immer zukünftige Nachfrage antizipiert“ [134]. Daher sei die globale Kaufkrafterhaltung und der Zuwachs für die am meisten benachteiligten Haushalte unabdingbar.

Wird an verschiedenen Stellen betont, daß das internationale kapitalistische Umfeld eine linksorientierte Wirtschaftspolitik nicht stützt und daß durch die Krise der kapitalistischen Weltwirtschaft Frankreichs Exportchancen noch zusätzlich geschmälert würden, so sind die daraus gezogenen Schlußfolgerungen für eine alternative Außenhandelsstrategie widersprüchlicher Art. Einerseits wird auf eine selektive Importpolitik orientiert, die dazu dient, „die Löcher in der nationalen Produktion (zu) füllen“ [135]. Um die Durchsetzung der eigenen Industriepolitik zu erleichtern, spricht sich der CERES für bestimmte protektionistische Maßnahmen aus, die aber „nicht schlimmer (sind) als diejenigen, die durch viele unserer Partner längst praktiziert werden“ [136]. Dazu seien zu zählen: Kontingentierung aufgrund von Schutzklauseln, Abkommen über die Selbstbeschränkung von Importen, Gesundheitsbestimmungen, Benachteiligung von bestimmten Importeuren und Verschärfung von Zollbestimmungen. Bereits an dieser Stelle müssen Umfang und Wirksamkeit solcher Maßnahmen zum Schutz einer alternativen In-

[134] Ebenda, S. 91.
[135] Ebenda.
[136] Ebenda.

dustriepolitik im Inland kritisch hinterfragt werden. Damit jedoch noch nicht genug. Tritt der CERES hier also einerseits für bestimmte protektionistische Maßnahmen ein, so lassen andererseits Forderungen nach Verbesserung der französischen Konkurrenzfähigkeit erkennen, daß sich der CERES vor wirklich konsequenten Schritten zur außenwirtschaftlichen Absicherung der alternativen Wirtschaftspolitik scheut. Das wird deutlich in folgender Äußerung: „Die öffentlichen Unternehmen können sich und werden sich auf dem Weltmarkt entwickeln. Sie werden das Spiel der Konkurrenz mitmachen müssen.“[137]

So unverzichtbar es auf der einen Seite ist, dem außenwirtschaftlichen Druck des kapitalistischen Umfeldes bei der Durchsetzung einer alternativen ökonomischen Politik die gebührende große Aufmerksamkeit zu schenken – und es ist zweifellos ein Verdienst des CERES, dieses Problem stärker ins Bewußtsein auch anderer linkssozialistischer Kräfte Westeuropas gerückt zu haben –, so tritt auf der anderen Seite die inkonsequente Behandlung dieser Frage noch deutlich hervor. Das kam schließlich auch noch einmal in dem Änderungsantrag des CERES zum Ausdruck, der im abschließenden Mehrheitsdokument der SP berücksichtigt wurde. Dort heißt es u. a., daß man „angesichts des bereits existierenden Protektionismus in anderen Ländern nicht naiv gegenüber seinen Konkurrenten auf dem Weltmarkt sein (dürfe). Die Formel ‚Eingliederung Frankreichs in den Weltmarkt‘ wird ersetzt durch ‚Verbesserung seiner Stellung auf dem Weltmarkt‘, dessen Basis die Rückeroberung des inneren Marktes sei.“[138]

Auch 1984 traten die unterschiedlichen Auffassungen zwischen dem CERES und den Anhängern der praktizierten Wirtschaftspolitik deutlich hervor. D. Motchane pro-

137 Nationalisierungen. Interview mit Jean-Pierre Chevènement, in: Sozialismus. Marxistische Zeitschrift, hg. von SOST, 1/1982, S. 80.

138 PS: Linksrutsch?, in: Sozialismus, Marxistische Zeitschrift, hg. von SOST, 11/1983, S. 50.

phezeite der Regierung, sich entweder in einigen Jahren endgültig auf derselben Route zu befinden, die zu bekämpfen sie 1981 angetreten war, oder die derzeitge Richtung zu ändern und „zum sozialistischen Projekt für die 80er Jahre zurückzukehren“ [139].

Und für Chevènement ist in Auswertung der Ergebnisse der EG-Wahl vom 17. Juni 1984 klar, daß die Wahl zur Nationalversammlung in Frankreich 1986 von der Linken nur durch eine andere als die Delorsche Politik gewonnen werden kann. [140]

Die Einsicht, daß eine Rückkehr konservativer Kräfte an die Macht nur durch eine Mobilisierung breitester demokratischer Kräfte verhindert werden kann, führte zur Gründung eines politischen „club république moderne“, an dessen Entstehung besonders der CERES beteiligt ist. Im Februar 1984 wurde der Öffentlichkeit das sechs Punkte umfassende Manifest des Klubs zur Kenntnis gegeben, das nochmals das ausgeprägte Nationalbewußtsein des CERES deutlich werden läßt und auch bewußt an das französische Nationalgefühl appellieren will. Hier spricht man sich für den „Aufbau (West- – d. V.) Europas“ bei dominierender Stellung Frankreichs aus. Frankreich solle auf der Grundlage der Entfaltung seiner intellektuellen Reserven und der Förderung der Jugend nach den USA und Japan zur dritten wissenschaftlichen Weltmacht entwickelt werden. Dieses französische Projekt könne jedoch nur unter einer Linksregierung verwirklicht werden. Der Sieg der Linken 1986 hänge vor allem davon ab, den Kampf gegen die Arbeitslosigkeit zu gewinnen. Grundlage dafür stelle die Durchsetzung einer „alternativen ökonomischen Politik“ dar. [141]

Alle Kritik des CERES an der Praktizierung der politique de rigueur seit Mitte 1982 stellt jedoch seinen politischen Standort innerhalb der SP prinzipiell nicht in Frage. Das kommt nicht zuletzt in der wiederholten Übernahme von Regierungsverantwortung durch Chevènement zum Ausdruck.

139 Le Monde vom 24. 2. 1984.
140 Vgl. L'Humanité vom 20. 6. 1984; Le Monde vom 27. 6. 1984.
141 Vgl. Le Monde vom 13. 7. 1984.

Die Situation hat sich seit dem Ausscheiden der FKP aus der Regierungsmitverantwortung im Juli 1984 verändert, wie auf dem XXV. Parteitag der FKP eingeschätzt wurde, ging damit eine Periode im politischen Leben Frankreichs zu Ende: „Nicht nur im Hinblick auf die drei seit 1981 vergangenen Jahre, sondern eine viel längere Periode: ein Vierteljahrhundert, in dem auf der Grundlage des Gedankens eines gemeinsamen Regierungsprogramms nach und nach das Projekt und anschließend der Sieg einer Linksregierung verwirklicht wurde."[142]

Damit ist jedoch nicht die Unmöglichkeit der Praktizierung einer alternativen Wirtschafts- und Gesellschaftspolitik in einem hochentwickelten kapitalistischen Land behauptet. Vielmehr ist aus den französischen Erfahrungen u. a. die Schlußfolgerung zu ziehen, daß Möglichkeiten für die Umsetzung alternativer ökonomischer Konzeptionen dann gegeben sind, wenn eine breite demokratische Massenbewegung existiert, die bereits weitgehende Vorstellungen über die zentralen Ursachen der vielfältigen Krisenerscheinungen des gegenwärtigen Kapitalismus entwickelt und bestimmte Zielstellungen im Rahmen des Kampfes für demokratischen Fortschritt und gesellschaftliche Veränderungen formuliert hat.

Mit ihrem Appell zur Schaffung einer neuen Sammlungsbewegung der Mehrheit des Volkes (Nouveau rassemblement populaire majoritaire) orientiert die FKP darauf, einen weiteren Vormarsch der politischen Rechtskräfte zu verhindern und alle demokratischen Kräfte zusammenzuschließen, „um das Land aus der Krise herauszuführen, in die es durch die Herrschaft des Kapitals gestürzt wurde".[143]

142 XXV. Parteitag der Französischen Kommunistischen Partei. 6. bis 10. Februar 1985. Rechenschaftsbericht des ZK der FKP an den XXV. Parteitag der FKP. Berichterstatter: Genosse Georges Marchais, Generalsekretär der FKP. Resolution des XXV. Parteitages der FKP, Berlin 1985, S. 6.

143 Ebenda, S. 143.

FÜNFTES KAPITEL

Alternatives ökonomisches Denken in Lateinamerika*

1. Ökonomische Krisenprozesse des kapitalistischen Systems in Lateinamerika

Lateinamerika bildet einen wichtigen Frontabschnitt in der weltweiten Auseinandersetzung um Frieden, Demokratie und nationale Unabhängigkeit. Unter marxistischen Wissenschaftlern besteht weitgehende Übereinstimmung darüber, diese Länder (mit Ausnahme des sozialistischen Kuba) „als zum abhängigen, rückständigen und durch den Imperialismus ausgebeuteten Teil der kapitalistischen Welt zugehörig zu betrachten“[1].

Die ökonomischen Auswirkungen der durch Abhängig-

* Herausgeber und Autoren danken Dr. Stefan Flechsig, Wilhelm-Pieck-Universität Rostock, Sektion Lateinamerikawissenschaften, für Anregungen und Unterstützung bei der Erarbeitung dieses Kapitels.

[1] K.-H. Göthner, Genesis, Entwicklung und Krise des Kapitalismus in Lateinamerika. Einige methodologische Überlegungen, in: Asien, Afrika, Lateinamerika, 6/1984, S. 1095f; vgl. dazu auch: Lateinamerika. Kleines Nachschlagewerk, hg. von M. Uschner, Berlin 1985, S. 12; W. Chrenko, Lateinamerika. Neue Etappe im Ringen um nationale und soziale Befreiung, Berlin 1984, S. 20. – Das schließt die Herausbildung monopolistischer und staatsmonopolistischer Strukturen in einigen lateinamerikanischen Staaten nicht aus, vgl. dazu u. a.: H. Bleckert/V. Schöne, Einige Fragen der Herausbildung des staatsmonopolistischen Kapitalismus in den Ländern Lateinamerikas, in: Asien, Afrika, Lateinamerika, 5/1981, S. 881ff.; J. Drabek, Zum Charakter des Kapitalismus in Lateinamerika, in: IPW-Berichte, 3/1982, S. 31ff.; ders.; Zum Problem des staatsmonopolistischen Kapitalismus in Lateinamerika, in: IPW-Berichte, 1/1984, S. 12ff.; Lateinamerika. Kleines Nachschlagewerk, a. a. O., S. 28ff.

keit von und Ausbeutung durch den Imperialismus gekennzeichneten Stellung Lateinamerikas in der kapitalistischen Weltwirtschaft wurden im Bericht von Fidel Castro an die VII. Gipfelkonferenz der Nichtpaktgebundenen im März 1983 im Zusammenhang mit der kapitalistischen Weltwirtschaftskrise 1980/83 folgendermaßen charakterisiert: „Von den kapitalistischen Hauptländern ausgehend, hat diese Krise mit brutaler Härte auf die unterentwickelten Länder übergegriffen, die jetzt die stärkste ökonomische Rückentwicklung der Nachkriegszeit durchmachen." Es heißt weiter: „Die Jahre 1981 und 1982 waren für alle unterentwickelten Länder Katastrophenjahre für ihre wirtschaftliche Entwicklung zuzüglich zum wirtschaftlichen Ruin, der als Dauerzustand dieser Gruppe von Ländern gemein ist. Sie wurden von der von den entwickelten kapitalistischen Ländern ausgehenden Krise voll getroffen, und wie immer bezahlten sie, indem sie als Stoßdämpfer für die schwersten Auswirkungen der Krise benutzt wurden, den höchsten Preis für eine Situation, die sie nicht geschaffen haben."[2]

Das trifft auch für die Länder zu, die im Mittelpunkt unserer Untersuchung stehen (vgl. Tab. 1).

Die gegenwärtige sozialökonomische Situation der Länder Lateinamerikas ist im wesentlichen die Konsequenz folgender Prozesse und Faktoren:

- der inneren ökonomisch-politischen Entwicklung;
- der Krisenprozesse in den industriell entwickelten kapitalistischen Ländern und des Einwirkens dieser Krisen auf lateinamerikanische Länder;
- der imperialistischen Politik gegenüber Lateinamerika;
- der Anwendung bürgerlicher Gesellschafts- und Wirtschaftskonzeptionen *in* diesen Ländern und *gegen* diese Länder.

[2] F. Castro, Die ökonomische und soziale Krise in der Welt, ihre Auswirkungen auf die unterentwickelten Länder, ihre düsteren Perspektiven und die Notwendigkeit zu kämpfen, wenn wir überleben wollen. Bericht an die VII. Gipfelkonferenz der Nichtpaktgebundenen, Dresden 1983, S. 11, 39.

Tabelle 1: Wirtschaftliche Eckdaten ausgewählter lateinamerikanischer Länder (1984)

	Auslands-schuld (in Mrd. US-$)	Arbeitslose (in %)	Inflation (in %)
Argentinien	44,963	19,0	690,0
Brasilien	100,200	22,0	214,0
Chile	20,400	24,1	24,0
Mexiko	95,000	8,0	47,6
Weitere Staaten:			
Bolivien	5,200	14,0	2177,0
Ekuador	6,900	11,0	32,4
El Salvador	1,913	30,0	12,1
Kolumbien	10,929	13,9	13,5
Kostarika	4,500	9,0	12,0
Panama	3,600	19,0	17,0
Peru	13,795	56,8	74,3
Uruguay	4,651	14,7	60,0
Venezuela	32,000	14,0	12,0

Quelle: Horizont, 2/1985, S. 21.

Die Konzeptionen beinhalten die Doktrin der „inneren Sicherheit“ und in der Praxis brutale Unterdrückungsmethoden gegenüber demokratischen Kräften sowie den Ausbau der regulierenden Tätigkeit des von Finanzkapital und Großgrundbesitz beherrschenden Staates. Eine wichtige Rolle spielen die Abkehr von Industrialisierungskonzeptionen und ihre Ersetzung durch „Modernisierungen“, die eine weitere Einbeziehung der nationalen Reproduktionsprozesse in die der internationalen Monopole vorsehen (durch Ab- oder Ausbau verschiedener Industriezweige) sowie die weitere Durchsetzung des Kapitalismus in der Landwirtschaft (zur stärkeren Einbindung in den Reproduktionsprozeß als Rohstofflieferant für die Industrie).

Seit der ersten Hälfte der achtziger Jahre existiert eine neue politische Situation infolge der durch politischen

Druck breiter demokratischer Bündnisse erfolgten Ablösung von Militärdikaturen und der Entstehung bürgerlich-demokratischer Verhältnisse in Bolivien (1982), Argentinien (1983), Brasilien (1985) und Uruguay (1985). Die neu gewählten Regierungen haben mit außerordentlich großen wirtschaftlichen Problemen zu kämpfen, was vor allem in der Höhe der Auslandsschulden und der Inflation deutlich wird. Der damit verbundene Druck imperialistischer Gläubiger zwingt die Regierungen häufig zu Maßnahmen, für die die oft um ihre bloße Existenz ringenden werktätigen Massen keinerlei Verständnis aufzubringen vermögen.[3]

Zwar ist der Internationale Währungsfonds (IWF) bereit, Umschuldungsverhandlungen zu führen bzw. sogenannte Strukturanpassungsdarlehen und Beistandskredite zu gewähren, jedoch nur, wenn in die Wirtschaftspolitik dieser Länder zur besseren Anpassung an die Verwertungsbedürfnisse des Kapitals in den imperialistischen Zentren eingegriffen werden kann. Dabei werden an die Regierungen u. a. folgende Forderungen gestellt:

„1. eine Senkung der Staatsausgaben, aus der im allgemeinen höhere Arbeitslosigkeit resultiert;

2. eine Senkung der Reallöhne, die zu steigender Armut unter den Werktätigen führt;

3. eine Senkung der Einfuhren, um den Ausfuhrüberschuß und damit die Devisenzufuhr für Zinszahlungen usw. zu steigern.“[4]

In einem Interview vom 21. März 1985 machte F. Castro darauf aufmerksam, daß die in einer Reihe von lateinamerikanischen Staaten eingeleiteten Prozesse, „sofern die sich aus der Verschuldung ergebenden ökonomischen Probleme nicht gelöst werden, unausweichlich auch in eine Krise geraten“[5].

[3] Vgl. K. Kaiser, Südamerika. Schwieriger Abbau der Militärherrschaft, in: Horizont, 2/1985, S. 20.

[4] J. Kuczynski, Der IWF – ein Instrument der Kolonialisierung, in: Horizont, 7/1984, S. 24.

[5] F. Castro, Interview für die mexikanische Zeitung „Excelsior“. 21. März 1985, Berlin 1985, S. 16.

Tatsächlich ist die Verschuldung zu einem Kristallisationspunkt geworden, der das Ausmaß der ökonomischen und politischen Abhängigkeit lateinamerikanischer Staaten von den imperialistischen Zentren, vor allem von den USA, deutlich zeigt. Obwohl die Verschuldung bei den genannten Ländern unterschiedlich hoch ist, ist ihnen allen gemeinsam, daß sie einen hohen Anteil ihrer Exporterlöse für die Schuldentilgung aufwenden müssen.[6]

Dazu erklärten die uruguayischen und brasilianischen Präsidenten, J. M. Sanguinetti und J. Sarney, in Montevideo, „den äußeren Verpflichtungen mittels verstärkten Wachstums ihrer Volkswirtschaften nachzukommen", jedoch nicht „durch den Abbau des Lebensstandards ihrer Völker".[7] Selbst H. Buchi, Finanzminister der Diktatur Pinochets in Chile, führte aus, daß „es unsinnig ist, die Verminderung der Auslandsverschuldung als Hauptziel der Wirtschaftspolitik festzulegen, wenn dies um den Preis des Nichtwachstums erreicht wird"[8].

Neben ad hoc Maßnahmen einiger Länder, wie etwa von Bolivien, Ekuador und Mexiko hinsichtlich der Schulden-, Zins- und Kapitalrückzahlung[9], erhalten Vorschläge zur Regulierung der Verschuldung, wie sie der peruanische Präsident formuliert hat, wachsende Bedeutung. Er verfügte eine Begrenzung der Rückzahlungsrate auf 10 % der jährlichen Exporterlöse des Landes. In Einschätzung dieser Krisensituation appellierte F. Castro

[6] F. Castro charakterisiert die gegenwärtige Situation folgendermaßen: „Einige Länder, wie Argentinien, wenden 52 Prozent der Exporteinnahmen für die Bezahlung der Zinsen ihrer Schulden auf; Bolivien 57 Prozent, Mexiko 36,5 Prozent, Peru 35,5 Prozent, Brasilien 36,5 Prozent, Chile 45,5 Prozent. Man ist der Auffassung, daß schon 20 Prozent der Gesamtexporteinnahmen für die Tilgung der Auslandsverschuldung ein praktisch unvertretbarer Anteil ist" (F. Castro, Interview für die mexikanische Zeitung „Excelsior"), a. a. O., S. 8).

[7] Gramma (La Habana) vom 15. 8. 1985, S. 4.

[8] Estrategia (Santiago de Chile) vom 12.–18. 8. 1985, S. 3.

[9] Vgl. J. Kuczynski, Die kapitalistische Weltwirtschaft in den achtziger Jahren, in: Neues Deutschland vom 5. 6. 1984, S. 5; ders.: Der IWF – ein Instrument der Kolonialisierung a. a. O.

an die Länder der „dritten Welt", „sich zusammenzuschließen und Lösungen zu suchen, unabhängig von Parteienzugehörigkeit und politischen Ideologien, sondern als elementare Überlebensfrage"[10].

Auch im Lager der bürgerlichen Ökonomen beobachtet man eine intensive Suche nach Auswegen aus der Krise und ihrer Widerspiegelung in der Theorie. Sie findet Ausdruck in verstärkten Differenzierungsprozessen, innerhalb derer die Bedeutung demokratischer Alternativkonzepte, die, von nichtproletarischen Kräften wesentlich getragen, zunimmt.

2. Wirtschaftstheorie und Wirtschaftspolitik in Lateinamerika

Wirtschaftspolitisch maßgeblich wirksam ist das eigenständige bürgerliche ökonomische Denken in Lateinamerika seit der Gründung der UN-Wirtschaftskommission für Lateinamerika (CEPAL)[11] im Jahre 1948. Die von der CEPAL ausgearbeiteten Konzeptionen verfolgten das Ziel, nach den Erfahrungen zweier Weltkriege, der kapitalistischen Weltwirtschaftskrise von 1929–32, der verstärkten Labilität des Imperialismus und der historisch verspäteten Entwicklung kapitalistischer Produktionsverhältnisse in Lateinamerika sowie der Abhängigkeit von den imperialistischen Zentren einen „selbständigen" kapitalistischen Weg der ökonomischen Entwicklung Lateinamerikas zu begründen. Hieraus wird ersichtlich, daß die Konzeptionen der CEPAL-Ökonomen komplizierten Verflechtungen innerer und äußerer Faktoren unterliegen und durch die für Lateinamerika besonderen Auswirkungen der allgemeinen Krise des Kapitalismus geprägt sind.

[10] F. Castro, Interview für die mexikanische Zeitung „Excelsior", a. a. O., S. 44.

[11] CEPAL (Comisión Económica Para America Latina). Um sie gruppieren sich namhafte lateinamerikanische Ökonomen. Hauptvertreter ist der Argentinier Raúl Prebisch, Generalsekretär der CEPAL von 1949 bis 1963.

Die CEPAL-Ökonomen sahen sich mit ihren Konzeptionen einer zweifachen Herausforderung gegenübergestellt, die ihre widersprüchliche Position verdeutlicht:

– Sie wollten der lateinamerikanischen Bourgeoisie wirtschaftspolitische Vorschläge zur Überwindung der sozialökonomischen Rückständigkeit und für eine beschleunigte kapitalistische Entwicklung der jeweiligen Länder unterbreiten. Damit ist verbunden, einen spezifisch lateinamerikanischen Kapitalismus als Lösung der Lebensfragen der lateinamerikanischen Völker ideologisch zu begründen und, offen oder verdeckt, Theorie und Praxis des realen Sozialismus zu bekämpfen.

– Sie wollten ideologisch-theoretische Positionen des Kampfes gegen imperialistische Abhängigkeit und Ausplünderung und für ökonomische Selbständigkeit und Verteilung der nationalen Souveränität begründen und dabei die Profitinteressen der einheimischen Bourgeoisie sichern. Das schließt ein, daß sich ein wachsender Teil bürgerlicher lateinamerikanischer Ideologen in der Gegenwart veranlaßt sieht, gegen den aggressiven Kurs besonders des USA-Imperialismus und gegen die Politik des internationalen Finanzkapitals gegenüber Lateinamerika aufzutreten.

Gegenstand der CEPAL-Konzeptionen war vor allem, einen ideologisch-theoretischen „Spielraum" gegenüber allgemein formulierten „ausländischen" Einflüssen zu gewinnen sowie, auf dessen Grundlage, eine weitere Festigung der ökonomischen Selbständigkeit und der nationalen Souveränität zu gewährleisten. Damit verbunden war eine protektionistische Wirtschaftspolitik zugunsten der nationalen Industrien, was u. a. zur Schaffung einer Basis für eine nationale Schwerindustrie in einer Reihe von Ländern führte. Grundlage für die Durchsetzung einer solchen Wirtschaftspolitik war eine Stärkung der Position des Staates, vor allem seiner ökonomischen Funktionen und Möglichkeiten. In dieser Situation bedurfte es einer wirtschaftstheoretischen Untermauerung der auf der Importsubstitution basierenden, vom Staat gelenkten Industrialisierungspolitik. Bürgerliche Ökonomen in Lateinamerika griffen dazu auf Positionen von Keynes zurück:

1. Sie übernahmen die Keynessche Orientierung auf die volkswirtschaftliche Marktanalyse sowie die Möglichkeiten der Aufstellung einer volkswirtschaftlichen Gesamtrechnung.[12] Das wurde zur Grundlage der nach dem zweiten Weltkrieg entstandenen, relativ eigenständigen bürgerlichen politischen Ökonomie in Lateinamerika. Das CEPAL-Denken unterschied sich von der Keynesschen Theorie primär dadurch, daß es die Spezifika der Entwicklungsländer zur Grundlage machte sowie die weitere Anwendung von Wirtschaftstheorien ablehnte, die auf kapitalistische Industrieländer zugeschnitten waren. Dies bedeutete zuallererst, die bestehende Theorie der internationalen Arbeitsteilung in Frage zu stellen. Da Keynes weiterhin die theoretischen Grundlagen für die „Dynamisierung" des kapitalistischen Wirtschaftslebens lieferte und sich diese auf die Probleme der entwickelten kapitalistischen Länder konzentrierten,[13] sah man eine Voraussetzung dafür gegeben, die Keynessche Theorie – unter Berücksichtigung der Außenhandelsbeziehungen, insbesondere jener zwischen „Zentrum" und „Peripherie" – für die Analyse der Entwicklungsprobleme in Lateinamerika näher heranzuziehen und sie zu Industrialisierungskonzeptionen und Wachstumsmodellen auszubauen.

2. Der Gedanke der Regulierbarkeit der Wirtschaft durch den Staat wie des unbedingten staatlichen Eingreifens zur Abschwächung oder Überwindung von Wirtschaftskrisen (wodurch Keynes ein implizites Eingeständnis der Unvermeidlichkeit von Krisen abgab), lieferte bürgerlichen Ökonomen Lateinamerikas eine weitere Stütze für die Aufstellung ihrer späteren wirtschaftstheoretischen Auffassungen.

[12] Vgl. H. Grebe, Zur Kritik an Theorie und Praxis der bürgerlichen Industrialisierungskonzeptionen in Lateinamerika, Inauguraldissertation, Hochschule für Ökonomie, Berlin 1979, S.61.

[13] Vgl. S. Heretik, Theoretische Grundlagen der gegenwärtigen bürgerlichen Ökonomie, Berlin 1977, S. 259.

Die Übernahme Keynesschen Gedankengutes ist hierbei nur insofern eingeschränkt erfolgt, als die späteren Industrialisierungs- und Wachstumsmodelle der CEPAL u. a. eine offensichtliche Grundlage in der Marxschen Unterteilung der gesellschaftlichen Produktion in zwei Abteilungen aufweisen. Diese und andere „Anleihen bei Marx" lassen Rückschlüsse auf eine – manchmal auch explizit ausgeführte – Rezeption von Auffassungen des polnischen Ökonomen M. Kalecki zu.

Trotz anfänglich heftiger Auseinandersetzungen unter den „Erneuerern" der bürgerlichen politischen Ökonomie in Lateinamerika gewannen die Theorien und Auffassungen der CEPAL gegenüber der bis dahin dominierenden sogenannten neoklassischen Richtung der bürgerlichen politischen Ökonomie schnell die Überhand und kennzeichnen den partiellen Einflußverlust imperialistischer Wirtschafts- und Entwicklungstheorien in Lateinamerika.[14]

Die Ökonomen der CEPAL setzten sich von Beginn an mit der neokeynesianischen wachstumstheoretischen Vorstellung auseinander, daß als „rückständige" Länder nur

[14] Unabhängig von den manchmal unterschiedlichen Kriterien hinsichtlich des Grades der Eigenständigkeit und Geschlossenheit der einzelnen Theorien sind folgende Beiträge der CEPAL allgemein anerkannt:

a) Wirtschaftstheorie:
- die Konzeption des Systems Zentrum – Peripherie (1945–50);
- die Theorie der Verschlechterung der terms of trade (beide Varianten in den Jahren 1949/50);
- Interpretation des Industrialisierungsprozesses (1949/55);
- neue Theorie der Verschlechterung der terms of trade (Version der Industrialisierung, 1959);
- Theorie der Inflation (1953–64);
- Analyse der strukturellen Hindernisse der wirtschaftlichen Entwicklung (1960–63).

b) Wirtschaftspolitik:
Die hierher gehörenden Beiträge sind sehr vielfältig und konzentrieren sich auf folgende Bereiche: Entwicklungspolitik internationale ökonomische Beziehungen, Agrarpolitik, Einkommens- und Beschäftigungspolitik, Planung.

solche zu erfassen wären, die sich auf einer „Zwischenstufe" auf dem Wege zu „entwickelten" Ländern befänden. Damit war auch die Illusion verbunden, daß es um einen „Entwicklungsprozeß" schlechthin gehe, durch den die Entwicklungsländer eines Tages auch ein dem heutigen Stand imperialistischer Länder vergleichbares Niveau der Konsumtion, Kultur und Kunst, aber auch des Industriepotentials erreichen könnten.

Die CEPAL-Theorien und -Auffassungen markieren die erste Entwicklungsstufe einer dem bürgerlichen ökonomischen Denken imperialistischer Länder *alternativen* politischen Ökonomie in Lateinamerika. Sie bilden das erste relativ geschlossene System, das grundsätzlich keine direkte mechanistische Ableitung aus bürgerlichen Wirtschaftstheorien darstellt, die für entwickelte kapitalistische Länder ausgearbeitet wurden. Einer ihrer wichtigsten Grundzüge ist die Überwindung der Einordnung der Entwicklungsländer in die *ungleiche* internationale Arbeitsteilung. Indem die „strukturelle Abhängigkeit" beseitigt und Grundelemente einer strategischen Alternative entwickelt werden, sollen Voraussetzungen für eine *eigenständige nationale* Entwicklung geschaffen werden. Die Forderungen von CEPAL zielten – und zielen – darauf ab, die benachteiligte Position der „Peripherie" zu beseitigen und als *gleichberechtigte* Partner in die Weltwirtschaft integriert zu werden. Das alternative Denken von CEPAL enthält somit eine starke *nationale* Komponente. Im Unterschied dazu spielt in anderen, später entwickelten alternativen Konzeptionen die *gesellschaftliche* (soziale) Komponente eine wichtigere Rolle. Ihr Ziel, mit dem ökonomischen Denken der „Zentren" zu brechen und eine Wirtschaftstheorie und -politik entsprechend der Spezifik der „Peripherie" zu schaffen, hatte, zunächst einmal von ihrer Klassenzugehörigkeit und wissenschaftlichen Akribie unabhängig, tatsächlich positive Auswirkungen zu verzeichnen, denn sie setzte einen qualitativ höheren Prozeß der Theorie- und Bewußtseinsbildung über die eigene ökonomische Situation in Gang. So sind die Theorien der CEPAL von ihrer Geburtsstunde an mit erbitterten Auseinandersetzungen mit dem Monetarismus verbunden.[15]

Die in den ersten Jahren entstandenen CEPAL-Empfehlungen zu einer Industrialisierung durch Importsubstitution wurden nach ihrem Scheitern in der ersten Hälfte der sechziger Jahre durch Vorstellungen über eine Industrialisierung mittels regionaler Integration ersetzt. Auch sie scheiterten an den objektiven Schranken privater Profitproduktion.

Ein Hauptmerkmal der Ende der fünfziger Jahre einsetzenden dritten Etappe der allgemeinen Krise des Kapitalismus war für Lateinamerika der Beginn der Herausbildung von Elementen des staatsmonopolistischen Kapitalismus. Klassenmäßig äußerte sich dies in einer verstärkten Entwicklung der einheimischen Finanzoligarchie, in einer Vergrößerung des Einflusses der mit ihr liierten internationalen Monopolbourgeoisie sowie in einer bedeutenden Zunahme sowohl der Arbeiterklasse als auch der Mittelschichten. Es vollzog sich also eine zunehmende Proletarisierung, der zumeist eine politische Radikalisierung der kleinbürgerlichen Schichten folgte.

Theoriengeschichtlich widerspiegelten sich diese Prozesse der Proletarisierung und Klassenpolarisierung in einer starken Belebung der wirtschaftstheoretischen und -politischen Diskussion sowohl in der Wirtschaftspraxis als auch an den Universitäten, aus der man heute vor allem zwei große Tendenzen erkennen kann:

1. Entwicklung großbürgerlicher Krisenrezepte zur langfristigen Stabilisierung des Kapitalismus. Zu dieser Richtung zählen einerseits Vertreter der großbürgerlich-reformistischen Kräfte, deren mehr auf Keynes und die

[15] Die erste große „Attacke“ gegen das gerade verfaßte, später berühmt gewordene „Manifest der CEPAL“ von R. Prebisch wurde von einem der namhaftesten damaligen Vertreter des Chicagoer Monetarismus, Jacob Viner, während einer Reihe von 6 Vorträgen in Rio de Janeiro geführt. Er weilte in Brasilien auf Einladung der an Regierungskreise gebundenen „Getulio-Vargas-Stiftung“.

Theorien vom „gelenkten Kapitalismus“ zurückgreifende Konzeptionen Elemente der ehemals relativ geschlossenen CEPAL-Theorie aufgreifen und sie den veränderten Verhältnissen anzupassen versuchen. Auf der anderen Seite gilt das für die neokonservative Richtung, deren lateinamerikanische Vertreter sich vor allem auf M. Friedman, A. Herzberger, H. Johnson, G. Stigler u. a. aus der Chicagoer Schule stammende Ökonomen berufen. Sie stellt die Strategie der reaktionärsten Kreise der einheimischen Finanzoligarchie und vor allem der internationalen Monopole dar.[16]

Angesichts der seit Anfang der siebziger Jahre immer enger werdenden Verflechtung struktureller und zyklischer Krisenprozesse der Wirtschaft lateinamerikanischer Länder mit denen des Kapitalismus im Weltmaßstab sowie hauptsächlich der tendenziell sinkenden, absolut jedoch sehr hohen Profitraten,[17] suchen die herrschenden finanzoligarchischen Schichten neue Mechanismen zur Erhöhung ihrer Profite über die von marxistischen Wissenschaftlern häufig als „neue Modalität der Akkumulation“ bezeichnete Funktionsweise der erweiterten Reproduktion.[18] Die „neue Modalität der Akkumutlation“ beinhaltet eine Kombination von kapitalistischer Rationalisierung, Intensivierung und Verlängerung des meist sehr langen Arbeitstages bei einer 44- bis 48-Stunden-Woche (also Erhöhung des Anteils des absoluten Mehrwerts) und Senkung des realen und sogar nominalen Einkommens der Werktätigen.[19] Damit richtet man sich gegen alternative Indu-

[16] Vgl. St. Flechsig, Kleinbürgerlich-radikale Kapitalismuskritik in Lateinamerika – Ausdruck der Krise des bürgerlichen ökonomischen Denkens, in: Asien, Afrika, Lateinamerika, 6/1980, S. 1092f.

[17] Vgl. A. Voigt, Einfluß und Grenzen neokonservativer Wirtschaftskonzeptionen in Lateinamerika, in: Asien, Afrika, Lateinamerika, 4/1983, S. 706ff.

[18] Vgl. A. Briones/O. Caputo, La nueva modalidad de la acumulación y el capitalismo dependiente, in: El control político en el cono sur, Mexiko 1978.

[19] Beispielsweise erklärte 1982 Pinochet vor dem chilenischen

strialisierungskonzeptionen, insbesondere wenn sie auf der Grundlage der Importsubstitution und des ökonomischen Protektionismus basieren, sowie gegen neokeynesianische Wachstumstheorien und Interventionen des Staates in der Wirtschaft.

2. Entwicklung einer *kleinbürgerlich-radikalen* Kapitalismuskritik.[20]

Folgende Hauptrichtungen kleinbürgerlich-radikaler politischer Ökonomie werden von marxistischen Wissenschaftlern am häufigsten unterschieden:

1. die Dependenz- und Unabhängigkeitstheorien (auch Theorien des Linksradikalismus genannt);
2. die Theorien des „Lateinamerikanischen Strukturalismus";
3. die Theorie des „strukturellen Überschusses", oder Transformationstheorie Raúl Prebischs;
4. die antimonopolistischen linkskeynesianischen Auffassungen;
5. wirtschaftstheoretische und politische Auffassungen, die auf der demokratischen Interpretation katholischen Gedankengutes beruhen (ökonomische Untermauerung der Theologie der Befreiung und ihres politischen Ausdrucks, der Bewegung „Christen für den Sozialismus" sowie der Auffassungen ihrer Nachfolger).

Ungeachtet der erwähnten wissenschaftlichen Diskussion zur Differenzierung kleinbürgerlich-radikaler Kapitalismuskritik sollen die Schwerpunkte auf der gemeinsamen kleinbürgerlich-radikalen Kritik an der konservativen bürgerlichen Ökonomie, besonders jener des Chicagoer Ökonomen M. Friedman sowie auch des Ökonomen F. v. Hayek liegen.

Die kleinbürgerlich-radikalen Ökonomen setzen sich primär mit folgenden Thesen der konservativen Ökonomie auseinander:

Fernsehen in einer offiziellen Rede, daß es im Interesse der Wirtschaft erstrebenswert wäre, die Löhne aller Werktätigen um durchschnittlich 16 % zu senken.

20 Vgl. St. Flechsig, Kleinbürgerlich-radikale Kapitalismuskritik in Lateinamerika, a. a. O., S. 1092f.

1. Sowohl ihre Bezugsebene, der hochentwickelte Kapitalismus in den Ländern des „Zentrums“, als auch die gesetzten Prämissen hinsichtlich Arbeitsproduktivität, Ressourcen und Akkumulationskraft stimmen nicht mit denen der technologisch und finanziell abhängigen Länder der „Peripherie“ überein.

Raúl Prebisch, der seine Kritik an der Neoklassik mit einem Vorwurf der Nicht-Originalität beginnt (denn sie „ist nichts Neues, sondern stellt eine kluge Verbreitung des neoklassischen Denkens der 2. Hälfte des 19. Jahrhunderts“ dar[21]) und der sich dazu bekennt, als junger Professor in den zwanziger Jahren „persönlich aus diesem Denken geschöpft“ zu haben,[22] weist überzeugend nach, daß auch die „dogmatische Standhaftigkeit gewisser Gedanken, wie die der Apologetik des Kapitalismus . . . und die zumindest, die die Entwicklung betreffen, aus intellektueller Stagnation resultiert“[23]. Solche Theorien würden mit der Realität der „Peripherie“ nicht übereinstimmen.[24] Diese Kritik an der Neoklassik hat als allgemeinen Rahmen die Infragestellung der Theorie der (kapitalistischen) internationalen Arbeitsteilung („deren Kritik die CEPAL in ihren ersten Publikationen vor 30 Jahren vorgenommen hat“[25]) zum Inhalt.

2. Die konservative Ökonomie ist stets und implizit mit dem Prinzip des Laissez faire verbunden.

Dieses System sei jedoch durch die objektiven Anpassungszwänge der liberalen Ökonomie und durch das notwendige Eingreifen des Staates in die Wirtschaft am Ende. Auf diese Art und Weise entstehe an dieser Stelle ein Chaos, das die moderne kapitalistische Wirtschaft kennzeichne. Was dann von der freien Konkurrenz übrigbleibe, werde durch die großen Monopole belegt. Dies sei

[21] R. Prebisch, Dialogo acercá de Friedman y Hayek, in: Revista de la CEPAL, 15/1981, S. 161.
[22] Ebenda, S. 161.
[23] Ebenda, S. 162.
[24] Ebenda, S. 163.
[25] Ebenda.

wiederum eine logische Folge des Unternehmerwachstums bei Vorhandensein von Konkurrenz und einer langen erfolgreichen Periode der Prosperität. Obwohl die kleinbürgerlich-radikalen Ökonomen in Lateinamerika allgemein nur Krisen „schlechthin“ und „nicht adäquate Reflexionen der Realität“ und eben nicht die allgemeine Krise des Kapitalismus sowie ihre wachsende Verflechtung mit zyklischen Krisenprozessen anerkennen, behaupten sie völlig im Einklang mit den marxistisch-leninistischen Untersuchungen, daß sich die neoklassischen Ökonomen überall in der Welt mit einer Situation konfrontiert sehen, die immer weniger „ihrem“ Realitätsbegriff entspreche.

3. Die konservative Ökonomie geht von der Klassenneutralität des Staates und der anderen Organe des politischen und sozialen Systems aus.

Dem setzt H. Flores de la Peña in Übereinstimmung mit marxistisch-leninistischen Erkenntnissen entgegen, daß der Staat immer nur bestimmte Klasseninteressen repräsentiere, „– in Wirklichkeit aber“, meint er, „ist er das Hauptelement einer bestimmten Wachstumstheorie und Entwicklungspolitik“[26]. Und dann schreibt er weiter: „Damit sich ein Land innerhalb des kapitalistischen Systems entwickelt, muß es die formale Struktur des politischen Apparates (Staat – d. V.) an das Wirtschaftswachstum anpassen.“[27]

4. Die konservative Ökonomie geht von einer angeblichen Identität von individuellen und gesellschaftlichen Interessen aus.

Dagegen wird richtig argumentiert, daß das Ziel des individuellen Kapitals im „Geld, in der Anhäufung finanziellen Reichtums“ bestehe und daß die Interessen der Gesellschaft in materiellen Gütern, also Gebrauchswerten, liegen sowie in der Fähigkeit, sie zu produzieren. Individuen, so die Argumentation weiter, suchten sich immer zuverlässige Investitionen. Sei keine Sicherheit vorhan-

[26] H. Flores de la Peña, Un nuevo modelo de desarrollo, in: Comercio Exterior (Mexiko), 12/1980, S. 1316.
[27] Ebenda.

den, tätigten sie diese Investitionen nicht. Im Gegensatz dazu sei die Gesellschaft von einem bestimmten Niveau der Gesamtinvestitionen abhängig.

5. Sie treten offen gegen Errungenschaften der Arbeiterbewegung auf:

So werden selbst traditionell staatliche Bereiche, wie die Volksbildung und das Gesundheitswesen, die Autobahnen und die Untergrundbahn, zu profitablen Sphären erklärt, die demzufolge für „würdig" erachtet werden, in privater Hand zu liegen. Kleinbürgerlich-radikale Ökonomen treten entschieden gegen diese Versuche konservativer Wissenschaftler und Politiker auf, die ökonomischen Folgen der Regulierungskrise auf die Werktätigen abzuwälzen.

An dieser bis heute andauernden Auseinandersetzung hatten marxistisch-leninistische Ökonomen bis Mitte/Ende der sechziger Jahre einen relativ geringen Anteil. Das ist zum Teil darauf zurückzuführen, daß „während eines langen Zeitraumes ... der Marxismus in Lateinamerika nicht nur von den Massen, sondern auch von vielen seiner theoretischen Vertreter nicht als weltanschauliches System, sondern als gesellschaftspolitisches Programm mit einer Reihe streng determinierter Maßnahmen verstanden wurde"[28].

Das hat hinsichtlich der Entwicklung der ökonomischen Auseinandersetzung kleinbürgerlich-radikaler Kräfte mit der konservativen Ökonomie wenigstens zwei Konsequenzen:

1. Kleinbürgerliches ökonomisches Denken ist widersprüchlich, was in hohem Maße durch die soziale Lage des Kleinbürgertums bedingt ist. Das heißt auch, daß die Teilnahme kleinbürgerlicher Kräfte am antimonopolistischen Kampf nicht immer stabil ist. Daraus erwächst den Marxisten eine große Verantwortung bezüglich ihres Verhältnisses zu anderen antimonopolistischen Gruppierungen, was sich in der Bereitschaft zu gemeinsamen Aktionen, zum Dialog und im gegenseitigen Vertrauen niederschlagen muß.

[28] Autorenkollektiv, Ideenkämpfe in Asien, Afrika, Lateinamerika, Berlin 1980, S. 92.

2. Die Präsenz von marxistisch-leninistischen Kräften durch Mitglieder der kommunistischen Parteien in allen Bereichen des politischen Kampfes, aber ihr weitgehendes Fehlen in der wirtschaftstheoretischen Diskussion ließ die Möglichkeit erwachsen, die unterschiedlichen Formen des Antikommunismus (Argumentation mit Marx contra Lenin, Totalitarismuskonzeptionen, Attacken gegen Kuba usw.) durch die Neoklassik wirksam zur Anwendung zu bringen. Der Prozeß der Überwindung des damals auch von kleinbürgerlichen Wirtschaftswissenschaftlern vertretenen antikommunistischen Gedankengutes ist außerordentlich kompliziert gewesen. Er wurde mit den ersten Erfolgen des sozialistischen Aufbaus nach der kubanischen Revolution eingeleitet und erst angesichts der Machtübernahme durch die Regierung der Unidad Popular in Chile und der damit verbundenen – gewollten oder ungewollten – massiven Verbreitung marxistisch-leninistischer Grundsätze in dieser für Lateinamerika neuen Situation deutlich sichtbar.

Die verstärkten Differenzierungsprozesse im politökonomischen Denken Lateinamerikas sind Ausdruck der Krise der bürgerlichen politischen Ökonomie. So gibt es in Lateinamerika komplizierte Verflechtungsprozesse zwischen bürgerlicher politischer Ökonomie für Entwicklungsländer (zum Beispiel A. G. Frank, G. Myrdal, F. v. Hayek), ihrer Rezeption durch lateinamerikanische Ökonomen und der relativ eigenständigen Wirtschaftstheorie und -politik Lateinamerikas (CEPAL, R. Prebisch, C. Furtado, O. Sunkel).[29]

Gegenwärtig wetteifern ökonomische Konzeptionen von Angebots-, Grundbedürfnis- und Armutstheoretikern vor allem neokonservativer Prägung[30] miteinander, um bes-

29 Vgl. J. Estrada, Fragen der Rezeption und des Einflusses der bürgerlichen politischen Ökonomie in Lateinamerika, Dissertation, Hochschule für Ökonomie, Berlin 1982.

30 Vgl. A. Voigt, Einfluß und Grenzen neokonservativer Wirtschaftskonzeptionen in Lateinamerika, in: Asien, Afrika, Lateinamerika, 4/1983, S. 706ff.

sere Angebote und solidere Rezepte zu liefern, die einen Ausweg aus der tiefen ökonomischen und sozialen Krise liefern können. Auf seiten der kleinbürgerlich-radikalen Ökonomie erwächst ein Widerstand gegen die aus dem imperialistischen Lager stammenden Wirtschaftstheorien. Ihre zumeist empirisch gestützte Kritik wurde im Laufe der Jahre theoretisch untermauert. Sie betonen mit vollem Recht, daß zu Anfang der sechziger Jahre, als die ökonomischen und sozialen Projekte der CEPAL bei ihrer Ausführung in die Hände der „Allianz für den Fortschritt" gerieten, eine Verschiebung ihres ursprünglichen nationalen Leitungszentrums von den jeweiligen Ländern aus nach Washington erfolgte.[31]

Nach Flechsig ist der Neokonservatismus eine relativ feste Grundströmung des bürgerlichen ökonomischen Denkens in Lateinamerika: „Als eine extrem reaktionäre, fortschritts- und volksfeindliche geistige Strömung ist er die theoretische Widerspiegelung der Interessen und die spezifische Denkweise eines Teiles der einheimischen Monopolelite, insbesondere der mit dem internationalen Finanzkapital ‚assoziierten' Gruppen der einheimischen Bourgeoisie, und als solche Triebkraft ihres politischen Handelns. In erster Linie spiegelt er heute in Lateinamerika die Herrschafts- und Profitinteressen der auf ungeteilte Hegemonie abzielenden aggressivsten Kräfte des internationalen Finanzkapitals der USA wider und trägt zutiefst antinationalen Charakter."[32]

Heute ist unter Marxisten, aber auch unter den meisten nichtmarxistischen progressiven Ökonomen Lateinamerikas unumstritten, daß das wichtigste Vermittlungsglied zwischen den ökonomischen Prozessen in den imperialistischen Zentren und in den Ländern Lateinamerikas im Problem

[31] Zeitschrift ISB-Informe Semanual de Economía (Bogotá), Nr. 639 vom 22.–30. 8. 1979, S. 3775.

[32] St. Flechsig, Neokonservative Wirtschaftstheorie und -praxis im Südkegel Lateinamerikas, in: Wirtschaftswissenschaft, 2/1985, S. 204.

der Abhängigkeit lateinamerikanischer Länder vom internationalen Monopolkapital besteht.[33]

In dieser Beziehung ist der Aussage der Dependenztheoretiker der sechziger und siebziger Jahre, daß die Abhängigkeit eine über das Ökonomische hinausgehende Erscheinung sei, unbedingt zuzustimmen; denn offensichtlich werden auch das kulturelle, wissenschaftliche und sogar das künstlerische Schaffen durch die Fesseln der ökonomischen und politischen Abhängigkeit in Mitleidenschaft gezogen.

Neben den intensiv nach den ökonomischen und politischen Ursachen der Krisenhaftigkeit des kapitalistischen Systems suchenden Ökonomen treten zunehmend auch Ökonomen auf, die eine Rückbesinnung auf den ökonomischen Regulierungsmechanismus des Kapitalismus der freien Konkurrenz fordern und damit zur Verteidigung und Stärkung des Kapitalismus aufrufen. Das ist die historisch-konkrete Situation, in der die theoretischen Auseinandersetzungen um Stellung und Bedeutung des äußeren Faktors und um die Internationalisierung der ökonomischen Prozesse und Widersprüche ihren Anfang haben. Daraus resultierten später Diskussionen über die Schaffung einer neuen internationalen Wirtschaftsordnung sowie – was hier von besonderem Interesse ist – über antimonopolistische, demokratisch-alternative Auffassungen. Das Selbstbewußtsein der bürgerlichen politischen Ökonomie in Lateinamerika wurde vor allem durch das Scheitern der im Ganzen widersprüchlichen CEPAL-Theorien erschüttert. Dadurch entstand zeitweilig eine Lücke an wirtschaftspolitisch-praktischen Konzeptionen für die Bedürfnisse der jeweils herrschenden Klassen. Dies war für den US-amerikanischen Professor R. Clinton ein willkommener Anlaß zu erklären, daß „Lateinamerika eine Region ist, die sich niemals entwickeln wird“, und zwar „solange die Industriali-

[33] Vgl. dazu den gegenwärtigen Stand der marxistisch-leninistischen Diskussion in der DDR, in: K.-Ch. Göthner, Genesis, Entwicklung und Krise des Kapitalismus in Lateinamerika, in: Asien, Afrika, Lateinamerika, 6/1984, S. 1095ff.

sierung der wichtigste Bestandteil oder der grundlegende Sektor ihrer Entwicklungsstrategien bleibt".[34] Dafür schlägt er vor, daß die lateinamerikanischen Völker ihre Hauptprobleme durch eine intensive Landwirtschaft lösen sollten.[35] Auffassungen solcher Art sind in der bürgerlichen Ideologie und Ökonomie nicht selten anzutreffen. Sie verteidigen letzten Endes die Aufrechterhaltung der ausbeuterischen kapitalistischen internationalen Arbeitsteilung und wollen damit die Verewigung der heutigen Zustände erreichen.

Bezüglich des verstärkten „Krisenbewußtseins" der bürgerlichen Ökonomie in Lateinamerika sind vor allem folgende Faktoren zu erwähnen:

1. Der Sieg der kubanischen Revolution war das Ende der Einheitlichkeit und der Ausschließlichkeit des kapitalistischen Systems in Lateinamerika. Die Errungenschaften des Sozialismus in Kuba sind nicht nur eine Herausforderung an den deformierten und abhängigen Kapitalismus dieser Region; sie sind auch ein Beweis dafür, daß der Sozialismus unter den besonderen Bedingungen des Kapitalismus in Lateinamerika errichtet werden kann. Das verstärkte Krisenbewußtsein der bürgerlichen Ökonomie und Ideologie entsteht auch dadurch, daß der Sozialismus von fortschrittlichen Kräften Lateinamerikas zunehmend akzeptiert und der Kapitalismus immer qualifizierter von diesen Kräften vor den Volksmassen entlarvt wird.

2. Mit der weiteren Entwicklung des abhängigen Kapitalismus in Lateinamerika war eine Verschärfung der sozialen Widersprüche, wie Massenarbeitslosigkeit, Hunger, Analphabetismus, also eine zunehmende Polarisierung von „arm und reich" anstelle von „wachsender Wohlfahrt für alle", und die Zuspitzung der Klassengegensätze verbunden. Dadurch wurde die wachsende Kluft zwischen den theoretischen Konstruktionen der Desarrollisten und den

[34] R. Clinton, Latinoamérica la región que nunca se desarrollará, in: Comercio Exterior, 12/1980.

[35] Vgl. Ebenda, S. 1334.

realen Prozessen deutlich.[36] Anstelle der von lateinamerikanischen Entwicklungstheoretikern erhofften ökonomischen Unabhängigkeit und Überwindung der „peripheren Entwicklung" durch Industrialisierung kam es zu wachsender Ausplünderung der lateinamerikanischen Wirtschaften, vor allem durch die transnationalen Monopole. Diese Prozesse durchziehen alle Sphären des gesellschaftlichen Lebens und beeinflussen die ökonomische Theoriebildung in zwei grundlegenden Richtungen:

- wachsende Rezeption und Einflußnahme imperialistischer Wirtschafts- und Gesellschaftstheorien;
- Formierung ideologisch-theoretischer Gegenreaktionen (darunter alternatives ökonomisches Denken)[37], in deren Zentrum die Einschränkung der Herrschaft des internationalen Finanzkapitals und zunächst die Stärkung der ökonomischen Selbständigkeit steht.

3. Das politische Herrschaftssystem geriet in eine Krise. Die Tatsache, daß die herrschenden Fraktionen der nationalen Bourgeoisien mehrerer Länder nicht nur aus politischen, sondern auch aus ökonomischen Gründen auf faschistische bzw. faschistoide Regierungen zurückgreifen

[36] Der immer häufigere Gebrauch des Begriffs „Revolution" oder die Bezeichnung „Revolutionäre" selbst für reaktionäre politische Maßnahmen und Personen zeugt von der Demagogie bürgerlicher Politiker.

[37] So wurde u. a. auch auf dem internationalen Kolloquium, das vom 15.–17. 5. 1984 in Rostock zum Thema „Bürgerliche und kleinbürgerliche Konzeptionen über die gesellschaftliche Entwicklung und den revolutionären Prozeß in den Ländern Lateinamerikas in der Gegenwart" festgestellt, daß Ideologen der herrschenden Klasse mit ihren bürgerlichen Gesellschaftstheorien vor dem Hintergrund der allmählichen Entstehung von Monopol- und staatsmonopolistischem Kapitalismus sowie der Verschärfung der allgemeinen Krise des Kapitalismus immer weniger in der Lage seien, dauerhafte Lösungswege für die Völker der Region aufzuzeigen. Eine wachsende Differenzierung wie die Zunahme kleinbürgerlicher „alternativer" Strömungen und Theorien wurden als konstitutive Merkmale der Krise der bürgerlichen Theorie und Ideologie herausgestellt (vgl. Deutsche Zeitschrift für Philosophie, 5/1985, S. 451).

müssen, um die Verwertungsbedingungen des Kapitals im weitesten Sinne, ja die erweiterte Reproduktion der Produktionsverhältnisse aufrechtzuerhalten,[38] ist auch darauf zurückzuführen, daß sowohl Rezeption als auch Anpassung der bürgerlichen politischen Ökonomie der kapitalistischen Industrieländer an die Bedingungen der einzelnen lateinamerikanischen Länder in eine tiefe Krise geraten sind. Die von den führenden Ökonomen imperialistischer Länder für die eigene Wirtschaft erarbeiteten ökonomischen Konzeptionen führen bei ihrer Anwendung in Entwicklungsländern zwangsläufig zu Widersprüchen zwischen Theorie und Praxis.

Die bestehenden Abhängigkeitsverhältnisse machen diese Situation komplexer und immer schwieriger erfaßbar, weil sie die Verflechtung von Elementen
– aus der Krise der bürgerlichen Ökonomie,
– aus der Rezeption und Anpassung bürgerlicher Ökonomie an die Bedürfnisse der Bourgeoisie in Entwicklungsländern,
– aus dem relativ eigenständigen politökonomischen Denken in Lateinamerika

synthetisieren. Die antikommunistische Stoßrichtung ist der bürgerlichen politischen Ökonomie wesenseigen.

Bis 1959/60 überwog der Antikommunismus in Lateinamerika u. a. aufgrund mangelnder oder falscher Information der Volksmassen über Theorie und Praxis des Sozialismus, dieses Informationsdefizit war auch bedingt durch das allgemeine Analphabetentum, eine für den Kapitalismus typische Erscheinung. Das Hauptziel der Antikommunisten war es, den Kommunismus als etwas Krankhaftes und Unmenschliches darzustellen. Damit verband sich eine Beschönigung der Potenzen des Kapitalismus. Antikommunist zu sein, hieß, gegen Krankhaftes und Unmenschliches zu sein. Der Sieg der kubanischen

[38] Vgl. A. Voigt, Einfluß und Grenzen neokonservativer Wirtschaftskonzeptionen in Lateinamerika, in: Asien, Afrika, Lateinamerika, 4/1983, S. 708.

Revolution und ihre Errungenschaften zwangen die bürgerlichen Ideologen, ihre Taktik zu ändern und neue, angepaßtere Formen anzuwenden. Bis 1959/60 war der Antikommunismus in stärkerem Maße auf die „kommunistische Gefahr“ im Innern gerichtet, und der Kampf gegen den „internationalen Kommunismus“ wurde den USA und den „westlichen Demokratien“ überlassen. Nach der kubanischen Revolution sah man sich gezwungen, „den heiligen Kampf gegen den Kommunismus“ sowohl gegen die erstarkten kommunistischen und Arbeiterparteien in den einzelnen Ländern[39] als auch gegen den „internationalen Kommunismus“ zu führen.

Mit den Formen des Antikommunismus änderten sich auch seine Struktur und seine Methoden:

1. Neben dem vorherrschenden Antisowjetismus nehmen die Versuche zu, den sozialistischen Aufbau in Kuba zu diskreditieren. Das allmähliche Verschwinden der Bourgeoisie als Klasse im revolutionären Kuba zeigte nicht nur den Volksmassen Lateinamerikas einen gangbaren Weg, sondern orientierte auch die jeweilige nationale Bourgeoisie auf „klare Lösungen“ gegenüber dem Kommunismus.

2. Die Präsenz des sozialistischen Kuba machte es notwendig, den Antikommunismus „vielseitiger“ zu gestalten. War er bis dahin durch plumpe Aussagen über die Unmöglichkeit des Aufbaus des Sozialismus sowie über die „Brutalität der kommunistischen Methoden“ gekennzeichnet, so mußten jetzt zunehmend neue Bereiche gesucht werden. Immer mehr versuchten bürgerliche Ökonomen und Ideologen, in die Theorie des Sozialismus einzudringen:

a) Sie versuchen die politische Ökonomie des Marxismus-Leninismus sowie den Marxismus-Leninismus „methodologisch“ in „Marxismus“ und „Leninismus“ zu spalten und gegeneinander auszuspielen. So richtet sich der

[39] Einen ausgezeichneten Überblick über die Entwicklung und den Einfluß kommunistischer Parteien in Lateinamerika bis 1984 liefert das von M. Uschner herausgegebene Buch: Lateinamerika. Kleines Nachschlagewerk, Berlin 1985.

Antikommunismus in der Regel nicht offen gegen den Marxismus und Marx, der angeblich etwas anderes wollte, als heute unter Sozialismus verstanden wird, sondern gegen den Leninismus. Letzterer wird als eine Lehre bezeichnet, die den „sauberen" Marxismus mit Klassenhaß und politischem Fanatismus fülle und eine russische oder asiatische Angelegenheit sei. Die tatsächlichen Zusammenhänge und die Verdienste Lenins als Fortführer des Werkes von Marx und Engels werden dabei geleugnet.

b) Weiterhin sind sie bestrebt, eine Kluft zwischen Theorie und Praxis des Sozialismus zu entdecken und auszubauen.

c) Sie greifen das gesellschaftliche Eigentum und die volkswirtschaftliche Planung an, allerdings ziemlich einfallslos und ohne ernst zu nehmende Alternativen.

3. Die gewachsene Stärke der fortschrittlichen Kräfte in Lateinamerika in Gestalt Kubas, der kommunistischen Parteien sowie der nationalen Befreiungsbewegungen wird für die lateinamerikanischen, aber auch für die USA-Regierung und -Konzerne immer gefährlicher. Die Einheit dieser Kräfte soll gesprengt, ihre Bestandteile gegeneinander ausgespielt werden. So werden gern „Divergenzen" zwischen Kuba und den kommunistischen Parteien Lateinamerikas konstruiert.

Zusammenfassend muß festgestellt werden, daß der Antikommunismus flexibler und ideenreicher eingesetzt wird. Er war, ist und bleibt die mächtigste politisch-ideologische Waffe des Imperialismus. Gleichzeitig muß jedoch auch auf die Tatsache verwiesen werden, daß sich bei vielen kleinbürgerlichen Wissenschaftlern die Krise im bürgerlichen ökonomischen Denken derart widerspiegelt, daß in Alternativkonzeptionen die gewachsene Anziehungskraft des Sozialismus, der wachsende Einfluß der Ideen des Marxismus-Leninismus und die Defensivpositionen konservativer bürgerlicher Theorien in Lateinamerika deutlich werden.

3. Alternative ökonomische Auffassungen

3.1. Begriffsbestimmung

Im Zusammenhang mit den tiefen Krisenprozessen in Wirtschaft und Gesellschaft der kapitalistischen Staaten und insbesondere durch die damit verbundenen verstärkten Differenzierungsprozesse im bürgerlichen ökonomischen Denken treten immer mehr Ökonomen auf, die in einer Reihe von aktuellen Fragen zu einer realitätsnäheren Betrachtung der ökonomischen und sozialen Wirklichkeit und zu Teilerkenntnissen über gesellschaftliche Veränderungen im Interesse der Mehrheit der Bevölkerung gelangen. Diese Erkenntnisse widerspiegeln sich in *alternativen* Konzeptionen wirtschaftstheoretisch und wirtschaftspolitisch.

Der Begriff „alternativ“ steht hier für solche ökonomischen Theorien und Auffassungen, vor allem kleinbürgerlicher Ökonomen Lateinamerikas, die bei grundsätzlich antiimperialistischer Haltung in scharfer Auseinandersetzung mit neokonservativen Angebots- und monetaristisch orientierten Ökonomen, insbesondere mit jenen aus imperialistischen Staaten, entwickelt worden sind und die – bei linkskeynesianischer Grundlage – auch Elemente des Marxismus aufgreifen.[40]

Alternative Ökonomen bekämpfen das finanzpolitische Diktat, das mit den Auflagen und „Anpassungsprogrammen“ des IWF und anderer internationaler imperialistischer Organisationen verbunden ist, und fordern energische Maßnahmen zur Verteidigung der politischen Souveränität

[40] Demgegenüber bezeichnen sich auch neokonservative Kräfte in der jüngsten Zeit als „alternativ“. Sie sprechen z. B. von der „starken Alternative“ und meinen ökonomisch auf den Monetarismus orientierte autoritäre Regierungen faschistischer oder profaschistischer Prägung. „Christliche Alternativen“ sind zumindest seit der II. Konferenz des Lateinamerikanischen Bischofsrates (CELAM) 1968 im kolumbianischen Medellin ebenfalls in Lateinamerika präsent.

und Stärkung der ökonomischen Selbständigkeit der lateinamerikanischen Staaten. Sie solidarisieren sich mit den Interessen der „untergeordneten oder ausgeschlossenen Gruppen“[41], zu denen sie die Stadt- und Landarmut, gewerkschaftlich Organisierte und Mittelschichten sowie auch Teile der nationalen Bourgeoisie zählen.

So wendet sich u. a. der brasilianische Professor Antonio Barros de Castro gegen die „neokonservative Richtung“ der Wirtschaftspolitik, die mit dem Abbau staatlicher Subventionen, der Reduzierung des staatlichen Sektors sowie einer weiteren Öffnung der Wirtschaft gegenüber dem Auslandskapital verbunden ist. Es gehe als Alternative dazu um eine Wirtschaftspolitik, die auf die Integration der 40 % Armen in die brasilianische Gesellschaft orientiert. Deren Bedarf an Wohnung, Kleidung, Nahrung usw. müsse einen wesentlichen Eckpfeiler künftiger Wirtschaftsentwicklung bilden.[42]

3.2. Grundzüge alternativer Ökonomie in Lateinamerika

In den alternativen Konzeptionen stehen vor allem die folgenden Aspekte im Mittelpunkt:

Erstens geht es um die Zurückweisung der Hochrüstungs-, Konfrontations- und Hegemoniepolitik, vor allem des USA-Imperialismus, und das Eintreten für Frieden, Entspannung, Abrüstung und gleichberechtigte internationale Zusammenarbeit als grundlegende Bedingungen für die Lösung der ökonomischen und sozialen Grundfragen der

[41] M. da Conceição Tavares/M. Dias David (Org.), A Económia Politica da Crise. Problemas e impasses de politica económica brasileira, Rio de Janeiro 1982, S. 131.

[42] Vgl. 36. Jahreskonferenz der Brasilianischen Gesellschaft für den Fortschritt der Wissenschaft (Socieda de Brasileira para o Progresso da Ciêncic – SBPC) vom 4. bis 11. Juli 1984 in Sáo Paulo (Bericht von K.-H. Göthner, in: Asien Afrika, Lateinamerika, 1/1985, S. 143).

Völker Lateinamerikas. Obwohl zum Teil nicht bis zu den eigentlichen Ursachen für Rüstung und Krieg vorgedrungen wird[43] sowie der Zusammenhang zwischen regionaler Friedenssicherung und dem Kampf um den Frieden im Weltmaßstab nur teilweise erkannt wird, sehen sie jedoch in immer stärkerem Maße die Notwendigkeit, den Kampf gegen extreme Armut und gegen Hunger, für ökonomische Unabhängigkeit und demokratische Umgestaltung der internationalen Wirtschaftsbeziehungen stärker mit dem Kampf um den Frieden in der Welt zu verbinden. Alternative Ökonomen sind heute objektiv Teil der demokratischen Friedenskräfte gegen imperialistische Konfrontations- und Kriegspolitik. Daß immer mehr Vertreter selbst aus den Regierungskreisen der Länder Lateinamerikas einen Zusammenhang zwischen imperialistischer Hochrüstungs- und Hochzinspolitik, der Abwälzung der Krisenlasten in den entwickelten kapitalistischen Ländern auf die kapitalistischen Entwicklungsländer und der enormen Verschärfung der Krisenerscheinungen in allen gesellschaftlichen Bereichen der Staaten Lateinamerikas erkennen, zeigte auch die lateinamerikanische Wirtschaftskonferenz vom Januar 1984 in Quito. Hier wurde festgestellt, daß es sich bei der gegenwärtigen Krise in Lateinamerika und der Karibik um „die tiefste und schwerwiegendste ökonomische und soziale Krise dieses Jahrhunderts" handelt, die nur in Frieden zu lösen sei, denn „ohne Frieden kann keine Entwicklung erreicht werden, und ohne Entwicklung bleibt der Frieden immer gefährdet"[44].

[43] So wird oft noch die Auffassung von der „gleichen Verantwortung der Supermächte" vertreten. Progressive Ökonomen wie der Präsident der Brasilianischen Gesellschaft für Friedensforschung (ABIPP), T. dos Santos, gehen weiter, differenzieren zwischen den USA und der UdSSR und beginnen, im Hegemoniestreben des USA-Imperialismus und in den Profitinteressen des Militär-Industrie-Komplexes die entscheidenden Ursachen für Hochrüstung und Kriegsgefahr in der Gegenwart zu erkennen (vgl. Cadernos do terceiro mundo, 63/1984, S. 18f.).

[44] Declaracion de Quito (Lateinamerikanische Ökonomische Kon-

Zweitens wird die mechanistische Übernahme bürgerlicher ökonomischer Theorien für die Lösung wichtiger Probleme der wirtschaftlichen Entwicklung Lateinamerikas kritisiert. Hierbei stehen zwei Aspekte im Vordergrund:

a) Der Klassencharakter dieser Theorien wird kritisiert, und es wird betont, daß diese bürgerlichen Theorien nur den Interessen der aus- und inländischen Monopole und nicht denen der werktätigen Massen dienen.

b) Es wird hervorgehoben, daß in diesen Theorien die spezifische, abhängige Stellung der Länder Lateinamerikas in der kapitalistischen Weltwirtschaft ungenügend berücksichtigt wird.

Drittens werden Wachstumstheorien *kurzfristigen* Charakters, deren Vertreter die sozialen Folgen von ökonomischen Krisenprozessen auf die Werktätigen abwälzen, abgelehnt. Dies wird häufig mit der Forderung nach Abschaffung des parasitären Verbrauchs größerer Teile des jährlich geschaffenen Neuwertes durch das Finanzkapital verbunden, wobei gleichzeitig auf dadurch erschließbare Möglichkeiten zur Erhöhung der Akkumulationskraft hingewiesen wird.

Viertens wird nicht auf die „blinden" Kräfte des Marktes bei der Lösung von lebenswichtigen ökonomischen Problemen vertraut.

Fünftens wird die Beseitigung der technologischen Abhängigkeit der Länder der „Peripherie" von den Ländern des „Zentrums" gefordert.

Sechstens wird die Behandlung von Umweltproblemen nach imperialistischer Manier abgelehnt, vor allem die Verlagerung von umweltbelastenden Industriezweigen imperialistischer Länder in Länder Lateinamerikas.[45]

Alternative Wirtschaftstheoretiker in Lateinamerika repräsentieren eine linkskeynesianisch gestützte Entwicklungstheorie, die eine langfristige Entwicklungspolitik be-

ferenz vom 12. bis 13. 1. 1984), in Comercio Exterior 2/1984, S. 177.

[45] Vgl. R. Prebisch, Biósfera y desarrollo, in: Revista de la CEPAL, 12/1980.

inhaltet, deren „Achse die Beschäftigungs- und Produktionspolitik“ [46] ist, oder wie von R. Cordera und C. Tello definiert wurde, eine Politik, die die „Wiederherstellung der zwischenzweiglichen Beziehungen, die Ausdehnung und Diversifizierung des Produktionsapparates“ beinhaltet, wobei „dem Staat von vornherein die Aufgabe zukommt, neue Stimuli für die Produktion und die Akkumulation ... unter Beachtung der Interessen der werktätigen Schichten zu schaffen, letztlich die Vollbeschäftigung und das Wachstum des Lebensstandards der Werktätigen in Stadt und Land programmatisch festzuschreiben“.[47]

In bezug auf das Monopolverständnis ist folgende Position bei alternativen Ökonomen vorherrschend: Das Monopol wird weitgehend als ein die wirtschaftliche Entwicklung des Landes behinderndes Element dargestellt. Es gehe um die Zügelung der politischen und ökonomischen Macht der Monopole mit dem Ziel einer besseren Wirksamkeit der durch den Staat zu gewährleistenden freien Konkurrenz. Alternative Ökonomen sehen im Monopol vor allem eine ökonomische Erscheinung auf der Ebene der Preismanipulierung, der Marktbeherrschung sowie eine politische Tendenz zur aggressiven Ausschaltung jeglicher „ernst zu nehmender“ Gefahrenquellen.

Dieses Monopolverständnis lateinamerikanischer alternativer Ökonomen schließt bündnispolitische Möglichkeiten für marxistisch-leninistische Kräfte beim Kampf gegen die aggressivsten Kreise des in- und ausländischen Monopolkapitals nicht aus. Die Tatsache, daß sie das Monopol nicht als entscheidendes Produktionsverhältnis begreifen, zeigt jedoch eine der wichtigsten Grenzen alternativer Wirtschaftstheorie und -politik in Lateinamerika.

Aufgrund der historischen Bedingungen der politischen und ökonomischen Entwicklung der verschiedenen Länder Lateinamerikas sind demokratisch-alternative Auffassun-

[46] H. Flores de la Peña, Un nuevo modelo de desarrollo, a. a. O. S. 1315.

[47] R. Cordera/C. Tello, Las relaciones entre México y los Estados Unidos, Mexiko 1981, S. 59.

gen mit einer starken antiimperialistischen Komponente verbunden. Das immer tiefere Verständnis des Antiimperialismus ist eine der Schlüsselfragen. Es geht hauptsächlich darum, die Phase des Verständnisses des Imperialismus als Übermacht, als Despot, endgültig zu überwinden und ihn konsequent als höchstes und letztes Entwicklungsstadium des Kapitalismus aufzufassen. Nur so ist es möglich, daß aus antiimperialistischer Kritik und Haltung ein tieferes Verständnis der Notwendigkeit des Sturzes der kapitalistischen Gesellschaft und des Aufbaus des Sozialismus erreicht werden kann.

Die alternativen Ökonomen Lateinamerikas betrachten sich selbst nicht als einheitliche Schule und bilden keine organisatorischen Gruppierungen, die durch wissenschaftliche Arbeit ihre Ziele politisch durchsetzen wollen, weder auf nationaler noch auf internationaler Ebene. Die wichtigsten Ursachen dafür liegen zum einen im unterschiedlichen Niveau der Entwicklung des Kapitalismus in den einzelnen Ländern, zum anderen in den jeweils herrschenden politischen Verhältnissen sowie auch in der geographischen Streuung der einzelnen Forschungs- und Fachkräfte. So besteht keine einheitliche lateinamerikanische alternative Wirtschaftstheorie und -politik, sondern eine breite Streuung alternativen Denkens, das sich in den über 20 Ländern des Kontinents in unterschiedlichem Maße durchgesetzt hat.

Führende Zentren theoretisch arbeitender alternativer Ökonomen sind die Nationale Autonome Universität Mexikos (UNAM), die mexikanische Universität von Puebla, die hauptstädtische Universität Venezuelas und die brasilianischen Universitäten und Bildungsstätten von Rio de Janeiro, Sao Paulo und Campinas. Auch im Nationalen Kollegium Mexikanischer Ökonomen (bzw. in Teilen davon) und in der mexikanischen Zeitschrift „Comercio Exterior" sind alternative Ökonomen vertreten. Einige Alternativökonomen arbeiten auch in den Forschungseinrichtungen der CEPAL, der FLACSO (Lateinamerikanische Fakultät für Gesellschaftswissenschaftliche Studien) und im ILPES (Lateinamerikanisches Institut für Soziale Studien). Nicht zuletzt zählen dazu zahlreiche, voneinander isoliert arbeitende bzw. an im Land existierende politische Organisationen oder an Emigrantengruppierungen gebundene argentinische, chilenische und uruguayische Wissenschaftler. Zu den prominentesten alternativen Ökonomen Lateinamerikas gehören in Mexiko H. Flores de la Peńa, V. Urquidi, C. Tello, J. Noyola, A. Labra M.; in Argentinien R. Prebisch und A. Férrer; in Brasilien C. Furtado; in Chile A. Pinto, G. Martner und O. Sunkel und in Venezuela J. Mayobre.

Alternative Ökonomen geben linken und demokratischen Parteien mit ihren Alternativprogrammen theoretische Unterstützung für ihren politischen Kampf. So erarbeiteten peruanische Alternativökonomen wie J. Iguiñiz u. a. das Wirtschaftsprogramm des Präsidentschaftskandidaten der Vereinten Linken (IU) für die Wahlen von 1985.[48]

Brasilianische Alternativökonomen wie C. Furtado, M. de Conceicao Tavares, R. Lessa, L. Coutinho, J. Serra u. a. sind während der Zeit der brasilianischen Militärregierungen in der größten Oppositionspartei PMDS mit der Erarbeitung wirtschaftspolitischer Alternativen hervorgetreten bzw. üben politische Funktionen in den seit 1982 von der Opposition verwalteten Bundesstaaten aus. R. Prebisch ist als ökonomischer Berater des argentinischen Staatspräsidenten R. Alfonsin tätig.

In starkem Maße versuchen alternative Ökonomen auch, als Experten an Universitäten und in ökonomischen Fachzeitschriften Einfluß zu erlangen.

Die meisten alternativen Ökonomen Lateinamerikas gehen davon aus, daß gegenwärtig ein kapitalistisches Weltsystem existiere, das sich aus Ländern des „Zentrums“ und der „Peripherie“ zusammensetze, wobei die wirtschaftliche Entwicklung beider Teile sehr unterschiedlich verlaufe. Die Technik spiele hierbei eine grundlegende Rolle, denn sie werde in den „Zentren“ produziert, gelange aber kaum oder verspätet in die „Peripherie“. Die Erhö-

48 Vgl. Latin America Weekly Report (London), WR 47/84, S. 7.

hung der Arbeitsproduktivität bringe jedoch eine wachsende Nachfrage nach neuen Produkten mit sich, wodurch sich die Industrialisierung in den Ländern des „Zentrums" konzentriere. Dies sei eine Folge des freien Spiels der Marktgesetze auf internationale Ebene.[49] Dieser durch „internationale Krisen" verschlimmerte Zustand bewirke den Ausschluß der „Peripherie" vom Warenaustausch in den „Zentren". Dazu komme, daß die herrschenden Klassen in den „Peripherieländern" die Konsummuster der „Zentren" übernehmen, wodurch der nationalen Akkumulation beträchtliche Mittel entzogen würden. Das Zusammenspiel all dieser Faktoren führe zu einseitiger Abhängigkeit.

Zweifellos widerspiegeln sich auch bei einer Gegenüberstellung von „Zentrum" und „Peripherie" (mit dem Kriterium des Industrialisierungsniveaus) wichtige Zusammenhänge in bezug auf die spezifische Stellung der Länder Lateinamerikas in der kapitalistischen Weltwirtschaft, die durch Abhängigkeit von und Ausbeutung durch den Imperialismus gekennzeichnet ist. Eine solche Position versperrt auch nicht einen Zugang zur berechtigten Forderung nach Veränderung des Charakters der Wirtschaftsbeziehungen zu den imperialistischen Staaten, zur Demokratisierung der internationalen Wirtschaftsbeziehungen, wie sie von den Entwicklungsländern unter der Losung der Errichtung einer Neuen Internationalen Wirtschaftsordnung gefordert wird. Erich Honecker betonte in diesem Zusammenhang: „Der Kampf um die Durchsetzung der neuen internationalen Wirtschaftsordnung ist ein organischer Bestandteil des gesamten antiimperialistischen Kampfes. Gerade deshalb geht die Umgestaltung der internationalen Wirtschaftsbeziehungen alle Revolutionäre an. Dafür kämpfen die fortschrittlichen Kräfte Afrikas, Asiens und Lateinamerikas, die revolutionäre Arbeiterbewegung in den Zitadellen der Monopolkapitale und die sozialistischen Länder."[50]

[49] Vgl. R. Prebisch, La periferia latinoaméricana en el sistema global del capitalismo, in: Revista de la CEPAL, 4/1981, S. 163.
[50] Der gemeinsame Kampf der Arbeiterbewegung und der natio-

Im Zusammenhang mit der gegenwärtigen Auslandsverschuldung Lateinamerikas hält Fidel Castro „den Kampf für die neue internationale Wirtschaftsordnung im Augenblick für die wichtigste Aufgabe der Länder Lateinamerikas und der ‚dritten Welt', denn das kann zur Schaffung der Voraussetzungen für eine wirkliche Unabhängigkeit, eine wirkliche Souveränität führen, ja zu dem Recht, und nicht nur dem Recht, sondern zur objektiven Möglichkeit, soziale Veränderungen vorzunehmen"[51].

Von marxistischer Position aus muß darauf aufmerksam gemacht werden, daß jede von der Gegenüberstellung von „Zentrum" und „Peripherie" ausgehende Analyse in bezug auf *ursächliche Zusammenhänge* von Industrialisierungsprozessen, ihren *Möglichkeiten* und *Hemmnissen*, nicht zum Ziel führen kann. Eine solche Herangehensweise berührt noch nicht die Eigentums- und Produktionsverhältnisse insgesamt, die letztlich Inhalt und Form der Industrialisierung prägen.

Alternative Ökonomen gehen weiterhin von der These aus, daß eine vorwiegend durch ausländische Monopole stark beeinflußte Wirtschaft abhängigen Charakters unweigerlich Wirtschaftskrisen bewirke.

Der Funktionsmechanismus des abhängigen Kapitalismus beinhaltet gemäß der alternativen These, daß sich die neue Technik nur dann in eine höhere Arbeitsproduktivität umwandeln läßt (und dies wiederum in eine ausgeglichene Volkswirtschaft), wenn die Wirksamkeit des Konkurrenzprinzips auf allen Ebenen mit Hilfe der staatlichen Regulierung gewährleistet werde. Dies sei darum so, weil sich in der Umverteilung des neu geschaffenen Wertes der Widerspruch zwischen Kapital und Arbeit ausdrücke. Auf der einen Seite stehe die Bourgeoisie, die die Konsumweise der „Zentren" zu übernehmen habe und demzufolge nicht

nalen Befreiungsbewegungen gegen Imperialismus, für sozialen Fortschritt. Internationale Wissenschaftliche Konferenz, vom 20.–24. 10. 1980, in Berlin, Bd. 1, Dresden 1981, S. 16.

51 F. Castro, Interview für die mexikanische Zeitung „Excelsior", a. a. O., S. 42.

ausreichend finanzielle Mittel für die Akkumulation bereitstellen könne. Auf der anderen Seite stehe die „werktätige Klasse", deren Hauptwaffe im Verteilungskampf starke Gewerkschaften bilden. Versagt eine der beiden Klassen infolge mangelnder Konkurrenzfähigkeit, so entstünden ökonomische und politische Ungleichgewichte. Erlangten beispielsweise die Gewerkschaften die Oberhand, dann verringere sich die Profitrate der Kapitalisten infolge einer Überbezahlung der Arbeiter; die Übernahme neuer Technik erfolgte langsamer. Da die Kapitalisten ihre Konsumweise nicht ändern, entstehen wirtschaftliche Stagnation und Krise. Hierzu sei zunächst nur festgestellt, daß die antimonopolistische Stoßrichtung der alternativen Ökonomen grundsätzlich positiv zu beurteilen ist, auch wenn die Analyse nicht mit der nötigen Konsequenz weitergeführt wird.

Alternative Ökonomen gehen ferner davon aus, daß sich der Kapitalismus in Lateinamerika nicht mehr aus sich selbst heraus von den periodisch auftretenden Krisen erholen könne. Grundlage dafür bildet die Keynessche These, daß der heutige Kapitalismus „von selbst" nicht mehr zum Gleichgewicht tendiere. Sie erweitern diese Aussage, indem sie richtig davon ausgehen, daß die Entwicklung einheimischer kapitalistischer Elemente in Lateinamerika durch den Kapitalexport ausländischer Monopole nach Lateinamerika von vornherein mitgeprägt und „deformiert" wurde. Von daher rühre auch die frühzeitige und ständig wachsende Bedeutung des bürgerlichen Staates im Akkumulationsprozeß sowie seine Rolle bei der Herausbildung einheimischer Monopole. Das ist die Basis für ihre demokratische Interpretation der Keynesschen Forderung nach staatlicher Regulierung des Reproduktionsprozesses.

Der *bürgerliche Staat* ist für sie sowohl bei ihren linkskeynesianischen Erwägungen als auch in ihren praktisch-politischen Empfehlungen das entscheidende Instrument zur Verwirklichung ihrer Wirtschaftspolitik.

Alternatives ökonomisches Denken in Lateinamerika geht weiterhin davon aus, die Existenz von Privateigentum nicht als ein prinzipielles Hindernis zur Erlangung von mehr ökonomischer „Gerechtigkeit" in der Verteilung des Nationaleinkommens zu betrachten. Obwohl für alternative Wissenschaftler die Existenz eines starken staatlichen Sektors eine unbedingte Voraussetzung für die wirtschaftliche Entwicklung und für die Beseitigung der Armut darstellt, bekennen sie sich prinzipiell zum Privateigentum an den Produktionsmitteln. Gerade hier zeigen sich Grenzen alternativen ökonomischen Denkens, herrscht noch die Systemimmanenz in bezug auf geforderte soziale Reformen vor. Damit wird auch klar, daß der Versuch einer breit angelegten demokratischen Umverteilung des produzierten Neuwertes nur in begrenztem Umfang möglich ist.

Das Eigentumsverständis der alternativen Ökonomen in Lateinamerika beschränkt sich jedoch nicht auf die beschriebene Stellung zum Privateigentum. Einige von ihnen vertreten die These, daß „die größten Unzulänglichkeiten des kapitalistischen Systems nicht im Eigentum (an Produktionsmitteln – d. V.) begründet liegen, sondern in der privaten Aneignung des Überschusses"[52] und in der Konzentration, die diese mit sich bringt. Dies wird oft zum Anlaß genommen, „demokratische Eigentumsformen in der Wirtschaft" zu verlangen oder, wie es R. Prebisch unternimmt, in Verbindung mit der Akkumulation eine Demokratisierung herbeizuführen. Er schlägt drei Formen der Akkumulation vor, die untereinander in beliebigen Proportionen kombiniert werden könnten.

Die erste Form sieht vor, „– den Arbeitskräften eine wachsende Teilnahme an der Verantwortung für die Akkumulation zu übergeben"[53]. Hier geht es aber um die Forderung nach demokratischer *Mitbestimmung* der Werktätigen an der Entscheidung über das Produktionsziel. Als zweite Form sieht er die Pflichtakkumulation durch die heutigen Eigentümer der Produktionsmittel vor. Das hätte neben größerem Interesse am Funktionieren des

[52] Vgl. R. Prebisch, Hacia una teoría de la transformación. La dinãmica del capitalismo periférico, in: Revista de la CEPAL, 4/1980, S. 173.

[53] Ebenda.

Unternehmens allerdings eine Verstärkung der Kapitalkonzentration zur Folge, und zwar in den höheren Schichten der Gesellschaft. Prebisch versucht dieser ihm wenig ins Konzept passenden Konsequenz durch eine weitere Einschränkung der Eigentumsrechte an den Produktionsmitteln zu begegnen. Er schlägt vor, daß die Eigentumsrechte mit dem Tod des Eigentümers erlöschen sollen. So könnte die sukzessive Umverteilung fortgeführt und die Unternehmen in Selbstverwaltungseinheiten (auf Grundlage demokratischer Mitbestimmung) verwandelt werden. Prebisch gibt jedoch selbst zu, daß es dabei „große Schwierigkeiten pragmatischer Art" geben würde. Die dritte Form der Akkumulation beinhalte die staatliche Akkumulation. Dabei handele es sich nicht um die „Sozialisierung" (Verstaatlichung) aller Unternehmen, sondern lediglich um die der Großbetriebe. Auf dieser Art und Weise versucht Prebisch, ebenso wie seine Anhänger, der Tendenz zur privaten Akkumulation entgegenzuwirken.

Den genannten zentralen alternativen Positionen sollen noch folgende Aspekte methodologischer Art hinzugefügt werden.

– Aus der Tatsache, daß alternatives ökonomisches Denken ein Ergebnis der gegenwärtigen Krise der bürgerlichen politischen Ökonomie ist, folgt, daß die alternative Ökonomie keine einheitliche theoretische Grundlage aufweist. Es handelt sich vielmehr um eine eklektische Mischung theoretischer Auffassungen, vor allem von Smith, Ricardo, Kalecki, Keynes und marxistischen Positionen. Der Auffassung marxistischer Wissenschaftler ist zuzustimmen, wonach es sich hierbei um ideologische „Zwischenglieder" bzw. „Durchgangsstadien" zur proletarischen Ideologie handelt, was entsprechende organisatorische Konsequenzen nach sich ziehen kann. Das schließt die Möglichkeit einer ideologischen und organisatorischen Entwicklung oder Ausnutzung in reaktionäre Richtung nicht aus.[54]

[54] Vgl. z. B. J. Drabek, Bürgerliche Ideologie in Lateinamerika auf der Suche nach Auswegen aus der Krise, in: Asien, Afrika, Lateinamerika, 1/1983, S. 139.

– Alternative Ökonomen gehen von der These aus, daß die Abhängigkeit vom Imperialismus als übergreifendes Element dazu zwingt, an die theoretische Erfassung der zu untersuchenden Probleme nicht nur politökonomisch, sondern im weitesten Sinne gesellschaftswissenschaftlich heranzugehen. Diese Forderung nach komplexer Behandlung der Problematik bildet ein wichtiges methodologisches Moment. Daraus wird die richtige Erkenntnis abgeleitet, daß Unterentwicklung nicht nur eine ökonomische, sondern eine alle gesellschaftlichen Bereiche durchdringende Erscheinung ist. Dabei ist für sie in diesem Rahmen das „Ökonomische" ein wichtiges, nach Meinung der Linkskeynesianer sogar das ausschlaggebende Element. Die Gesamtheit ihres Denkens besteht hinsichtlich dieser Problematik vor allem aus Elementen der politischen Ökonomie, der Soziologie, Gesellschaftstheorie, Demographie und Kulturwissenschaften.

– Alternative Ökonomen in Lateinamerika weisen eine im Grundton offene Haltung zum Marxismus-Leninismus auf. Auf die im Laufe der sechziger Jahre erreichte Bedeutung des Marxismus für die ökonomische Analyse in Lateinamerika verweisend, schrieb der bekannte progressive venezolanische Ökonomieprofessor D. F. Maza Zavala folgendes: „Niemand kann, von einer vernünftigen Position ausgehend, leugnen, daß der Marxismus ein erstrangiges Instrumentarium für die Analyse der gesellschaftlichen Transformation liefert. Nicht nur Überzeugte und sich zum Marxismus Bekennende machen davon Gebrauch, sondern auch Nichtmarxisten. Ja sogar Antimarxisten fügen ihren Einschätzungen der sozialen Dynamik Elemente der marxistischen Analyse hinzu."[55] Und die Meinung der Vertreter der fortschrittlichen, auf den „kommunitären Sozialismus" hinarbeitenden katholischen Soziallehre, J. Chonchol[56] und J. Silva Solar[57] ist: „Wir haben eine gute Mei-

55 Vgl. D. F. Maza Zabala, Vorwort zu: Dialéctica del subdesarrollo, von H. Lozada Aldana, Caracas 1978.

56 Landwirtschaftsminister der Allende-Regierung.

57 Führender Vertreter der Partei Linker Christen, die Bestandteil der Chilenischen Unidad Popular gewesen ist.

nung über den Marxismus. Die deutlichsten Wahrheiten über die moderne Ökonomie und Gesellschaft, die Existenz der gesellschaftlichen Klassen und ihren entscheidenden Beitrag für das Leben der Menschen und die Entwicklung der Gesellschaft wurden vom Marxismus gelehrt. Wer sich diese Lehren nicht zu eigen macht, wird von der Welt, die er vor sich hat, wenig verstehen.“ [58]

Es darf jedoch nicht unberücksichtigt bleiben, daß eine teilweise Übernahme marxistischer Positionen noch keine Stellungnahme zum Leninismus als Marxismus unserer Epoche beinhaltet bzw. beinhalten muß. Obwohl eine allgemeine Antwort auf diese Frage nur im einzelnen Fall möglich ist, ist jedoch in der Tendenz eine Ablehnung des Leninismus vor allem hinsichtlich der Revolutionstheorie und ihrer ökonomischen Konsequenzen festzustellen.

Aufgrund der wachsenden Ausbreitung des Marxismus-Leninismus in Lateinamerika sind jedoch große Möglichkeiten vorhanden, daß sich die alternative Kapitalismuskritik, die oft nur teilweise wissenschaftlich fundiert ist und ein breites Spektrum aufweist, zu marxistisch-leninistischen Grundpositionen hinbewegt. Daher ergibt sich für die kommunistischen und Arbeiterparteien Lateinamerikas die Aufgabe, alternatives ökonomisches Denken repräsentierende demokratische Bewegungen zu unterstützen und ein breites Bündnis aller demokratischen und antiimperialistischen Kräfte anzustreben.

Selbstverständlich muß dabei auch künftig beachtet werden, daß das alternative ökonomische Denken in Lateinamerika wegen der dort existierenden sozialen Situation und der spezifischen politisch-ökonomischen Ziele zunächst noch relativ eng mit den in dieser Region existierenden Strömungen der bürgerlichen Ökonomie verbunden bleiben wird. Der Kampf gegen Armut, Hunger, multinationale Konzerne und Verschuldung, für eine neue Weltwirtschaftsordnung, ermöglicht teilweise ein Zusammengehen mit den bürgerlichen Kräften. Nationale und gegen

[58] J. Chonchol/J. Silva Solar, El desarrollo del capitalismo Caracas 1964, S. 15/16.

die reaktionäre Politik des US-Imperialismus gerichtete Ziele spielen eine größere und gewichtigere Rolle als in Westeuropa.

Dennoch, die Gemeinsamkeiten alternativen ökonomischen Denkens in Lateinamerika und Westeuropa werden künftig mit Sicherheit immer deutlicher hervortreten und eine wissenschaftliche Erklärung erforderlich machen.

Personenregister

FSC
www.fsc.org
MIX
Papier | Fördert gute Waldnutzung
FSC® C083411

Kolibri 360 GmbH
Ferdinand-Jühlke-Straße 7
99095 Erfurt, Deutschland
produktsicherheit@kolibri360.de